Andreas Thiesen

Wie die Kultur in den Stadtteil kommt

Soziale Milieus
im gesellschaftlichen Strukturwandel

herausgegeben von

Michael Vester, Heiko Geiling und Andrea Lange-Vester
(Universität Hannover)

Band 6

LIT

Andreas Thiesen

Wie die Kultur in den Stadtteil kommt

Diversity Management in der Quartiersentwicklung

LIT

Dissertation und Publikation mit freundlicher Unterstützung
der Hans Böckler Stiftung

Gedruckt auf alterungsbeständigem Werkdruckpapier entsprechend
ANSI Z3948   DIN ISO 9706

Bibliografische Information der Deutschen Nationalbibliothek
Die Deutsche Nationalbibliothek verzeichnet diese Publikation in der
Deutschen Nationalbibliografie; detaillierte bibliografische Daten sind
im Internet über http://dnb.d-nb.de abrufbar.

ISBN 978-3-643-11412-9
Zugl.: Hannover, Univ., Diss., 2011

© LIT VERLAG Dr. W. Hopf Berlin 2011
Verlagskontakt:
Fresnostr. 2   D-48159 Münster
Tel. +49 (0) 2 51-620 320   Fax +49 (0) 2 51-23 19 72
e-Mail: lit@lit-verlag.de   http://www.lit-verlag.de

Auslieferung:
Deutschland: LIT Verlag Fresnostr. 2, D-48159 Münster
Tel. +49 (0) 2 51-620 32 22, Fax +49 (0) 2 51-922 60 99, e-Mail: vertrieb@lit-verlag.de
Österreich: Medienlogistik Pichler-ÖBZ, e-Mail: mlo@medien-logistik.at

Inhalt

**Sampling Diversity: Implementationsbedingungen für
Diversity Management – eine exemplarische Stichprobe in
einem Großstadtstadtteil**

Abbildungsverzeichnis

Tabellenverzeichnis

Kapitel 1

Einleitung: Diversity – die Renaissance eines Phänomens und seine Bedeutung für die Quartiersentwicklung

> *„Jenseits der Ränder des Stadtplans betreten wir die Orte der pulsierenden Alltagswelt und der beunruhigenden Komplexität. Wir finden uns in der Stadt geschlechtlicher und ethnischer Differenz wieder, den Territorien unterschiedlicher sozialer Gruppen, veränderlicher Zentren und Peripherien – der Stadt, die ein fest umrissener Gegenstand der Gestaltung (Architektur, Handel, Städtebau, staatliche Verwaltung) und dennoch gleichzeitig plastisch und veränderlich ist: der Stätte vorübergehender Ereignisse, Bewegungen und Erinnerungen. Sie ist darum auch für die Analyse, das kritische Denken und Verstehen ein bedeutender Ort."*
> *(CHAMBERS 1999: 515)*

> *„Die Stöckener selbst machen ja auch einen Unterschied."*
> *(G., Interviewpartnerin)*

Die soziale und kulturelle Vielfalt postmoderner Gesellschaften ist seit der Konjunktur der interdisziplinär geführten *Diversity*-Diskurse in aller Munde. Diversity – bei Steven VERTOVEC inzwischen „Super-Diversity" (VERTOVEC 2007) – scheint seit spätestens Mitte der 1990er Jahre das neue Schlagwort zu sein, wenn es um die Beschreibung multidimensionaler sozialer Prozesse und Handlungszusammenhänge geht. Anlass genug, einen tiefer gehenden Blick unter die „Begriffsoberfläche" zu werfen, zumal die terminologische Schnelllebigkeit – nicht nur in den Sozialwissenschaften – stets den Verdacht in sich trägt, es handele sich bei schmissig klingenden und zugleich unpräzisen Anglizismen um „alten Wein in neuen Schläuchen": Warum mit „Diversity" – verstanden als Vielfalt, Diversität, Heterogenität oder Mannigfaltigkeit *und* Differenz zugleich – einen neuen Begriff für bekannte Problemlagen sozialstrukturellen Wandels verwenden, mag ein kritischer Einwand lauten.[1]

---

[1] Die Schlüsselbegriffe „Vielfalt" und „Differenz" werde ich im Laufe dieser Arbeit schritt-

Ging es nicht gerade in der Quartiersentwicklung schon immer um *Integration*
unterschiedlicher Bevölkerungsgruppen? Jener auf den ersten Blick schlüssig
klingenenden Intervention ist vorerst folgendes pointiertes Zitat von Clifford
GEERTZ entgegenzuhalten:

„Untersuchungen bauen auf anderen Untersuchungen auf, nicht in dem Sinne, daß sie
da weitermachen, wo andere aufgehört haben, sondern in dem Sinne, daß sie mit besseren Kenntnissen und Begriffen ausgerüstet noch einmal tiefer in die gleichen Dinge
eintauchen. Jede ernsthafte Analyse einer Kultur fängt ganz von vorn an und kommt
so weit voran, wie es ihr intellektueller Impuls eben erlaubt." (GEERTZ 1983/87: 36)

GEERTZ' Vorstellung von einer fundierten Kulturanalyse lässt sich auf das
Feld der – historisch gesehen – immer wieder modifizierten, aber im Kern stets
an das Paradigma der Assimilation angelehnten Integrationskonzepte übertragen, was mich zu der Feststellung führt: Ohne die Formulierung von *Integra-
tionszielen* laufen die „(Wieder-)Entdeckung" der Vielfalt und die Betonung
individueller und kollektiver Unterschiede in postmodernen Gesellschaften ins
Leere. Einerseits scheint das aus den 1980er Jahren überlieferte Assimilationskonzept (s. ESSER 1980) zumindest in der öffentlichen Rezeption politisch-
medial aufbereiteter Integrationsdiskurse noch immer als Diskussionsgrundla-
ge zu dienen; das Beispiel der am 1. September 2008 in Kraft getretenen Einbürgerungstestverordnung bekräftigt diese These (s. BMJ 2008). Andererseits
werden europäische Gesellschaften mit den sozialen und kulturellen Folge-
erscheinungen des Multikulturalismus konfrontiert (vgl. VERTOVEC/ WES-
SENDORF 2010): Die Rede von „Parallelgesellschaften" mag populistisch
gefärbt sein (vgl. BUKOW/NIKODEM/SCHULZE/YILDIZ 2007), dennoch
irritieren Berichte über die französischen Vorstädte, in denen eine dem öffentlichen Auftrag verpflichtete *Soziale Arbeit* offenbar zum Teil durch die *soziale
Arbeit* islamischer Autoritäten ersetzt wurde (vgl. MÖNNINGER 2005).
    Durch das Paradigma „Diversity" erfolgt nun – quer durch alle Diszipli-
nen (vgl. KRELL/RIEDMÜLLER/SIEBEN/VINZ 2007a; SCHRÖER 2006;
KNIELING 2008) – beinahe eine Überbetonung der Integrationsziele bzw.
eine Reduzierung der Integration auf ihre Ziele. „Ressourcen", „Potentiale",
„Talente" und „Kompetenzen" begleiten heute die neueren Integrationsdiskurse. Unweigerlich muss dabei aus Sicht der Sozialwissenschaften, erst recht der
Sozialen Arbeit, nach dem individuellen Zugang zu Ressourcen gefragt werden. Was Hannah ARENDT einst für die Funktionalität der Menschenrechte formulierte – nämlich die Voraussetzung des Rechtes, Rechte zu haben –

---

weise schärfen und mit Hilfe unterschiedlicher disziplinärer Zugänge gegeneinander abgrenzen.

trifft auch auf das Konzept der Chancengerechtigkeit zu: Die Chance, Chancen zu haben muss individuell gewährleistet sein, bevor durch formale Gleichheit suggerierende Kompetenzfeststellungsverfahren Selektionsprozesse entstehen und auf diese Weise soziale Ungleichheit reproduziert wird. Für das Feld der Quartiersentwicklung gewinnen dabei vor allem sozialräumliche Implikationen sozialer Ungleichheit an Bedeutung.

Problemstellung

In ihrem Plädoyer für einen methodisch-konzeptionellen Städtevergleich geht es Helmuth BERKING und Martina LÖW um die „Eigenlogik der Städte" und somit um eine Erneuerung der Forschungsperspektive in der Stadtsoziologie (s. BERKING/LÖW 2008). Ein solches Postulat unterstellt die Erkenntnis, das Forschen in der Stadt selbst habe aus empirischer wie auch aus heuristischer Sicht ausgedient. Implizit wird suggeriert, dass in der Stadtentwicklung auch methodologisch „nichts mehr zu holen" sei.

Ein Blick auf die einschlägigen Konzepte der Stadtentwicklung legt allerdings ein anderes Bild offen: Einerseits stehen auch vier Jahrzehnte nach Aufleben der klassischen Gemeinwesenarbeit die damals aktuellen Fragen – Aktivierung, Empowerment und Selbsthilfe benachteiligter BewohnerInnen – im Vordergrund (vgl. HINTE/LÜTTRINGHAUS/OELSCHLÄGEL 2007; DGSA 2010); die methodologische Anlage orientiert sich dabei am partizipativen Geist der Aktionsforschung. Die Lokale Ökonomie[2] dient der heterogenen Masse der Langzeitarbeitslosen, Alleinerziehenden und MigrantInnen – nicht selten erfolglos – als Übungsterrain für den beruflichen Wiedereinstieg. Soziale Kohäsion soll durch „Identitätspolitiken", wirtschaftliche Prosperität durch gezielte Image-Kampagnen hergestellt werden. Doch liest sich die unbeirrte Investition der Kommunalpolitik in das „Heimatgefühl" der BewohnerInnen benachteiligter Stadtteile – auf dass sich diese mit jenen „identifizieren" mögen – ein Jahrzehnt nach Stuart HALLs Paradigma der „fragmentierten Identitäten" (HALL1999) als Anachronismus. Die Methodenentwicklung in der Quartiersentwicklung scheint also alles andere als ausgeschöpft, vielmehr scheint sie zu stagnieren.

Andererseits verändern sich die Rahmenbedingungen der Stadtentwicklung und Städteplanung unter beschleunigten sozialpolitischen Vorzeichen. So wird allein die in die westeuropäischen Großstädte anhaltende Migration zu einer Neuverhandlung kultureller Regelsysteme führen. Es ist außerdem davon

---

[2] Sofern großgeschrieben, verstehe ich die Lokale Ökonomie nicht als Synoym für die örtliche Wirtschaftsstruktur, sondern als Metapher für wohnortnahe Beschäftigungsangebote im dritten und vierten Arbeitsmarktsektor.

auszugehen, dass in diesem Zusammenhang bisherige Konfliktlösungsansätze überdacht werden müssen. Nicht zu vergessen ist die europapolitische Agenda, die das europäische Integrationsversprechen zwar durch zahlreiche Förderprogramme unterstützt, das Recht auf Antidiskrminierung jedoch untrennbar mit der Beschäftigungsfähigkeit der EuropäerInnen verbindet.

Der seit einigen Jahren nun auch in den Sozialwissenschaften diskutierte Diversity-Ansatz könnte in diesem Zusammenhang beiden Entwicklungen Rechnung tragen: Er könnte eine neue Perspektive auf Konzeption und Methodologie der Stadtentwicklung bieten, jenseits von traditioneller Gemeinwesenarbeit und unter kritischer Beachtung der europapolitischen Policy-Arena.[3] Zugleich besteht die Möglichkeit, dass Diversity die lokalen AkteurInnen ermächtigt, „zwischen den Zeilen zu lesen" und sie für Vielfalt und Differenz im sozialen Raum des Stadtteils sensibilisiert, etwa im Hinblick auf die Bedeutung bzw. Symbolik von Kleidung, Sprache etc.; ebenso bedarf das Entstehen von „Differenzdenken" einer permanenten Reflexion und zwar bezogen auf alle möglichen, für ein spezifisches Setting und seine AkteurInnen *relevanten* Kategorien, sei es Gender, Nationalität, Alter o.a. Diversity-Perspektiven, so meine Behauptung, werden im überwiegenden Teil der auf „Integration" fokussierenden Studien zur Stadtentwicklung entweder gar nicht bzw. lediglich verengt eingenommen.[4]

Diversity als stadtsoziologisches Paradigma

„Wie die Kultur in den Stadtteil kommt" heisst es in Anspielung auf Pierre BOURDIEU im Titel dieser Dissertationsschrift. Dahinter verbirgt sich die ambivalente Absicht, kulturelle Differenzen in der Quartiersentwicklung aus der Diversity-Perspektive sichtbar zu machen, ohne dabei soziale Problemlagen zu kulturalisieren. BOURDIEU war es, der einer kosmopolitischen Bildungselite erklärte, „wie die Kultur zum Bauern kommt" (BOURDIEU 2006). Ich frage heute, nachdem die Bauern sich auf den Weg in die Städte gemacht haben, nach den stadtsoziologischen Implikationen von Vielfalt und Differenz.

---

[3] Den Politikwissenschaften liegt ein mehrdimensionaler Politikbegriff zu Grunde. Unterschieden wird zwischen „Politics", „Policy" und „Polity". Während Politics die prozessuale Ebene beschreibt – Entscheidungsfindung, Politikmanagement und Governance – steht Policy für die inhaltliche Ebene, d.h. die unterschiedlichen Politikfelder, Programme etc. Polity meint hingegen die ordnungspolitischen Strukturen, z.B. die Verfassungsordnung. Das politische System lässt sich außerdem noch auf der Ebene der (medialen) politischen Kommunikation untersuchen (s. KORTE 2009: 74ff.).

[4] Beispielhaft sei in diesem Zusammenhang auf das übermäßige Forschungsinteresse an der „ethnischen Ökonomie" hingewiesen, das zum Teil den Eindruck einer Überbetonung bzw. Stilisierung von „Ethnie" hinterlässt (vgl. exemplarisch REIMANN/SCHULERI-HARTJE 2009).

Dabei wird der hier vorgeschlagene Ansatz nicht jenseits der Geschichte der Stadtforschung diskutiert. Er steht methodologisch durchaus in gewisser Verbindung zu Robert E. PARK und anderen Vertretern der *Chicago School.* Auch sie interessierten sich zu Beginn des 20. Jahrhunderts für die Lebenswelten in unterschiedlichen städtischen Milieus und bedienten sich zu deren Erschließung ethnographischer Methoden (s. HÄUSSERMANN/SIEBEL 2004: 45ff.).

Im Feld der Quartiersentwicklung ist das Phänomen Diversity allgegenwärtig: In den benachteiligten Wohngebieten am Rande der Innenstadt produzieren äußerst komplexe und ausdifferenzierte Siedlungsstrukturen sozusagen zwangsläufig soziale Probleme. Städtebauliche Mängel, Umweltprobleme, infrastrukturelle Defizite, soziale, ökonomische und kulturelle Problemlagen, nachbarschaftliche Konflikte und häufig negative Images manifestieren sich zu gefühlten und realen Abwärtsspiralen (DIFU 2009a). Zugleich markieren jene Indikatoren sozial benachteiligter Stadtquartiere die zentralen Herausforderungen der modernen Quartiersentwicklung. Während Stadtentwicklung für den Wandel städtischer Strukturen steht, wird Quartiersentwicklung verstanden als der Wandel kleinräumiger urbaner Strukturen, deren Entwicklung durch bestimmte gesellschaftliche Kräfte beeinflusst wird und, durch unterschiedliche Nutzungsinteressen verschiedener Bevölkerungsgruppen, immer auch ein gewisses Maß an sozialer Ungleichheit impliziert (vgl. HÄUSSERMANN/SIEBEL 2004: 118). Die schrittweise Harmonisierung jener Ungleichheit und die Herstellung sozialer Stabilität sind originäre Interessensgegenstände sozialer Quartiersentwicklung und ihrer Methodenentwicklung. Der Terminus Quartiersentwicklung wird dabei bewusst verwandten Termini wie Stadt- oder Stadtteilentwicklung vorgezogen. Grundlegend ist die Annahme, dass Muster sozialer Benachteiligung und Polarisierung innerhalb eines Stadtteils starken Schwankungen unterliegen können (vgl. GEILING/ SCHWARZER 1999: 11). Nicht selten sind daher de facto häufig bestimmte Quartiere gemeint, wenn in Studien und in der Literatur von Stadtteilen die Rede ist. In der vorliegenden Arbeit wird hauptsächlich auf den Quartiersbegriff zurückgegriffen. Da hier disziplinär das Gebiet der Stadtsoziologie betreten wird, kann es allerdings vorkommen, dass mitunter in diese Disziplin fallende Termini wie Stadt- oder Stadtteilentwicklung verwendet werden.[5] Dabei ist der Quar-

---

[5] Zu den in der Literatur häufig synonym verwandten Termini für Quartiersentwicklung, die ich nicht losgelöst von den Herausforderungen einer gesamtstädtischen Integration betrachte, möchte ich hier kurz einige klärende Anmerkungen anführen: *Stadt(teil)entwicklung* setzt den inhaltlichen Schwerpunkt auf das Stadt(teil)gebiet in seiner Gesamtheit, *Quartiersentwicklung* meint den sozialen Erneuerungsprozess ausgewählter benachteiligter Teilgebiete. Der „*Gebiets*"-Terminus wird vornehmlich in der Stadtplanung verwendet, der Be-

tiersbegriff selbst räumlich dehnbar und abhängig von den ihm zu Grunde gelegten Dimensionen: So machen Walter HANESCH, Imke JUNG-KROH und
Jochen PARTSCH darauf aufmerksam, dass wirtschaftliche Netzwerke auch
auf der Ebene von Mikrobezirken weiter gefasst seien als etwa die Wohnquar-
tiere. Ferner müsse differenziert werden, ob von Quartieren in großstädtischen,
kleinstädtischen oder ländlichen Räumen die Rede ist (HANESCH/JUNG-
KROH/PARTSCH 2005: 17).

Bis hierhin lässt sich festhalten: Das heuristische Moment dieser Forschungsarbeit gründet in den spezifischen, sowohl europapolitischen als
auch kulturwissenschaftlichen Fragestellungen, die sich aus der Diversity-
Perspektive im traditionsreichen Forschungsbereich der Stadtentwicklung stellen (s. Kapitel 2).

Das Konzept *Diversity Management*, das im weiteren Verlauf dieser Arbeit sowohl terminologisch geschärft als auch weiterentwickelt wird, könnte
für den vorliegenden Forschungszusammenhang in seiner Anlage innovative
Lösungsansätze enthalten. Vor allem transnationale Unternehmen haben das
Potential personaler Vielfalt seit langem erkannt und fördern gezielt die unterschiedlich verteilten Ressourcen ihrer Belegschaften. Besonders im angelsäch-
sischen Raum hat sich Diversity Management als Instrument der Personalentwicklung etablieren können, seit mit Beginn der 1980er Jahre die Sichtweise
auf die Belegschaft vom bloßen „Kostenfaktor" zum „Erfolgsfaktor" wechsel-
te (SCHRÖER 2006: 61). Anstatt ältere Angestellte auf jenen Kostenfaktor zu
reduzieren, wird ihre Berufserfahrung hervorgehoben. Mehrsprachigkeit wird
als Wettbewerbsvorteil aufgefasst und nicht einer bestimmten universalen Ver-
handlungssprache untergeordnet. Insofern waren es die Unternehmen, die zuerst auf die Anforderungen an eine multikulturelle Belegschaft reagierten, die
Förderung personaler Vielfalt allerdings zugleich den Unternehmenszielen un-
terordneten.

Während Diversity Management also auf das Erkennen und die Unterstützung individueller Potentiale und Ressourcen zielt, um auf diese Weise
die organisationalen Rahmenbedingungen zu optimieren, lautet die für den
Gegenstand der Quartiersentwicklung interessante Frage, inwieweit sich das
durch die Betriebswirtschaft geprägte Instrument ohne Vorbedingungen auf
das sozialräumliche Feld übertragen lässt (vgl. ebd.: 61). In der Professionali-
sierungsdebatte der Sozialen Arbeit längst thematisiert (vgl. MAURER 2008;

---

griff des *Quartiers* umfasst hingegen – eher sozialwissenschaftlich dominiert – die Ebenen
der Nutzungsstrukturen und der sozialen/kommunikativen Beziehungen, z.B. in Nachbarschaften (vgl. dazu ALISCH 2002: 97).

SCHERR 2008), steht die Auseinandersetzung mit Diversity und Diversity Management im Bereich der Stadtsoziologie noch bevor.

Was also bedeutet es, wenn in hochgradig benachteiligten Stadtteilen über „Ressourcen" gesprochen wird? Die zentrale Frage lautet: Wie verhält es sich nach Lesart Pierre BOURDIEUs mit der ungleichen *Verteilung* von Ressourcen und den daraus resultierenden ungleichen Zugangschancen zu Bildung und Erwerbsarbeitsmarkt? Warum sind bestimmte Ressourcen „verwertbar", andere scheinbar obsolet? Mit welcher Begründung können beispielsweise junge männliche Migranten ohne Ausbildungsplatz ihre individuellen Ressourcen nicht für sich gewinnbringend einsetzen (vgl. THIESEN 2009)? Und schließlich: Inwieweit kann umgekehrt die so genannte Aufnahmegesellschaft auf ehemals „bewährte" Ressourcen von Zugewanderten zurückgreifen?

Diversity Management muss offenbar im Spiegel seiner jeweiligen Implementationsbedingungen diskutiert werden.[6] Im Stadterneuerungsprozess geht es um „Effektivität" im Sinne konzeptioneller Wirksamkeit, weniger um „Effizienz" im Sinne permanenter Kostenreduzierung. Unterschiedliche Personen und Gruppen müssen auf spezifischen Wegen angesprochen werden, um das „Unternehmen Quartiersentwicklung" langfristig zu stabilisieren. Bestimmte Handlungsressourcen müssen gemeinhin „von Außen" zur Verfügung gestellt werden, damit individuelle Kompetenzen überhaupt erst entfaltet werden können. Lokale Prestigeprojekte wie ehrenamtlich geführte Nachbarschaftsläden oder Stadtteilrestaurants sind dabei nicht ohne Weiteres auf andere Gebiete übertragbar.

Die kritische Analyse von Diversity Management-Strategien für die Quartiersentwicklung leistet somit einen Beitrag sowohl zur Professionalisierung quartiersspezifischer Sozialer Arbeit als auch zur Integrationsdebatte: „Diversity" wird hierbei als verstehender Ansatz aufgefasst, als Thematisierung und Anerkennung von Individualität. In Form von Diversity Management geht der Ansatz über den Anspruch der Antidiskriminierung hinaus.

Mit Diversity werden also grundsätzlich Chancen verbunden. In der Heterogenität des Gemeinwesens – ausgedrückt durch praktizierte Mehrsprachigkeit, ambivalente Raumnutzung, die Vielfalt der Begegnungsstätten, Vereinskulturen etc. – wird zugleich ein Potential vermutet, das zu Gunsten kohäsiver

---

[6] Die Abhängigkeit von den Implementationsbedingungen betrifft dabei nicht Diversity Management im Besonderen. In den Sozialsektor eingeführte Managementkonzepte wie *Sozialmanagement* oder *Case Management* haben ebenfalls langwierige Transformationsprozesse durchlaufen. Insofern gebe ich im Zusammenhang mit Management-Konzepten zu bedenken, dass jedes Konzept immer auch politisch missbräuchlich ist (vgl. hierzu FINKELDEY/THIESEN 2009: 7ff.).

Quartiersstrukturen erkannt und „urbar" gemacht werden will. Der Gefahr der einseitigen Fokussierung individueller Potentiale und der möglicherweise mitklingenden „Konnotationen und historischen Überladungen des ‚Nutzens' von Menschen" (CAGLAR 2009: 139) bin ich mir bei der Diskussion um Diversity Management durchaus bewusst. Doch nichts spricht meines Erachtens gegen die Analyse und Förderung individueller Potentiale, solange dabei die strukturellen Rahmenbedingungen der Chancengleichheit, das heißt unterschiedliche Formen sozialer Ungleichheit, berücksichtigt und kritisch reflektiert werden.

Ein solches Vorverständnis von Diversity betont daher nichts anderes, als die Ausstattung von Menschen mit unterschiedlichen Ressourcen, und zwar quantitativ wie qualitativ. Bezogen auf die berufliche Praxis Sozialer Arbeit eröffnen sich durch Diversity-Orientierung Perspektiven, etwa am Beispiel der neuen Berufsbilder, die eine verstärkte Auseinandersetzung mit so genannten Schlüsselkompetenzen (vgl. STUBER 2004: 44; BAETHGE/SOLGA/ WIECK 2007) erfordern. Nicht ohne Grund nennt die *Organisation für wirtschaftliche Zusammenarbeit und Entwicklung (OECD)* in ihrer Auswahl zentraler Schlüsselkompetenzen das „Interagieren in heterogenen Gruppen" (OECD 2005: 14). Die Diversität pluralistischer Gesellschaften führt zu einer Konjunktur so genannter *soft skills* wie Empathie und Teamfähigkeit und einer grundsätzlichen Aufwertung des Sozialkapitals. Hier könnten zugleich die Chancen für besonders benachteiligte Gruppen am Arbeitsmarkt wie Langzeitarbeitslose oder Jugendliche ohne Hauptschulabschluss liegen. Aus dem Aufspüren und Unterstützen ihrer „versteckten", d.h. nicht erkannten Potentiale könnte sich ein möglicher Arbeitsauftrag für Diversity Management in der Quartiersentwicklung ergeben, beispielsweise durch die Weiterentwicklung von Kompetenzfeststellungsverfahren oder stärkere individuelle Förderung. Dennoch setzt sich in Zeiten der „Workfare-Gesellschaft" (vgl. dazu ESPING-ANDERSEN 2002; KAUFMANN 2006; WYSS 2007) auch in der Quartiersentwicklung ein Trend zur Kosten senkenden Aktivierungspolitik durch, und somit steigt der individuelle Druck auf viele BewohnerInnen benachteiligter Quartiere – was den betriebswirtschaftlichen Bezug zu Diversity Management gewissermaßen wieder herstellt.

Quartiersentwicklung im europapolitischen Spiegel

Eine weitere Annäherung an die spezifischen Voraussetzungen von Diversity Management in der Quartiersentwicklung lässt sich durch die Beleuchtung ihrer transnationalen politischen Rahmenbedingungen herstellen. Die zentralen Zielsetzungen der Quartiersentwicklung können heute nicht mehr ohne europäischen Bezug formuliert werden. QuartiersmanagerInnen finanzieren einen

Großteil ihrer Projekte aus dem Europäischen Sozialfonds (ESF). Mit dem ökonomischen Einfluss gewinnen auch die politischen Richtlinien, Direktiven und Proklamationen der Europäischen Union an Bedeutung für die lokale Ebene (vgl. Punkt 4.1.2). Als kleinräumiger Spiegel der ethnischen Vielfalt Europas fungieren in Deutschland jedoch zumeist jene Wohngebiete „mit besonderem Entwicklungsbedarf".[7] Bereits Anfang des 20. Jahrhunderts hat Georg SIMMEL die spezifischen Einstellungen, Dispositionen und Ressourcen der StadtbewohnerInnen in *Die Großstädte und das Geistesleben* für die Stadtsoziologie detailgenau beschrieben (SIMMEL 2006): Es ist das Leben in den Städten, nicht das Landleben, dass Diversity zum Paradigma avancieren lässt. Dass Diversity nunmehr implizit zum „europäischen Programm" erhoben wird, ist – bei aller beschäftigungszentrierter Zweckrationalität – jedoch auch im Spiegel der spezifischen wohlfahrtsstaatlichen Prägung Europas, die heute im „Europäischen Sozialmodell" mündet, zu beleuchten.

Einmal mehr lässt sich festhalten: Die europäische Integrationsleistung erfolgt auf *lokaler* und zugleich *urbaner* Ebene. Diversity lässt sich hier als vermittelndes Konzept zwischen europäischer Symbolpolitik und kommunaler Realpolitik beschreiben und muss zugleich mit stadttheoretischen Annahmen verbunden werden: Indem Stadtteile zugleich Lern- und Stabilisierungshorte sind (URBAN/WEISER 2006: 24ff.), beeinflussen sie Sozialisation und Positionierung der lokalen AkteurInnen. Unterschiedliche Nutzungsinteressen können zu sozialen Konflikten, sozialer Ungleichheit und Exklusion führen (vgl. HÄUSSERMANN/SIEBEL 2004: 118ff.). Segregation – vor allem in ihrer sozialen, ethnischen und demographischen Form (vgl. KRUMMACHER 2007: 111ff.) – verdeutlicht zudem die räumliche Abbildung von Vielfalt und stellt deren reale Existenz auf Grund der räumlichen Konzentration bestimmter Gruppen gleichzeitig in Frage. Über alledem stehen lokale Beschäftigungsentwicklung und soziale Kohäsion als Spiegel europäischer Beschäftigungspolitik für die zentralen Leitziele der Quartiersentwicklung. Vor diesem Hintergrund ist für die vorliegende Arbeit insbesondere der europapolitische Diversity-Diskurs von Interesse.

EU-Policy und Diversity

Im Jahr 2007 hatte die EU das „Europäische Jahr der Chancengleichheit für alle" ausgerufen. Auf dem Online-Portal zur Kampagne werden die „Rechte auf

---

[7] Die Bezeichnung benachteiligter Stadtteile als solche „mit besonderem Entwicklungsbedarf" erinnert an das Bund-Länder-Programm „Stadtteile mit besonderem Entwicklungsbedarf – Soziale Stadt" (http://www.sozialestadt.de/programm, verifiziert am 13.09.09). Die Formulierung bezieht sich an dieser Stelle allerdings nicht ausschließlich auf Gebiete dieses Programms.

Gleichbehandlung und auf ein Leben ohne Diskriminierung" als Grundprinzipien der Europäischen Union ausgegeben, für die es die EU-BürgerInnen zu sensibilisieren gelte (EUROPÄISCHE KOMMISSION 2008). In den europarechtlichen Bestimmungen für eine langfristige europäische Diversity-Strategie wird die kulturelle Differenz der Regionen ebenso betont wie das normative Kulturverständnis Europas. So heisst es in der konsolidierten Fassung des Vertrags zur Gründung der Europäischen Gemeinschaft in Artikel 151, Absatz 1: „Die Gemeinschaft leistet einen Beitrag zur Entfaltung der Kulturen der Mitgliedstaaten unter Wahrung ihrer nationalen und regionalen Vielfalt sowie gleichzeitiger Hervorhebung des gemeinsamen kulturellen Erbes." (AMTSBLATT DER EUROPÄISCHEN UNION 2006: 113)

Die Betonung der nationalen und regionalen Vielfalt Europas steht offensichtlich im Widerspruch zum hegemonial angelegten Kulturverständnis der EU. Durch die EU-Erweiterung und die Aufnahme neuer südosteuropäischer Mitgliedstaaten wird das „Management" der kulturellen Vielfalt Europas folglich noch stärker in den Vordergrund der europäischen Sozialpolitik rücken. Im von der Europäischen Kommission herausgegebenen *Report on Measures to Combat Discrimination in Acceding and Candidate Countries* wird bereits im Titel des Berichtes, „Equality, Diversity and Enlargement", auf den engen Zusammenhang von europäischen Gleichstellungs- und Antidiskriminierungskampagnen und der Erweiterungspolitik der EU verwiesen (EUROPEAN COMMISSION 2003).[8] Allein in Rumänien leben mehr als 25 verschiedene ethnische Minderheiten (s. ebd.: 98). Der hohe Stellenwert von Mobilität und Freizügigkeit in der EU, den die Vollendung des Europäischen Binnenmarktes nach sich zieht, hat die innereuropäische Migration in prosperierende Regionen befördert und somit auch die *kulturelle Normativität* in Bewegung gebracht. Gleichzeitig schafft die sprachliche und kulturelle Vielfalt Europas Kommunikationsbarrieren und wirkt einem Mobilitätsniveau, wie es z.B. in den USA zu beobachten ist, zum Teil entgegen (vgl. BENZ/BOECKH/HUSTER 2000: 208).

Nicht zuletzt auf Grund der *Europäischen Beschäftigungsstrategie (EBS)* steht Diversity Management in der Quartiersentwicklung in unmittelbarem Be-

---

[8] Die europapolitische Verknüpfung von Gleichstellungsaspekten und Beschäftigungspolitik drückt sich auch in der thematischen Gewichtung der europäischen Politikressorts aus. So wird auf der Internetpräsenz der für die Beschäftigungspolitik zuständigen Verwaltungseinheit in der Europäischen Kommission („Generaldirektion Beschäftigung, soziale Angelegenheit und Chancengleichheit") angegeben, dass sich diese „für die Schaffung von mehr und besseren Arbeitsplätzen, für eine integrative Gesellschaft und für Chancengleichheit für alle" einsetzt (http://ec.europa.eu/social/main.jsp?langId=de&catId=656, verifiziert am 23.05.10).

zug zur europäischen Beschäftigungspolitik. Trotz weltweiter Wirtschaftskrisen hält die EU am Ziel der Vollbeschäftigung durch Wirtschaftswachstum fest und verleiht auf diese Weise zugleich dem normativen Integrationsmodus Erwerbsarbeit Nachdruck. Dies hat erhebliche Auswirkungen auf den lokalen Sozialraum. Um eine hinreichende Aktivierung und Mobilisierung der Zielgruppen erreichen zu können, sind Kommunalpolitik und -verwaltung aufgefordert, flexible Strategien zu entwickeln, beispielsweise Beschäftigungsinitiativen zu dezentralisieren und an örtliche Strukturen anzupassen. Nicht nur bisherige Methoden, Konzepte und Strategien der Integrationspolitiken müssen daher unter Beachtung ihrer europäischen Rahmenbedingungen überdacht und unter Umständen neu justiert werden. Von originärem Interesse für die Quartiersentwicklung ist darüber hinaus die Frage, inwieweit das europäische Integrationsversprechen die lokale Ebene überhaupt erreicht bzw. welche Folgen die an die Beschäftigungsprogramme Brüssels geknüpften arbeitsmarktpolitischen Vorgaben für die Betroffenen – Arbeitslose, prekär beschäftigte Alleinerziehende, Jugendliche ohne Hauptschulabschluss etc. – haben. Das subjektive Gefühl, in Mitten einer dynamischen Umwelt langfristig immobil und exkludiert zu sein, schlägt nicht selten in antieuropäische Ressentiments um (vgl. HAMBURGER 2002: 26).[9] Daher empfiehlt es sich mit dem Anthropologen Martin FUCHS, den Diversity-Ansatz auf der Ebene des Lokalen verstärkt auf die „Formen und Modi der Interkulturalität" zu beziehen (FUCHS 2007: 31). Vor dem Hintergrund einer umfassenden Krise der Lohnarbeitsgesellschaft (s. umfassend CASTEL 2008) wirft der eng gefasste Erwerbsarbeitsbezug der EU zusätzlich die Frage auf, ob die heterogene Masse der Arbeitslosen ohne Vorbedingungen in die unterschiedlichen Arbeitsmarktsegmente integriert werden kann. Insbesondere mehrfach benachteiligte Menschen werden zunächst Unterstützung bei der praktischen Lebensbewältigung benötigen (vgl. GALUSKE 2001).

Diversity als sozialpolitische Herausforderung

Vielfalt per se ist keineswegs ein Alleinstellungsmerkmal postmoderner „westlicher" Gesellschaften. Selbstverständlich gab es Vielfalt schon immer. Die Aktualität von Diversity liegt vielmehr in der Postmoderne begründet (vgl. FUCHS 2007: 29): Individualität drückt sich heute anders und differenzierter aus als in vormodernen Gesellschaften, die durch stabile Sozialstrukturen und die Vergesellschaftung tradierter Bewältigungsmuster Individualität nicht im heutigen Maße hervorbringen konnten (vgl. HALL 1999: 401f.).

---

[9] Dazu werfen jene Ressentiments Fragen über die Legitimation europapolitischer Entscheidungen auf: So wäre die Annahme des Vertrages von Lissabon in Deutschland mittels Plebiszit ein unsicheres Unterfangen gewesen (vgl. WEFING 2009: 9).

Der Einfluss sozialer Bewegungen wie der Frauenbewegung oder der Bürgerrechtsbewegung in den USA hat die wissenschaftliche Relevanz von Diversity befördert. Sozialer Wandel und Wertewandel sowie die Pluralisierung der
Lebensstile haben ihr Übriges dazu beigetragen, dass Diversity heute zunehmend als Werkzeug zur Analyse sozialer Probleme hinzugezogen wird und –
zumindest in den USA – nicht mehr ausschließlich mit der Betriebswirtschaft
verbunden wird (vgl. KRELL/RIEDMÜLLER/SIEBEN/VINZ 2007b: 9ff.).[10]

Nicht zuletzt zieht die demographische Entwicklung in Deutschland eine
tiefer gehende Auseinandersetzung mit der ethnisch-kulturellen Vielfalt Europas nach sich: Einerseits wird Deutschland auf Grund von Fachkräftemangel
und sinkenden Geburtenraten verstärkt Arbeitskräfte aus dem Ausland anwer-
ben müssen. Andererseits muss dieser Entwicklung eine innenpolitische Diskussion über den künftigen „Stellenwert" ethnischer und kultureller Vielfalt
folgen, da durch verstärkte Migration – nicht nur von Hochqualifizierten – in
die urbanen Zentren Westdeutschlands auch kulturelle Regelsysteme und bisherige Konfliktlösungen neu verhandelt werden müssen (vgl. Punkte 4.2 und
5.3).[11] Die zu bewerkstelligende Integrationsleistung wird vorrangig auf der
Ebene des Gemeinwesens erfolgen, in den ethnisch, sozial und demographisch
segregierten Stadtgebieten (vgl. HÄUSSERMANN/SIEBEL 2004: 151 sowie
KRUMMACHER 2008: 111ff.).

Die demographische Entwicklung ist wiederum als Teil weiter reichender,
umfassender globaler Veränderungsprozesse zu begreifen, dessen, was durch
Begriffe wie „Globalisierung" oder „Internationalisierung" nur sehr unzureichend das beschleunigte Zusammenspiel politischer, ökonomischer, sozialer
und kultureller Prozesse im transnationalen Kontext zeitlich-räumlicher Verschiebungen beschreibt (vgl. ROSA 2005). So eröffnet nicht zuletzt die Integration des europäischen Binnenmarktes die Möglichkeit der transnationalen
Mobilität.[12]

---

[10] Nahezu paradox erscheint darüber hinaus eine weitere Entwicklung, die auf den ersten Blick
      scheinbar gegensätzlich zur Heterogenisierung der Lebensstile und zur Zunahme der kul-
      turellen Vielfalt verläuft: die Homogenisierung der Kultur durch die hegemoniale Wirkung
      von Dominanzkulturen, ausgedrückt in Wertvorstellungen, Symbolen, Artefakten etc. der
      westlichen Gesellschaften einschließlich Japan (vgl. HALL 1999: 429f.).

[11] Überhaupt wäre es moralisch vermessen, die demographische Entwicklung in Deutschland
      ausschließlich oder vorrangig im Lichte der Nachfrage nach Arbeitskräften zu diskutieren.
      Von besonderem Interesse ist für diese Forschungsarbeit die Frage nach der sozialkulturel-
      len Integration (vgl. GEISSLER 2004: 288f.).

[12] Die Zielregionen werden dabei von den ArbeitsmigrantInnen unterschiedlich stark frequen-
      tiert (vgl. BENZ/BOECKH/HUSTER 2000: 70). Allerdings hat sich die Arbeitsmigration
      quantitativ bei Weitem nicht in dem von der EU erhofften Maße entwickeln können (vgl.
      BACH 2008: 147).

Diversity als interdisziplinärer Forschungszusammenhang

Nicht nur auf Grund ethnisch-kultureller Herausforderungen entwickelt sich Diversity im europäischen Sprachgebrauch zum Querschnittsthema. Im Jahr 2007 haben Gertraude KRELL und andere mit *Diversity Studies* ein Kompendium disziplinärer Diversity-Ansätze vorgelegt, in dem der politische Kontext („Diversity Politics") ebenso Berücksichtigung findet wie der erziehungswissenschaftliche („Diversity Education") oder der betriebswirtschaftliche bzw. organisationspsychologische („Diversity Management"), (vgl. KRELL/RIEDMÜLLER/SIEBEN/VINZ 2007a). Die in den verschiedenen Disziplinen intensiver analysierten Bereiche – die ich in Anlehnung an Annedore PRENGEL im Folgenden als Heterogenitätsdimensionen bezeichnen möchte (PRENGEL 2007: 55) – sind dabei abhängig vom jeweiligen Forschungsschwerpunkt und orientieren sich in der Regel an den in Artikel 13 des EG-Vertrages genannten sechs Kategorien *Geschlecht, „Rasse"/ethnische Herkunft, Religion/Weltanschauung, Behinderung, Alter* und *sexuelle Ausrichtung* (AMTSBLATT DER EUROPÄISCHEN UNION 2006: 48, vgl. auch EUROPÄISCHER GERICHTSHOF FÜR MENSCHENRECHTE 2003: 8).[13]

Obgleich sich mit Diversity auch Diversity Management als dessen Handhabung aus seiner temporären Verankerung in der Betriebswirtschaft zu lösen scheint (vgl. exemplarisch SCHRÖER 2006), wurde für die Ebene der Quartiersentwicklung bislang kaum der Versuch einer fachspezifischen Aneignung des Konzeptes unternommen. Es existiert keine einschlägige wissenschaftliche Fachliteratur, die sich mit den Herausforderungen von Diversity Management im Stadterneuerungsprozess auseinandersetzt. Zwar begreift Barbara JOHN *Managing Diversity* bereits 2004 als Zukunftsaufgabe für Städte und Stadtteile (JOHN 2004), allerdings hat seitdem nur Jörg KNIELING Diversity Management begrifflich in Bezug zur Stadtentwicklung gesetzt und mit den Anforderungen der Internationalisierung verknüpft (KNIELING 2008). Offensichtlich hingegen ist eine grundsätzliche, transdisziplinär geführte Fachdebatte um eine Neujustierung des Integrationsbegriffs. Nicht nur, dass in zahlreichen neuen Veröffentlichungen zunehmend von *Inklusion* die Rede ist (vgl. exemplarisch

---

[13] In den USA wird im Kontext von Diversity Management von den „Big 8" gesprochen. Am häufigsten geht es konzeptionell um *race, gender, ethnicity/nationality, organizational role/function, age, sexual orientation, mental/physical ability* sowie *religion* (s. KRELL/RIEDMÜLLER/SIEBEN/VINZ 2007b: 9). Die Formulierung „Rasse" habe ich oben aus ersichtlichen Gründen in Anführungszeichen gesetzt. Im EG-Vertrag wird dieser Begriff verwendet. Im Folgenden werden alternativ die Termini „ethnische Herkunft" oder „Ethnie" benutzt. Eine diversity-sensible Übersetzung ließe sich auch für weitere Heterogenitätsdimensionen finden, etwa durch die Formulierung „Beeinträchtigung" statt „Behinderung".

MERTEN/SCHERR 2004), Franz HAMBURGER plädiert gar für einen „Abschied von der Interkulturellen Pädagogik" und eine Überführung des seiner Meinung nach begrifflich stigmatisierenden „Migrationshintergrundes" in eine „Migrationsgeschichte" (HAMBURGER 2009).[14]

Bis hierhin gilt es festzuhalten: Die Aktualität der inzwischen interdisziplinär geführten Diversity-Diskurse ist unter anderem auf die veränderten sozialen, politischen, wirtschaftlichen, kulturellen und juristischen Rahmenbedingungen der postmodernen Gesellschaft zurückzuführen. Es hat sich außerdem gezeigt, dass Vielfalt weniger ein „Produkt" der Postmoderne, als vielmehr deren Konsequenz ist: Sozialer Wandel, Wertewandel, die permanente Ausdifferenzierung und Neuverortung der Lebensstile sowie die demographische Entwicklung bedingen eine ernsthafte Auseinandersetzung über die zukünftige Bedeutung von Vielfalt in Einwanderungsgesellschaften und führen zu einer Revision kultureller Regelsysteme und bisheriger Strategien der Konfliktlösung. Der Diversity-Ansatz scheint in besonderer Weise geeignet, komplexe und mitunter irritierende soziale Prozesse auf den kleinräumigen Resonanzflächen des Stadtteils und seiner Quartiere zu beschreiben. In den gleichermaßen benachteiligten wie *benachteiligenden* Stadtquartieren kann „Vielfalt" – bzw. vielmehr *Differenz* – bedingt durch divergierende Nutzungsinteressen der AkteurInnen schnell in komplexe Konfliktsituationen münden. Das „konstituierende" Moment der Stadt droht auf diese Weise brüchig zu werden.

In der zunehmend öffentlich geführten Debatte um Integration und den Umgang mit Vielfalt in segregierten Wohngebieten könnte Diversity als verstehender Ansatz vorschnellen und damit fahrlässigen Integrationskonzepten entgegenwirken. Ganz im Geiste des Inklusionskonzeptes können aus dem Blickwinkel von Diversity Individualität und subjektiv variierende kultursensible Dispositionen lokaler AkteurInnen nicht nur stärker herausgestellt, sondern soziale Kategorien und Zuschreibungen auf diese Weise zugleich *reflektiert* werden. Nicht zuletzt rückt die Frage nach den Perspektiven interkultureller Kompetenz im Spiegel von Diversity umso mehr in den Vordergrund, je stärker eine Flexibilisierung kultureller Identitäten zu beobachten ist (vgl. HALL 1999).

---

[14] Der Begriff „Migrationshintergrund" kann mit Axel SCHULTE und Andreas TREICHLER wie folgt definiert werden: „Als *Menschen mit Migrationshintergrund* werden in der Bundesrepublik Deutschland nach einer Definition auch der amtlichen Statistik seit dem Jahre 2005 diejenigen bezeichnet, die seit 1950 a) aus dem Ausland zugewandert sind, und zwar unabhängig von ihrer Nationalität; b) aus einem Elternhaus kommen, wo mindestens ein Elternteil aus dem Ausland zugewandert ist; und zwar bis einschließlich der dritten Generation. Dabei wird ein Integrationsbedarf von Migranten und ethnischen Minderheiten bis in die dritte Generation unterstellt." (SCHULTE/TREICHLER 2010:30)

Über alledem stehen der europapolitische Diversity-Diskurs und die Frage, ob die wachsende Zahl der „Ausgeschlossenen" (BUDE 2008) grundsätzlich in der Lage ist bzw. dazu gebracht werden kann, die mit den Zielvorgaben europäischer Beschäftigungspolitik verbundenen Anforderungen zu bewerkstelligen. Auch wenn die EU bemüht ist, Exklusion durch Antidiskriminierungsdirektiven entgegenzuwirken, so sind letztere doch stets an das Dogma der Vollbeschäftigung gekoppelt. Dies hat unmittelbare Auswirkungen auf den Sozialraum und verlangt kommunalen Entscheidungsträgern ein hohes Maß an Kreativität bei der Initiierung lokaler Beschäftigungsprojekte ab. Durch verstärkte Abhängigkeit von europäischen Mitteln wie dem ESF verpflichten sich Kommunen auf Grund der Förderkriterien dem wirtschaftsliberalen Geist Europas.[15] Diversity bekommt unter europapolitischen Gesichtspunkten also eine stark funktional gefärbte Note: Es geht um Diversity in Beschäftigungskontexten.

Aus den oben angeführten Überlegungen möchte ich einige Hypothesen ableiten, auf die im Laufe dieser Forschungsarbeit immer wieder Bezug genommen wird:

1. Diversity ist ein „Catch it all"-Konzept zur Kumulation multidimensionaler sozialer und kultureller Phänomene
2. Eine Revision bisheriger Integrationskonzepte erscheint aus der „Diversity-Perspektive" möglich und notwendig
3. Nicht zuletzt auf Grund des terminologischen Vakuums ist in der Diskussion um Diversity ein interdisziplinärer Austausch auf- bzw. auszubauen
4. Diversity ist zu einem Politikum geworden: Der Wissenschaft sollte es um politische Einflussnahme auf die Bestimmung der „Inhalte" gehen
5. Einer einseitigen Verknüpfung von Ressourcenansatz und Erwerbsarbeitsmarkt – wie von der EU vorgenommen – ist aus historischem Blickwinkel („Nutzwert des Menschen") zu widersprechen

Zielsetzungen der Untersuchung

Zwei zentrale Zielsetzungen liegen dieser Arbeit zu Grunde. Durch die Auseinandersetzung mit Diversity (Management) in der Quartiersentwicklung ist zum einen die Suche nach neuen Perspektiven im Bereich der *lokalen Beschäftigungsentwicklung* verbunden. Einschlägige Studien bestätigen das Dilemma junger Menschen mit Migrationsgeschichte am Arbeitsmarkt (vgl. BAETH-

---

[15] Anstelle vieler Beschäftigungsprogramme des Bundes mit ähnlicher politischer Intention seien an dieser Stelle die Modellprogramme „Stärken vor Ort (LOS – Lokales Kapital für soziale Zwecke)" (vgl. BMFSFJ 2009) und „Soziale Stadt – Bildung Wirtschaft, Arbeit im Quartier (BIWAQ)" (vgl. BMVBS 2010) genannt.

GE/SOLGA/WIECK 2007; AUTORENGRUPPE BILDUNGSBERICHTER-
STATTUNG 2010). Der Diversity-Ansatz begreift Vielfalt zunächst einmal als
Potential und bietet den am Arbeitsmarkt benachteiligten Kohorten durch die
Fokussierung individueller Ressourcen möglicherweise neue Chancen.

Zum anderen geht es mir um die Perspektiven *sozialer Kohäsion* in der
Quartiersentwicklung. Diversity Management zielt trotz Betonung von Individualität auf den organisationalen Rahmen ab, also gewissermaßen im Wortlaut
auf die Quartiers*entwicklung* – dies ist schon deshalb unerlässlich, da die Integration sozial benachteiligter Menschen unter Berücksichtigung ihrer sozialen,
kulturellen und ökomomischen Kapitalien in der Regel nur in kollektiver, nicht
in individualistischer Weise gelingen wird (vgl. HÄUSSERMANN/SIEBEL
2001). Unabhängig davon, ob Städte nun „Integrations"- oder „Segregations-
maschinen" sind, wie Rainer KILB in Anspielung auf Hartmut HÄUSSER-
MANNs populäre These fragt (KILB 2006: 16), geht es zentral um die Frage, wie Integration unter Berücksichtigung, Einbeziehung und Förderung von
Vielfalt im Stadtteil organisiert werden kann.

Auf Grundlage der oben getroffenen Ausführungen sowie des Verweises
auf die spezifischen Voraussetzungen und Implementationsbedingungen in der
Quartiersentwicklung wird mit dieser Dissertation überdies ein wissenschaft-
licher Beitrag zur terminologischen Schärfung und konzeptionellen Weiterentwicklung von Diversity Management geleistet.

Voraussetzung für die Betreibung von Diversity Management in der Quartiersentwicklung ist das Wissen über die funktionale und soziale Struktur von
Wohnquartieren sowie Wirkungsweisen unterschiedlicher Handlungszusammenhänge im Stadtteil (bezogen auf Institutionen, Personen, Gruppen etc.).
Dies bedeutet zugleich, dass den oben genannten Zielsetzungen weitere Fragen vorausgehen müssen, etwa nach dem Grad der Diversity-Sensibilisierung
unterschiedlicher StadtteilakteurInnen bzw. noch früher, welche Formen von
Vielfalt und Differenz in den subjektiven Relevanzrahmen aus welchen Gründen überhaupt eine Rolle spielen. Jenen Anspruch setze ich durch die Auswahl und Analyse eines exemplarischen Untersuchungsfeldes, des Stadtteils
Hannover-Stöcken, in die Forschungspraxis um (s. ausführlich Kapitel 6 und
7).

Methodisches Vorgehen

Voraussetzung für eine empirisch begründete Untersuchung der konzeptionellen „Spielräume" von Diversity Management in der Quartiersentwicklung ist
das Wissen über soziale und räumliche Strukturen und Wirkungsweisen unterschiedlicher Handlungszusammenhänge im Stadtteil und seinen einzelnen

Quartieren. Die Tatsache, dass ein Management-Konzept im Mittelpunkt der Analyse steht, erfordert eine sorgfältige, *qualitative* Handhabung der methodologischen Anlage, will dem Anspruch genüge getan werden, die „interkulturelle Kommunikation' zwischen Expertenwissen, Praxiswissen und Laienwissen" (v. KARDORFF 2007: 622) hinreichend – im Sinne der Grounded Theory würde ich *erschöpfend* formulieren – zu erfassen.[16]

Auf Virginia WOOLF geht der pointierte Ausspruch zurück, die generellen Ideen seien Generalsideen. Mit Pierre BOURDIEU ist der Vorschlag zu ergänzen, die Ideen der Generale – in diesem Fall das ökonomisch determinierte Diversity Management-Verständnis der EU – mit der Sicht des Soldaten – in diesem Fall die Perspektive unterschiedlicher AkteurInnen in einem benachteiligten Stadtteil – zu verknüpfen (s. BOURDIEU 1992: 43f.). Der Zugang zu ExpertInnenwissen im Untersuchungsfeld Hannover-Stöcken vollzieht sich demnach notwendigerweise über die Akquise von Kontextwissen. Personen aus drei zentralen Gruppen wurden zu diesem Zweck in Leitfaden gestützten Interviews befragt: Erstens professionelle Fachkräfte aus den sozialen und soziokulturellen Stadtteileinrichtungen sowie Führungskräfte der mittleren Steuerungsebene außerhalb des Untersuchungsgebietes, zweitens semiprofessionell engagierte, langjährig aktive AkteurInnen aus dem Untersuchungsfeld sowie drittens BewohnerInnen.

Diversity ist dabei die *Analysekategorie*, der ich mich bediene, um das *Konzept* Diversity Management am Gegenstand der Quartiersentwicklung auf den Prüfstand zu stellen. Als *theoretisches Fundament* dienen mir die Milieutheorie und die theoretische Abstraktion des sozialen Raums Pierre BOURDIEUs (s. VESTER/v. OERTZEN/GEILING/HERMANN/MÜLLER 2001; BOURDIEU 1982). Der Milieuansatz bietet einen Blick unter die strukturellen Facetten eines Feldes, der sowohl die lokalen *Machtverhältnisse* wie auch die Ebene der *Mentalitäten* – etwa unterschiedliche Einstellungen zu „Vielfalt" – fokussiert. Das Konzept Diversity Management findet so für den sozialräumlichen Gebrauch im Milieuansatz eine geeignete theoretische Grundlage im Hintergrund. Dies eröffnet zum einen die Möglichkeit, weitere theoretische Überlegungen, sowohl durch Hinzuziehung anderer Disziplinen wie der Kulturwissenschaften als auch auf Basis der empirisch erhobenen Daten, zu generieren. Zum anderen wird auf diese Weise einem verkürzten Verständnis von Diversity als bloße „Vielfalt" vorgebeugt: Nicht durch Zuschreibungen (ethnische

---

[16] Da ich in der vorliegenden Untersuchung den ExpertInnenbegriff rein methodologisch verwende – mit ExpertInneninterviews bediene ich mich einem Instrument der qualitativen Sozialforschung – will ich hier auf die Relativität des ExpertInnenstatus in der BECKschen „Nicht-Wissensgesellschaft" nicht näher eingehen (s. BECK 2007: 211ff.).

Herkunft, Hautfarbe, Geschlecht etc.) werden soziale Milieus identifiziert, sie bilden sich vielmehr durch gemeinsam geteilte Erfahrungswerte, Mentalitäten und Lebensstile etc. der AkteurInnen. Zugleich rücken durch Hinziehung des Milieuansatzes die Frage nach der subjektiven Erfahrung und Interpretation von Vielfalt im sozialräumlichen Spiegel sozialer Ungleichheit sowie Machtasymmetrien in den Mittelpunkt der Expertise (vgl. LUIG 2007: 87).

Komme ich nun zu Aufbau und Struktur der vorliegenden Forschungsarbeit: In Kapitel 2 ist die Auswahl der zentralen Forschungsfragen begründet. Zusätzlich zu den Fragestellungen sind weitere vorsichtige Hypothesen hinsichtlich der im Feld zu erwartenden Ergebnisse skizziert.

Es folgt eine breite theoretische Rahmung, die ich als unerlässlich für die Klärung der leitenden Forschungsfrage begreife, da sich Diversity-Ansätze häufig aus praktischen Zugängen konstituieren; Theorien werden hingegen nur selten expliziert (vgl. REINDLMEIER 2007: 26): In Kapitel 3 wird unter Einbeziehung historischer Traditionslinien eine terminologische Verortung von Diversity unternommen. Anschließend wird Diversity im Spiegel interdisziplinärer Wissenschaftsdiskurse beleuchtet (Punkt 3.1). Daran anknüpfend folgt eine besondere Auseinandersetzung mit Diversity Management, wobei unterschiedliche Diversity Management-Ansätze – aus Gründen der konzeptionellen Kontrastierung zwischen Profit- und Non-Profit-Sektor bewusst auch aus dem *Human Ressource*-Sektor – vorgestellt werden.

Als innovativer und zugleich ambivalenter Beitrag zur Integrationsdebatte ist Diversity nicht wertfrei verhandelbar. Aus diesem Grund sind in Kapitel 4 die politischen Implikationen des Ansatzes in zweierlei Weise herausgestellt: zum einen im europäischen Kontext, insbesondere bezogen auf die europäische Beschäftigungs- und Antidiskriminierungspolitik als Grundpfeiler des Europäischen Sozialmodells (Punkt 4.1ff.); zum anderen mit Verweis auf die sozialpolitischen Herausforderungen sozialer und kultureller Differenz in Deutschland (Punkt 4.2ff.).

Die Frage nach den Potentialen von Diversity Management in der sozialen Quartiersentwicklung bedingt die Kenntnis ihrer besonderen strukturellen Voraussetzungen. In Kapitel 5 werden die sozialräumliche Abbildung und Aushandlung von Vielfalt und Differenz im Stadterneuerungsprozess theoretisch herausgearbeitet. Zum einführenden Verständnis von heutiger Quartiersentwicklung werden zunächst ihre zentralen, historisch bedingten konzeptionellen Veränderungen aufgezeigt. In besonderem Maße Berücksichtigung findet in diesem Zusammenhang die raumtheoretische Komponente der Quartiersentwicklung, indem die Chancen und Risiken von Segregation diskutiert werden (Punkt 5.1). Darauf folgend wird die sozialstrukturelle Dimension der

Quartiersentwicklung beleuchtet. Wie oben bereits angemerkt, bietet sich hier der milieutheoretische Blickwinkel auf den Stadtteil an, um dem zur Expertise stehenden Konzept Diversity Management auf diese Weise ein empirisch fundiertes Theorem zur Seite zu stellen (Punkt 5.2). Des Weiteren richtet sich das Interesse auf ein erweitertes und umfassendes Verständnis sozialkultureller Integration in der Quartiersentwicklung. Dies impliziert unter anderem auch eine Analyse der Dialektik kultureller Regelsysteme in benachteiligten Stadtquartieren (Punkt 5.3).

Nach sorgfältiger, multiperspektivischer Verhandlung des Paradigmas Diversity und einer ersten Anwendung seiner konzeptionellen Variante am Gegenstand der Quartiersentwicklung, stellt Kapitel 6 die bisher herausgearbeiteten theoretischen Überlegungen den realen Problemlagen im Untersuchungsfeld Hannover-Stöcken gegenüber. Hierbei ist – wie oben bereits skizziert – ein eigenes methodologisches Verfahren entwickelt worden, das die zielgesteuerte *Outputorientierung* von Diversity Management mit einer institutionellen Bestandsaufnahme vor Ort und den alltagskulturellen Lebenswelten unterschiedlicher AkteurInnen im Stadtteil zusammenführt. Den Herausforderungen von Vielfalt und Differenz in einem hochkomplexen Feld für alle StadtteilakteurInnen wird durch die qualitative und in weiten Teilen ethnographisch angelegte Herangehensweise ebenso begegnet wie eine Weiterentwicklung der Handlungskonzepte in der Quartiersentwicklung angestrebt wird.

Die Interpretation des empirischen Materials entlang der leitenden Forschungsfrage erfolgt in Kapitel 7, das mit einer Typologisierung der im Untersuchungsfeld praktizierten Diversity Management-Ansätze schließt.

In einem Transfer wird in Kapitel 8 die europäische Einflussgröße auf die Quartiersentwicklung erneut hinzugezogen und – unter Berücksichtigung der empirischen Befunde – eine handlungsorientierte Positionsbestimmung kultursensibler Quartiersentwicklung formuliert.

Die vorliegende Arbeit dient darüber hinaus einer intensiven Betrachtung der Funktionalität des Europäischen Sozialmodells auf kleinräumiger Quartiersebene. Pauschale EU-Strategien wie „Vollbeschäftigung", „Freizügigkeit der Arbeitnehmer" oder „territorialer Zusammenhalt" sollen in Bezug auf Beschäftigung und Diversity durch exemplarische und qualitative „Stichproben" in einem sozial benachteiligten Untersuchungsgebiet überprüfbar gemacht werden. Auf Grundlage der ermittelten Ergebnisse können mögliche Lösungswege exemplarisch erschlossen werden, etwa im Hinblick auf neue Formen integrativer Bildungskonzepte, innovative Beschäftigungsmodule oder weitere lokale Entwicklungspotentiale.

Erklärend seien abschließend noch einige Zeilen zum Verhältnis der *Grö-*

ßendimensionen von Diversity (vgl. PRENGEL 2007: 59f.) – Europa vs. Stadt-quartier – und zur Unmöglichkeit der Repräsentativität qualitativer Forschung hinzugefügt: Selbstverständlich steht die Abbildung von Vielfalt und Diffe-renz in einem exemplarisch ausgewählten Stadtteil nicht stellvertretend für das Wesen der nationalen oder gar europäischen Beschaffenheit benachteilig-ter Stadtgebiete. Bereits Clifford GEERTZ hat darauf hingewiesen, dass „die Relevanz lokaler mikroskopischer Untersuchungen" nicht „von einer solchen Prämisse" abhängen kann (s. GEERTZ 1983/87: 31); schon die *Eigenlogik der Städte* (s. LÖW 2008: 73ff.; BERKING/LÖW 2008), erst recht von Stadt-teilen und Quartieren – was Martina LÖW in ihrer „Soziologie der Städte" vernachlässigt (LÖW 2008) – liefe einer solchen Logik entgegen. Dennoch konzentrieren sich ethnisch und kulturell ausdifferenzierte Gesellschaftsfor-men zumeist in bestimmten Wohnquartieren (vgl. FRIEDRICHS/VAN KEM-PEN 2004: 67); insofern ist auch nicht jede empirische Erkenntnis spezifisch für das vorliegende Untersuchungsfeld Hannover-Stöcken. Zudem ist das Mo-ment der *Intersubjektivität* durch methodologische Transparenz gegeben. Eine *triangulativ* angelegte qualitative Expertise, wie sie mit dieser Arbeit vorgelegt wird, ist angesichts der „Verschlüsselung" des kulturellen Eigensinns differen-zierter Lebenswelten – um eine weitere freie Übersetzung von „Diversity" zu wagen – nur folgerichtig, vorausgesetzt man lässt sich, wie GEERTZ es for-muliert, von dem Anspruch leiten, „nicht nur realistisch und konkret" [...] sondern – wichtiger noch – schöpferisch und einfallsreich" zu Werke zu gehen (s. GEERTZ 1983/87: 34).

Danksagung

Der Abschluss meines Promotionsprojektes lässt mich zurückblicken auf die zahlreichen Menschen, die mich in diesem Prozess durch kritische und kol-legiale Unterstützung zu Reflektionen angeregt haben und ohne die manche heuristische Erkenntnis vielleicht weniger prägnant ausgefallen wäre. Die na-mentliche Nennung Einzelner ist immer eine unfaire Angelegenheit. Bei Arjun APPADURAI findet sich in der „Geographie des Zorns" die schöne Entschul-digung, nicht alle Personen aufzählen zu können, die zur Konzeption seines Werkes beigetragen haben, da dies den Beitrag Einzelner als belanglos erschei-nen lassen würde. Mit dieser sympathischen Ausrede will auch ich es halten. Denke ich an die Personen, denen ich zu besonderem Dank verpflichtet bin, so denke ich zuerst an meine wissenschaftlichen Begleiter, Prof. Dr. Heiko Gei-ling und Prof. Dr. Lutz Finkeldey.

Heiko Geiling war mir persönlich und fachlich ein wertvoller Ratgeber. Während des gesamten Forschungsprozesses hat er mir nicht nur überzeugend das Gefühl gegeben, „auf dem richtigen Weg zu sein", sondern mich selbst immer wieder mit kritischen Fragen konfrontiert, ohne die diese Forschungsarbeit erheblich an Qualität verloren hätte. Heiko Geiling hat die Begleitung meines Promotionsvorhabens sehr ernst genommen, was ich umso bemerkenswerter finde, wie ich um seine zahlreichen Verpflichtungen in Wissenschaft, Politik und Forschung weiß. Besonders gefreut hat mich, dass Heiko Geiling „Promotion" als multidimensionalen Prozess versteht, der über die reinen „Schreibphasen" hinausweist. So war er auch ungewöhlichen Vorschlägen gegenüber aufgeschlossen und hat einen Forschungsaufenthalt in Buenos Aires unterstützt.

Ein besonderer Dank geht außerdem an Lutz Finkeldey. Zahlreiche kritische Diskussionen, die nicht immer in direktem Zusammenhang zu den Forschungsfragen dieser Arbeit standen, haben mich davor bewahrt, die wissenschaftliche Neugier zu verlieren bzw. mir in der bloßen Reproduktion elaborierter Theorien zu gefallen. Im Gegenteil waren Lutz Finkedeys Reflexionen im Hintergrund des Promotionsverlaufs oft genug Anstöße zu tiefer gehenden Betrachtungen des Forschungsgegenstandes.

Agnes Skowronneck stellte mir als Quartiersmanagerin in Hannover-Stöcken umfangreiche Informationen über das Forschungsfeld zur Verfügung, organisierte Stadtteilrundgänge, ermöglichte mir die Teilnahme an lokalen Beteiligungsgremien und war mir nicht zuletzt bei der Suche nach ExpertInnen der Quartiersentwicklung behilflich. Dafür möchte ich ihr meine Dankbarkeit aussprechen.

Die Bereitstellung der soziodemographischen Daten erfolgte mit freundlicher Unterstützung verschiedener MitarbeiterInnen der Landeshauptstadt Hannover: Dr. Silke Mardorf von der Koordinationsstelle Sozialplanung, Peter Korpak und Andreas Martin von der Statistikstelle sowie Matthias Glauche aus dem Bereich Geoinformation möchte ich dafür herzlich danken.

Mein besonderer Dank gilt der Hans-Böckler-Stiftung, die durch materielle und ideelle Förderung einen strukturierten und zeitlich überschaubaren Promotionsprozess ermöglicht hat. Wann immer es um Fragen der internationalen Vernetzung im Wissenschaftsbereich ging, fand ich in Dr. Susanne Schedel eine offene und unterstützende Persönlichkeit.

Schließlich danke ich meiner Familie für ihre Rücksicht und ihr Verständnis gegenüber meinem Promotionsprojekt. Auf Grund der räumlichen Nähe wurde sie mehr als einmal Zeugin der Prozesshaftigkeit von Forschung und Wissenschaft und der Launenhaftigkeit des forschenden Wissenschaftlers. Dank und Liebe schulde ich Yvonne und Louane.

Kapitel 2

Forschungsfragen

Wie bei allen Konzepten, die zuvor in den Wirtschaftswissenschaften erprobt und präzisiert werden und danach Eingang in die Diskurse der Sozialwissenschaften finden, müssen auch bei der Auseinandersetzung mit Diversity Management die unterschiedlichen disziplinären Denkschulen und die feldspezifischen Implementationsbedingungen berücksichtigt werden. Diversity Management in der Quartiersentwicklung kann dabei durchaus von „Impulsen aus der Personalforschung" (KRELL/WÄCHTER 2006) lernen, von einem bruchlosen Transfer ist allerdings schon auf Grund der divergenten Zielsetzungen in Betriebswirtschaftslehre und Sozialer Arbeit abzuraten. Ingrid BRECKNER hat bereits 1999 darauf hingewiesen, dass eine „Strukturanalyse des Sozialen in zeitgenössischen urbanen Lebensräumen", um die es in dieser Arbeit grundsätzlich geht, nicht ohne die Beantwortung des folgenden Fragenkatalogs auskommt (BRECKNER 1999: 87). Ich dokumentiere die von BRECKNER gestellten Fragen wortgetreu, weil sie mich bei meinen vorbereitenden Untersuchungen im Feld stets begleitet und zur Formulierung der eigenen Forschungsfragen beigetragen haben:

- *„Welche sozialen, kulturellen, wirtschaftlichen und politischen Ordnungsmuster behindern in großstädtischen Lebensräumen in wessen Interesse und unter wessen Regie die Entfaltung von sozialen Beziehungen zwischen den sich mehr und mehr differenzierenden Nutzergruppen urbaner Räume?*
- Welche sozialen Fragmente finden wir in unserer urbanen Gegenwart in welchen Erscheinungsformen und in welchen Vernetzungen vor? Wie genau beobachten wir sie zum Zweck einer theoretisch begründeten Erklärung und welche Gestaltungsalternativen lassen sich aus verfügbaren bzw. ergänzungsbedürftigen Wissens- und Erfahrungsbeständen ableiten?
- Welche Orte bieten sich in modernen Stadtregionen zur Pflege dauerhafter sozialer Beziehungen und damit wenigstens zur Erhaltung fragmentierter Erfahrungsbestände an?
- *Welche Filter und Verstärker beinhaltet Stadtentwicklung für je besondere soziale Konflikte?*

– Wie lernen wir das Fragmentarische und Widersprüchliche als Konstituens der europäischen Stadt ertragen und die Potentiale dieser Unordnung für die Gestaltung einer lebendigen Urbanität im 21. Jahrhundert nutzen?

– *Welche Gestaltungschancen nehmen unterschiedliche Akteure in Stadtregionen im Interesse des Ganzen dieser Lebensräume wahr – jenseits einer simplen, an egoistischen Einzelinteressen orientierten Verkittung von Einzelteilen an brüchig gewordenen Stellen?"* (Ebd.: 87f.)

Die Formulierung der eigenen Forschungsfragen war dabei insbesondere von den oben grafisch hervorgehobenen Fragestellungen beeinflusst. So wirft die Frage, inwieweit Diversity Management bereits explizit oder implizit in die Steuerungsmechanismen der kommunalen Quartiersentwicklung implementiert ist, zwangsläufig die Frage nach der „inneren Logik" möglicher strukturbedingter Widerstände auf. Auch sind es die „sich mehr und mehr differenzierenden Nutzergruppen urbaner Räume", die zehn Jahre nach BRECKNERS Diagnose auf Grund neu hinzugekommener „feiner Unterschiede" die Auseinandersetzung mit Diversity Management erst erforderlich machen. Ebenso ist die Frage nach den dringenden sozialen und kulturellen Konfliktlinien im Stadtteil Voraussetzung für die Bestimmung bzw. Entwicklung notwendiger und „passgenauer" Diversity-Ansätze. Hierbei interessiert im gleichen Maße: Wo „filtert" Diversity Management, wo „verstärkt" das Konzept konfliktgeladene Situationen? In welchen Problemfeldern würde Diversity Management kontraproduktive Effekte erzielen oder sich gar überflüssig machen? Nicht zuletzt steht bei der Anwendung von Diversity Management immer das „Interesse des Ganzen", im Fall der Stadtteilorientierung also der soziale Zusammenhalt, im Vordergrund, nicht „egoistische Einzelinteressen". Die „brüchig gewordenen Stellen", die BRECKNER auf das Soziale bezieht, verbinde ich dabei konkret mit dem Bruchstückhaften und Fragmentarischen des Erwerbsarbeitsmarktes und der – durch den Kollaps der internationalen Finanzmärkte endgültig verfestigten – Krise der Lohnarbeitsgesellschaft (vgl. NEGT 2002: 308ff.; umfassend CASTEL 2008). Welche „Gestaltungschancen" haben die unterschiedlichen AkteurInnen in benachteiligten Quartieren überhaupt? Ist „Vielfalt" nun Chance – gar eine „Humanressource" – Risiko oder nur „Chic"?

Diese und weitere Fragen zeigen, dass „Diversity" in der Quartiersentwicklung nicht außerhalb stadtsoziologischer Forschungstradition bespielbar ist. Zugleich ist ein kritischer Bezug zum europapolitischen Diversity-Verständnis herzustellen. Wie bereits in der Einleitung gezeigt, fungieren zentrale Stadtteilinstitutionen wie Quartiersmanagements heute zunehmend als „Regisseure" europäischer Politik. Zwischen der europapolitischen, normativen Konzeption von Diversity und den „normalen" Handlungszusammenhän-

gen der AdressatInnen im Quartier wird allerdings eine hohe Diskrepanz vermutet. Ein Konzept, das von der EU als leitend und verpflichtend für die Arbeit
mit benachteiligten Menschen herausgestellt wird, bedarf deshalb zwingend
qualitativer Rückversicherungen im Sozialraum.

Basierend auf den vorangegangenen Argumentationssträngen lässt sich
folgende zentrale Fragestellung formulieren, die für das weitere Vorgehen in
dieser Dissertation bestimmend sein soll:

> *Inwieweit kann Diversity Management in der Quartiersentwicklung zur Un-
> terstützung von lokaler Beschäftigungsentwicklung und sozialer Kohäsion
> beitragen?*

Die Forschungsfrage vereint dabei zwei wesentliche Dimensionen der Integration: Durch den Indikator Beschäftigungsentwicklung wird einerseits die *sozialstrukturelle Integration* thematisiert. Nach wie vor ist es trotz zunehmender
Diskrepanz zwischen dem normativen gesellschaftlichen Konzept der Vollbeschäftigung und dem „normalen" Konzept der Massenarbeitslosigkeit der
Erwerbsarbeitsmarkt, der politisch als Projektionsfläche der Integration angesehen wird. Andererseits findet *die sozialkulturelle Integration* ihren Bezugspunkt in dem Anspruch, inmitten der sozialräumlich abgebildeten personalen
Vielfalt, Perspektiven sozialer Kohäsion herzustellen (vgl. GEISSLER 2004:
288 sowie Punkte 4.2.2 und 5.2).

Diversity Management suggeriert dabei bereits in seiner terminologischen
Anlage, dass es sich bei diesem Ansatz um eine Führungsaufgabe („Management") handelt. Quartiersentwicklung wird allerdings spätestens seit Einzug
der „Sozialen Stadt"-Philosophie als integriertes Konzept begriffen, dessen er-
folgreiche Umsetzung nur unter intensiver Beteiligung der betroffenen AkteurInnen möglich ist (vgl. DIFU 2009a). Da ein solches Vorverständnis von
Quartiersentwicklung sogleich zu Schnittmengen mit dem Verständnis der Sozialen Arbeit führt, muss der leitenden Forschungsfrage notwendigerweise eine weitere Differenzierung folgen: Neben der Betrachtung der institutionellen
Ebene – als lokale Steuerungsinstanz – bedarf es einer intensiven Analyse der
Dispositionen, Einstellungen und Mentalitäten derjenigen, die im Sinne sozialer Quartiersentwicklung in Beschäftigung und Gemeinwesen „integriert" werden sollen. Hierbei handelt es sich vorrangig um die mehrfach benachteiligten
AdressatInnen sozialpolitischer Maßnahmen, beispielsweise Jugendliche ohne
Schulabschluss, Langzeitarbeitslose, Alleinerziehende etc. und hier insbeson-
dere um diejenigen Personen, die zusätzlich auf Grund individueller Migra-
tionsgeschichten am Arbeitsmarkt benachteiligt sind (vgl. exemplarisch AU-
TORENGRUPPE BILDUNGSBERICHTERSTATTUNG 2010: 95ff.; EBER-

HARD/KREWERTH/ULRICH 2006). Diversity Management in der Quartiersentwicklung wird daher als Querschittsaufgabe verstanden und die InterviewpartnerInnen auch aus der Gruppe der Ehrenamtlichen und BewohnerInnen
ausgewählt.

Die nachstehenden empirischen Fragestellungen sollen das weitere methodische Vorgehen dieser Forschungsarbeit leiten und so konkret wie durch das
explorativ gewonnene Material möglich beantwortet werden (vgl. Kapitel 6).
Weitere Fragen werden erwartungsgemäß im Laufe des Forschungsprozesses
entstehen und so zu einer verdichteten Potentialanalyse von Diversity Management in der Quartiersentwicklung führen (vgl. Tab. 1):

Tab. 1: Empirische Fragestellungen in Ergänzung zur leitenden Forschungsfrage [17]

Diversity Management in der Quartiersentwicklung	
Institutionale Dimension	*Funktionale Dimension*
Inwieweit ist Diversity Management bereits in kommunale Steuerungsprozesse der Quartiersentwicklung integriert bzw. inwieweit kann von einer Sensibilisierung für Vielfalt und Differenz ausgegangen werden?	Wie werden Vielfalt und Differenz subjektiv wahrgenommen und bewertet?
Welche Interessen stehen hinter möglichen Widerständen gegen das Paradigma Diversity?	Welche Potentiale birgt die Vielfalt sozial benachteiligter Stadtteile für die lokale Beschäftigungsentwicklung und die soziale Kohäsion?
Querschnittsfragen	
Wie wird „Europapolitik" aus der Perspektive des Stadtteils wahrgenommen und bewertet? In welcher Weise gibt es Berührungspunkte?	
Welches sind die dringenden Problemlagen in sozial benachteiligten Stadtteilen? Oder: Wann ist ein Stadtteil „benachteiligt"?	
Auf welche Weise äußern sich Konflikte in sozial benachteiligten Stadtteilen?	
Transfer	
Welche Diversity-Ansätze bieten für welche Problemlagen spezifische Lösungspotentiale? Wo wäre die Einführung von Diversity Management bezogen auf die Lösungsorientierung kontraproduktiv? Warum?	

---

[17] Die hier vorgeschlagene Untergliederung der leitenden Forschungsfrage in einen „institutio-

Es wird demnach von einer Dualität des Diversity-Ansatzes in der Quartiers-entwicklung ausgegangen, indem sowohl die institutionale als auch die funktionale Ebene im Stadtteil beleuchtet werden. Wenn hier von institutionalem Diversity Management die Rede ist, dann nicht im Sinne kommunaler Organisationsentwicklung. Ein solcher Veränderungsprozess kann durch diese Arbeit aus ersichtlichen Gründen weder initiiert, noch begleitend evaluiert werden. Nicht die „Personalpolitik" kommunaler Arbeitgeber *en detail* ist Forschungsgegenstand der Untersuchung; sehr wohl wird es hingegen – exemplarisch – um die AkteurInnenkonstellationen in den *intermediären* bzw. öffentlichen und sozialen Stadtteilinstitutionen gehen.[18] Die *interkulturelle Öffnung* kommunaler Institutionen auf Stadtteilebene impliziert in diesem Zusammenhang ein weit gefasstes, fließendes Verständnis: Sozialen Quartierszentren geht es um die Öffnung der Einrichtungen gegenüber der multikulturellen Wohnbevölkerung mit dem Ziel, jene zur aktiven Mitarbeit zu gewinnen. Als MultiplikatorInnen sollen unterschiedliche BewohnerInnen in ihre jeweiligen Milieus hineinwirken. Ein solches Verständnis von institutionalem Diversity Management soll hier zu Grunde gelegt werden.

Die hier abgebildeten Forschungsfragen lassen sich nicht ohne einen bestimmten Erwartungshorizont lesen: Meine Hypothese lautet, dass der Sensibilisierungsgrad für *Vielfalt* und *Differenz* in der gegenwärtigen Praxis der Quartiersentwicklung eher gering bemessen ist – erst recht gilt dies für das wissenschaftliche Diversity-Konzept sowie den Fachterminus Diversity Management. Diese Annahme ist in einer quasi-professionellen „Betriebsblindheit" vieler Fachkräfte in der Sozialen Arbeit begründet, die nicht zuletzt mit der gegenwärtigen Tendenz zur De-Professionalisierung der Sozialen Arbeit korrespondiert (vgl. EBERT 2009; ZIEGLER 2008: 163ff.): Unter derartigen Rahmenbedingungen bleibt wenig Zeit zur Reflexion der beruflichen Praxis. Dies bedeutet, dass dem professionellen Personal in der Quartiersentwicklung eine wesentliche Voraussetzung für eine sensibilisierte Denk- und Handlungspraxis häufig gar nicht zur Verfügung steht.

In der Praxis, so die Vermutung, werden bislang nur einzelne Facetten von Diversity thematisiert (z.B. geschlechtsspezifische Jugendarbeit, interkultu-

---

nalen" und einen „funktionalen" Teil schlage ich in pointierter Anspielung auf die Definition des Managementbegriffs in den Wirtschaftswissenschaften vor. In der Literatur ist dort von institutionalem und funktionalem Management die Rede (vgl. BALDEGGER 2007: 27).

[18] Auch wenn dieser Schritt hier nicht gegangen wird, so würde die organisationsspezifische Analyse einer Kommunalverwaltung aus Diversity-Perspektive ein hohes Erkenntnisinteresse versprechen. Fragen zu kulturellen Hintergründen der MitarbeiterInnen oder den Anforderungen an eine kultursensible Haushaltspolitik könnten hierbei untersucht werden.

relle Spielgruppen etc.). Sollten verschiedene Heterogenitätsdimensionen getrennt „bearbeitet" werden, kommt „Diversity Management" als Querschnittsaufgabe nicht zur Geltung. Der europäische Referenzrahmen, EU-Konzepte zur Beschäftigungsförderung und sozialer Kohäsion sowie entsprechende Finanzierungsmodalitäten sind mit hoher Wahrscheinlichkeit nur den VertreterInnen der mittleren bzw. oberen Führungsebene bekannt, da „Europa" bei den BürgerInnen – und erst recht bei jenen, denen dieser Status politisch-rechtlich abgesprochen wird – gemeinhin als „weit weg" oder lebensweltlich irrelevant empfunden wird.

Was die befragten Gruppen der Semiprofessionellen und der BewohnerInnen betrifft, so wird im Fall der „angelernten" Semiprofessionellen bedingt durch Lernerfahrungen aus Weiterbildungen – die ja in der Regel von Professionellen organisiert werden – oder ehrenamtlicher Routine ebenfalls von einem niedrigen Bewusstsein für Vielfalt und Differenz ausgegangen. Auf der Ebene der BewohnerInnen ist der Erwartungshorizont ambivalenter. Im Gegensatz zu den Professionellen oder Semiprofessionellen kann hier nicht ohne Weiteres eine vergleichende Variable wie die einschlägige Berufsgruppe oder die institutionelle Anbindung bestimmt werden. Gleichwohl werden sich von den befragten BewohnerInnen tiefere bzw. unmittelbare Einblicke in „Innenleben" und Eigensinn des Stadtteils erhofft.

Selbstverständlich handelt es sich bei den formulierten Hypothesen um grundsätzliche Annahmen, die den subjektiven Relevanzrahmen der einzelnen Befragten zu diesem Zeitpunkt noch unberücksichtigt lassen. Der empirische Teil dieser Arbeit wird zeigen, inwieweit diese Hypothesen auf den Forschungsgegenstand zutreffen.

Rethinking Diversity: Theoretische Reflexionen auf Vielfalt und Differenz

Kapitel 3

Terminologische Verortung von Diversity

„Kleine Gruppen stellen ein winziges Hindernis auf dem Weg
von der Mehrheit zur Totalität oder absoluten Reinheit dar. In
gewissem Sinne gilt: Je kleiner die Gruppe und je schwächer
die Minderheit, desto rasender die Wut darüber, daß sie der
Mehrheit das Gefühl zu geben vermag, lediglich eine Mehrheit
und nicht das ganze, unangefochtene Ethnos zu sein."

(APPADURAI 2009: 69)

„(. . .) das sind wieder so kleine Minderheiten dann, (. . .) dass
sie nicht ins Gewicht fallen (. . .) gut, mag ja sein, dass wir
50 Nationalitäten hier haben in Stöcken, ist mir gar nicht so
bewusst (. . .) weil die dann in einer Größenordnung vorhanden
sind (. . .) die man dann nicht mehr wahrnimmt."

(Polizeibeamter J., Interviewpartner)

Die Auseinandersetzungen mit Diversity in den Sozialwissenschaften erweisen sich heute als ebenso ambivalent, widersprüchlich und breitflächig wie der horizontal angelegte Terminus selbst: Doch ob mit Diversity nun eher „die Nützlichkeit einer diversitätsbewussten Perspektive" verbunden wird, mit dem Effekt, Kulturalisierungen zu reflektieren (s. LEIPRECHT 2008: 15) oder aber die einschlägigen Diskurse aus skeptischer Distanz beobachtet werden (vgl. CAGLAR 2009: 139), fest steht: Diversity ist zu einem politisch besetzten Terminus geworden, dessen offizielle Lesart „Vielfalt als Chance" begreift.[19]

---

[19] „Vielfalt als Chance" lautete der Titel einer im Jahr 2007 von der Bundesregierung gestarteten Kampagne, der es darum ging, kulturelle Vielfalt als ökonomischen „Erfolgsfaktor" darzustellen und Diversity Management in Unternehmen und Behörden zu installieren (s. BEAUFTRAGTE DER BUNDESREGIERUNG FÜR MIGRATION, FLÜCHTLINGE UND INTEGRATION 2007). Die Kampagne reproduzierte zum Teil rassistische Stereotype, indem sie die für den Postkolonialismus typische „exotische" Nostalgie bediente. So wurde zum Beispiel der Schwarze Adriano Nhantumbo, „ein mosambikanischer Bäcker auf Langeoog" (BEAUFTRAGTE DER BUNDESREGIERUNG FÜR MIGRATION, FLÜCHTLINGE UND INTEGRATION 2010a), in weißer Arbeitskleidung vor der deutschen Na-

Der Begriff hat inzwischen – zumindest implizit – konzeptionell in die wichtigsten Finanzierungsinstrumente europaweiter Sozialprogramme wie den ESF Einzug erhalten: Seither wird sich kaum ein Beschäftigungsprogramm finden lassen, das nicht in der „Vielfalt" der Masse der vom Arbeitsmarkt Ausgeschlossenen zugleich ihre Chancen auf Teilhabe am Erwerbsleben sieht.

Diversity scheint nicht nur in aller Munde, sondern auch zu polarisieren. Bevor auf die politische Raffinesse von Diversity näher eingegangen wird, soll zunächst der Versuch einer für diesen Forschungszusammenhang ersten, möglichst präzisen Definition unternommen werden:

Diversity ist ein Paradigma, das auf eine sensibilisierte Haltung für gesellschaftliche Vielfalt und Differenz hinwirkt. Als ressourcenorientiertes Konzept zielt Diversity auf die Anerkennung und Förderung personaler Vielfalt. Die Akzeptanz unterschiedlicher Heterogenitätsdimensionen und die Hervorhebung von Gemeinsamkeiten zwischen Individuen und Gruppen werden als Querschnittsaufgabe begriffen.

Diversity Management sei vorerst wie folgt verstanden:

Diversity Management ist die Gestaltung von Vielfalt und Differenz unter der Prämisse eines organisationalen und/oder gesellschaftspolitischen Ziels. Diversity Management analysiert und unterstützt individuelle und kollektive Ressourcen und fragt nach dem „verbindenden Element" zwischen unterschiedlichen AkteurInnen. Zielsetzung und Steuerungsform von Diversity Management sind abhängig von den organisationalen bzw. gesellschaftspolitischen Kontextbedingungen.

Zur Reflexion der gesellschaftlichen Brisanz, aber auch der transdisziplinären Konjunktur des Paradigmas, empfiehlt sich sowohl ein Blick in die sozialpolitische Genese Europas als auch in die noch junge Geschichte der US-amerikanischen sozialen Bewegungen. Insbesondere die sozialen Bewegungen haben durch ihre Kämpfe um Anerkennung, Teilhabe und Selbstbestimmung (vgl. hierzu HONNETH 1994) entscheidend zur heutigen Aktualität von Diversity beigetragen. Auch wenn hier nur eine kurze historische Referenz erfolgen kann, so wird deutlich, dass Vielfalt und Differenz in traditionellen, ständischen, vormodernen, industriellen und postmodernen Gesellschaften jeweils eine andere, historisch spezifische Rolle gespielt haben.

Historische Entwicklungslinien von Diversity (Management)

Der gesellschaftspolitische Stellenwert der gegenwärtigen Diversity-Diskurse ist ohne die Betrachtung der historischen Traditionslinien des „alten Europas"

---

tionalflagge abgebildet. Die Überschrift lautet: „Adriano Nhantumbo arbeitet für Deutschland" (BEAUFTRAGTE DER BUNDESREGIERUNG FÜR MIGRATION, FLÜCHTLINGE UND INTEGRATION 2010b).

nur unzureichend zu verstehen. Schon mit der Französischen Revolution 1789 wurde im neu errichteten Nationalstaat durch die Forderung nach Freiheit, Gleichheit, Brüderlichkeit, Eigentum und Fortschritt das Gleichheitspostulat in seiner heutigen verfassungsmäßigen Form vorformuliert. Bereits hier kristallisiert sich die wichtigste Funktion des späteren Sozialstaates heraus: Er soll die Unvereinbarkeit individueller Eigentumsrechte mit kollektiven Schutzmechanismen relativieren, indem er gesellschaftliche Schutzfunktionen übernimmt (vgl. GEISEN 2001: 24f.).

In Anbetracht der zunehmenden Industrialisierung Europas im 19. Jahrhundert, des Aufstiegs des Kapitalismus und seiner Etablierung als herrschendes Weltsystem, muss ferner auf die Errungenschaften der europäischen ArbeiterInnenbewegung verwiesen werden, um die historische Entstehung des Sozialstaates hinreichend erklären zu können. Im Übrigen hat Lorenz von STEIN den sozialstaatlichen Begriff schon 1876 nachhaltig geprägt, als er zu der Ansicht kommt, der Staat solle durch seine Macht (Staatsgewalt) die *Gleichheit* sowie den *wirtschaftlichen und sozialen Fortschritt aller Bevölkerungsgruppen* gewährleisten (vgl. RITTER 1991: 11).

Abgesehen von den historischen Umbrüchen im „alten Europa" haben die sozialen Bewegungen in den Vereinigten Staaten, wenn auch erst in der zweiten Hälfte des 20. Jahrhunderts, Diversity zum Paradigma avancieren lassen. Zu nennen sind neben der Bürgerrechtsbewegung um Martin Luther KING in den 1960er Jahren die 1966 gegründete Frauenorganisation *National Organization for Women (NOW)*, die seit 1968 bestehende Bewegung nordamerikanischer Indigener, *American Indian Movement (AIM)*, oder die 1970 gegründeten und gegen Altersdiskriminierung (*Agism*) agierenden *Grey Panthers*. Die gesetzlich verbriefte Förderung der Chancengleichheit in den USA – exemplarisch sei auf den *Age Discrimination Act* (1967), die *Affirmative Action (AA) Plans* (1968) oder den *Americans with Disabilities Act* (1990) verwiesen – ist ohne den Verweis auf die außerparlamentarischen Kämpfe sozialer Bewegungen nur unzureichend zu erklären (vgl. VEDDER 2006: 3f.).[20] Zudem hatten jene politisch Einfluss auf Reformen im Bildungsbereich; dies im Übrigen auch in Europa, wie das Beispiel der *Bildungsexpansion* in den 1960er Jahren

---

[20] Freilich können Merkmale wie Hautfarbe oder „Ethnie" sozialen Ausschluss nur unzureichend erklären. Ethnizität kann nicht als „Platzhalter" für wirtschaftliche Diskriminierung stehen. Folglich haben sich Konzepte wie AA in den USA in der Praxis nicht an alle Schwarzen gerichtet, sondern an die gering gebildeten Gruppen. Würde der Indikator „ethnische Herkunft" bei der Analyse von Arbeitsmärkten jedoch nicht berücksichtigt, so würden auch Kategorien wie Rassismus und Herrschaft ausgeblendet.

in Deutschland zeigt, die eine grundlegende Reform des Bildungssektors zur Folge hatte (vgl. PRENGEL 2007: 50).

Ein wissenschaftliches Interesse an *Diversity Management* ist seit Mitte der 1980er Jahre zunächst in den USA zu beobachten (vgl. Punkt 3.2). Unzureichende Erfolge bei der Gleichstellung in Unternehmen korrespondieren zu dieser Zeit mit weiterem Druck durch AktivistInnen. In den nordamerikanischen Diskursen der sozialen Bewegungen werden *Querverbindungen* zwischen unterschiedlichen Diskriminierungsformen diskutiert. Allerdings sind es die Wirtschaftswissenschaften, die als erste den Versuch einer konzeptionellen Aneignung des Diversity-Paradigmas unternehmen. Im Rahmen der Organisationsentwicklung geht es vermehrt um die Durchsetzung unternehmensinterner Chancengengleichheit. „Culture" und „Diversity" werden als neue *Labels* von OrganisationsberaterInnen in die Diskussion eingeführt. Zugleich vollzieht sich ein Wandel der Argumentationslinien: weg von der Antidiskriminierung, hin zur gezielten Nutzung und Förderung interkultureller Kompetenzen. In den USA werden auf Grund der demographischen Entwicklung die *high potentials* auf Seiten der Minderheiten vermutet (vgl. VEDDER 2006: 4ff.).

In Deutschland wird Diversity Management wissenschaftlich hingegen erst seit den 1990er Jahren rezipiert und auch hier – z.B. durch Rolf KIECHL (1993) und Gertraude KRELL (1996) – zunächst im betriebswirtschaftlichen Kontext der Personalforschung. Diejenigen Unternehmen, die in Deutschland gezielt Diversity Management betreiben, sind vorwiegend international tätige Groß- und Dienstleistungsunternehmen mit entsprechend heterogener Belegschaft wie die Deutsche Bank, Lufthansa, Shell oder Kraft Foods Deutschland (s. VEDDER 2006: 7ff.).

Der Vorsitzende der *National Association for the Advancement of Colored People (NAACP)* Julian BOND verweist darauf, dass das zentrale Charakteristikum der amerikanischen Bürgerrechtsbewegungen die *Bewegung* („Movement") als solche war, während es sich bei Diversity um einen *Prozess* handelt, aus dem unter anderem Konzepte wie Diversity Management hervorgegangen sind (vgl. AIMD 2005). Auch der NAACP ging es nicht allein um die Rechte von Schwarzen. Diversity, so BOND, war immer schon „komplementär" (ebd.). Mit Roosevelt THOMAS, dem Gründer des *American Institute for Managing Diversity*, lässt sich ergänzen, dass Diversity an sich keine Bezugsgröße ist: Die Frage ist, auf wen oder was sich Diversity bezieht (s. ebd.). Diversity benötigt einen „Tertium Comparationis" (PRENGEL 2007: 56f.), einen inhaltlichen Bezugsrahmen wie (Zugang zu) Bildung, Erwerbsarbeit etc. und darf nicht allein an *Formen* von Unterschiedlichkeit festgemacht werden. Die Auseinandersetzung mit Vielfalt wäre ansonsten überflüssig, ebenso wie sich aus

„Vielfalt" als solcher noch kein Handlungsbedarf oder gar ein Arbeitsauftrag für Diversity Management formulieren ließe (vgl. FUCHS 2007: 18). Die sozialen Bewegungen in den USA, so lässt sich schließen, haben jenen Bezugsrahmen auf unterschiedliche Art und Weise gewissermaßen vorformuliert.

Wissenschaftliche Rezeption von Diversity

Die lakonische Feststellung, dass schon der Begriff Diversity eine allgemein verbindliche Theorie der Diversität verbiete (s. ebd.: 17), ist zwar durchaus schlüssig, allerdings wenig aufschlussreich. Da ich mit der vorliegenden Arbeit auch zur Begriffsschärfung von Diversity einen konstruktiven Beitrag leisten möchte, untersuche ich die Rezeptionen in den einschlägigen Disziplinen im anschließenden Punkt 3.1.

Zunächst will ich wiederholen, dass sich das Forschungsinteresse an Diversity in der Regel auf sechs Bereiche beschränkt. Wie bereits in der Einführung erläutert, zählen hierzu die Basiskategorien *Geschlecht/Gender*, *Nationalität/ethnische Herkunft*, *Religion/Weltanschauung*, *Behinderung/Beeinträchtigung*, *Alter/Generation* und *sexuelle Orientierung*. Die Zusammensetzung der ausgewählten Heterogenitätsdimensionen ist nicht rein zufällig: Diversity steht als Konzept vor allem in Verbindung mit europäischen und nationalen Antidiskriminierungspolitiken; so finden sich die hier genannten Kategorien etwa in Artikel 13 des EG-Vertrages oder dem deutschen Allgemeinen Gleichbehandlungsgesetz (AGG) wieder. Zugleich findet die sozioökonomische Dimension (Armut, soziale Ungleichheit, Exklusion etc.) in den hegemonialen Diversity-Diskursen keine Erwähnung.[21]

In Anlehnung an den Soziologen Albert SCHERR lassen sich drei Perspektiven auf Diversity unterscheiden (s. SCHERR 2008: 12):

1. *Diversity als funktionales Verständnis* Die Förderung von Vielfalt unterliegt bestimmten Motiven, beispielsweise versprechen sich Unternehmen durch den Einsatz von Diversity Management im Bereich der Organisationsentwicklung und der Personalplanung, aber auch im Marketing und der Produktplanung ökonomische Vorteile.

2. *Diversity als Antidiskriminierungsdiskurs* Insbesondere auf europäischer Ebene wird Diversity im Zusammenhang mit politisch-rechtlichen Schutzbestimmungen diskutiert. Bestimmte Heterogenitätsdimensionen werden dabei in Richtlinien und Gesetzen jeweils hervorgehoben.

---

[21] Gleiches ließe sich entlang der Dimensionen „Lebensstile" oder „Subkulturen" aufzeigen, körperlicher Merkmale wie Tattoos oder Piercings sowie zahlreicher weiterer sozialer und kultureller Kategorien.

3. *Diversity als macht- und herrschaftskritischer Diskurs* Hierbei wird auf die Gefahr der Verwischung realer Macht- und Herrschaftsbeziehungen durch den horizontal und vermeintlich individualistisch angelegten Diversity-Ansatz verwiesen.

Dem zuletzt genannten Punkt 3 ist hinzuzufügen, dass Diversity durch seine horizontale und tendenziell individualistische Ausrichtung – zugespitzt formuliert, durch die Überbetonung der *Vielfalt* und die Unterbetonung der *Differenz* – in seiner konzeptionellen Anlage die Gefahr birgt, sozial und materiell bedingte Ungleichheit zu *kulturalisieren*. Diversity im soziologischen oder ethnologischen Verständnis (zur disziplinären Unterscheidung von Diversity vgl. Punkt 3.1) ist jedoch zuvorderst das Resultat von Differenzierungen bzw. Differenzhandlungen (s. FUCHS 2007: 17). Kritisch hinterfragt werden muss hierbei allerdings auch, welche bzw. wessen Differenz aus welchen Gründen und von wem problematisiert wird (vgl. KRÄMER-BADONI 2007: 61f.).[22] Hier stellt sich die Machtfrage nach der Deutungshoheit. Verkürzt formuliert lässt sich daher fragen, wer „Diversity" eigentlich definiert (vgl. Kapitel 5 und 7).

Betonen will ich in diesem Zusammenhang auch: Je stärker der Fokus auf eine möglichst genaue Deskription von „Andersartigkeit" gelegt wird – sei es durch die Bezeichnung von gesellschaftlichen Minderheiten als „MigrantInnen", Menschen „mit Migrationshintergrund", Menschen mit „Migrationsgeschichte" (HAMBURGER 2009: 41), „Allochthone"[23] (vgl. BLOM 2009) etc. – desto stärker wird, trotz vermeintlich wohlwollender Intention, ein kaum vermeidbarer Beitrag zur Stigmatisierung bestimmter Personen oder Gruppen geleistet.[24] Paul MECHERIL hat in diesem Zusammenhang auf die im Diversity-Ansatz angelegte Ambivalenz hingewiesen, einerseits immer neue, der Vielfalt zuzurechnende Determinanten zu benennen (Geschlecht, Ethnie, Religion etc.) und dadurch Identitätsangebote zu stärken, andererseits aber durch jene Addition die Bedeutung der einzelnen Heterogenitätsdimensionen zu relativieren und letztlich das Identitätsdenken zu schwächen (s. MECHERIL 2009, o.S.).

---

[22] „Differenz" muss dabei nicht zwangsläufig auf einen gesellschaftlichen Dissens verweisen. Differenz ist zunächst einmal eine soziale oder kulturelle Deskription von Individualität.

[23] Die dem Altgriechischen entlehnte Bezeichnung von Menschen „fremder" oder „anderer" Herkunft als Allochthone erfolgt in Abgrenzung zu den Autochthonen, den „Einheimischen" oder „Alteingesessenen", und wird vor allem in den Niederlanden verwendet.

[24] In diesem Zusammenhang ist auch eine semantische Metamorphose zu beobachten: Angefangen bei den so genannten „GastarbeiterInnen" sind aus den einstigen „AusländerInnen" inzwischen „MigrantInnen", in jüngster Zeit – beflügelt durch die medial erhitzte Debatte um die vermeintliche oder reale „Islamisierung" bestimmter Quartiere – jedoch zunehmend „Moslems" geworden.

Diversity, so ließe sich vereinfacht formulieren, benennt also die Gesamtheit der Unterschiede und Gemeinsamkeiten von Menschen,[25] geht damit über monodimensionale Fixierungen hinaus, ohne diese allerdings tatsächlich zu überwinden.[26] Dabei muss klar sein, dass jede Vorstellung von Pluralität nur soweit reichen kann, wie sie subjektiv kognitiv-emotional vearbeitbar ist.

Zusammenfassend lässt sich feststellen, dass durch das Festhalten an Begriffen und Zuschreibungen immer auch bestimmte Assoziationen, Sichtweisen oder Orientierungsmuster gebunden werden. Eine kritische Auseinandersetzung mit dem Begriff Diversity und seinen angrenzenden Fachdiskursen sollte deshalb der Entwicklung lösungsorientierter Handlungsansätze unbedingt vorausgehen. Eine „Stilisierung" bestimmter Heterogenitätsdimensionen läuft dem hier zu Grunde gelegten Verständnis von Diversity entgegen. Noch einmal: Nicht einzelne Merkmale allein wie Alter, Geschlecht oder Ethnie sind als Ressource der sozialen AkteurInnen für deren soziale Position und deren „Spielräume" (BOURDIEU) im sozialen Feld entscheidend. Mit Heiko GEILING lässt sich feststellen, dass es auf „die Kombination dieser Merkmale und ihre Kompatibilität mit den spezifischen Anforderungen der einzelnen sozialen Feldern" ankommt (s. GEILING 2005: 1).

Diversity als verstehender Ansatz geht es grundsätzlich um die Thematisierung und Anerkennung von Individualität (vgl. PRENGEL 2007: 51ff.), Vielfalt wird zu Potential, Ressourcenorientierung weist über Antidiskriminierung hinaus, vorausgesetzt es wird der Prämisse Rechnung getragen, dass Menschen mit unterschiedlichen Dispositionen, Kompetenzen und Talenten – quantitativ wie qualitativ – ausgestattet sind. Auch ist davor zu warnen, Vielfalt als Wertvorstellung zu verkennen: Vielfalt und Pluralität ergeben aus sich heraus noch keine Werte. Falls es zu dieser These eines Beweises bedarf, so ziehe ich den Literaturwissenschaftler Terry EAGLETON hinzu, der in diesem Zusammenhang die subtilen und *vielfältigen* Spielarten des Rassismus, insbesondere des Antisemitismus, anführt. (s. EAGLETON 2001: 26). Ich will daher Diversity stets als Vielfalt und Differenz zusammen denken und verstehen.

---

[25] Zum besseren Verständnis sei hier nochmal an den zuvor genannten Julian BOND und die NAACP erinnert. Es ging der Organisation eben nicht nur ausschließlich um die Rechte von Schwarzen. Doch wird die in bestimmten Settings relevante Überschneidung von Heterogenitätsdimensionen wie Alter, Ethnie und Gender (z.B. ortsbezogen: Gesundheitsversorgung älterer türkischstämmiger Frauen) erst aus der Diversity-Perspektive sichtbar.

[26] Auch wenn Identitäten wie hier als Mehrfachidentitäten angesehen werden, so wird in vielen Konzepten der Eindruck erweckt, diese bestünden jeweils aus „soliden" bzw. eindeutigen Teil-Identitäten. Eine andere Perspektive wäre hingegen, jenes Identitätspuzzle als flexibel und potentiell hybrid zu begreifen (vgl. REINDLMEIER 2007: 29).

Referenzrahmen der Vielfalt

Es liegt auf der Hand, dass „Vielfalt", will sie nicht synonym für Beliebigkeit stehen, neben den Potentialen auch auf ihre Grenzen hin analysiert werden sollte. Aber wo genau sind diese Grenzen zu verorten? Mit welcher Begründung? Und nicht zuletzt: Sind sie demokratisch legitimiert?

Annedore PRENGEL weist darauf hin, dass gelebte Vielfalt notwendigerweise einer Strukturierung bedarf. Grenzen, so PRENGEL, müssten möglichst transparent angelegt werden. Von hoher Relevanz für die Soziale Arbeit ist PRENGELs Vorschlag, Hierarchien zu akzeptieren, allerdings *partiell* und *vorläufig*. Nur so könne im institutionellen Gefüge die Chancengleichheit – wenn auch möglicherweise ebenfalls nur *partiell* – verwirklicht werden (PRENGEL 2007: 60ff.).

PRENGEL ist es auch, die den Begriff der *egalitären Differenz* als demokratischen Differenzbegriff vorschlägt (s. PRENGEL 2006: 181ff.). Der auf den ersten Blick eher konstruiert wirkende Terminus ist nichts anderes als ein Plädoyer für die Ebenbürtigkeit von Gleichheit *und* Freiheit. Bezogen auf den moralischen, ethischen, aber auch politischen Referenzrahmen für Diversity bieten sich bei der Verhandlung von Diversity die *Menschenrechte* an (vgl. PRENGEL 2007:54; STAUB-BERNASCONI 2007).

Im weiteren Verlauf will ich Diversity im interdisziplinären Spiegel als Paradigma weiter konkretisieren (Punkt 3.1). Im Anschluss nähere ich mich dem Konzept Diversity Management unter Berücksichtigung wirtschaftswissenschaftlicher Ansätze (Punkt 3.2).

3.1 Interdisziplinäre Schnittstellen in der Diversitätsforschung

Diversity wird heute in unterschiedlichen Disziplinen diskutiert. Während sich die Wirtschaftswissenschaften bereits seit den 1980er Jahren mit *Diversity Management* auseinandersetzen (vgl. VEDDER 2005), geht es in den Sozial- und Erziehungswissenschaften verstärkt um die Belange *Antidiskriminierung*, *Rassismuskritik* oder *Chancengleichheit* (vgl. MELTER/MECHERIL 2009). Nicht zuletzt durch das Paradigma der „Pädagogik der Vielfalt" (PRENGEL 2006) waren es auch die Erziehungswissenschaften, die das Konzept *Diversity Education* geprägt haben.

Trotz der trivialen Einsicht, dass gesellschaftliche Vielfalt und Differenz seit Menschengedenken „unverrückbare Realität" sind (STUBER 2004: 16), wird Diversity in den Sozialwissenschaften paradigmatisch erst seit wenigen Jahren thematisiert. Entsprechend niedrig ist die Literaturdichte. Auffällig ist ein Trend zur Ratgeberliteratur. Auf diese Weise wird der Eindruck erweckt, Diversity lasse sich durch Aneignung entsprechenden „Rüstzeugs" im Handumdrehen in Praxisleitfäden übertragen (vgl. stellvertretend für viele DÖGE 2008). Zusätzlich wird das „Phänomen" Diversity auf diese Weise nur sehr unzureichend analysiert.

Terminologisch ist Diversity also bisher weitestgehend „untertheoretisiert" und sowohl fachspezifisch als auch fachübergreifend kaum standardisiert (s. LUIG 2007: 87). Mindestens zwei Ausnahmen bestätigen auch hier die Regel: Zum einen hat insbesondere die Konjunktur von Diversity Management dazu geführt, dass Diversity häufig zuerst mit den Wirtschaftswissenschaften in Verbindung gebracht wird. Im Bereich der betriebswirtschaftlich dominierten Organisationsentwicklung und der Wirtschaftspsychologie existiert inzwischen ein breit gefächertes Kompendium an entsprechender Fachliteratur. Zum anderen ist Diversity durch die Vielzahl der stark theoriegeleiteten Ausführungen auf dem Feld des post-feministischen Dekonstruktivismus geprägt worden.

Zu beobachten ist aber auch eine transdisziplinäre Entwicklung: So wurde 2005 an der FU Berlin das Forschungsnetzwerk *Diversity Studies* von Gertraude KRELL und anderen gegründet. Den Diversity Studies geht es vorerst um die Analyse und Zusammentragung disziplinärer Diversity-Ansätze (s. KRELL/RIEDMÜLLER/SIEBEN/VINZ 2007a).

Am Beispiel der für die vorliegende Arbeit zentralen Bezugsdisziplinen sollen im Folgenden interdisziplinäre Schnittstellen in der Diversitätsforschung erschlossen werden (zur Verhandlung von Diversity Management in den Wirtschaftswissenschaften s. Punkt 3.2; eine stadtsoziologische Annäherung erfolgt gesondert in Kapitel 5).

Sozialwissenschaftliche Ansätze

Die Sozialwissenschaften beteiligen sich erst seit wenigen Jahren an den Diversity-Diskursen. Zwar werden verwandte, häufig kulturwissenschaftlich gefärbte Diskurse beispielsweise zu *Postkolonialismus* (vgl. BHABHA 2007), *Multikulturalismus* (vgl. TAYLOR 1994; VERTOVEC/WESSENDORF 2010) oder *Super-Diversity* (VERTOVEC 2007) geführt; auch originär sozialwissenschaftliche Diskurse, wie sie zu *sozialer Ungleichheit* (vgl. VESTER/v. OERTZEN/GEILING/HERMANN/MÜLLER 2001), *Diskriminierung* (BEELMANN/JONAS 2009), *Intersektionalität* (WINKER/DEGELE 2009), *Toleranz* (FORST 2003) oder *Inklusion* (vgl. MERTEN/SCHERR 2004) geführt werden, spielen im Kontext von Diversity eine Rolle. Explizit wird Diversity in den Sozialwissenschaften allerdings zumeist als „Vielfalt" (z.B. Sprachen- und Theorienvielfalt, kulturelle Vielfalt) rezipiert

(KRELL/RIEDMÜLLER/SIEBEN/VINZ 2007b: 8) und dabei eine zweite wichtige Konnotation von Diversity, die *Differenz*, vernachlässigt.[27]

Darüber hinaus hat die Diskussion um den gesellschaftlichen Stellenwert von *Interkulturalität* (vgl. CAGLAR 2009; anders: HAMBURGER 2009) und interkultureller Kompetenz auch in den Institutionen Anklang gefunden: Unter dem Stichwort der *interkulturellen Öffnung* werben öffentliche ArbeitgeberInnen inzwischen auch verstärkt um MitarbeiterInnen mit Migrationsgeschichte.

Auf Grund der Komplexität der Materie „Diversity" wie auch des wissenschaftlichen Feldes der Sozialwissenschaften erscheint es sinnvoll, das Forschungsinteresse zu spezifizieren: Für die Sozialwissenschaften – und hier genauer für Theoriebildung und Praxis der Sozialen Arbeit – stellt sich die Frage, inwieweit sich das vor allem durch die Betriebswirtschaft determinierte Paradigma Diversity bedingungslos auf „das Soziale" übertragen lässt. Wie schon im Titel dieser Arbeit angekündigt, gilt es festzuhalten: Diversity ist als Konzept abhängig von seinen jeweiligen Implementationsbedingungen. Jene unterscheiden sich zwischen den Disziplinen in hohem Maße.

In der sozialwissenschaftlichen Diskussion um Diversity ist auf die Konstruktionsleistung subjektiver Wahrnehmung zu verweisen. Die Stadtsoziologin Ingrid BRECKNER zitiert in ihrer Topographie des „Sozialen" in der Stadt des 21. Jahrhunderts Pierre BOURDIEU, indem sie darauf hinweist, dass der Grad der Wahrnehmung sozialer Phänomene entscheidend von der subjektiven „Inkorporierung der objektiven Strukturen des sozialen Raums" abhängt (BOURDIEU 1985: 17, zitiert nach BRECKNER 1999: 85). Die Interpretation jener Phänomene wiederum erfordert „Kommunikation darüber unter Offenlegung und Begründung der jeweils angewandten Deutungsmuster" (BRECKNER 1999: 85). Die Wahrnehmung und Erfahrung bzw. Kategorisierung und Bewertung von Vielfalt und Differenz hängt also wesentlich davon ab, inwieweit die deutenden Subjekte in der Lage sind, sich ihrer eigenen Konstruktionsmuster bewusst zu werden.

Das Denken Pierre BOURDIEUs lässt sich am Beispiel der Bildung besonders gut veranschaulichen. Die Lektüre BOURDIEUs lädt dazu ein, mit Diversity assoziierte gesellschaftliche Ziele wie „Partizipation" oder „Chancenge-

---

[27] Selbstverständlich finden sich in der einschlägigen Literatur auch einige AutorInnen, die Vielfalt und Differenz zusammen denken und dadurch überhaupt erst in der Lage sind, weiterführende Gedanken zu Diversity formulieren zu können: Zieht man in Betracht, dass das Prädikat „Vielfalt" für Gesellschaften nicht unmittelbare Folgen nach sich ziehen muss, führt gesellschaftliche Differenz allerdings oft genug zu Handlungsanforderungen an Politik und Institutionen und wirft zugleich Fragen der Machtverteilung auf (vgl. exemplarisch FUCHS 2007; REINDLMEIER 2007).

rechtigkeit" in Verbindung mit ihren *sozialstrukturellen* Realitäten zu bringen. Die Sozialisationsinstanzen, vor allem die Schule, so BOURDIEUs These, reproduzieren die Sozialstruktur, indem sie die ungleiche, auf sozialer Vererbung gründende Ausstattung mit *kulturellem Kapital* „sanktionieren". BOURDIEU unterscheidet dabei drei Formen des kulturellen Kapitals: *Inkorporiertes Kulturkapital, objektiviertes Kulturkapital* und *institutionalisiertes Kulturkapital* (s. BOURDIEU 2006: 112ff.):

1. *Inkorporiertes Kulturkapital*: BOURDIEU meint hier die körpergebundene, *verinnerlichte* Disposition des kulturellen Kapitals, also den Grad der Bildung. Angeeignet werden kann diese nur persönlich, durch zeitlich langfristige Investition. Als „fleischgewordener" persönlicher Besitz ist das inkorporierte Kulturkapital Bestandteil des *Habitus* (vgl. Punkt 5.2). Es wird zwar durch soziale Vererbung weitergegeben, allerdings im „Verborgenen" und nicht bruchlos. „Verkauft" werden kann es nur in Form von Produkten oder Dienstleistungen durch die Träger inkorporierten Kapitals selbst.

2. *Objektiviertes Kulturkapital*: Mit dieser zweiten Variante des Kulturkapitals bezieht sich BOURDIEU auf die *materielle* Dimension. Zum objektivierten Kulturkapital zählen Artefakte wie Gemälde, Denkmäler, Designermöbel, Literatur etc. Objektiviertes Kulturkapital kann im Unterschied zum inkorporierten Kulturkapital von seinen Trägern materiell übertragen werden. Eine Aneignung ist ebenfalls materiell möglich, durch den Einsatz *ökonomischen Kapitals* oder *symbolisch*, durch die Verfügung über *inkorporiertes Kulturkapital*.

3. *Institutionalisiertes Kulturkapital*: Das institutionalisierte Kulturkapital ist das Produkt der Objektivierung *inkorporierten Kulturkapitals*. In Form von Bildungsabschlüssen, Titeln etc. begegnen seine Träger dem „Defizit" der verkörperten, nur indirekt veräußerbaren Eigenschaft des inkorporierten Kulturkapitals. Die Institutionalisierung kulturellen Kapitals führt zur Anerkennung und „Vergleichbarkeit" seiner Träger. Der Zugang zu höherer Bildung hängt freilich von der sozialen Herkunft und der Verfügung über *ökonomisches Kapital* ab. Gleichwohl kann nur dann von einer gelingenden Umwandlung von ökonomischem in kulturelles Kapital die Rede sein, wenn Bildungstitel für „Exklusivität" stehen und nicht inflationär verwendbar sind.

Am Beispiel der Bildung wird durch das Konzept des kulturellen Kapitals die Relativität gesellschaftlicher Teilhabe zum Ausdruck gebracht. Gleichzeitig erfordern die im Diversity-Begriff angelegten *kulturellen* Implikationen eine Präzisierung des Kulturbegriffs.

Kulturwissenschaftliche Ansätze

Wenn in der vorliegenden Arbeit auf den Kulturbegriff eingegangen wird, dann nicht auf seine naturalistisch-materielle Komponente im Sinne der physischen Urbarmachung und des technologischen Fortschritts.[28] Die terminologische Verortung von Diversity basiert auf einem metaphorischen bzw. *symbolischen* Kulturverständnis (vgl. HANSEN 2003: 11 ff.; EAGLETON 2001: 7f).[29]

Vorerst kann Kultur mit dem Literaturwissenschaftler Klaus P. HANSEN als „die Gesamtheit der Gewohnheiten eines Kollektivs" verstanden werden (HANSEN 2003: 17f.). Bezogen auf eine Gesellschaft könnte man der Kultur gewissermaßen die Summe aller geistigen und künstlerischen Lebensäußerungen, ausgedrückt durch Bildung, Kunst, soziale Organisationsformen etc. zuschreiben. Eine solche Definition stünde in der Tradition von Raymond WILLIAMS und anderen, die besonders nach der sozialen Bestimmung von Kultur, dem Alltagsverhalten und -leben und der schichtenspezifischen Verkörperung von Kultur (z.B. unterschiedliche Kommunikationsformen) gefragt haben (vgl. WILLIAMS 1983).

Insbesondere durch Clifford GEERTZ wurde der Kulturbegriff, spätestens seit den 1970er Jahren, ethnologisch gefärbt. GEERTZ hält es mit einem *semiotischen Kulturbegriff* und geht von einer sozialen Codierung von Kultur aus, die letztlich entschlüsselt werden will. Kultur befinde sich in permanenter Produktion und Veränderung, unterliege somit stets neuen Interpretationen der Subjekte und kann faktisch nicht objektiv sein. GEERTZ bezieht sich dabei ausdrücklich auch auf Max WEBER, der den Menschen in ein „selbstgesponnenes Bedeutungsgewebe" verstrickt sah. Jenes Gewebe ist bei GEERTZ die Kultur (vgl. GEERTZ 1983/87: 9): ein nicht statisches Gebilde, dass mit Leben gefüllt werden und nach Möglichkeit „dicht" beschrieben werden will (vgl. ebd.: 21). Ein solches Kulturverständnis, das Kultur als veränderbar begreift, liegt auch dieser Forschungsarbeit zu Grunde.

Die gestalterische Funktion der Kultur ist dabei stets unter Berücksichtigung der organisationalen Ebene der Politik und des Staates zu betrachten. An der Kultur ist es, „als eine Art von sittlicher Pädagogik" (EAGLETON 2001: 14) unterschiedliche Ideale, Utopien und Interessen von Individuen zu

---

[28] Ursprünglich ist „Kultur" vom lateinischen Verb „colere" (hegen, pflegen, bewohnen, anbeten, beschützen) abgeleitet worden (s. EAGLETON 2001: 8).

[29] Mit Nachdruck distanziere ich mich an dieser Stelle, *insbesondere* im Zusammenhang mit dem hier dargelegten Verständnis von Diversity Management, vom Begriff der „Unternehmenskultur" wie auch der „Organisationskultur". Auf subtile Weise wird der kulturanthropologische Sinngehalt, wie ihn Claude LÉVI-STRAUSS oder Pierre BOURDIEU verstanden haben, in derartigen Rezeptionen unterschlagen.

bündeln. So bemerkt Terry EAGLETON zum gesellschaftlichen Beitrag der Kultur:

„Was Kultur also leistet ist, dass sie aus vielen sektiererischen politischen Individualitäten eine gemeinsame Humanität destilliert; dass sie den Geist aus der Haft der Sinne erlöst; dem Zeitlichen das Zeitlose entwindet und der Vielfalt die Einheit entreißt." (Ebd.: 15)

Auch wenn die komplexen Mechanismen der Macht einer vollständigen Vereinnahmung der nicht minder komplexen Spielarten der Kultur entgegenlaufen, so muss – und hier ist der Transfer zu Diversity angelegt – trotz zunehmender Unbestimmbarkeit und Ausdifferenzierung der Lebensverhältnisse und Lebensstile postmoderner Gesellschaften deren machtvolle *kulturelle Kontrolle* berücksichtigt werden (s. HÖRNING 1999: 102). Diese findet ihren Ausdruck vor allem in den von den Kulturindustrien Europas, Japans und der USA produzierten Imaginationen, Sehnsüchten, Artefakten und Identitäten – mit hegemonialen Effekten auf internationale Kommunikationsnetze (s. HALL 1999: 430). Der Soziologe Karl H. HÖRNING hat dabei auf die unterschiedlichen Funktionen *sozialer* und *kultureller Kontrolle* hingewiesen: Während erstere Individuen, Gruppen oder soziale Beziehungen betrifft, meint letztere die Kontrolle über Wissen und Können (s. HÖRNING 1999: 103). Diese Unterscheidung ist historisch belegbar: So stand die soziale Kontrolle im Laufe des 20. Jahrhunderts immer weniger in einem begründeten Verhältnis zu den demokratisierten Gesellschaften. Zur Sicherung der Machtverhältnisse bedurfte es subtilerer, vermeintlich unideologischer Kontrollmechanismen. Durch die Schaffung hegemonialer kultureller Kategorien – wie das auf Selektion angelegte Bildungswesen in Deutschland – wurde der Entstehung eines politischen Machtvakuums frühzeitig entgegengewirkt (s. ebd.).

Während also zwischen sozialer und kultureller Kontrollfunktionen der Macht unterschieden werden kann, ist die Frage, welche gesellschaftlichen Konfliktsituationen heute sozialen oder kulturellen Ursprungs sind, weniger eindeutig erklärbar. Soziale und kulturelle Spaltungen bedingen sich vielmehr wechselseitig. Die Problematik liegt in der völlig unterschiedlichen Art der Lebensführung von Menschen, wodurch sich ehemals kulturelle Gemeinsamkeiten aufheben. In der Folge entstehen Verständigungs- und Übersetzungsprobleme sowie Interpretationskonflikte auf bzw. *zwischen* allen denkbaren Heterogenitätsebenen, die unter „Diversity" kumuliert werden:

„Dann werden die impliziten Standards, die alltäglichen Prozeduren, das heißt die Selbstverständlichkeiten, die die Praktiken in ihrer Normalität am Laufen halten, von Teilnehmern offengelegt, werden in Frage gestellt und werden zum Gegenstand von

Rechtfertigungen und Versicherungen sowie neuer identitätspolitischer Abgrenzungen." (Ebd.: 103f.)

Es ist der Verdienst der Kulturwissenschaften, genauer der *Cultural Studies*, subtile Analysen zum Eigensinn der Kultur unternommen zu haben. Im Vergleich zu Sozialtheorien, denen es primär um die Aufdeckung bestimmter Strukturprinzipien geht, sind die Cultural Studies vielmehr am Primat der „kulturellen Macht" im Alltäglichen interessiert (vgl. ebd.: 89). Aus der Perspektive der Cultural Studies wird Kultur nicht einzig auf der Ebene der Bedeutung und Repräsentation interpretiert. Durch ein Paradigma der Offenheit gegenüber vielfältigen Lebensweisen werden, so HÖRNING, „die zahlreichen, oft impliziten und nichtsemantischen Wissensbestände und Umgangskompetenzen hervorgeholt, die als gemeinsame ‚kulturelle' Vorannahmen den Alltagspraktiken unterliegen." (Ebd.: 88) In der Folge haben sich die Cultural Studies vom Habitus-Konzept Pierre BOURDIEUs losgesagt, da dieses als zu mechanisch bewertet wird, geben dadurch allerdings einem „oft extremen Relativismus" Nahrung (s. ebd.).

Ursprünglich war das Forschungsinteresse der Cultural Studies auf die so genannten ModernisierungsverliererInnen gerichtet: Jugendliche der *working class*, MigrantInnen etc.; später schufen sie sich ein breiteres Forschungsgebiet, betrieben im Gegensatz zu BOURDIEU allerdings keine Elitenforschung (vgl. ebd.: 92).

Neben den bisher genannten machtpolitischen und gesellschaftlichen Bezügen der Kultur impliziert der Begriff das breite Band der Philosophie: von Fragen nach den Voraussetzungen von Freiheit, über Werte- und Normenrelationen bis zum Wandel der Identitäten (vgl. EAGLETON 2001: 8f.).

Die konzeptionelle Verortung von Diversity ist weder eindeutig noch widerspruchsfrei. Der Begriff selbst trägt, wie gezeigt wurde, zu dieser Problematik bei. In den Cultural Studies findet sich allerdings das Interpretationsangebot, Diversity als eine Art ganzheitliche Analysekategorie zu verstehen, die möglichst viele, je nach Erkenntnisinteresse unterschiedliche Heterogenitätsdimensionen berücksichtigt und miteinander verbindet. Die Cultural Studies wenden sich daher ausdrücklich gegen die Vorstellung einer „Totalisierung" kultureller Identitäten, d.h. die Ausstattung von Individuen mit klar abgrenzbaren und genau zu unterscheidenden Identitäten – basierend auf Klasse, Ethnie, Geschlecht etc. (HÖRNING 1999: 111). Vielmehr wird von einer multidimensionalen, oft widersprüchlichen Konstruktion von Identität ausgegangen, wie sie Stuart HALLs Konzept der „dezentrierten", „zerstreuten" und „fragmentierten" Identitäten aufgreift: Ist von Vielfalt die Rede, muss der Blick notwendigerweise auf die postmoderne, subjektbezogene Vielfalt der Identitäten gelenkt werden – als Resultat des sozialen und strukturellen Wandels, als Folge von Migration etc. Die Verortung von Subjekten in einzelnen Kategorien wie Ethnie oder Nationalität ist inzwischen brüchig (sofern sie es nicht schon immer war), so dass heute von einer Zerstreuung bzw. Dezentrierung des Subjektes ausgegangen wird. Diese „Krise der Identität", wie sie HALL bezeichnet, unterstützt durch den Wandel der zeitlichen und räumlichen Bestimmungen, drückt sich in doppelter Hinsicht aus: in Bezug auf die Verortung in der sozialen und kulturellen Welt sowie in Bezug auf das Subjekt selbst (s. HALL 1999: 393ff). Eine Zunahme der Wahlmöglichkeiten zwischen verschiedenen Identitäten ist dabei vor allem in den Zentren der Globalisierung – den Großstädten und Metropolen – nicht so sehr in der Peripherie zu beobachten (s. ebd.: 430)

Im Übrigen liegen – im Vergleich zu früheren Gesellschaftsentwürfen wie dem *Multikulturalismus* (vgl. TAYLOR 1994; VERTOVEC/WESSENDORF 2010) – die Vorzüge des Diversity-Ansatzes darin, nicht nur auf Besonderheiten zwischen bestimmten Gruppen oder „Kulturen" zu verweisen, sondern zusätzlich für die Unterschiede *innerhalb* einer bestimmten Gruppe zu sensibilisieren. Überhaupt könnte man den Multikulturalismus, zumindest jenen niederländischer Spielart, mit gutem Recht als Gegenkonzept zu Diversity bzw. Diversity Management bezeichnen, da er sich durch die „Entdeckung" der ethnischen Herkunft in der Regel auf die Zuweisung von Minderheiten in bestimmte gesellschaftliche Positionen beschränkt hat.

Der Anthropologe Arjun APPADURAI hat in einem weiter gefassten Zusammenhang die „Geographie des Zorns" beschrieben, wodurch er einen grundlegenden Beitrag zum „kulturellen Verstehen" leistet (APPADURAI 2009). Auf der internationalen Konferenz *Beyond Multiculturalism* in Berlin im Juni 2009 im Haus der Kulturen der Welt hat APPADURAI unter anderem auf die Risiken des Dialogs hingewiesen, die seiner Ansicht nach im *Missverstehen* und dem *Verstehen* zugleich liegen (vgl. ebd.: 79ff.). Während das Missverstehen mit *Missverständnis* einhergehe und ein grundsätzliches, unbeabsichtigtes sei, liefen Verstehen und *Verständnis* auseinander; das Problem liegt APPADURAI zu Folge darin, dass bei dieser zweiten Spielart der Dialogführung Überzeugungen, Motive und Intentionen an die Oberfläche treten, die Intoleranz, „Bekehrungen" und Belehrungen zur Folge hätten (z.B. Christentum „vs." Islam).

Im weiteren Verlauf seines Vortrags betont APPADURAI, dass es darauf ankäme, nur die zur Disposition stehenden Differenzen, nicht alle Differenzen zu thematisieren („Dialogue has to be about the *relevant* differences, not about *all* differences"). So stellt sich demnach die Frage, welches die relevanten und welches „alle anderen", also demnach die irrelevanten Differenzen, sind – überdies führt mich dieser Gedanke erneut zu der machttheoretischen Frage, wer aus welchen Gründen überhaupt Differenzen determiniert.

Arjun APPADURAI ist kein Fürsprecher Samuel P. HUNTINGTONs. Er sieht die postmoderne Welt nicht in einem *Kampf der Kulturen* (HUNTING-TON 2006/07); eher attestiert er ihr eine „Kultur des Kampfes" (vgl. APPA-DURAI 2009: 31f.). Diese Unterscheidung ist von zentraler Bedeutung, muss doch festgehalten werden, dass Kulturen keine monolithischen Gebilde sind und sich demnach als solche auch nicht frontal gegenüberstehen können. Abgesehen von tribalistischen Strukturen, leben Menschen heute eher *kulturell* als in einzelnen, abgeschlossenen Kulturen: Dies wird, so Karl H. HÖRNING, vor allem „in den menschlichen Praktiken, die in den jeweiligen sozialen Handlungskontexten eingesetzt werden und in denen kulturelle Vorannahmen und Wissensbestände – oft implizit – eine große Rolle spielen", ausgedrückt (HÖR-NING 1999: 85).

In dieser Argumentation noch nicht berücksichtigt ist das an den *postkolonialen Diskurs* anknüpfende Konzept der *Hybridität*, das vor allem durch Homi K. BHABHA geprägt wurde und die „Verflüssigung" unterschiedlicher kultureller Einflüsse beschreibt (s. BHABHA 2007). Die Gemengelage hybrider Kulturen, so die Annahme, verändert ihrerseits normative kulturelle Werte auf nationaler und subnationaler Ebene. Das Problem der kulturellen Übersetzung wird durch diesen Prozess freilich noch komplexer und erfordert ein hohes Maß an Sensibilität und Reflexionsvermögen. Neben dem der Sprachkritik entlehnten Vorwurf, der Terminus der Hybridität sei „technisch" belastet (vgl. HINNENKAMP 2007: 175f.), lässt sich an dem Konzept kritisieren, die „Belastbarkeit" historisch gewachsener Phänomene wie den Rassismus nicht im ausreichenden Maße zu berücksichtigen (zur Rassismuskritik vgl. einführend MELTER/MECHERIL 2009). Die Frage sei mir gestattet, ob es sich bei dem Konzept der Hybridität um eine wünschenswerte Utopie bzw. ein rein virtuelles Phänomen handelt. Inwieweit bilden – und diese zweite Frage lässt sich abgewandelt auch auf Konzepte wie *Transkulturalität* oder *Transnationalität* beziehen – universal angelegte Wertesysteme wie die Menschenrechte die vertragliche Basis der Hybridität (vgl. KRÄMER-BADONI 2007: 63)? Offen bleibt auch, inwiefern eine *hybride* Kulturbeschreibung mit einem Abbau kulturalisierender Intepretationsmuster sozialer Praxis einhergeht. Es erscheint mir daher sinnvoll, den Begriff der Hybridität nicht verengt im Sinne eines Verwebens verschiedener „Kulturen" zu fokussieren, sondern sich bewusst zu werden, dass alle Kulturen miteinander verwoben, hoch komplex und differenziert und letztlich hybrid sind (vgl. EAGLETON 2001: 26 sowie BHABHA

2007). Kultur, so ließe sich im Spiegel postkolonialer Referenzen schließen, ist somit zuvorderst Voraussetzung und Resultat diskursiver und sinnstiftender gesellschaftlicher Interaktion (vgl. AMELINA 2010).

Diversity in der Sozialen Arbeit

Die Unterschiede zwischen dem wirtschaftswissenschaftlichen (vgl. Punkt 3.2) und dem sozialwissenschaftlichen Verständnis von Diversity lassen sich exemplarisch am Beispiel der Sozialen Arbeit schraffieren. Während Diversity in seinem ökonomischen Zusammenhang auf Wertschöpfung und Effizienzsteigerung ausgerichtet sein muss, setzt sich die Soziale Arbeit mit der Konstruktion von Vielfalt und Differenz sowie der Anerkennung von Gleichwertigkeit und Verschiedenheit auseinander. Werfen wir im Folgenden einen Blick auf den Stellenwert von Diversity in einer Handlungswissenschaft, in der die Verhandlung von Vielfalt und Differenz seit jeher zum Programm gehört.

Auf Grund ihres Arbeitsauftrages ist der vertraute Umgang mit Vielfalt in der Sozialen Arbeit gewissermaßen hausgemacht. Ob im Feld der Jugendarbeit oder der Altenarbeit, ob in Beteiligungs- oder in Zwangskontexten: Vielfalt und Differenz sind in allen Settings der Sozialen Arbeit stets allgegenwärtig und fordern den professionell oder semiprofessionell Handelnden ein hohes Maß an Handlungskompetenz und Reflexionsvermögen ab. Darüber hinaus beschränkt sich die Auseinandersetzung mit Vielfalt in der Sozialen Arbeit nicht auf die „klassischen" Heterogenitätsdimensionen (Alter, Ethnie, Gender etc.). Die Soziale Arbeit hat es seit jeher mit einer Fülle an Differenzierungen zu tun. So unterscheiden sich beispielsweise die Anforderungen zwischen betrieblicher Sozialarbeit und Gemeinwesenarbeit ebenso wie die Arbeit in ländlichen und urbanen Strukturen. Zu denken ist ebenfalls an milieuspezifische, subkulturelle oder sozialräumliche Determinanten, die sich in der Praxis der Sozialen Arbeit auf Konzeptentwicklung und Handlungsstrategien auswirken (vgl. SCHRÖER 2006: 4f.). Zudem steht Vielfalt in der Sozialen Arbeit nicht selten für „vielfältige" Benachteiligungsmuster, Differenz für soziale Ungleichheit. Umso mehr scheint die Diversity-Perspektive hier auf fruchtbaren Boden zu stoßen. Zugleich wird deutlich, dass der Terminus „Differenz" selbst differenziert werden muss: In welchen Zusammenhängen steht er für Unterschiede, wo für Ungleichheit? Bei welchen Einzelpersonen und Gruppen handelt es sich um selbstbestimmte Differenz? Inwiefern finden Zuschreibungen statt?

Ob sich trotz der Erfahrung in der Sozialen Arbeit mit interkultureller Übersetzung (vgl. STAUB-BERNASCONI 2010: 278) bereits von einer reflektierten Diversity-Ausrichtung in den Praxiseinrichtungen sprechen lässt, ist zu bezweifeln, doch weist der in den letzten Jahren eingeschlagene Weg zumindest in die Richtung konzeptioneller Erneuerung: Die Soziale Arbeit hat sich von der Zielgruppenorientierung zu integrierten Hilfeansätzen bewegt, auch wenn dies vereinzelt in der Praxis widerlegt werden mag. Explizit und implizit stigmatisierende Konzepte wie die frühere „Ausländerarbeit" oder die in der offenen Jugendarbeit traditionell vorgenommene Unterscheidung zwischen Jungen- und Mädchenarbeit sind vielerorts dem interkulturellen bzw. geschlechtsdifferenzierten Paradigma gewichen. Hilfe wird als Bestandteil eines integrierten Hilfesystems begriffen. Dieser „Turn" hin zu einem differenzierten Verständnis von Vielfalt ist unter anderem auf die Verhandlung konstruktivistischer und dekonstruktivistischer Theoriemodelle in der Sozialen Arbeit zurückzuführen (s. SCHRÖER 2006: 4).

Diversity Management ist nicht das erste Management-Konzept, das Einfluss auf Theorie, Lehre und Praxis der Sozialen Arbeit nimmt. Die rasante und unzureichend reflektierte Entwicklung anderer betriebswirtschaftlich konnotierter Ansätze in der Sozialen Arbeit wie z.B. *Case Management* (vgl. FINKELDEY/THIESEN 2009) zeigt, dass eine sorgfältige Analyse ihrer spezifischen Implementationsbedingungen unerlässlich ist. Die Debatte um Chancen und Grenzen von Diversity-Ansätzen in der Sozialen Arbeit kann nicht geführt werden, ohne die Frage nach den subjektiven Konstruktionsmustern voranzustellen, die den unterschiedlichen Differenzkategorien zu Grunde liegen. Anders formuliert: Das „Verstehen" im ethnographischen Sinne muss in der Sozialen Arbeit der Zielformulierung vorausgehen (vgl. FINKELDEY 2007: 23f.).

3.2 Diversity Management

Durch die erstmalige Implementation von *Diversity Management* in der Privatwirtschaft wird Diversity häufig vorrangig mit den Wirtschaftswissenschaften in Verbindung gebracht. Wie zu Beginn dieses Kapitels am Beispiel der historischen Entwicklungslinien sichtbar wurde, haben die Wirtschaftswissenschaften Diversity jedoch keineswegs „erfunden", weder als Paradigma noch als Konzept. Allerdings gehören einige ihrer VertreterInnen zu den ersten, die den „Mehrwert" von Diversity erkannt und sich bereits frühzeitig mit einer konzeptionellen Entwicklung von Diversity Management beschäftigt haben (vgl. THOMAS 1991; COX 1993).

Kritisch angemerkt werden muss zunächst, dass der Management-Begriff heute nahezu inflationär gebraucht wird – ein Blick in den regionalen Stellenmarkt genügt, um verwundert festzustellen, in welchen Bereichen inzwischen offenbar „Managementqualitäten" gefragt sind. Nicht zuletzt auf Grund dieser inflationären Entwicklung will ich definitorisch auf den wissenschaftlichen Management-Begriff eingehen.

In der Literatur wird Management beschrieben als der Versuch von Menschen, durch Sicherstellen geeigneter Strukturen und effiziente Beschaffung und Nutzung von Ressourcen spezifische Ziele zu erreichen (vgl. BALDEGGER 2007: 26). Der Ökonom Claus STEINLE unterscheidet drei Managementebenen (s. STEINLE 2005: 10):

1. Management von Individuen und Gruppen (Ebene der Personalführung)
2. Management von Organisationen (Ebene der Unternehmensführung)
3. Management der Beziehungen zwischen Organisation und Umwelt (Ebene der Unternehmensstrategie).

Management kann sowohl funktionalen, institutionalen, aber auch prozessualen Charakter haben. Zu den *Funktionen* von Management zählen grundsätzlich Planung, Organisation, Führung und Kontrolle der Unternehmung und ihrer spezifischen Herausforderungen; hierbei handelt es sich um Teilfunktionen von *Steuerung*. Management verstanden als *Institution* meint seine strukturelle Implementierung; exemplarisch in der klassischen hierarchischen Trias Top-, Middle- und Lower Management. Verstanden als *Prozess* steht Management für die zielgerichtete Abfolge von Handlungen, Maßnahmen, Abstimmungen, Entscheidungen und Kontrollen (vgl. BALDEGGER 2007: 26ff.).

Nach dieser einführenden Klärung des Management-Begriffs kann nun die Auseinandersetzung mit den unterschiedlichen Entwicklungslinien von Diversity Management erfolgen. Dabei bin ich nicht am Erstellen einer „technischen" Anleitung interessiert, aus der sich unmittelbare „Diversity-Kompetenz" herstellen ließe, sondern an einer Betrachtung des Konzeptes aus der theoretischen Distanz. Ein anderes Vorgehen wäre wissenschaftlich nicht zulässig: Wie sollen pauschale Operationalisierungsraster für Diversity Management erstellt werden, wenn es in der vorliegenden Arbeit um die sozialräumliche Abbildung von Vielfalt und Differenz geht? Erst die empirische Erhebung im Untersuchungsgebiet wird vorsichtige Rückschlüsse auf die Perspektiven und Grenzen von Diversity Management in der Quartiersentwicklung zulassen (vgl. Kapitel 6 und 7). Jedoch verbietet der kulturelle Eigensinn eines Stadtteils bzw. eines Quartiers die Erarbeitung linearer und universaler Handlungsempfehlungen.

Diversity Management wird in den USA seit 1980 in der Personalentwicklung elaboriert. Dabei werden die individuellen Potentiale und Ressourcen der Belegschaften analysiert und gefördert, mit dem Ziel, auf diese Weise den Unternehmenserfolg zu erhöhen. Nicht die Unterschiede allein, sondern die Unterschiede *und* die Gemeinsamkeiten von Individuen und Gruppen stehen im Vordergrund. Es geht also nicht allein um Differenz (vgl. VEDDER 2006: 10). Ressourcen im unternehmerischen Sinne können etwa die Berufserfahrung älterer MitarbeiterInnen oder Mehrsprachenkompetenz sein.

Es sind vor allem die transnational operierenden Unternehmen, die in der personalen Vielfalt ihrer Belegschaften zugleich Potentiale erkannt haben. Diversity gehört inzwischen zum Produktkatalog vieler *Consulting*-Firmen. So gesehen begreift der Unternehmensberater Michael STUBER Diversity vor allem als Folge bestimmter externer und interner Trends, die Diversity Management gerade für Unternehmen interessant werden lassen (s. STUBER 2004: 40):

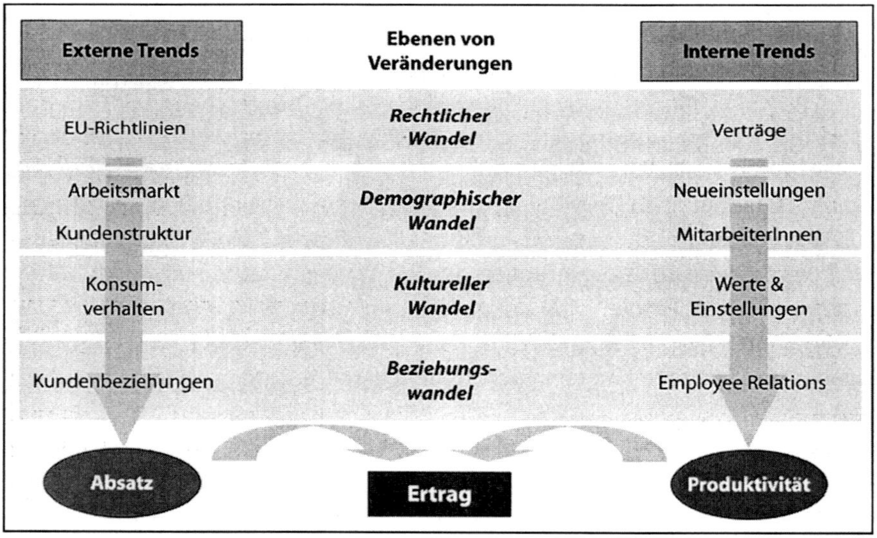

Externe Trends	Ebenen von Veränderungen	Interne Trends
EU-Richtlinien	*Rechtlicher Wandel*	Verträge
Arbeitsmarkt Kundenstruktur	*Demographischer Wandel*	Neueinstellungen MitarbeiterInnen
Konsum- verhalten	*Kultureller Wandel*	Werte & Einstellungen
Kundenbeziehungen	*Beziehungs- wandel*	Employee Relations
Absatz	Ertrag	Produktivität

Abb. 1: Diversity Management im Spiegel gesellschaftlichen Wandels
Quelle: STUBER (2004: 40)

In den USA findet eine duale Auseinandersetzung mit Diversity Management statt: Aus der *Business-Perspektive* setzen sich Unternehmen mit Diversity auseinander, um wirtschaftlichen Nutzen und Wettbewerbsvorteile zu optimieren. Seit Jahren ist in den USA auch in kleinen und mittleren Unternehmen (KMU) eine Implementierung von Diversity Management zu beobachten. Verwaltungen, Hochschulen sowie Non-Profit-Organisationen (NPO) werden die *Equity-Perspektive* auf Diversity bevorzugen. Die Motivation ist hierbei nicht gewinnorientiert, vielmehr wird in Diversity Management eine Möglichkeit zur verbindlichen Implementierung von Prinzipien wie Fairness, Toleranz und

Respekt gesehen (s. VEDDER 2006: 6f.). Deutlich wird, dass es sich bei Diversity Management also keineswegs allein um einen *business case* handelt.

Diversity Management bedeutet zunächst vereinfacht, dass Organisationen – bevor sie Vielfalt und Differenz als Potential erkennen und fördern – auf unterschiedliche Formen sozialer Diskriminierung reagieren. Den eingangs genannten zentralen Heterogenitätsdimensionen lassen sich jeweils spezifische Diskriminierungsformen zuordnen:

Diversity-Dimensionen	Dominante Gruppe	Dominierte Gruppe(n)	Formen der Diskriminierung
Geschlecht/ Gender	Männer	Frauen, Transgender	Sexismus
Ethnizität, Hautfarbe, Nationalität	„Weiße" Inländer (Autochthone)	Angehörige anderer ethnischer Herkunft/ Hautfarbe oder Nationalität (Allochthone)	Rassismus, Ethnozentrismus, Nationalismus, Xenophobie, Antisemitismus
Alter/Generation	Personen mittleren Alters	Junge, alte Menschen	Altersdiskriminierung (Agismus)
Religion/ Weltanschauung	In Deutschland: Christen	Anhänger anderer Religionen, Atheisten	Religiöse Diskriminierung, Antisemitismus
Sexuelle Orientierung	Heterosexuelle	Schwule, Lesben, Bisexuelle	Heterosexismus, Homophobie
Behinderung/ Beeinträchtigung	Menschen ohne Behinderung/ Beeinträchtigung	Menschen mit Behinderung/ Beeinträchtigung	Diskriminierung von Behinderten/ Beeinträchtigten

Abb. 2: Formen sozialer Diskriminierung in Organisationen
Quelle: in Anlehnung an VEDDER (2006: 12)

Die abgebildeten Formen sozialer Diskriminierung treffen nicht nur auf Organisationen zu, sie lassen sich ebenfalls in anderen gesellschaftlichen Bereichen wie der Familie, der Schule oder im öffentlichen Raum etc. identifizieren.

Lee GARDENSWARTZ und Anita ROWE bieten mit den *Four Layers of Diversity* (zu Deutsch: „Vier Dimensionen von Diversity") ein viel zitiertes Modell zur Erfassung der komplexen personalen und organisationalen Dimensionen der Vielfalt an (GARDENSWARTZ/ROWE 1998: 25). Hierbei werden im inneren Kreis die *Persönlichkeit*, im zweiten und dritten Kreis *interne und externe Dimensionen*, u.a. auch habituelle Eigenschaften, und im vierten und äußeren Kreis *organisationale Dimensionen* erfasst. Die genauen Indikatoren im äußeren Kreis sind je nach Organisationbedürfnis und -ziel flexibel handhabbar, wie folgende Abbildung der Universität Wien, die als Hochschule selbst Diversity Management betreibt, zeigt (vgl. Abb. 3). In diesem Beispiel wurden die von GARDENSWARTZ und ROWE getroffene Unterscheidung zwischen „Ethnicity" und „Race" im zweiten Kreis aufgehoben und stattdessen die Kategorien „Soziale Herkunft" bzw. „Nationale Herkunft/Ethnie" eingeführt:

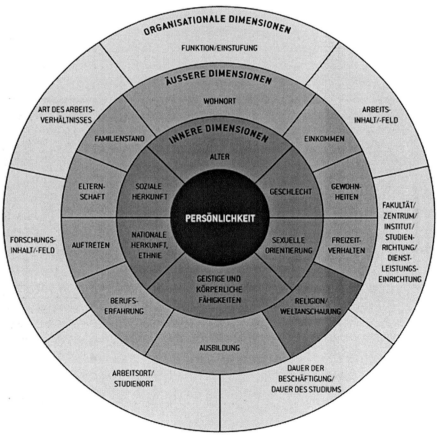

Abb. 3: Vier Dimensionen von Diversity
Quelle: UNIVERSITÄT WIEN (2009)

Unter dem Aspekt der Qualitätssicherung betrachtet, lässt sich feststellen, dass auf der Verfahrensebene bislang keine allgemeingültigen Standards für Diversity Management entwickelt wurden. Sehr wohl unterscheidet die Personalforschung allerdings unterschiedliche Diversity Management-Ansätze:

Diversity Manage-ment-Ansatz	Resistenz-Ansatz	Fairness-Ansatz	Marktzutritts-ansatz	Lern- und Effektivitätsan-satz
Grundlage	Diversity kein Thema oder eine Gefahr	Vielfalt verursacht Probleme	Vielfalt führt zu Marketingvor-teilen	Unterschiede gezielt und integrativ nutzen
Verständnis	Monokultur; Homogenität Erhalten	Keine Diskriminierung; Assimilierung	„Optimales Ausmaß an Vielfältigkeit"	Multikultur, Pluralismus
Zielsetzung	Status quo verteidigen	Minderheiten gleich behandeln	Zugang zu Kunden und Märkten	Langfristiges Lernen aus Diversity

Abb. 4: Diversity Management-Ansätze
Quelle: VEDDER (2006: 18)

Ziehe ich nun die an früherer Stelle gewählte Definition für Diversity Management hinzu, wird deutlich, dass darin bereits – durch den Verweis auf Ressourcen – eine inhaltliche Nähe zum Lern- und Effektivitätsansatz angelegt ist:

Diversity Management ist die Gestaltung von Vielfalt und Differenz unter der Prämisse eines organisationalen und/oder gesellschaftspolitischen Ziels. Diversity Management analysiert und unterstützt individuelle und kollektive Ressourcen und fragt nach dem „verbindenden Element" zwischen unterschiedlichen AkteurInnen. Zielsetzung und Steuerungsform von Diversity Management sind abhängig von den organisationalen bzw. gesellschaftspolitischen Kontextbedingungen.

In der Natur der Begrifflichkeit liegt, dass Diversity *Management* die Organisation von Vielfalt als Führungsaufgabe vorsieht. Dies, so der Ökonom Günther VEDDER, abstrahiere jedoch von den beteiligten Menschen. Schließlich werde nicht die Vielfalt als solche gemanagt, sondern von Vorgesetzten – üblicherweise Mitglieder der dominanten Gruppe – Einfluss auf *das Verhalten* von MitarbeiterInnen genommen. Was Diversity Management insbesondere für Unternehmen attraktiv macht, kann mit VEDDER vor allem auf die „Kürze, Prägnanz und den Business-Bezug" des Terminus zurückgeführt werden (s. VEDDER 2005: 37).

Wenn von der Herkunft des Diversity-Ansatzes die Rede ist, so fällt auf, dass zumeist eine historische Kontinuität hergestellt wird zwischen den Errungenschaften der US-amerikanischen Bürgerrechtsbewegung, Diversity und Diversity Management-Konzepten. Scheinbar bruchlos wird Diversity Management in der wirtschaftswissenschaftlichen Rezeption in der Tradition nordamerikanischer Graswurzelbewegungen diskutiert. Nicht mehr nur Kostenfaktor sei die „Ressource Mensch" fortan, sondern unternehmerischer „Erfolgsfaktor". MitarbeiterInneninteressen und Unternehmensziele scheinen gleichwertig (vgl. SCHRÖER 2006: 2). Ein solcher Anspruch kann freilich nur als Symbolpolitik interpretiert werden, schließlich ist es die wichtigste Aufgabe von Unternehmen, die Nachfrage des Marktes zu bedienen und nicht die Versorgung der individuellen Bedürfnisse von MitarbeiterInnen in den Vordergrund zu stellen. Ziel der Unternehmung ist die Gewinnmaximierung. Die „Ressource Mensch" bleibt somit auch als „Erfolgsfaktor" zuvorderst ein Kostenfaktor.

Zu den Verdiensten der sozialen Bewegungen in den USA gehört es, die Sensibilität für Diversity in die „Mitte" der Gesellschaft getragen zu haben. In Form von Diversity Management betrifft dies die organisationale Dimension und ist – wie ich ebenfalls am Beispiel der USA vedeutlicht habe – keineswegs auf die Unternehmensebene beschränkt. Die inzwischen transdisziplinär wahrgenommene Attraktivität von Diversity (Management) hängt unter anderem mit dem Anspruch des Ansatzes zusammen, nicht bloß Diskriminierung verhindern zu wollen, sondern individuelle Ressourcen zu fördern.

Kapitel 4

Politische Herausforderungen gesellschaftlicher Vielfalt und Differenz

Nachdem Diversity und Diversity Management in Kapitel 3 einer ausführlichen begrifflichen Bestimmung unterzogen wurden, wende ich mich nun ihrer politischen Dimension zu. In der Einführung habe ich bereits darauf hingewiesen, dass Vielfalt und Differenz in besonderem Maße im Kontext europapolitischer Entwicklungen zu spiegeln sind. „Vielfalt" als kultureller Bezug auf Gesellschaft hat sich dabei inzwischen zu einer Art Marketing-Strategie europäischer Politikvermittlung entwickelt – dies wird deutlich, wenn das Paradigma der „europäischen Aktivgesellschaft" nicht durch Konzepte wie Employability (Beschäftigungsfähigkeit) allein flankiert wird, sondern der Diversity-Bezug in sämtliche Programmatiken der EU-Beschäftigungspolitik Eingang findet. Doch verkommt die Vielfalt zu einer rhetorischen Floskel, wenn die sozialen und kulturellen Differenzen und damit die unterschiedlichen individuellen Voraussetzungen einer heterogenen Erwerbsbevölkerung außer Acht gelassen werden – schließlich sind nach europäischem Verständnis alle EU-BürgerInnen potentielle ErwerbsteilnehmerInnen. In Punkt 4.1 muss daher zunächst geklärt werden, wovon genau die Rede ist, wenn von Europa als Sozialraum diversitärer Gesellschaften gesprochen wird. Hierzu gehören eine Analyse der Migrationsbewegungen sowie eine Klärung der Charakteristika europäischer Beschäftigungs- und Antidiskriminierungspolitiken. Erst im Anschluss ist es in Punkt 4.2 möglich, am Beispiel Deutschlands die sozialpolitische Bedeutung von Vielfalt und Differenz herauszuarbeiten und dabei soziale Disparitäten auf dem Bildungs- und Ausbildungsmarkt zu exemplifizieren. Kapitel 4 schließt mit einer Bestandsaufnahme der Leitbilder gesellschaftlicher Integration

4.1 Europa als makropolitischer Referenzrahmen diversitärer Gesellschaften

Wenn von Vielfalt im europäischen Kontext die Rede ist, werden nicht wenige an die Vielfalt der EU-Mitgliedstaaten, die seinen BewohnerInnen zuge-

schriebenen Traditionen und „Mentalitäten" und nicht zuletzt die kulinarische
Vielfalt Europas denken. Einige differenzierter Denkende mögen in der regionalen Betrachtung vielleicht von kulturellem Eigensinn sprechen. So werben
in den letzten Jahren verstärkt europäische Nationalstaaten mit vermeintlicher
Urtümlichkeit ihrer Urlaubsregionen und „kulturspezifischen" Attraktionen; in
der 2008er Ausgabe des von EUROSTAT herausgegebenen Jahrbuchs der Regionen ist in diesem Zusammenhang zu lesen, dass Europa laut Welttourismus-
Organisation „die meistbesuchte Region weltweit" ist. Geschuldet sei dies vor
allem seiner kulturellen Vielfalt (EUROSTAT 2008: 159).

Alles in allem werden mit europäischer Vielfalt also positive Konnotationen verbunden. Die Betonung der kulturellen Heterogenität Europas läuft dabei nur scheinbar der Europäisierung und dem gesamteuropäischen Verständnis entgegen, das von einer Art kulturellen Kohäsion ausgeht: „Aus historischer Sicht", so die Soziologin Yasemin SOYSAL, „wurde Europa mehr durch
Konflikte und Teilungen geprägt als durch Konsens und Frieden; doch was
nun, in Lehrbüchern, Europa zusammenhält", fährt sie fort, „ist eine Reihe
bürgerlicher Ideale, universalistischer Glaubenssätze und Prinzipien." (SOY-
SAL 2003: 3) Das „kulturelle Erbe" Europas ist also offiziell von seinen historischen Schattenseiten bereinigt. Trotz Hervorhebung nationalstaatlicher und
regionaler Differenz wird der Anspruch auf kulturelle Hegemonialität formuliert. Aus diesem Grund soll ein mahnender Appell von Iain CHAMBERS, der
zu Beginn dieser Forschungsarbeit bereits zitiert wurde, die kritische Distanz
zum hier verhandelten Kapitel wahren:

„Die Gleichzeitigkeit von Globalisierung und Differenzierung ragt über den begrenzten Horizont des Nationalstaates hinaus und stellt ihn in Frage. Wir werden über
Vorstellungen von Nation, Nationalismus und nationaler Kultur hinausgeführt und
gelangen in eine postkoloniale Ansammlung von Realitäten und zu einer Form des
kritischen Denkens, die gezwungen ist, sogar die Grammatik und Sprache des modernen Denkens umzuschreiben, um die Aufmerksamkeit über die patriarchalen Grenzen
eurozentrischer Belange und ihres anmaßenden „Universalismus" hinauszulenken."
(CHAMBERS 1999: 538)

War es ein originäres Ziel des Nationalstaats, regionale und ethnische Konflikte
bzw. Differenzen aufzuheben, ist die politische Effektivität des nationalstaatli-
chen Konzeptes heute de facto eher rückläufig, auch wenn diese Entwicklung
vielerorts kritisiert wird: Plebiszite in mehreren europäischen Staaten stellen
die EU als neues „politisches Dach" in Frage, regionale separatistische Bewegungen, beispielsweise in Nordspanien oder Schottland, gewinnen an Einfluss
(vgl. HALL 1999: 415). Die EU als supranationales Gebilde kann die Funktion

des historischen Nationalstaates als „Bedeutungsquelle für moderne kulturelle Identitäten" (ebd.) nur sehr begrenzt übernehmen; die Diskurse um eine „europäische Identität" sind daher zumeist Diskurse um eine *politische* Identität (vgl. SOYSAL 2003: 2) – Jürgen HABERMAS spricht in diesem Zusammenhang von Verfassungspatriotismus (HABERMAS 1998: 651). Dort, wo sie es dennoch versucht, unterliegt die Betonung der „europäischen Kultur" nahezu durchweg einem funktionalistischen Verständnis: Nicht der Selbstzweck allein hat dazu geführt, dass die Europäische Kommission Diversity inzwischen als bedeutendes Politikfeld erkannt hat. Noch jede EU-Kampagne zur Förderung der kulturellen Vielfalt und zur Bekämpfung von Diskriminierung mündete bisher in der Anbindung an volkswirtschaftliche Interessen und wurde von entsprechenden Zielformulierungen begleitet (vgl. Punkt 4.2.1).

Im Vergleich zu anderen supranationalen Bündnissen hat die EU sowohl die Bedeutung als auch die Funktion diversitärer Gesellschaften erheblich aufgewertet. Zwar hat auch die *Organisation der Vereinten Nationen für Bildung, Wissenschaft, Kultur und Kommunikation (UNESCO)* ein „Übereinkommen über den Schutz und die Förderung der Vielfalt kultureller Ausdrucksformen" verabschiedet (UNESCO 2005); auch die*Organisation für wirtschaftliche Zusammenarbeit und Entwicklung (OECD)* befasst sich mit Diversity. Jüngst veröffentlichte sie unter dem Titel „Educating Teachers for Diversity" eine Studie zur Bedeutung von Diversity im Bildungswesen, in der Anforderungen an die Aus- und Weiterbildung von LehrerInnen formuliert werden (OECD 2010). Die Dichte der von der EU verabschiedeten Richtlinien, Aktionsprogramme und Initiativen ist allerdings im hier dargestellten Vergleich beispiellos – insbesondere was die Fokussierung auf „messbare" Effekte dieser Politik, etwa durch die Implementierung von Benchmarks betrifft.

Schließlich wäre die Diskussion um ein europäisches Diversity Management heute nicht von entscheidener politischer Relevanz, wenn sie sich nur auf die strukturelle Vielfalt der Regionen der einzelnen Mitgliedstaaten begrenzen würde. Vielmehr hat die innereuropäische Migration sowie die Migration aus Drittstaaten nach Europa die Auseinandersetzung mit Diversity befördert.

Migrationsbewegungen in der EU

Die Auseinandersetzung mit dem sozialpolitischen Stellenwert von Migration in der EU muss notwendigerweise aus einem differenzierten Blickwinkel geführt werden, zum einen, um die Unterschiede zwischen den einzelnen Mitgliedstaaten hervorzuheben. Zum anderen kann eine Diskrepanz festgestellt werden zwischen europapolitischen Zielvorstellungen, in deren Mittelpunkt die Erhöhung der Arbeitsmigration steht, und den „unerwünschten" Neben-

erscheinungen der so genannten illegalen Migration. So hat sich die innereuropäische Arbeitsmigration bei Weitem nicht in dem Maße entwickelt, wie
es durch die Vollendung des Europäischen Binnenmarktes beabsichtigt wurde
(vgl. BACH 2008: 147), während hingegen die Bilder von gestrandeten Afri-
kanerInnen vor der italienischen Insel Lampedusa allgegenwärtig sind.

Aus der Betrachtung der Migrationsbewegungen in der EU-27 geht hervor,
dass die RumänInnen die Gruppe der mobilsten EU-BürgerInnen bilden (1,7
Millionen Menschen oder 5,4% der ausländischen EU-Bevölkerung im Jahr
2008). Die meisten der rumänischen MigrantInnen leben in Spanien oder Un-
garn. Deutschland hingegen verzeichnet innerhalb Europas die höchste Zahl
griechischer MigrantInnen (431.000 oder 1,4%). Die größte Gruppe der MigrantInnen in der EU aus Nicht-EU-Staaten bilden die TürkInnen (2,4 Millionen oder 7,9%), gefolgt von den MarokkanerInnen (1,7 Millionen oder 5,6%).
Während die meisten der in die EU migrierten TürkInnen in Deutschland leben, zieht es die Mehrheit der in der EU lebenden MarokkanerInnen nach Spanien, Frankreich oder Italien (EUROSTAT 2009a: 3f.):

*Tab. 2: Die zehn größten Gruppen ausländischer BürgerInnen in der EU-27 (in Pro-
zent zur gesamten ausländischen EU-Bevölkerung im Jahr 2008)*

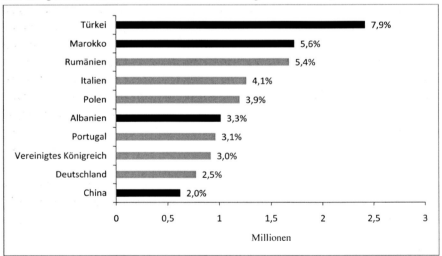

Quelle: Eurostat (2009a: 3); Übersetzung A.T. Gruppen mit Staatsbürgerschaft eines EU-27
Mitgliedstaates sind grau, Gruppen mit Staatsbürgerschaften eines nicht-europäischen Staates
schwarz hervorgehoben.

Bis hierhin lässt sich festhalten: Um auf internationaler Ebene die Zukunft
europäischer Wettbewerbsfähigkeit nicht zu gefährden, hat die Sozialpolitik
des Europäischen Sozialmodells seit jeher eine stark erwerbszentrierte Aus-

richtung. Die sozialpolitische Verantwortung für die Unterstützung der MigrantInnen tragen allerdings die einzelnen europäischen Mitgliedstaaten, Regionen und Kommunen. Die TrägerInnen der Regional- und Stadtentwicklung sind heute verpflichtet, die Kooperation zwischen allen relevanten AkteurInnen anzuregen und zu unterstützen, etwa in Form integrierter Handlungskonzepte. Politischer Referenzrahmen ist dabei das streitbare Primat der Vollbeschäftigung, während die so genannten Schlüsselqualifikationen zugleich der „Schlüssel" zur eigenen Beschäftigungsfähigkeit zu sein scheinen (vgl. WACKER 2009).

Im Folgenden werde ich die zentralen Konzepte europäischer Beschäftigungs- (Punkt 4.1.1) und Antidiskriminierungspolitik (4.1.2) herausarbeiten.

4.1.1 Beschäftigung als europapolitischer „Tertium Comparationis"

Wenn von Diversity Management im europäischen Rahmen die Rede ist, muss nach den politischen Bezügen gefragt werden, die für die Auseinandersetzung mit Vielfalt und Differenz bestimmend sind. Annedore PRENGEL spricht, wie bereits oben angeführt, von einem „Tertium Comparationis", einem inhaltlichen Gegenstand, an dem sich Integrationsvorstellungen messen lassen müssen, soll die Diskussion um Diversity nicht politisch isoliert und dadurch beliebig werden. Ein solcher Bezugsrahmen ist auf der Ebene der EU zweifellos durch die europäische Beschäftigungspolitik gegeben. Sie ist der Schlüssel zur Verwirklichung des Europäischen Sozialmodells; zugleich wirken sich die durch die Europäische Beschäftigungsstrategie (EBS) aufgestellten *beschäftigungspolitischen Leitlinien* zumindest mittelbar auf die von europäischen Drittmitteln abhängige Quartiersentwicklung aus. Der Losung „Vielfalt gegen Beschäftigungsfähigkeit" ist dabei aus einer im weiteren Sinne kultursensiblen Sicht nicht kritiklos zu begegnen.

In den beschäftigungspolitischen Leitlinien 2008-2010 ist zunächst dreierlei festgeschrieben: Das Konzept der Vollbeschäftigung soll erstens die Basis bilden für Wirtschaftswachstum und die Stärkung des sozialen Zusammenhalts. Als zielführend wird hierbei der Flexicurity-Ansatz angesehen, auf den ich im weiteren Verlauf noch eingehen werde. Zweitens geht es um die Steigerung der Arbeitsplatzqualität und Arbeitsproduktivität. In diesem Zusammenhang werden unter anderem die Segmentierung des Arbeitsmarkts und die Chancenungleichheit von Männern und Frauen beanstandet. Außerdem soll der Anteil der so genannten *working poor*, der „erwerbstätigen Armen" reduziert werden. Schließlich wird drittens die Stärkung des wirtschaftlichen, sozialen und territorialen Zusammenhalts verfolgt. Hierunter wird die Förderung der sozialen Eingliederung, der Kampf gegen Armut und insbesondere Kinderarmut, Verhinderung von Ausgrenzung auf dem Arbeitsmarkt sowie die Integration benachteiligter Menschen in Erwerbsarbeit verstanden. Auch soll regionalen Disparitäten in den Bereichen Beschäftigung, Arbeitslosigkeit und Arbeitsproduktivität entgegengewirkt werden. Schließlich wird eine intensivere Auseinandersetzung mit der offenen Koordinierungsmethode[30] in den Bereichen Sozialschutz und soziale Eingliederung angemahnt (s. RAT DER EUROPÄISCHEN UNION 2008: 6f.).

Im Folgenden werden die für den vorliegenden Forschungszusammenhang wesentlichen Inhalte der beschäftigungspolitischen Leitlinien 2008-2010 genannt:

> *Auszug aus den Leitlinien für beschäftigungspolitische Maßnahmen der Mitgliedstaaten 2008-2010 (Integrierte Leitlinien Nr. 17 bis 24)*

Leitlinie 17
Die Beschäftigungspolitik auf Vollbeschäftigung, Steigerung der Arbeitsplatzqualität und Arbeitsproduktivität und Stärkung des sozialen und territorialen Zusammenhalts ausrichten. Die Politik sollte dazu beitragen, folgende Beschäftigungsquotenziele in der Europäischen Union zu verwirklichen:
70 % Gesamtbeschäftigungsquote und eine Mindestquote von 60 % für die Frauenbeschäftigung und von 50 % für die Beschäftigung älterer Arbeitnehmer (55 bis 64 Jahre) bis 2010, verbunden mit einer Verringerung der Arbeitslosigkeit und der Nichterwerbstätigkeit. Die Mitgliedstaaten sollten erwägen, nationale Beschäftigungsquotenziele vorzugeben (...).

---

[30] Die *Methode der Offenen Koordinierung (OMK)*, auf die hier eingegangen wird, ist eine spezifisch europäische Organisationsform der politischen Steuerung. Sie sieht die Erstellung Nationaler Aktionspläne auf Grundlage gemeinsamer Zielvereinbarungen vor. Die nationalen Initiativen werden in einem Benchmarking-Prozess durch jährliche Berichterstattung in Monitoringverfahren verglichen. Die EU-Kommission kann bei Bedarf länderspezifische Empfehlungen erarbeiten. Im Vordergrund dieses peer-review-Verfahrens steht der wechselseitige Nutzen der einzelnen Mitgliedstaaten, die von ihren jeweiligen Erfolgsstrategien profitieren und ihre Aktivitäten entlang den good-practice-Beispielen ausrichten sollen (vgl. WITTE 2004: 9; LINSENMANN 2002: 528). Die OMK ist politisch aus zwei Perspektiven einzuordnen: Einerseits wäre eine zentralistische angelegte Beschäftigungspolitik der EU angesichts der länderspezifischen Problemlagen auf den Arbeitsmärkten kontraproduktiv – von den möglichen Widerständen der Mitgliedstaaten gegen eine solche Form der politischen Steuerung einmal abgesehen – andererseits bedarf es jedoch auf Grund der fortschreitenden europäischen Integration einer supranationalen Koordination der Beschäftigungspolitik.

Leitlinie 18
Durch folgende Maßnahmen einen lebenszyklusbasierten Ansatz in der Beschäftigungspolitik fördern:
– die Bemühungen verstärken (. . .) Jugendarbeitslosigkeit abzubauen (. . .);
– (. . .) Erhöhung der Erwerbsbeteiligung von Frauen und (. . .) Reduzierung
   geschlechtsspezifischer Unterschiede bei Beschäftigung, Arbeitslosigkeit
   und Entgelt (. . .);
– eine bessere Vereinbarkeit von Arbeit und Privatleben anstreben und zu-
   gängliche und erschwingliche Betreuungseinrichtungen für Kinder und
   sonstige betreuungsbedürftige Personen bereitstellen;
– das aktive Altern, einschließlich entsprechender Arbeitsbedingungen (. . .)
   und geeignete Arbeitsanreize fördern und Hemmnisse für die Frühverren-
   tung schaffen (. . .).

Leitlinie 19
Integrative Arbeitsmärkte schaffen, Arbeit attraktiver und für Arbeitsuchende
– auch für benachteiligte Menschen – und Nichterwerbstätige lohnend machen
durch:
– aktive und präventive Arbeitsmarktmaßnahmen, einschließlich Früherken-
   nung der Bedürfnisse, Unterstützung bei der Arbeitsuche, Beratung und
   Weiterbildung im Rahmen personalisierter Aktionspläne, Bereitstellung der
   erforderlichen Sozialdienstleistungen zur Unterstützung der Integration von
   Personen, die auf dem Arbeitsmarkt am schwersten zu vermitteln sind, sowie Förderung der Armutsbeseitigung;
– laufende Überprüfung der in den Steuer- und Sozialleistungssystemen ent-
   haltenen Anreize und Hemmnisse, einschließlich Sozialleistungsmanage-
   ment und Überprüfung der Anspruchsberechtigung, sowie umfassender Abbau der hohen effektiven Grenzsteuersätze, insbesondere bei Geringverdie-
   nern, unter Gewährleistung eines angemessenen Sozialschutzniveaus;
– Erschließung neuer Beschäftigungspotenziale im Bereich der personen-
   und unternehmensbezogenen Dienstleistungen, insbesondere auf lokaler
   Ebene (. . .).

Leitlinie 20
Den Arbeitsmarkterfordernissen besser gerecht werden durch folgende Maßnahmen:
– die Arbeitsmarkteinrichtungen, insbesondere die Arbeitsverwaltungen, mo-
   dernisieren und stärken (. . .);

– Abbau von Hindernissen für eine europaweite Mobilität von Arbeitnehmern
  (...);
– die Wirtschaftsmigration besser managen.

Leitlinie 21
Unter gebührender Berücksichtigung der Rolle der Sozialpartner Flexibilität und Beschäftigungssicherheit in ein ausgewogenes Verhältnis bringen (...).

Leitlinie 22
Die Entwicklung der Arbeitskosten und die Tarifverhandlungssysteme (...)
beschäftigungsfreundlicher gestalten (...).

Leitlinie 23
Die Investitionen in Humankapital (...) steigern und optimieren (...).

Leitlinie 24
Durch folgende Maßnahmen die Aus- und Weiterbildungssysteme auf neue
Qualifikationsanforderungen ausrichten:
– die Attraktivität, die Offenheit und hohen Qualitätsstandards der Aus- und
  Weiterbildung verbessern (...) für flexible Bildungswege sorgen und die
  Möglichkeiten für die Mobilität von Studenten und Praktikanten erweitern;
– den Zugang zur allgemeinen und beruflichen Bildung sowie zu Wissen (...)
  erleichtern und diversifizieren;
– sich durch eine verbesserte Definition und größere Transparenz von
  Qualifikationen (...) sowie deren Anerkennung (...) auf neue berufliche
  Erfordernisse, Schlüsselkompetenzen und künftige Qualifikationsanforderungen einstellen (ebd.: 9-23).

Die Mitgliedstaaten erarbeiten zur Umsetzung der Leitlinien spezifische nationale Programme, etwa in Form nationaler, regionaler und lokaler Aktionspläne. Zur Finanzierung der EBS wird auf Mittel aus dem Europäischen Sozialfonds zurückgegriffen (s. BMAS 2010).

Europäischer Sozialfonds

Der Europäische Sozialfonds (ESF) ist einer von zwei EU-Strukturfonds[31] und wurde im Zuge der Europäischen Wirtschaftsgemeinschaft (EWG) im Jahr 1957 eingerichtet. Der ESF ist die Hauptfinanzquelle der EU zur Unterstützung beschäftigungswirksamer Maßnahmen in den Mitgliedstaaten (vgl. EUROPÄISCHE KOMMISSION 2010a; BMAS 2010). Mit dem ESF werden folgende Zielsetzungen verfolgt:

– Verhinderung und Bekämpfung von Arbeitslosigkeit
– Verringerung nationaler, regionaler und lokaler Unterschiede im Bereich der Beschäftigung
– Entwicklung der *human ressources* und Förderung der sozialen Integration in den Arbeitsmarkt
– Förderung des wirtschaftlichen und sozialen Zusammenhalts in strukturschwachen EU-Gebieten
– „Lokale Lösungen für lokale Probleme"; Bewertung und Weiterentwicklung partnerschaftlichen lokalen Handelns
– Gleichstellung im Sinne von Gender Mainstreaming
– Steigerung von Verantwortung der EU-Mitgliedstaaten
– Bürokratieabbau
– Bekämpfung von Diskriminierung und Ungleichheit am Arbeitsmarkt (s. AMTSBLATT DER EUROPÄISCHEN GEMEINSCHAFTEN 1999; vgl. BMAS 2010).

In der aktuellen Förderperiode 2007-2013 verfolgt der ESF zwei Leitziele:

1. *Konvergenz*: Wachstum und Beschäftigung für die am wenigsten entwickelten EU-Mitgliedstaaten und Regionen
2. *Regionale Wettbewerbsfähigkeit und Beschäftigung*: betrifft Mitgliedstaaten und Regionen, die dem wirtschaftlichen und sozialen Wandel unterworfen sind (s. BMAS 2010).

Von den insgesamt etwa 75 Milliarden Euro, die der ESF für die EU-Mitgliedstaaten in der Förderperiode 2007-2013 bereithält (für Deutschland stehen in diesem Zeitraum insgesamt 9,38 Milliarden Euro zur Verfügung), entfallen mehr als 80 Prozent auf das Konvergenz-Ziel. In beiden Zielgebieten unterstützt der ESF folgende fünf Punkte:

– Steigerung der Anpassungsfähigkeit der Beschäftigten, Unternehmen und Unternehmer, um den wirtschaftlichen Wandel besser bewältigen zu können

---

[31] Auf Grundlage des EG-Vertrages wurden Strukturfonds zur Unterstützung ärmerer EU-Länder und Regionen installiert. Neben dem Europäischen Sozialfonds (ESF) zählt der Europäische Fonds für regionale Entwicklung (EFRE) zu den Strukturfonds der Förderperiode 2007-2013.

- Verbesserung des Zugangs zum Arbeitsmarkt für Arbeitssuchende und Personen, die nicht erwerbstätig sind, sowie Vermeidung von Arbeitslosigkeit insbesondere für Jugendliche und Ältere
- Verbesserung der Situation von benachteiligten Personen auf dem Arbeitsmarkt und Bekämpfung jeder Form der Diskriminierung
- Stärkung des Humankapitals durch Bildung und Ausbildung
- Förderung von Partnerschaften durch die Vernetzung relevanter AkteurInnen auf dem Arbeitsmarkt auf der transnationalen, nationalen, regionalen und lokalen Ebene (s. ebd.).

Die ESF-Maßnahmen umfassen die Bereiche Anpassungsfähigkeit von ArbeitnehmerInnen und Unternehmen, Unternehmen im Strukturwandel, Zugang zu Beschäftigung und soziale Eingliederung, allgemeine und berufliche Bildung, Erwerbsbeteiligung von Frauen, Antidiskriminierung, partnerschaftliche Zusammenarbeit (z.B. Sozialpartner, NRO), „bessere" öffentliche Dienste, transnationale Projekte und Netzwerke und innovative Pilotprojekte (Studien, Erfahrungsaustausch und Informationstätigkeiten im Bereich der Beschäftigung sowie Berufsbildung und industrielle Anpassung). Die Bezüge zu Diversity Management lassen sich deutlich herauslesen und werden umso prägnanter, je genauer hinter die Fassade der hier genannten Schlagwörter geblickt wird: So verbergen sich hinter dem Policybereich „Beschäftigung und soziale Eingliederung" Maßnahmen zur beruflichen Rehabilation behinderter bzw. beeinträchtigter Menschen. Der ESF fördert hier Maßnahmen wie auf die Bedürfnisse der Zielgruppe zugeschnittene Beratungs- und Weiterbildungsangebote, Schaffung von Arbeitsplätzen in der Sozialwirtschaft, Förderung des Unternehmertums sowie Sensibilisierungskampagnen zur Bekämpfung von Diskriminierung, zur Beseitigung von Vorurteilen und zur Förderung der personellen Vielfalt am Arbeitsplatz (EUROPÄISCHE KOMMISSION 2010a).

Ebenfalls dem Diversity Management zuzurechnende Inhalte finden sich im Policybereich Antidiskriminierung. Hier fördert der ESF Aktivitäten, die einen direkten Bezug zur Beschäftigungsentwicklung aufweisen:
- Schaffung von Möglichkeiten des Wiedereinstiegs und der Wiedereingliederung in das Berufsleben für diskriminierte Gruppen
- Förderung der Vielfalt am Arbeitsplatz zur Bekämpfung der Diskriminierung und zur Bewusstseinsbildung
- Förderung der Potentiale älterer Menschen und Wiedereingliederung älterer Arbeitnehmer
- Steigerung der Beteiligung von MigrantInnen an der Beschäftigung und dadurch Stärkung ihrer gesellschaftlichen Eingliederung (s. ebd.).

Die Bundesregierung hat gegenwärtig unterschiedliche ESF-Programme in-stalliert. Viele dieser Programme werden vor allem in jenen Stadtteilen umge-setzt, die mit den Folgen von strukturellem und sozialem Wandel in besonde-rem Maße konfrontiert sind. Stellvertretend für die hohe Zahl an Aktivitäten sei an dieser Stelle auf die ESF-Bundesprogramme „XENOS", „Stärken vor Ort" (ehemals „LOS – Lokales Kapital für soziale Zwecke") und die „Kompe-tenzagenturen" verwiesen (vgl. BMAS 2010).

Employability und Flexicurity

Konzepte wie *Employability* (vgl. WACKER 2009) und *Flexicurity* (vgl. KRO-NAUER/LINNE 2005) können als Sinnbilder europapolitischer Beschäfti-gungspolitik interpretiert werden, da sie strukturelle Zugangsbarrieren zu ei-nem hochgradig spezialisierten und flexibilisierten Erwerbsarbeitsmarkt auf das Individuum und dessen vermeintlich defizitäre Bildung und Qualifikati-on projizieren. Sofern die Krise der Arbeitsgesellschaft überhaupt unter Be-zugnahme auf strukturelle Einflussfaktoren analysiert wird, verweist die EU in der Regel auf „bürokratische Altlasten" jener euopäischen *welfare regimes*, die nach Gösta ESPING-ANDERSEN einem sozialdemokratischen oder konser-vativen Idealtypus zu Grunde liegen, d.h. entweder universalistisch oder kate-gorial staatlichen Schutz gegen Marktkräfte und Einkommensausfälle gewähr-leisten (HANESCH 2001: 134; ESPING-ANDERSEN 1990). Es überrascht daher kaum, dass das Flexicurity-Konzept, wie es unter anderem in Dänemark zum Inbegriff des „modernen" Wohlfahrtsstaats wurde, auch die sozialpoliti-sche Ideologie der EU-Kommission verkörpert:

„Flexicurity ist ein Versuch, zwei grundsätzliche Bedürfnisse miteinander in Einklang zu bringen. Diese Kombination aus flexiblen Arbeitsmärkten und einem hohen Grad an Beschäftigungs- und Einkommenssicherheit könnte die Antwort auf das Dilem-ma der EU sein, wie die Wettbewerbsfähigkeit bei gleichzeitiger Aufrechterhaltung des europäischen Sozialmodells gewährleistet und erhöht werden kann." (EUROPÄI-SCHE KOMMISSION 2010b)

Dabei wird in den offiziellen EU-Publikationen die Krise der Arbeitsgesell-schaft nicht geleugnet. Unter dem Titel „Labour markets in the EU-27 still in crisis" registriert EUROSTAT für das dritte Quartal des Jahres 2009 einen Anstieg der Arbeitslosenzahlen in der EU auf über 22 Millionen Menschen:

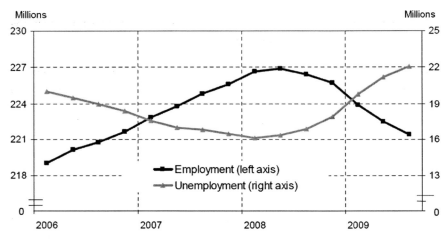

Sources: Eurostat-NA (namq_aux_pem) and EU-LFS (une_nb_q)

Abb. 5: Beschäftigung und Arbeitslosigkeit in der EU-27 (saisonbereinigt; in Millionen)
Quelle: EUROSTAT (2010: 1)

Die Statistiken ließen sich länder-, geschlechts-, oder altersspezifisch ergänzen. Doch auch ohne eine weitere Aufschlüsselung der empirischen Befunde zur Situation auf den europäischen Arbeitsmärkten reicht es festzuhalten, dass das Primat der Wettbewerbsfähigkeit in der EU die sozialpolitischen
Überlegungen bzw. Interventionen bestimmt. Im Zweifel werden Entscheidungen zugunsten des Marktes getroffen. Dies bedeutet, dass Flexicurity der „Flexibilität" stets einen höheren Stellenwert beimessen wird als der „Sicherheit".
Diese Interpretation ist keineswegs tendenziös gefärbt, die EU-Kommission
selbst formuliert den Abschied vom „bisherigen Denken" unmissverständlich,
wie folgendes Zitat verdeutlicht:

„Genau genommen ist Flexicurity eine politische Strategie zur gleichzeitigen und ab-
sichtlichen Erhöhung der Flexibilität der Arbeitsmärkte, Arbeitsorganisationen und
Arbeitnehmer-Arbeitgeber-Beziehungen einerseits und der Beschäftigungs- und Einkommenssicherheit andererseits. Mit diesem Konzept bewegen wir uns weg vom bisherigen Denken in Dimensionen der Arbeitsplatzsicherheit hin zu einer Dimension
der Beschäftigungssicherheit. Es geht nicht mehr um den Schutz von Arbeitsplätzen,
sondern vielmehr um den Schutz von Menschen. Die Förderung flexibler Arbeitsmärkte und eines hohen Grades an Sicherheit kann jedoch nur dann Erfolg haben,
wenn die Arbeitnehmer auch in die Lage versetzt werden, sich den ständigen Veränderungen anzupassen, auf dem aktiven Arbeitsmarkt zu bleiben und in ihrem Ar-
beitsleben voranzukommen. Aktive Arbeitsmarktstrategien, lebenslanges Lernen, eine
individualisierte Betreuung der Arbeitsuchenden, Chancengleichheit für alle und die

Gleichbehandlung von Männern und Frauen sind daher Schwerpunkte des Flexicurity-Modells." (EUROPÄISCHE KOMMISSION 2010b)

In diesem Zitat sind die Schlüsselbegriffe des aktivierenden und investiven Wohlfahrtsstaates enthalten (vgl. LESSENICH 2008). Soziale Absicherung ist fortan nur für den Preis der individuellen Flexibilität zu haben: „Investing in people" lautet der Leitsatz des Europäischen Sozialfonds (s. EUROPEAN COMMISSION 2010). Der liberale Geist einer solchen Politik ist allgegenwärtig, wenn das Bildungspostulat einmal mehr als Ersatz jedweder sozialpolitischen Ansprüche dient.

4.1.2 Determinanten europäischer Antidiskriminierungspolitik

Diversity bestimmt, wie bereits jetzt sichtbar geworden ist, inzwischen die europapolitischen Diskurse. Ich möchte mich nun im Sinne der Themenstellung dieser Arbeit umfassender mit der europäischen Antidiskriminierungspolitik und dem zivilrechtlichen Schutz der EU-BürgerInnen auseinandersetzen.

Die EU hat in den letzten Jahren unterschiedliche Richtlinien und Programme zur Bekämpfung unterschiedlicher Diskriminierungsformen initiiert. Allen Ansätzen gemeinsam ist die Verknüpfung von Antidiskriminierungs- und Beschäftigungspolitik.[32] Im Vordergrund steht die Gleichbehandlung in Beschäftigungskontexten. Die Dualität aus symbolischer Öffentlichkeitsarbeit und juristischer Rahmengebung ist dabei charakteristisch für die Politik der EU-Kommission.

Der Informationskampagne „Für Vielfalt. Gegen Diskriminierung" geht es beispielsweise um die Diversity-Sensibilität der EU-BürgerInnen und die Vermittlung einschlägiger EU-Rechtsvorschriften. Außerdem sollen laut Kampagne die „Vorteile" der Gleichbehandlung für die Menschen selbst herausgestellt werden. Um welche Art Vorteile es sich dabei handelt, wird auf dem Internetportal der Kampagne in der Rubrik „Vielfalt in der EU" erläutert:

„Eine Erwerbsbevölkerung, die sich aus Menschen aller Altersstufen, behinderten Menschen, Menschen unterschiedlicher Rassen oder ethnischer Herkunft, mit verschiedenen Religionen oder Weltanschauungen und unterschiedlichen sexuellen Ausrichtungen zusammensetzt, *spiegelt daher die Gesellschaft wider*, in der wir heute leben. Diese Vielfalt kann ein Gewinn für Unternehmen sein, weil mit ihr unterschiedliche *Fertigkeiten, Erfahrungen, Ideen und Perspektiven* eingebracht werden." (EURO-PÄISCHE KOMMISSION 2010c; Hervorhebungen im Original.)

---

[32] Die Verknüpfung von Gleichstellungsaspekten und Beschäftigungspolitik durch die EU-Kommission kommt bereits in der Namensgebung des zuständigen Ressorts zum Ausdruck, für das die „Generaldirektion Beschäftigung, soziale Angelegenheiten und Chancengleichheit" verantwortlich zeichnet.

Am Beispiel der Informationskampagne wird deutlich, welche Sichtweise auf kulturelle Differenz dem EU-Verständnis zu Grunde liegt. Das Online-Portal der Kampagne zeigt „zufrieden" und optimistisch wirkende ProtagonistInnen, die trotz aller augenscheinlichen Unterschiedlichkeit – in diesem Fall bedingt durch Geschlecht, Ethnie, Alter und berufliche Stellung – die Einbindung in ein Normalarbeitsverhältnis zu einen scheint (s. ebd.; vgl. Abb. 6):

Europäische Kommission   Beschäftigung, soziale Angelegenheiten und Chancengleichheit   Stop Diskriminierung

 **FÜR VIELFALT GEGEN DISKRIMINIERUNG**

Zur Kampagne

Informationsmaterial

Ihr Land

Presse

Neuigkeiten

Aktualisierte Poster und Faltblätter jetzt erhältlich

Poster und Faltblätter, die im Rahmen der Kampagne erstellt wurden, wurden aktualisiert, um die Ergebnisse der Eurobarometer-Umfrage - Diskriminierung in der Europäischen Union 2009 zu berücksichtigen.

Weiterlesen

Bekämpfung von Diskriminierung

Vielfalt in der EU

Aktivitäten

Abb. 6: Ausschnitt aus dem Online-Portal „Für Vielfalt. Gegen Diskriminierung",
Quelle: Europäische Kommission (2010c)

Aufmachung, „Sprache" und Intention dieser Kampagne können durchaus als stellvertretend für andere einschlägige Programme europäischer Diversity-Politik angesehen werden. Um die dahinter stehende „Logik" zu verdeutlichen, gebe ich die dort formulierten Zielvorstellungen wörtlich wieder:

„Durch die Kampagne soll das Bewusstsein für Diskriminierung erhöht und das Verständnis der EU-Rechtsvorschriften verbessert werden, die uns alle schützen. Außerdem sollen Debatten zum Thema Vielfalt und Diskriminierung und insbesondere über die Vorteile angeregt werden, die mehr Gleichbehandlung für die Menschen in Europa mit sich bringt. Durch zahlreiche Aktivitäten soll so vielen Menschen wie möglich die

Botschaft vermittelt werden, dass die Vielfalt in Europa ein wertvolles Gut ist und ein Leben ohne Diskriminierung in der EU ein Grundrecht darstellt. Außerdem will die Kampagne Menschen informieren und so in die Lage versetzen, Diskriminierung zu bekämpfen, wo immer sie ihnen im täglichen Leben begegnet." (Ebd.)

Beim Betrachten der Kampagnenziele ist einerseits eine grundsätzliche Unverbindlichkeit und Interpretationsfreiheit festzustellen („Debatten" sollen „angeregt werden"). Andererseits sticht eine Fokussierung auf die *Vorteile* von Gleichbehandlung hervor, womit erneut der Bogen zu Diversity Management gespannt wäre. Weitere EU-Programme und -kampagnen wie das mit über 700 Millionen Euro ausgestattete *Progress* (2007-2013) sowie die Themenjahre *Europäisches Jahr der Chancengleichheit für alle* (2007) oder *Europäisches Jahr zur Bekämpfung von Armut und sozialer Ausgrenzung* (2010) ließen sich im Zusammenhang diversity-sensibler Arbeitsmarktpolitik ergänzen.

Allen politischen Diversity-Bestrebungen der EU dienen zwei zentrale Direktiven als zivilrechtliche Grundlage: die Antirassismus-Richtlinie (s. AMTS-BLATT DER EUROPÄISCHEN GEMEINSCHAFTEN 2000a: 24ff.) und die Rahmenrichtlinie Beschäftigung (s. AMTSBLATT DER EUROPÄISCHEN GEMEINSCHAFTEN 2000b: 18ff.):

Richtlinie 2000/43/EG des Rates vom 29. Juni 2000 zur Anwendung des Gleichbehandlungsgrundsatzes ohne Unterschied der Rasse oder der ethnischen Herkunft

Die so genannte *Antirassismus-Richtlinie* bestimmt die Anwendung des Gleichbehandlungsgrundsatzes ohne Unterscheidung der (wörtlich:) Rasse oder der ethnischen Herkunft (Artikel 2 Abs. 1). Die Richtlinie gilt für alle Personen in öffentlichen und privaten Bereichen, einschließlich öffentlicher Stellen (Artikel 3 Abs. 1). Dies impliziert: Zugang zu unselbständiger und selbständiger Erwerbsarbeit; Zugang zu allen Formen und allen Ebenen der Berufsberatung und -bildung sowie der beruflichen Weiterbildung; Beschäftigungs- und Arbeitsbedingungen; Mitgliedschaft in Arbeitnehmer- oder Arbeitgeberorganisationen; Sozialschutz; soziale Vergünstigungen; Bildung; Zugang zu und Versorgung mit Gütern und Dienstleistungen, einschließlich von Wohnraum (s. Artikel 3 Abs. 1a-h).

Die zweite Richtlinie zielt explizit auf die Verhinderung von Diskriminierung in Beschäftigungskontexten ab:

Richtlinie 2000/78/EG DES RATES vom 27. November 2000 zur Festlegung eines allgemeinen Rahmens für die Verwirklichung der Gleichbehandlung in Beschäftigung und Beruf

Die so genannte *Rahmenrichtlinie Beschäftigung* zielt auf einen allgemein gültigen Rahmen zur Bekämpfung von Diskriminierungen aus Gründen der Religion/Weltanschauung, einer Behinderung/Beeinträchtigung, des Alters oder der sexuellen Ausrichtung in Beschäftigung und Beruf (Artikel 1). Sie gilt ebenfalls für alle Personen in öffentlichen und privaten Bereichen, einschließlich öffentlicher Stellen (Artikel 3 Abs. 1). Auch die einzelnen Teilbereiche gelten wie oben aufgeführt, allerdings werden in der Richtlinie nicht der Sozialschutz, soziale Vergünstigungen, der Bereich der Bildung und der Zugang zu und Versorgung mit Gütern und Dienstleistungen, einschließlich Wohnraum, genannt.

In beiden Richtlinien – und dies unterstreicht die Grenzen eines politisch-institutionalisierten Diversity-Verständnisses, das immer von Machteinflüssen bestimmt ist – wurde festgehalten, dass der geschaffene Rechtsrahmen nicht „unterschiedliche Behandlungen aus Gründen der Staatsangehörigkeit" sowie „Vorschriften und Bedingungen für die Einreise von Staatsangehörigen dritter Länder oder staatenlosen Personen in das Hoheitsgebiet der Mitgliedstaaten" berührt. Desweiteren sind der Aufenthalt dieser Personen im „Hoheitsgebiet [A.T.: der EU] sowie eine Behandlung, die sich aus der Rechtsstellung von Staatsangehörigen dritter Länder oder staatenlosen Personen ergibt" von der Anwendung beider Richtlinien ausgenommen (jeweils Artikel 3 Abs. 2).

Die Übertragung in nationales Recht ist in beiden Richtlinien verpflichtend festgeschrieben und in den einzelnen EU-Mitgliedstaaten inzwischen erfolgt (vgl. Artikel 16 Richtlinie 2000/43/EG bzw. Artikel 18 Richtlinie 2000/78/EG). In Deutschland zielt das am 18. August 2006 in Kraft getretene *Allgemeine Gleichbehandlungsgesetz (AGG)* auf die Verhinderung oder Beseitigung von „Benachteiligungen aus Gründen der Rasse oder wegen der ethnischen Herkunft, des Geschlechts, der Religion oder Weltanschauung, einer Behinderung, des Alters oder der sexuellen Identität" (AGG § 1). Das AGG findet im Dienst- und Arbeitsrecht (AGG Abschnitt 2) für Beamte und Beschäftigte des Bundes und der Länder und für Angestellte/ArbeiterInnen der Privatwirtschaft sowie im Zivil- und Privatrecht (AGG Abschnitt 3) Anwendung. Nach AGG § 25 ist die Einrichtung einer Antidiskriminierungsstelle des Bundes vorgesehen, die mit Inkrafttreten des Gesetzes ihre Arbeit aufgenommen hat (s. BMJ 2010; ADS 2010).

Während sich in den oben aufgeführten Diversity-Richtlinien fünf der bekannten Heterogenitätsdimensionen wiederfinden – ethnische Herkunft, Religion/Weltanschauung, Behinderung/Beeinträchtigung, Alter und sexuelle Ausrichtung – hat die EU für den Bereich „Gender" ebenfalls zwei Richtlinien auf den Weg gebracht. Die so genannte Gender-Richtlinie steht dabei in unmittelbarem Bezug zur Arbeitswelt (s. AMTSBLATT DER EUROPÄISCHEN GEMEINSCHAFTEN 2002: 15ff.):

Richtlinie 2002/73/EG des Europäischen Parlaments und des Rates vom

23. September 2002 zur Änderung der Richtlinie 76/207/ EWG des Rates zur Verwirklichung des Grundsatzes der Gleichbehandlung von Männern und Frauen hinsichtlich des Zugangs zur Beschäftigung, zur Berufsbildung und zum beruflichen Aufstieg sowie in Bezug auf die Arbeitsbedingungen

Die so genannte *Gender-Richtlinie* erklärt die Gleichstellung von Männern und Frauen zum grundlegenden Prinzip der EU. Die Mitgliedstaaten werden zur aktiven Unterstützung der Gleichstellungsziele in Rechts- und Verwaltungsvorschriften, Politiken etc. verpflichtet (Art. 1 Abs. 1a). Unterschieden werden mittelbare und unmittelbare Diskriminierung, Belästigung und sexuelle Belästigung (Art. 2 Abs. 2). Die Mitgliedstaaten sind aufgefordert, im Rahmen ihrer jeweiligen nationalen Rechtsvorschriften, Tarifverträge etc. die ArbeitgeberInnen und die für die Berufsbildung zuständigen Personen anzuhalten, Maßnahmen gegen alle Formen der Diskriminierung aufgrund des Geschlechts, vor allem Belästigung und sexuelle Belästigung, am Arbeitsplatz zu ergreifen (Art. 2 Abs. 5).

Der Anwendungsbereich der zweiten Richtlinie erstreckt sich auf Bereiche jenseits der Arbeitswelt (s. AMTSBLATT DER EUROPÄISCHEN GEMEINSCHAFTEN 2004: 37ff.):

Richtlinie 2004/113/EG des Rates vom 13. Dezember 2004 zur Verwirklichung des Grundsatzes der Gleichbehandlung von Männern und Frauen beim Zugang zu und bei der Versorgung mit Gütern und Dienstleistungen

Die Richtlinie 2004/123/EG verfolgt grundsätzlich die gleichen Ziele wie die Gender-Richtlinie, allerdings liegt der Geltungsbereich nicht auf der Ebene von Beschäftigung und Beruf, ebenso wenig auf selbständigen Tätigkeiten, sofern diese von anderen europäischen Rechtsvorschriften erfasst werden, sondern im Bereich der privaten, freiwilligen und von Beschäftigungsverhältnissen unabhängigen Versicherungen und Rentensystemen (Artikel 5). Von der Anwendung der Direktive ausgenommene Bereiche sind ferner der Inhalt von Medien und Werbung sowie der Bildungsbereich.

Schlüsselkonzept europäischer Gender-Politik ist das Konzept *Gender Mainstreaming*.[33] Nach Definition der Europäischen Kommission ist dieser Ansatz dimensional nicht mit der klassischen Frauenförderung zu verwechseln, da er die „Unterschiede zwischen den Lebensverhältnissen, den Situationen und den Bedürfnissen von Frauen und Männern systematisch auf allen Politik- und Aktionsfeldern der [A.T.: Europäischen] Gemeinschaft zu berücksichtigen" gedenkt (EUROPÄISCHE KOMMISSION 1996). Exemplarisch kann in diesem

---

[33] Ohne an dieser Stelle einen Einstieg in die umkämpften Diskurse der Gender Studies leisten zu wollen und können, sei dennoch darauf hingewiesen, das KritikerInnen „eine zunehmende Interpretationsweise von Gender Mainstreaming als neoliberaler Reorganisationsstrategie zur Optimierung ‚geschlechterspezifischer Humanressourcen'" sehen (s. FREY et al. 2006: 1).

Zusammenhang auf zwei zentrale Dokumente der heutigen Europäischen Union verwiesen werden: Bereits im EG-Vertrag werden in Artikel 2 und Artikel 3 (2) die Förderung der Gleichstellung von Männern und Frauen sowie die Beseitigung geschlechtsspezifischer Ungleichheiten bei allen die Europäische Gemeinschaft betreffenden Aufgaben genannt (AMTSBLATT DER EUROPÄISCHEN UNION 2006: 44f.). Außerdem findet sich in der *Charta der Grundrechte der Europäischen Union* in Artikel 23 (1) ein Verweis auf die Sicherstellung der Gleichheit von Männern und Frauen „in allen Bereichen, einschließlich der Beschäftigung, der Arbeit und des Arbeitsentgelts" (AMTSBLATT DER EUROPÄISCHEN GEMEINSCHAFTEN 2000c: 13).

Auch auf dem Feld der Genderpolitik wurden Gesetzesinitiativen auf Europa-, Bundes- und Länderebene sowie auf kommunaler Ebene verabschiedet. Hinzu kommt die besondere, auch symbolische Bedeutung einschlägiger Urteile des Europäischen Gerichtshofes (s. EUROPÄISCHE KOMMISSION 2010d). Die europapolitische Kommunikation von Gender Mainstreaming in das Gemeinwesen vollzieht sich jedoch vor allem über die vielfältigen, aus dem ESF finanzierten Förderprogramme, mit deren Durchführung die ProjektträgerInnen sich zugleich den Zielen der europäischen Gleichstellungs- und Antidiskriminierungspolitik verpflichten (vgl. EUROPÄISCHE KOMMISSION 1996).

Die europäische Diversity-Politik lässt sich nicht nur im Hinblick auf ihr eher funktionalistisches Verständnis von Vielfalt und auf ihre grundsätzliche Symbolhaftigkeit betrachten. Ihre Berechtigung ist vor allem auch aus dem Zusammenhang heraus zu verstehen, dass Diskriminierung und die in der wissenschaftlichen Literatur als Intersektionalität bezeichnete Mehrfachdiskriminierung in der EU verbreitet sind. So empfinden in einer im Jahr 2009 veröffentlichten repräsentativen Eurobarometer-Umfrage zu Diskriminierung in der EU 61% der befragten EU-BürgerInnen Diskriminierung auf Grund der ethnischen Herkunft als die am häufigsten in der EU auftretende Form der Diskriminierung (EUROPÄISCHEKOMMISSION 2009: 4). Aussagen zu anderen Diversity-Kategorien können dem nachfolgenden Diagramm entnommen werden:

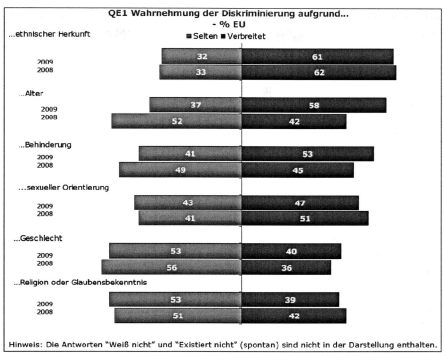

Abb. 7: Wahrnehmung von Diskriminierungsformen in der EU
Quelle: EUROPÄISCHE KOMMISSION (2009: 4); die zu Grunde gelegte Fragestellung lautete: „Bitte sagen Sie mir für jede der folgenden Arten von Diskriminierung, ob sie in (unserem
Land) Ihrer Meinung nach sehr verbreitet, ziemlich verbreitet, ziemlich selten oder sehr selten
ist. Wie ist das mit Diskriminierung aufgrund von ... "

Desweiteren gibt das Eurobarometer Auskunft über persönliche Diskrimi-
nierungserfahrungen der Befragten. 16% aller Befragten gaben hier an, sich
auf Grund einer oder auch mehrerer der im Folgenden dargestellten Heterog-
nitätsdimensionen persönlich diskriminiert oder belästigt gefühlt zu haben (s.
Abb. 8).

Aus dem Datenmaterial der Umfrage kristallisiert sich ein Zusammenhang
zwischen dem Selbstverständnis der befragten BürgerInnen als Angehörige einer Minderheit und der subjektiven Diskriminierungserfahrung heraus, vor allem in den Bereichen Behinderung/Beeinträchtigung, Ethnizität und sexueller
Ausrichtung (ebd: 6):

„Dies legt den Schluss nahe, dass es für Minderheiten, die sich selbst als Minderheit
betrachten, wahrscheinlicher ist, Diskriminierung zu erfahren, oder dass die Erfahrung

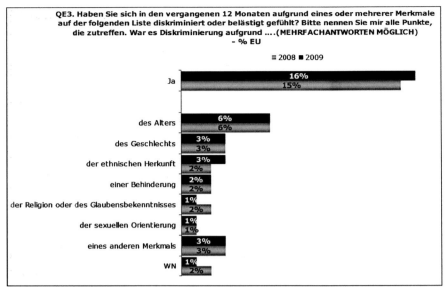

Abb. 8: Subjektive Erfahrung von Diskriminierung und Belästigung (1)
Quelle: EUROPÄISCHE KOMMISSION (2009: 6); was die Kategorie „Alter" betrifft, so
wurde im Fragebogen bewusst offen gelassen, „ob damit eine Diskriminierung älterer oder
jüngerer Menschen gemeint war, damit die Befragten den Begriff ‚Altersdiskriminierung' nach
eigenem Ermessen interpretieren konnten." (Ebd.: 5)

von Diskriminierung oder Belästigung in signifikantem Maße dazu beiträgt, dass sich
die Bürger diesbezüglich selbst als ‚Minderheit' wahrnehmen." (Ebd.)

Während zum Beispiel 25% der befragten EU-BürgerInnen, die sich als Angehörige einer ethnischen Minderheit verstehen ebenfalls bekunden, Diskriminierung auf Grund der ethnischen Herkunft erfahren zu haben, berichten dies
lediglich 3% aller befragten EuropäerInnen, also einschließlich jener, die sich
persönlich nicht als Mitglieder einer Minderheit sehen (ebd.; vgl. Abb. 8 und
9).

   Die für die Mitgliedstaaten verbindliche Antidiskriminierungspolitik der
EU hat auf der Ebene der Nationalstaaten dazu geführt – und dies gilt
angesichts der restriktiven Migrationspolitik der letzten Jahrzehnte insbesondere auch für Deutschland – dass die „Skandalisierung" der ethnischen Vielfalt politisch nicht mehr ohne Weiteres vertretbar ist (s. BU-
KOW/NIKODEM/SCHULZE/ YILDIZ 2007: 13).

   Die berechtigte Frage, ob die Wiederentdeckung der Vielfalt gar als Aus-
weg aus der Krise der politischen Repräsentation gedacht werden muss, kann
und will ich an dieser Stelle nicht beantworten. Hingegen möchte ich anstel-

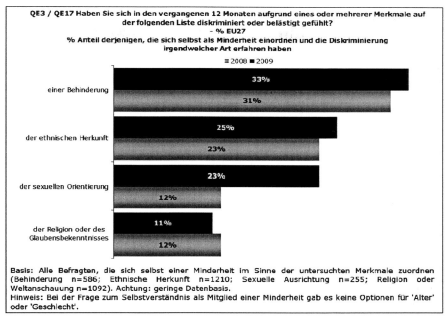

Abb. 9: Subjektive Erfahrung von Diskriminierung und Belästigung (2)
Quelle: EUROPÄISCHE KOMMISSION (2009: 7)

le eines Fazits als zusammenfassende These festhalten, dass die europäische Ausrichtung auf Diversity Management nicht zufällig erfolgt. Die horizontale Analyse gesellschaftlicher Differenz, soviel kann begründet behauptet werden, ist politisch gewollt: EU-Kommissionspräsident José BARROSO bemerkt im Zusammenhang mit der Forderung nach einer erneuerten europäischen Sozialagenda dass „die soziale Dimension Europas [...] noch nie so wichtig wie heute [war und] untrennbar mit der Lissabon-Strategie der EU verbunden [ist], die für Wachstum und bessere Arbeitsplätze sorgt." (EUROPA 2008) Nur durch eine positivistische Betrachtung der „Vielfalt" der so genannten Humanressourcen lässt sich also der bruchlose Zusammenhang zum Erwerbsarbeitsmarkt herstellen. Diversity passt in das Konzept der Aktivgesellschaft und einer Reihe einschlägiger Mechanismen des aktivierenden Sozialstaates (vgl. LESSENICH 2008) wie Employability oder Flexicurity. Zumindest suggeriert das EU-Marketing, wie oben deutlich wurde, dass es „jede/jeder schaffen kann", solange sie/er nur aus ihrer/seiner Vielfalt schöpft.

4.2 Sozialpolitische Bedeutung von Vielfalt und Differenz in Deutschland

Die supranationalen Entwicklungen auf der Ebene europäischer Diversity-Policy, also die Herausbildung diversity-orientierter Politikfelder, bilden nur einen Teil der makropolitischen Perspektiven auf Diversity Management. Von Interesse für den vorliegenden Forschungsgegenstand ist zudem die sozialpolitische Bedeutung von Vielfalt und Differenz in Deutschland, die hier vor allem im Spiegel der demographischen Entwicklung analysiert werden soll.

Einwanderungsgesellschaften wie die deutsche bringen es mit sich, dass durch Zuwanderung einerseits volkswirtschaftliche und sozialpolitische Chancen entstehen, andererseits – vor allem auf der sozialkulturellen Sphäre der Integration – Konflikte und Integrationsprobleme freigesetzt werden (s. KRUMMACHER 2007: 109 sowie Punkt 5.3). Gerade im Zusammenhang mit Diversity werden in der Literatur insbesondere die Chancen und Potentiale der Vielfalt betont; dies liegt schließlich in der Natur des Ansatzes. Ich will im Folgenden durchaus kritischer zu Werke gehen und zunächst einmal klären, welche strukturellen und normativen gesellschaftlichen Voraussetzungen überhaupt vorliegen, wenn von Diversity gesprochen wird.

Nun kann die sozialpolitische Bedeutung von Vielfalt und Differenz in Deutschland nur exemplarisch und auf die leitende Forschungsfrage dieser Arbeit zugeschnitten erfolgen (vgl. Kapitel 2): Am Beispiel der Situation auf dem Bildungs- und Ausbildungsmarkt möchte ich Diversity in Bezug setzen zu seinem wichtigsten Tertium Comparationis der Erwerbsarbeit. Hierbei wird auf aktuelle Befunde aus der Berufsbildungsforschung zurückgegriffen, die in besonderer Weise die strukturell begründeten ethnischen und geschlechtsspezifischen Disparitäten im Bereich der beruflichen Bildung offenlegen (Punkt 4.2.1). Im Anschluss setze ich mich mit Leitbildern gesellschaftlicher Integration auseinander. Dabei werde ich den Integrationsbegriff nicht nur an vermeintlich dichotomen Konzepten wie Assimiliation und Multikulturalismus schärfen, sondern ihn in Richtung einer kultursensiblen Vorstellung sozialen Zusammenhalts hin entwickeln (Punkt 4.2.2).

4.2.1 Soziale Disparitäten auf dem Bildungs- und Ausbildungsmarkt

Wenn in jüngster Zeit von ungleichen Zugangschancen in Bildungs- und Ausbildungsarrangements gesprochen wird, folgt in der Regel zuerst der Verweis auf die Benachteiligung von MigrantInnen. So richtig dieser Befund ist, so verkommt er ohne Präzisierung der Benachteiligungsformen – und durch medial unterstützende Mahnungen vor einem abgehängten ethnischen Prekariat – zu einem Stereotyp. Aus der Diversity-Perspektive muss also gefragt werden, welche Heterogenitätsdimensionen bzw. Kategorien oder Merkmale bei der sozialen Benachteiligung auf dem Bildungs- und Ausbildungsmarkt aus welchen Gründen eine Rolle spielen. Um einer Kulturalisierung von Benachteiligung vorzubeugen, weise ich darauf hin, dass die Heterogenitätsdimensionen selbst freilich nur insofern ausschlaggebend für Benachteiligung sind wie ihre soziale Konstruktion berücksichtigt wird. Nehme ich „Erwerbsarbeit" als eine der zentralen Bezüge der leitenden Forschungsfrage (vgl. Kapitel 2), so lässt sich am Beispiel der Jugendforschung illustrieren, inwieweit bei genauerem Hinsehen unterschiedliche Heterogenitätsdimensionen ineinander greifen.

Richard MÜNCHMEIER stellt fest, dass mit der Krise der Arbeitsgesellschaft die Arbeitslosigkeit das Zentrum der Jugendphase erreicht hat (s. MÜCHMEIER 2008: 18f.). Zur begrifflichen Klärung muss in diesem Zusammenhang darauf hingewiesen werden, dass Jugend allein aus der Jugend heraus nicht zu verstehen ist und als *Strukturmuster* nur in Bezug zur jeweiligen Gesellschaft und ihren Anforderungen funktioniert. Jugend unterliegt gegenwärtig einem tiefgreifenden gesellschaftlichen Wandel: „Jugend" bedeutet heute auf subjektiver Ebene das Eintreten in eine Bildungs- und Orientierungsphase. Für junge Menschen ist Jugend zur Bewältigungsaufgabe geworden, und zwar bei unterschiedlicher Verteilung der individuellen Voraussetzungen und Ressourcen. In der Folge sind die *intergenerationalen Grenzen* heute mitunter fließender als die *intragenerationalen* (vgl. ebd. 15ff.).

Aufschlussreich für die bildungssoziologische Rezeption von Diversity sind vor allem die *geschlechtsspezifische* und die *ethnische Perspektive*: Die weibliche Erwerbsbiographie befindet sich im Umbruch. Mädchen ziehen inzwischen, was die berufliche „Chancenverwertung" betrifft, mit Jungen gleich, in bestimmten Bereichen wie der gymnasialen Oberstufe ziehen sie sogar an ihnen vorbei; stellt sich die Frage nach Kindern, ist die Berufseinmündung für Mädchen allerdings nach wie vor schwieriger (s. ebd: 20f.).

Was die ethnische Perspektive auf die Lebenssituation junger Menschen betrifft, so ist zunächst festzustellen, dass die grundsätzlich freien Wanderungsmöglichkeiten innerhalb der EU eine intensive Auseinandersetzung mit dem *interkulturellen* Zusammenleben in den europäischen Städten nach sich ziehen; in Deutschland lebt die ausländische Bevölkerung nahezu ausschließlich in den urbanen Knotenpunkten Westdeutschlands. Mit Recht kann daher die Rede von der „multikulturellen Gesellschaft" bezweifelt werden, vorausgesetzt, das „Multikulturelle" wird – wie zumindest im medialen Diskurs üblich – ausschließlich auf das „Ethnische" bezogen (vgl. ebd.: 22f.). Während

MÜNCHMEIER den Zustand der ArbeitsmigrantInnen und der ethnischen
Minderheiten als „Zustand partieller Integration bei gleichzeitiger partieller
Ausgrenzung" beschreibt (ebd.: 23), verschärften sich Probleme zwischen jungen MigrantInnen und jungen Deutschen in spezifischen Situationen: So können xenophobe Tendenzen bei deutschen Jugendlichen festgestellt werden, die
freilich – dies sei erklärend, nicht entschuldigend hinzugefügt – auch auf die
Konkurrenzsituation auf dem Ausbildungs- und Arbeitsmarkt zurückzuführen
sind (s. ebd.: 23f.).

Am Beispiel der Berufsbildungsforschung möchte ich einen intensiveren
Blick auf die Situation junger Menschen am Bildungs- und Ausbildungsmarkt
werfen. Dabei beziehe ich mich vor allem auf einschlägige Ergebnisse aus
dem aktuellen Nationalen Bildungsbericht 2010 (AUTORENGRUPPE BIL-
DUNGSBERICHTERSTATTUNG 2010). Wenn hier in erster Linie auf die
Differenz des beruflichen Ausbildungssystems Bezug genommen wird, dann
weil seine drei Sektoren – das duale Ausbildungssystem, das Schulberufssystem und das Übergangssystem[34] – im Gegensatz zu den Schulen und Hochschulen eng bzw. unmittelbar mit dem Arbeitsmarkt in Verbindung stehen.
Dessen Dynamik wirkt auf Strukturen und Konjunkturen des beruflichen Ausbildungssystems zurück (s. ebd.: 95.). So gesehen interessieren angesichts der
Forschungsfrage nach den durch Diversity Management angeregten Beschäfti-
gungspotentialen vor allem strukturelle Verschiebungen im beruflichen Ausbildungssystem und Informationen über die Zielgruppen der einzelnen Sektoren.

Die demographisch bedingte Rückläufigkeit der Zahl der AbsolventInnen
allgemeinbildender Schulen hat im Vergleich zum letzten Bildungsbericht zu
einer veränderten Verteilung der Neuzugänge auf die drei Sektoren des beruflichen Ausbildungssystems geführt (vgl. Abb. 10).[35] Seit dem Jahr 2000 kann
2007 zum ersten Mal ein *deutlicher* Rückgang der Neuzugänge im Übergangssystem unter 40% verzeichnet werden (wobei die Werte im Jahr 2008 mit 34%

---

[34] Das duale System, in dem die meisten Jugendlichen ausgebildet werden, enthält sowohl betriebliche als auch schulische Anteile an der Ausbildung, das Schulberufssystem vermittelt
eine vollzeitschulische Ausbildung, zumeist im Dienstleistungsbereich, und das Übergangssystem (das auf Grund institutioneller Heterogenität und fehlender Abstimmung einzelner
Maßnahmen streng genommen nicht als System bezeichnet werden kann) vermittelt individuelle Kompetenzen im Bereich der Berufsvorbereitung (vgl. AUTORENGRUPPE BIL-
DUNGSBERICHTERSTATTUNG 2010: 95).

[35] Unter den Neuzugängen befindet sich eine beträchtliche Zahl an AltbewerberInnen. Im Jahr
2008 machte diese Gruppe etwa die Hälfte aller LehrstellenbewerberInnen bei der Bundesagentur für Arbeit aus. Ihre Vermittlungschancen in einen Ausbildungsplatz sind im
Vergleich zu anderen BewerberInnen trotz gleicher schulischer Vorbildung schlechter (s.
AUTORENGRUPPE BILDUNGSBERICHTERSTATTUNG 2010: 97).

höher liegen als Mitte der 1990er Jahre). Im dualen System zeichnet sich ebenfalls eine Verschiebung gegenüber den letzten Jahren ab: Der Anteil der Neuzugänge liegt inzwischen fast bei 48% und ist damit gegenüber dem Jahr 2006 um 4,5% gestiegen (allerdings ist 2008 die absolute Zahl der Neuzugänge gegenüber dem Vorjahr wieder leicht rückläufig). Im Bereich des Schulberufssystem hat sich hingegen der Anteil der Neuzugänge von etwa 18% gehalten (auch hier ist absolut ein leichter Rückgang der Neuzugänge festzustellen; s. ebd.: 96).

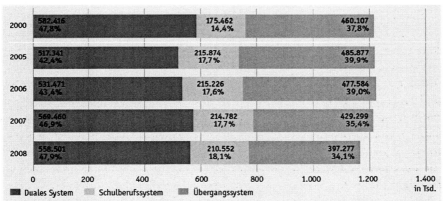

* *Teilweise erstes Schuljahr; wegen Datenrevision und konzeptuellen Veränderungen weichen die Werte für 2005 und 2006 gegenüber dem Bericht 2008 ab. Die Vergleichbarkeit mit Zahlen vor 2005 ist eingeschränkt. Teilweise sind die Werte aus Datenschutzgründen auf ein Vielfaches von 3 gerundet. Erläuterungen vgl. Tab. E1-1A*
Quelle: Statistische Ämter des Bundes und der Länder, eigene Berechnungen und Schätzungen auf Basis der Schulstatistik; Bundesagentur für Arbeit, Bestand von Teilnehmern in ausgewählten Maßnahmen der Arbeitsmarktpolitik mit SGB-Trägerschaft des Teilnehmers, Datenstand: Dezember 2007 (2000–2006) bzw. März 2010 (Daten 2007–2008)

Abb. 10: *Verteilung der Neuzugänge auf die drei Sektoren des beruflichen Ausbildungssystems 2000 und 2005 bis 2008**
Quelle: *AUTORENGRUPPE BILDUNGSBERICHTERSTATTUNG (2010: 96)*

Im Nationalen Bildungsbericht wird die Verteilung der Neuzugänge auf die drei Sektoren des beruflichen Ausbildungssystems desweiteren unter sozialstrukturellen Aspekten – bzw. genauer: unter Berücksichtigung sozialer Selektionsprozesse nach *schulischer Vorbildung*, *Geschlecht* und *Staatsangehörigkeit* der BewerberInnen sowie unter Berücksichtigung von *regionalen Differenzen* – analysiert.

Selektion am Ausbildungsmarkt nach schulischer Vorbildung
Bezogen auf die Kategorie der schulischen Vorbildung ergibt sich bei der Verteilung der Neuzugänge folgendes Bild:
Seit dem Jahr 2006 verfügen SchulabsolventInnen mit und ohne Hauptschulabschluss über verbesserte Chancen auf einen Ausbildungsplatz: Etwa

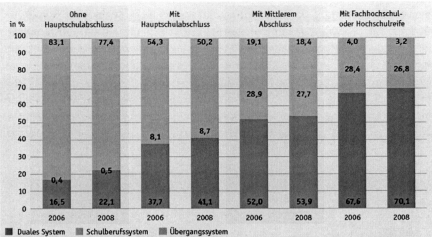

Abb. 11: Verteilung der Neuzugänge auf die drei Sektoren des beruflichen Ausbildungssystems
nach schulischer Vorbildung* 2006 und 2008 (in %)
Quelle: AUTORENGRUPPE BILDUNGSBERICHTERSTATTUNG (2010: 98)

die Hälfte der HauptschulabsolventInnen mündet 2008 entweder in das duale System oder in das Schulberufssystem und somit in eine vollqualifizierende Ausbildung. Etwas mehr als ein Fünftel der BewerberInnen ohne Hauptschulabschluss sichert sich einen Ausbildungsplatz im dualen System der Be-
rufsausbildung. Diese grundsätzlich positive Bilanz kann jedoch nicht darüber
hinwegtäuschen, dass trotz einer relativen Entspannung auf dem Ausbildungsmarkt, die vor allem demographisch erklärbar ist, die Hälfte aller SchulabsolventInnen mit Hauptschulabschluss und über drei Viertel jener ohne Hauptschulabschluss im Übergangssegment verweilen.

Geschlechtsspezifische Disparitäten am Ausbildungsmarkt

Blicken wir unter Gender-Kriterien auf die Verteilung der Neuzugänge in das
System der beruflichen Ausbildung, so hat sich aktuell im Vergleich zum Jahr
2000 das Bild nicht wirklich gewandelt (vgl. Abb. 12).

Die größeren Übergangsprobleme haben seit Jahren die männlichen Jugendlichen. Ihr Anteil im Übergangssystem liegt 2008 mit 56% 12 Prozent-
punkten über dem der jungen Frauen. Das duale System bleibt mehrheitlich

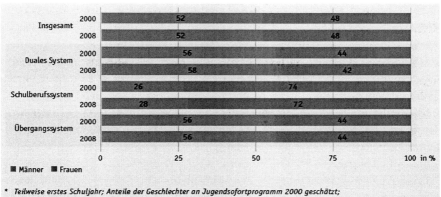

* *Teilweise erstes Schuljahr; Anteile der Geschlechter an Jugendsofortprogramm 2000 geschätzt;*
Erläuterungen siehe Tab. E1-1A
Quelle: Statistische Ämter des Bundes und der Länder, eigene Berechnungen und Schätzungen auf Basis der Schulstatistik;
Bundesagentur für Arbeit, Bestand von Teilnehmern in ausgewählten Maßnahmen der Arbeitsmarktpolitik mit SGB-Träger-
schaft des Teilnehmers, Datenstand: März 2010 (Daten 2008) und Dezember 2007 (2000)

Abb. 12: Verteilung der Neuzugänge auf die drei Sektoren des beruflichen Ausbildungssystems 2000 und 2008 nach Geschlecht* (in %)
Quelle: AUTORENGRUPPE BILDUNGSBERICHTERSTATTUNG (2010: 271)

eine Domäne der jungen Männer, während junge Frauen das Schulberufssystem dominieren.

Die Entwicklung zur Dienstleistungsökonomie hat zu einer Abnahme der Ausbildungsverhältnisse im dualen System und einer gleichzeitigen Zunahme der Ausbildungsmöglichkeiten im Schulberufssystem geführt. Von dieser Entwicklung haben die jungen Frauen profitiert. Vor allem junge Männer, die maximal über einen Hauptschulabschluss verfügen, laufen hingegen – nicht zuletzt durch die regressive Bedeutung von Ausbildungsplätzen im Handwerk – Gefahr, in das Übergangssystem zu geraten (vgl. auch BAETHGE/SOLGA/WIECK 2007: 45). Dies ist zum einen auf die nach wie vor schlechteren Schulabschlüsse der Jungen (vgl. AUTORENGRUPPE BILDUNGSBERICHTERSTATTUNG 2010: 91f.) zurückzuführen. Zum anderen hat sich die hohe Präsenz von Frauen in vollzeitschulischen Ausbildungen für sie als vorteilhaft erwiesen, da schulische Ausbildungen nicht in dem Maße konjunkturabhängig sind wie betriebliche Formen (s. BAETHGE/SOLGA/WIECK 2007: 47f.). Ein Blick auf die Angebots-Nachfrage-Relation am Ausbildungsmarkt führt zu der Erkenntnis, „dass unter Zugrundelegung einer realistischen Angebots-Nachfrage-Definition in fast allen Berufen das Angebot an Ausbildungsplätzen (zum Teil weit) hinter der Nachfrage zurückbleibt – trotz drohenden Fachkräftemangels." (AUTORENGRUPPE BILDUNGSBERICHTERSTATTUNG 2010: 116)

Martin BAETHGE, Heike SOLGA und Markus WIECK sehen in den Geschlechterverhältnissen am Bildungs- und Ausbildungsmarkt kein temporäres Phänomen, sondern ein durch den Strukturwandel ausgelöstes bleibendes, unter Umständen sich verschärfendes Dilemma. Sie sprechen vom „neuen Elend der männlichen Jugendlichen" (BAETHGE/SOLGA/WIECK 2007: 49f.) und resümieren: „Die Situation, die Jahrzehnte lang das politische Postulat ‚Frauen in Männerberufe' (...) begründete, hat sich tendenziell ins Gegenteil verkehrt. Hinzu kommt, dass den jungen Frauen aufgrund ihres Bildungsstands auch mehr alternative Optionen in weiterführenden Bildungsgängen offen stehen." (Ebd.: 49) Besteht die berufliche Zukunft der jungen Männer künftig also in der Ausübung angeblicher „Frauenberufe" im sozialen Dienstleistungssektor? Oder scheint das „Elend" der jungen Männer nur deshalb neu, weil die jungen Frauen nach jahrhundertelanger Benachteiligung erst seit kurzem auf dem Weg sind, das Versprechen der Chancengleichheit in Ansätzen einlösen zu können?

Bevor ich die Kategorien Staatsangehörigkeit und regionale Differenzen in Bezug zu den Neuzugängen am Ausbildungsmarkt setze, möchte ich noch eine geschlechtsspezifische Betrachtung der aktuellen Jugendarbeitslosenstatistik vornehmen. Die von EUROSTAT gelieferten Daten zur Jugendarbeitslosigkeit (der unter 25jährigen) birgen den Vorteil, auch über den europäischen Vergleichsrahmen zu informieren (s. Tab. 3).

Zunächst zeigen die geschlechtsspezifischen Werte zur Jugendarbeitslosigkeit in Deutschland sowohl für das erste Quartal 2008 als auch für das erste Quartal 2009 eine höhere Jugendarbeitslosenquote bei jungen Männern. Im Jahr 2009 liegen drei Prozentpunkte zwischen den Quoten der Jungen und Mädchen. Mit einer Jugendarbeitslosenquote von 10,5% liegt Deutschland im ersten Quartal 2009 im europäischen Vergleich der EU 27 im unteren Feld. Die Quoten anderer Staaten wie Spanien (33,6%), Lettland (28,2%), Italien (24,9%) oder auch Schweden (24,2%) liegen deutlich höher. Die geschlechtsspezifischen Disparitäten lassen sich zusammenfassend für die EU 27 wie folgt wiedergeben, wobei die zwischen den Mitgliedstaaten zum Teil stark variierenden Werte zu berücksichtigen sind: Waren die Arbeitslosenquoten der jungen Männer und der jungen Frauen hier mit 14,6% (junge Männer) und 14,7% (junge Frauen) im ersten Quartal 2008 quasi identisch (gesamt: 14,6%), lag die Arbeitslosenquote der jungen Männer im ersten Quartal 2009 mit 19,1% über dem Wert der jungen Frauen (17,4%), während die Jugendarbeitslosigkeit insgesamt auf 18,3% anstieg. Demnach waren in der EU 27 und in den meisten ihrer Mitgliedstaaten zu Beginn des Jahres 2009 mehr junge Männer als junge Frauen von der ansteigenden Arbeitslosigkeit betroffen. Auf der Ebene der Mitgliedstaaten war die Arbeitslosenquote der jungen Männer im ersten Quar-

Jugendarbeitslosigkeit (in 1000) und Jugendarbeitslosenquote (%)
saisonbereinigt

	Erstes Quartal 2008				Erstes Quartal 2009			
	Arbeitslose (in 1000)	Arbeitslosenquote (in %)			Arbeitslose (in 1000)	Arbeitslosenquote (in %)		
		Gesamt	Frauen	Männer		Gesamt	Frauen	Männer
EU27	3 988	14,6	14,7	14,6	4 950	18,3	17,4	19,1
EZ16	2 486	14,5	14,9	14,1	3 114	18,4	17,8	18,8
Belgien	75	17,3	17,8	16,9	89	21,3	23,1	19,7
Bulgarien	42	13,9	13,6	14,1	41	13,5	10,5	15,6
Tschech. Rep.	40	9,5	9,5	9,5	52	12,2	12,9	11,7
Dänemark	31	7,2	8,1	6,4	43	8,9	7,5	10,1
Deutschland	538	10,2	9,5	10,8	552	10,5	9,0	12,0
Estland	6	7,6	7,3	7,9	20	24,1	17,0	29,9
Irland	35	10,2	7,7	12,4	68	21,5	16,1	26,5
Griechenland	77	22,2	29,6	16,6	86	24,2	31,8	18,3
Spanien	501	20,7	22,8	18,9	789	33,6	33,7	33,6
Frankreich	533	17,6	17,9	17,4	693	22,3	21,4	23,0
Italien	390	20,4	23,7	18,1	456	24,9	29,0	22,0
Zypern	4	9,1	9,0	9,3	4	11,1	11,3	10,8
Lettland	18	11,0	10,3	11,5	39	28,2	22,9	31,8
Litauen	15	9,5	13,5	6,7	40	23,6	15,9	28,8
Luxemburg	2	15,5	19,3	12,3	3	19,1	24,5	14,9
Ungarn	61	19,5	20,4	18,8	72	24,0	24,3	23,8
Malta	4	11,7	9,4	13,7	4	13,4	12,0	14,7
Niederlande	74	5,2	4,9	5,4	88	6,0	5,4	6,6
Österreich	49	8,2	8,2	8,2	55	9,0	8,5	9,5
Polen	325	17,8	20,4	15,7	323	18,2	19,5	17,1
Portugal	82	15,9	20,1	12,5	96	19,6	21,4	18,0
Rumänien	176	18,2	17,5	18,6	194	19,6	18,0	20,6
Slowenien	12	11,0	11,5	10,7	12	12,0	11,3	12,4
Slowakei	55	19,2	20,0	18,6	56	22,0	23,8	20,8
Finnland	55	15,9	15,9	16,0	63	18,8	16,4	21,3
Schweden	123	19,6	20,5	18,7	159	24,2	23,7	24,8
Ver. Königreich	665	13,8	11,7	15,6	851	17,9	15,2	20,3

Tab. 3: Jugendarbeitslosigkeit in der EU nach Geschlecht 2008 und 2009
Quelle: EUROSTAT (2009b: 3)

tal 2009 in 16 von 27 Staaten höher als die der jungen Frauen (s. EUROSTAT 2009b: 2).

Selektion am Ausbildungsmarkt nach Staatsangehörigkeit

Die Disparitäten in der Verteilung der Neuzugänge auf die drei Sektoren des Berufsbildungssystems lassen sich in Ergänzung zur schulischen Vorbildung nach Staatsangehörigkeit aufzeigen.[36] Jugendliche AusländerInnen sind demnach grundsätzlich, insbesondere wenn sie maximal über einen Hauptschulab-

---

[36] Dabei muss bedacht werden, dass eine am „Ausländerkonzept" orientierte Datenlage den statistisch deutlich höheren Anteil der Personen mit Migrationshintergrund bei der Betrachtung ethnischer Disparitäten am Ausbildungsmarkt nicht berücksichtigt.

schluss verfügen, entscheidend am Ausbildungsmarkt benachteiligt (vgl. Abb. 13):

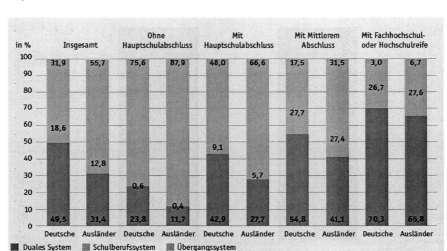

Abb. 13: Verteilung der Neuzugänge auf die drei Sektoren des beruflichen Ausbildungssystems 2008 nach schulischer Vorbildung* und Staatsangehörigkeit (in %)
Quelle: AUTORENGRUPPE BILDUNGSBERICHTERSTATTUNG (2010: 99)

Ausdrücklich wird im Bildungsbericht 2010 darauf verwiesen, dass „sowohl unter dem Gesichtspunkt der Chancengleichheit als auch der Sicherung des Arbeitskräftepotenzials" die Benachteiligung am Ausbildungsmarkt nach Staatsangehörigkeit ein gravierendes Problem darstellt (AUTORENGRUPPE BILDUNGSBERICHTERSTATTUNG 2010: 99).

Außerdem ist ein Ungleichgewicht der Zugangschancen junger AusländerInnen zu verschiedenen Ausbildungsbereichen festzustellen: Ist ihr Anteil im Bereich der Freien Berufe, der Hauswirtschaft und des Öffentlichen Dienstes seit den 1990er Jahren über Jahre relativ konstant geblieben, haben sie seit dem gleichen Zeitpunkt erheblich an Anteilen im Handwerk und in der Industrie verloren: Ursächlich für diese Entwicklung sind eine verstärkte Konkurrenz auf dem Ausbildungsmarkt und ein erhöhtes Arbeitslosigkeitsrisiko der Elterngeneration in Handwerk und Industrie, mit dem auch die sozialen Netze und die Möglichkeit des „Nachrückens" schwinden. Zusammenfassend lässt sich empirisch feststellen, dass ausländische Jugendliche im vollqualifizierenden

Ausbildungssegment unterrepräsentiert, im Übergangssystem hingegen deutlich überrepräsentiert sind (s. BAETHGE/SOLGA/WIECK 2007: 42f.).

Der hohe Anteil junger AusländerInnen im Übergangssystem ist nur zum Teil mit ihrem ebenfalls hohen Anteil an SchulabsolventInnen mit niedrigen formalen Abschlüssen zu erklären: Die Hamburger „Untersuchung der Leistungen, Motivationen und Einstellungen zu Beginn der beruflichen Ausbildung (ULME I)" hat gezeigt, dass dort deutsche Jugendliche ohne Migrationshintergrund gegenüber ausländischen Jugendlichen bei gleicher allgemeiner Fachleistung eine zweimal höhere Chance auf den Eintritt in eine vollqualifizierende Ausbildung haben, und zwar sowohl im unteren als auch im höheren Leistungsbereich (s. ebd.: 43). Ungleiche Zugangschancen zu Erwerbsarbeit manifestieren sich ohnehin bereits im Vorfeld der Ausbildung durch unterschiedliche Bewerbungsstrategien von deutschen Jugendlichen und jugendlichen MigrantInnen: Zum Beispiel wenden sich letztere bei Fragen nach der beruflichen Orientierung und der Ausbildungsplatzsuche seltener als deutsche Jugendliche an ihre Eltern (s. ULRICH/EBERHARD/GRANATO/KREWERTH 2006: 208ff.).

Regionale Differenzen am Ausbildungsmarkt

Bei der Betrachtung der drei Sektoren des Berufsbildungssystems in Deutschland ist auffällig, dass die jeweilige Frequentierung durch junge Menschen sich regional zum Teil stark unterscheidet. Jene regionalen Disparitäten sind dabei nicht primär auf eine unterschiedliche Ausbildungsbeteiligung von Unternehmen und öffentlichen ArbeitgeberInnen zurückzuführen, sondern auf regional verschiedenartig ausgeprägte Wirtschaftsstrukturen sowie die Beschäftigungs- und Arbeitsmarktsituation (BAETHGE/SOLGA/WIECK 2007: 35f.; Abb. 14).[37]

In gleichem Maße, wie sich die Relationen der drei Sektoren des beruflichen Ausbildungssystems national verschieben, können auch regionale Veränderungen beobachtet werden, die jedoch den im letzten Bildungsbericht dargestellten Entwicklungen tendenziell stark ähneln: Die nationalen Veränderungen des Berufsbildungssystems finden ihre Entsprechung in der Entwicklung der Flä-chenländer insgesamt. Dabei bestehen ausgesprochene Disparitäten zwischen den Flächenländern in Ost und West. In den westlichen Flächenländern ist der Anteil der Neuzugänge im Übergangssystem mit 36% um

---

[37]   Auf die Bedeutung regionaler Disparitäten für die Entwicklung der Arbeitsmärkte verweisen auch Jürgen FRIEDRICHS und Ronald van KEMPEN. Sie belegen empirisch, dass nicht zwingend eine positive Beziehung zwischen Arbeitslosenquoten eines Landes, der Großstädte und schließlich der einschlägigen Stadtquartiere bestehen muss (FRIEDRICHS/van KEMPEN 2004: 82).

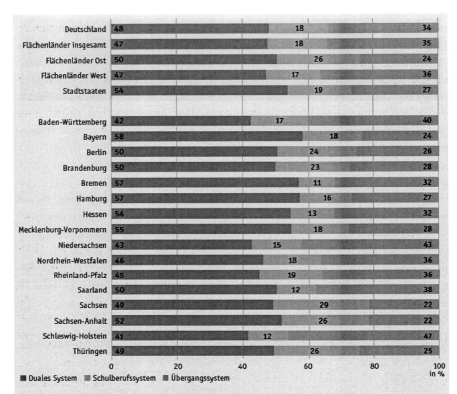

* Teilweise erstes Schuljahr; Erläuterungen vgl. Tab. E1-3web
Quelle: Statistische Ämter des Bundes und der Länder, eigene Berechnungen und Schätzungen auf Basis der Schulstatistik;
Bundesagentur für Arbeit, Bestand von Teilnehmern in ausgewählten Maßnahmen der Arbeitsmarktpolitik mit SGB -Träger-
schaft des Teilnehmers, Datenstand: März 2010

Abb. 14: Verteilung der Neuzugänge* auf die drei Sektoren des beruflichen Ausbildungssystems 2008 nach Ländern (in %)
Quelle: AUTORENGRUPPE BILDUNGSBERICHTERSTATTUNG (2010: 271)

die Hälfte größer als in den östlichen Flächenländern (24%). Im Schulberufssystem zeichnet sich eine gegensätzliche Entwicklung ab. Hier liegt der Anteil der Neuzugänge in den Flächenländern Ost mit 26% erheblich höher als in den Flächenländern West, wo er 17% beträgt (vgl. AUTORENGRUPPE BILDUNGSBERICHTERSTATTUNG 2010: 100).

Auf der Folie der hier dargelegten Untersuchungen lassen sich unterschiedliche Schlussfolgerungen ziehen. Eine aus Diversity-Perspektive naheliegende wäre die Interpretation des demographischen Wandels als Chance für junge MigrantInnen. Wenn die inländische Nachfrage nach Arbeitsplätzen statistisch rückläufig ist, bietet es sich an, nach den „high potentials" in der Bevölkerung mit Migrationsgeschichte zu fragen. Dieser Blickwinkel ist nicht vorrangig mit dem Verweis auf die volkswirtschaftliche Nachfrage nach Arbeitskräften zu begründen. Ich verstehe die demographische Entwicklung als Chance für die MigrantInnen selbst, im ersten Arbeitsmarkt ein Auskommen zu finden und somit einen erheblichen Schritt in Richtung Integration zu gehen. Dies bedingt jedoch, dass eine Gesellschaft nach denkbaren Potentialen fragt und diese fördert, anstatt die „Passgenauigkeit" zwischen BewerberInnen- und Arbeitsplatzprofil zum obersten Gebot zu erheben.

4.2.2 Leitbilder gesellschaftlicher Integration

Integration ist ein gesellschaftlich, politisch, rechtlich und nicht zuletzt medial umkämpfter Diskurs, der ohne begriffliche Präzisierung häufig populistische Züge annehemen kann. Insbesondere die gesellschaftlichen Zielvorstellungen sind – auch in der Wissenschaft – umstritten. Folgt man der öffentlichen Verhandlung von „Integration", so scheint der Begriff stark normativ gefärbt und eher Aufforderung als Angebot an ZuwanderInnen zu sein.

Ist heute von MigrantInnenpopulationen in deutschen Städten die Rede, so darf der Verweis nicht fehlen, dass es sich hierbei nicht per se um relativ homogene ethnische Milieus handelt, die vornehmlich nach Kultur und sozialem Status von der Mehrheitsgesellschaft (deren kulturelle Heterogenität mit diesem Begriff freilich ebenfalls unterschlagen wird) zu unterscheiden sind. Vielmehr haben sich die MigrantInnenhaushalte sozioökonomisch und -kulturell in den letzten Jahrzehnten stark ausdifferenziert. Dennoch ist insgesamt im Vergleich zu autochthonen Deutschen[38] eine erhebliche Unterschichtung zu verzeichnen (vgl. KRUMMACHER 2007: 110). Nach Michael KRUMMACHER lassen sich heute MigrantInnenhaushalte anhand von vier Kriterien differenzieren:

1. Mehrheiten – EinwanderInnen – mit langer Aufenhaltsdauer und konkreten Bleibeabsichten sowie Minderheiten mit begrenzter Aufenthaltsperspektiven wie Flüchtlinge, PendelmigrantInnen und so genannte „illegale EinwanderInnen" in größtenteils prekären Lebenslagen,
2. eine beträchtliche Anzahl an „MigrationsverlierInnen" (sozioökonomisch unterschichtete Gruppen in zum Teil noch verschlechterten Lebenslagen) und eine wachsende Minderheit der „MigrationsgewinnerInnen" (soziale AufsteigerInnen),

---

[38] Ich verwende den Begriff der Autochthonen insbsondere in den Kapiteln 6 und 7 stellvertretend für die Guppe der etablierten, „alteingesessenen" Deutschen ohne Migrationsgeschichte. Im Untersuchungsgebiet ist diese Gruppe mehrheitlich den mittleren und unteren sozialen Milieus zuzurechnen.

3. Mehrheiten – Nicht-UnionsbürgerInnen – mit eingeschränkten oder fehlenden Möglichkeiten zur politischen Partizipation (vgl. Punkt 5.3) und wachsende Minderheiten – Eingebürgerte – mit gleichen BürgerInnenrechten,

4. eine beträchtliche Anzahl erfolgreich sozialkulturell Integrierter (Sprache,
Bildung, kulturelle Handlungsmuster, soziale Kontakte), einige Gruppen
in ungeklären Zwischenpositionen (z.B. transkulturelle Verortung) sowie
Minderheiten mit offensichtlichen Rückzugsabsichten in die ethnische Ingroup (s. KRUMMACHER 2007: 110).

Wenn in dieser Arbeit am Begriff der Integration festgehalten wird, so geschieht dies bewusst. Differenziert verwendet muss Integration weder für einen
den ZuwandererInnenmilieus durch die Mehrheitsgesellschaft einseitig abver-
langten Bewältigungsakt stehen, noch muss sie ohne normative Vorbedingungen auskommen. Aus dieser These geht sogleich hervor, dass der Integrationsbegriff verschiedene Leitbilder transportiert, die sich zum Teil diametral
gegenüberstehen. Dies geht auch aus den ExpertInneninterviews hervor, in denen sich die Befragten zum Integrationsbegriff äußern (vgl. Kapitel 7). Bevor
ich zwischen einschlägigen, in hohem Maße politisierten Konzepten wie Assimilation und Multikulturalismus differenziere, möchte ich jedoch zunächst
zentrale Dimensionen von Integration festhalten.

Integrationsdiskurse in der Migrationsforschung

Wenn von Integration die Rede ist – ob nun als Prozess oder als Ziel – ist
es sinnvoll, auf einige grundlegende Dimensionen einzugehen. Unterscheiden
lassen sich die strukturelle Integration in den Arbeits- oder Bildungsmarkt, die
politisch rechtliche Integration durch Partizipation, z.B. an Wahlen, die kulturelle Integration durch Sprache, Werte, Einstellungen und Lebensstile (vgl.
Punkt 5.2) und schließlich die soziale Integration durch Netzwerke, Beziehungen und Beteiligung am gesellschaftlichen Leben (s. REIMANN/SCHULERI-
HARTJE 2009: 501f.).

Besonders bei der Betrachtung der Konzepte Assimilation und Multikulturalismus, die ich im Anschluss vornehme, kommt es darauf an, zwischen sozialstruktureller und sozialkultureller Integration zu unterscheiden, zwischen
„Eingliederung *in das System der sozialen Ungleichheit*" und „Eingliederung
in *die differenzierte Vielfalt der Kultur und sozialen Beziehungen*" (GEISSLER
2004: 288). Dass beide Dimensionen nicht getrennt voneinander zu diskutie-
ren sind, zeigt insbesondere der Diversity-Diskurs, der immer dann verkürzt
geführt wird, wenn er die Frage der machtvollen Beziehungen ausklammert.
Die sozialstrukturelle Integration soll ethnischer Ungleichheit entgegenwirken
und die Chancengleichheit aller ethnischen Gruppen gewährleisten. Es geht

um die Verhinderung einer „Ethnisierung" des Systems sozialer Ungleichheit. Sozialstrukturelle Integration findet statt in Form von rechtlicher Integration, politischer Integration, Bildungsintegration, Arbeitsweltintegration, materieller Integration und institutioneller Integration (ebd.). Die Sphäre der institutionellen Integration behandele ich in dieser Arbeit eher niedrigschwellig am Beispiel der Integration unterschiedlicher StadtteilakteurInnen in die öffentlichen bzw. intermediären Institutionen.

Im Feld der Sozialkultur lässt sich grundsätzlich zwischen mono- und multikulturellen Ansätzen differenzieren, wie sie sich etwa in Deutschland bzw. in Kanada entwickelt haben (vgl. ebd: 289).

Zwischen Assimilation und „Multikulti"

In Deutschland sind die Diskurse in der Migrationsforschung vor allem durch Hartmut ESSER und dessen Assimilitationstheorie geprägt (ESSER 1980 und 2001). ESSER unterscheidet vier Formen der Assimilation, die den vier Dimensionen der Sozialintegration entsprechen:[39] *kulturelle Assimilation* durch Erlernen und Anwendung der Sprache des Aufnahmelandes (Kulturation), *strukturelle Assimilation* durch sozialen Aufstieg im Aufnahmeland (Platzierung), *soziale Assimilation* durch interethnische soziale Beziehungen, Freundschaften und Heiraten (Interaktion) sowie *emotionale Assimilation* durch Identifikation mit dem Aufnahmeland (Identifikation). Keine der hier genannten Dimensionen ist isoliert zu betrachten, sie alle stehen jeweils in wechselseitiger Beziehung zueinander (ESSER 2001: 1f.). Entsprechend verläuft ESSERs Argumentationsstrang: Kulturelle Assimilation, vor allem auf der Ebene des Spracherwerbs, strukturelle Assimilation, soziale Assimilation und emotionale Assimilation bedingen sich gegenseitig. Nach ESSER ist Integration nur in Form von Assimilation realisierbar, weder in Form von Mehrfachintegration (in „Aufnahme"- und „Herkunftsgesellschaft" bzw. ethnische Community), Marginalität (keine Sozialintegration) oder Segmentation (Sozialintegration in „Herkunftsgesellschaft" bzw. ethnische Community) (vgl. ebd.: 2; GEISSLER 2004: 290). In diesem Zusammenhang bemerken Axel SCHULTE und Andreas TREICHLER, dass ESSER die Aufnahmegesellschaft und die Herkunftsgesellschaft der MigrantInnen als „weitgehend unverbunden und souveräne Nationalgesellschaften" darstellt. Soweit berücksichtigt, wird die Migrationsgeschichte nur am Beispiel der ethnisch segregierten communities thematisiert. Deren kulturelle Brückenpfeiler ins Herkunftsland, so werde ich im weiteren

---

[39] Die Sozialintegration ist von der Systemintegration zu unterscheiden. Sie bezieht sich auf individuelle AkteurInnen und deren Einbezug in ein soziales System, während die Systemintegration den Zusammenhang eines sozialen Systems beschreibt (s. ESSER 2001: 1).

Verlauf aufzeigen, werden aus ESSERs Perspektive als integrationshemmend angesehen (s. SCHULTE/TREICHLER 2010: 49).

ESSER macht zwar deutlich, dass Assimilation für ihn nicht die Aufgabe jedweder kultureller Besonderheiten bedeuten müsse, sie ziele auf „das Verschwinden der systematischen Unterschiede zwischen den verschiedenen Gruppen". Er nennt neben strukturellen Faktoren wie Bildung und Einkommen auch das Heiratsverhalten, „unter Beibehaltung aller *individuellen* Ungleichheiten", wozu er ebenfalls die strukturellen Faktoren, aber auch kulturelle Faktoren wie religiöse Überzeugung oder Lebensstil zählt (ESSER 2001: 2). Dennoch wird deutlich, dass kulturelle Vielfalt nach ESSERs Konzept nur privat denkbar wäre, also „auf der Ebene der *individuellen* Lebensführung" (ebd: 5).

ESSER unterstellt, dass ethnische Segregation „ebenso wie systematische andauerende Kontakte zum *Herkunftsland*" der Sozialintegration zuwiderliefen. Die individuellen Merkmale von MigrantInnen sollten sich durch „eine gute mitgebrachte Bildung und anderes Humankapital" auszeichnen; selbstredend bleibt der Kontakt in die so genannte Aufnahmegesellschaft nach diesem Modell obligatorisch für die Integration (ebd.: 3). Möglichkeiten der Mehrfachintegration, wie sie die Konzepte des Transnationalismus und des Transkulturalismus bereithalten, sind unter solchen Prämissen nicht mehr möglich oder wie bei ESSER an bestimmte soziale, kulturelle und ökonomische Voraussetzungen geknüpft und werden daher allenfalls in den oberen sozialen Milieus erwartet (ebd.: 2).

Indem ESSER Zuwanderung primär an volkswirtschaftliche Kategorien bindet („Bildung" und „Humankapital"), ist er sowohl im Spiegel des europapolitischen Diversity-Paradigmas als auch der aktuellen medialen Diskurse zur angeblichen „Integrationsproblematik" von MigrantInnen anschlussfähig. So hätten nach ESSER ethnische Schichtungen „eine gewisse Ähnlichkeit mit Feudal- bzw. Kastensystemen." (Ebd.: 4) Ein Leben in ethnischen Gemeinden – andere sprechen von „Kolonien" (vgl. CEYLAN 2006) – erlaube ein „selbstgenügsames Leben" (ESSER 2001: 5):

„Mit den Prinzipien *moderner* Gesellschaften sind sie [A.T.: die ethnischen Gemeinden] als ‚neofeudale' Spaltungen einer Gesellschaft bzw. als ‚Quasi-Kasten'-System *nicht* vereinbar. Die im Prinzip möglichen innovativen Folgen der Migration und des Kulturkontaktes werden dadurch verschenkt, und es sind nicht unerhebliche soziale Folgekosten zu erwarten." (Ebd.)

Besondere Erwähnung erfahren die TürkInnen, bei denen ESSER „deutliche Anzeichen auch einer sozialen und emotionalen Segmentation und der Ausbildung einer Art von ethnoreligiöser Sub-Nation" erkennt (ebd.). ESSER, der im Übrigen aus historischer Sicht zweifelhafte Termini wie „fremdethnische Migranten" (ebd.: 6) verwendet, spricht MigrantInnen in der Konsequenz ihre kulturelle Selbstbestimmung ab, ohne dabei zu differenzieren: „Der Preis für die volle kulturelle Eigenständigkeit der Migranten wäre aus individueller Sicht ihr Verbleiben in den unteren Positionen, aus gesellschaftlicher Sicht die dauerhafte Etablierung einer ‚neofeudalen' ethnischen Schichtung." (Ebd.)

ESSERS Assimilationskonzept ist dichotom angelegt zu Konzepten wie dem Multikulturalismus, die auf sozialkultureller Pluralisierung basieren. Mehrfachintegration, Segmentation oder Segregation – und erst recht Marginalität – sind mit assimilatorischen Vorstellungen nicht vereinbar. Das hier zu Grunde gelegte Unvereinbarkeits- oder Inkompatibilitätstheorem sieht Chancengleichheit nur durch Assimilation, keinesfalls durch ethnokulturellen Pluralismus gegeben (s. ebd.: 2; GEISSLER 2004: 290). Demgegenüber gehen andere Vorstellungen von einem Vereinbarkeitstheorem aus: Hiernach wird Integration nicht allein als Assimilation, sondern vor allem als Inklusion verstanden. Kulturelle Differenz und ethnokulturelle Pluralisierung werden bewusst zugelassen – nicht nur auf der Ebene individueller Lebensführung – und stehen nicht im Widerspruch zur Verwirklichung von Chancengleichheit (vgl. GEISSLER 2004: 290f.). Der Erziehungswissenschaftler Georg FEUSER versteht unter Inklusion die volle und gleichberechtigte Teilhabe *aller* Mitglieder einer Gesellschaft, ohne dass diese wegen individueller Merkmale dem sozialen Ausschluss ausgesetzt wären. Eine solche Interpretation würde dem eigentlichen „gesellschaftlichen Fernziel" entsprechen, das sich grundsätzlich hinter dem Integrationsbegriff verbirgt (s. FEUSER 2002: 1).

Alternativen zur deutschen Integrationsdebatte finden sich in der kanadischen Diskussion.[40] Rainer GEISSLER hebt hervor, dass der kanadische Multikulturalismus weder dem für die deutsche Debatte typischen, dem Assimilationskonzept bipolar entgegengesetzten *„Typ des segmentativen oder segregativen Pluralismus"*, noch einem radikalen Pluralismus entspreche, sondern sich vielmehr durch einen Mittelweg zwischen Assimilation und Segmentation auszeichnen würde, das unter der Losung „unity-within-diversity" bzw. auch anders herum „diversity-within-unity" stehe (GEISSLER 2004: 291). Wie ist die These, „Verschiedenheit" und „Einheit" würden zueinander finden, in der kanadischen Dabatte nun genau zu verstehen? Deutlich wird im Folgenden, dass die Bestimmung jener Mitte zwischen Verschiedenheit und Einheit in der

---

[40] Die gegenwärtige kanadische Integrationspolitik lässt sich freilich nur unter Berücksichtigung der spezifischen historischen Genese des kanadischen Nationalstaats mit der Situation in Deutschland und Europa vergleichen.

Praxis ein schmaler Grad ist und somit stets das dynamische Produkt politischer Diskurse und – punktuell auch gerichtlicher – Entscheidungen (ebd.: 292).[41]

Zunächst impliziert „Verschiedenheit" drei Prinzipien: das Grundrecht auf sozialkulturelle Differenz, das Prinzip der sozialkulturellen Gleichwertigkeit sowie – daraus folgend – gegenseitigen Respekt und gegenseitige Toleranz. Es wird davon ausgegangen, dass die Entwicklung einer eigenen kulturellen Identität innerhalb einer ethnischen Gruppe die Voraussetzung für die Entwicklung von Selbstsicherheit und Selbstwertgefühlt und somit für die interethnische bzw. besser: interkulturelle Kommunikation sei („Sicherheit-Kontakt-Hypothese") (s. ebd.: 291f.). Das zweite Element, die „Einheit", bestimmt die Grenzen von Vielfalt und Differenz bzw. hier der „Verschiedenheit" durch das Konzept der sozialen Kohäsion. Soziale Kohäsion soll demnach präventiv Tendenzen der Segmentation, Segregation, aber auch Kulturrelativismus entgegenwirken (s. ebd.: 292). Der elementare Stellenwert der sozialen Kohäsion für die Funktionalität des kanadischen Integrationssystems zeigt, dass es nicht zwingend zu einem bipolaren Verhältnis von Assimilation und einem „laissez-faire"-ähnlichen Verständnis des Multikulturalismus als Agglomerat von Parallelsystemen kommen muss: Menschenrechte, Verfassungstreue und vor allem der Spracherwerb stellen die Vorbedingungen kultureller Differenz. Die Förderung interkultureller Kontakte betont den Stellenwert der sozialen Beziehungen und des Austauschs, und auf der emotionalen Ebene wird die in Kanada vergebene doppelte Staatsbürgerschaft um das Prinzip „einer hierarchischen Doppelidentität" erweitert. Im Zweifel sollen sich Angehörige ethnischer Gruppen vorrangig mit „Kanada" identifizieren (s. ebd.).

Ein zweiter Poblemaufriss der kanadischen Debatte ist neben der Beziehung von Verschiedenheit und Einheit das Verhältnis von Verschiedenheit und Gleichheit – bei ESSER ein wechselseitiger Ausschluss. In Kanada wird diesem Spannungsfeld vor allem auf der Ebene der politischen Steuerung bzw. Praxis begegnet: Die kanadische Integrationsformel lautet daher „Gleichheit-in-Verschiedenheit". Das Recht ethnischer Minderheiten auf Ausdruck ihrer kulturellen Besonderheiten wird nicht als integrationshemmend, sondern als durchaus vereinbar mit der politischen, institutionellen und ökonomischen Teilhabe begriffen (s. ebd.: 292f.).

---

[41] Die kulturwissenschaftliche Einsicht, dass die Frage der kulturellen Integration, begriffen als gesamtgesellschaftlicher Konsens in Werte-, Überzeugungs- und Einstellungsfragen, in ausdifferenzierten Gesellschaften mit geringer kultureller Kohärenz keine wirkliche Perspektive darstellt, erleichtert jenen Spagat zwischen Verschiedenheit und Einheit nicht unbedingt (s. HÖRNING 1999: 86f.).

Wird Diversity Management als *interkulturelle Integration* verstanden – dieser Begriff ist gegenüber „multikultureller Integration" in Europa nicht nur weniger vorbelastet, sondern er impliziert auch einen aktiven Beitrag *aller* gesellschaftlichen Gruppen zur Integration (vgl. ebd.: 294) – so lässt sich aus den bisherigen Überlegungen ableiten, dass hiermit ein erhebliches Aufgebot an politisch-administrativer Steuerung bzw. entsprechenden Angeboten zu verbinden ist. Eine bloße „Hinnahme" oder Toleranz von Diversität wäre nach einem solchen, pluralistischen Integrationsverständnis, nicht ausreichend. Es gehe, so GEISSLER um aktive Akzeptanz der folgenden gesellschaftlichen Realitäten:

- Migration und damit verbundene ethnokulturelle Verschiedenheit sind die Grundlage der Gesellschaft,
- ethnokulturelle Verschiedenheit kann eine Quelle der Bereicherung und Stärke darstellen,
- die Herstellung von Chancengleichheit erfordert staatliche und gesellschaftliche Anstrengungen (s. ebd.: 293).

Mit GEISSLER lassen sich aus dem Vergleich der deutschen und kanadischen Diskurse drei Schlussfolgerungen für die Auseinandersetzung mit Diversity Management ziehen (vgl. ebd.: 294f.):

1. Sozialkulturelle Verschiedenheit und sozialstrukturelle Gleichheit müssen nicht dichotom zueinander stehen
2. Ein Integrationsverständnis, das soziale Kohäsion und Diversity zusammendenkt, kann einen Mittelweg zwischen Assimilation und Segmentation bilden (von der Dichotomie zur Trichotomie)
3. Interkulturelle Integration setzt eine aktive Akzeptanz der Aufnahmegesellschaft voraus

Aus den bisherigen Ausführungen ergibt sich ein differenziertes Leitbild interkultureller Integration, das vor allem durch seine interaktionistische Prozesshaftigkeit charakterisiert werden kann (vgl. Abb. 15).

Akkulturation und Integration

Die durch interkulturellen Kontakt ausgelöste Veränderung von Lebensweise und Kultur einer bzw. mehrerer Gruppen haben Robert REDFIELD, Ralph LINTON und Melville HERSKOVITS bereits 1936 unter dem Stichwort der *Akkulturation* beleuchtet. Akkulturation ist ein aktiver Prozess, d.h. Menschen mit unterschiedlichen kulturellen Hintergründen formulieren ihre spezifischen Vorstellungen einer für sie „wünschenswerten" Form der Akkulturation. Jene *Akkulturationseinstellungen* lassen sich nach John W. BERRY den oben genannten Formen der Sozialintegration zuordnen. MigrantInnen müssen sich

Abb. 15: Das Konzept der interkulturellen Integration

6 Dimensionen der sozialstrukturellen Integration		
Sozialstruktureller Bereich	Prinzip der Integration	Form der Integration
Recht	Gewährung gleicher Rechte	rechtliche Integration
Macht und Herrschaft	gleiche politische Teilnahmechancen	politische Integration
Bildung	gleiche Bildungschancen	Bildungsintegration
Arbeit	gleiche Chancen auf dem Arbeitsmarkt und in der Arbeitswelt	Arbeitsweltintegration
Lebensstandard und soziale Sicherheit	gleiche Chancen auf Einkommen, Besitz, Wohnqualität, soziale Sicherheit u.a.	materielle Integration
wichtige Institutionen	gleicher Zugang zum Positionssystem in Medien, Bildung und Wissenschaft, Verwaltung, Justiz und Polizei	institutionelle Integration
3 Dimensionen der sozialkulturellen Integration		
Einheit in Verschiedenheit		
kognitive Integration (Anmerkung AT: kulturelle Integration)	elementare Akkulturation – Verfassung, Gesetze, Grundwerte – Kompetenzen (insbes. Sprache)	Recht auf (gleichberechtigte kulturelle Differenz)
soziale Integration	interethnische Kontakte und Kommunikation gegenseitiger Respekt	ethnische Gemeinschaften gegenseitiger Respekt
identifikatorische Integration (Anmerkung AT: emotionale Integration)	hierarchische Integration	Doppelidentität
3 Dimensionen der aktiven Akzeptanz		
Akzeptanz der Notwendigkeit von Einwanderung Akzeptanz der Notwendigkeit interkultureller Integration politische und gesellschaftliche Aktivität: diversity mainsteaming		

Quelle: nach GEISSLER (2004: 296).

demnach erstens fragen, ob die Beibehaltung der ursprünglichen Kultur als wünschenswert empfunden wird und zweitens, ob sie es für erstrebenswert halten, mit den Angehörigen der „Mehrheitskultur" in Kontakt zu treten und am alltäglichen Leben teilzunehmen. BERRY stellt nicht die Frage nach einem „entweder oder": Eine kulturelle Bindung an „Herkunfts"- oder „Aufnahme-gesellschaft" ist grundsätzlich in Form von Mehrfachintegration möglich (vgl. ZAGEFKA/NIGBUR 2009: 173f.) (s. Abb. 16):

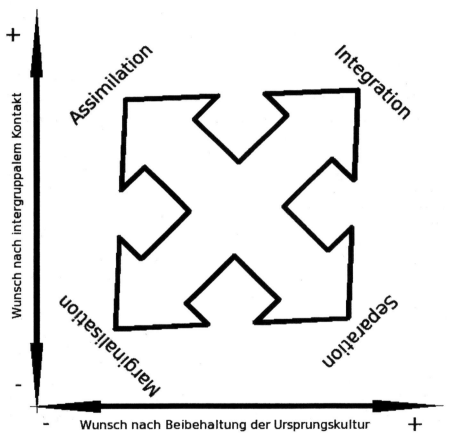

Abb. 16: Dimensionen von Akkulturationseinstellungen nach BERRY
Quelle: ZAGEFKA/NIGBUR (2009: 175)

Das Schaubild mag auf den ersten Blick wie eine Reproduktion des ESSER-schen Integrationsmodells erscheinen. Jedoch machen Hanna ZAGEFKA und Dennis NIGBUR, auf die ich mich in diesem Abschnitt beziehe, auf einige begriffliche und konzeptionelle Differenzierungen aufmerksam, die die psychologische Dimension von Migration, Akkulturation und Integration in den Vordergrund stellt. Beispielsweise stellt sich die Frage nach der Definition ethnischer Gruppen. Will der sozialen Konstruktion ethnischer Differenzen Rechnung getragen werden, so halte ich es für naheliegend, eine ethnische Gruppe als eine „Gruppe von Menschen" zu bezeichnen, „die sich selbst als solche versteht" (ebd.: 176). Ein weiterer wichtiger Aspekt betrifft die Relativität von Interkulturalität. Interkultureller Austausch und Partizipation von Minderheiten sind stets abhängig von ihrer Definition (vgl. Punkt 5.3): Kann bereits von interkultureller Quartiersentwicklung gesprochen werden, wenn in Nachbarschaften mit heterogener Bevölkerungsstrukur ein geringes Konfliktpotential besteht, oder bedarf es hierzu intensiver interkultureller Freundschaften? Welcher Stellenwert wird religiösen Traditionen – etwa im Bereich der Ernährung – beigemessen? Wo beginnt und endet die gegenseitige Toleranz von Autochthonen und Allochthonen (vgl. ebd.: 180)?

Ausschlaggebend sowohl für das „intergruppale Klima" einer Gesellschaft als auch für das Wohlbefinden von Menschen ist nach aktuellen empirischen Befunden die „Vereinbarkeit der Akkulturationseinstellungen" (ebd.: 181). Inhaltlich nahe bei GEISSLER sind ZAGEFKA und NIGBUR, wenn sie auf drei psychologische Prämissen der Sozialintegration verweisen (s. ebd.: 181f.):

1. Integration bedeutet nicht zwangsläufig die Aufgabe von Minoritätenkultur und die Annahme von Majoritätenkultur
2. Friedliches Zusammenleben hängt von der Kontaktfreude zwischen kulturellen Gruppen und nicht von der Einstellung zur Tradition der Gruppe der Minderheiten ab
3. Akkulturation ist kein eingleisiger Prozess: Die Beziehungen zwischen den kulturellen Gruppen und ihre Akkulturationseinstellungen sind abhängig von den (wahrgenommenen) Einstellungen der jeweils anderen Gruppe

Insbesondere aus dem dritten Punkt geht hervor, dass gelingender Sozialintegration eine grundsätzliche politische Unterstützung von Mehrfachintegration vorausgehen muss, um Prozessen der Selbstethnisierung – die wiederum häufig als Folge von Fremdethnisierung zu erklären sind – entgegenzuwirken.

Politische Verhandlungen von Integration

In dem Lied „Gekommen um zu bleiben" der Popband „Wir sind Helden" heisst es im Refrain: „Gekommen um zu bleiben, wir gehen nicht mehr weg. Gekommen um zu bleiben, wie ein perfekter Fleck". Er könnte mit gutem Recht auch für die Situation der meisten MigrantInnen in Deutschland stehen, wird doch in der politischen Diskussion um die Einschätzung von Integrationsprozessen in Europa häufig vernachlässigt, dass die westeuropäischen Staaten für viele MigrantInnen „ein Charterflugzeugticket ohne Rückflug" waren und sind (HALL 1999: 432). Ethnische und kulturelle Pluralität als Folge von Zuwanderung muss dabei nicht partout als Problem interpretiert werden, auch ergeben sich kaum „automatisch" bestimmte Handlungsbedarfe aus der Zusammenkunft von Menschen mit ähnlichen sozialen oder kulturellen Präferenzen. Ebenso ist die räumliche Nähe von Menschen mit ähnlicher Migrationsgeschichte nichts Außergewöhnliches oder Herausforderndes, sondern, so Wolf-Dietrich BUKOW, Claudia NIKODEM, Erika SCHULZE und Erol YILDIZ in der Einleitung ihres Buches „Was heißt hier Parallelgesellschaft?", „eine ‚normale' Entwicklung, die oft genug gewollt ist und nur dann Debatten herauf beschwört, wenn man aus dritten Gründen Zuwanderung skandalisiert." (BUKOW/NIKODEM/SCHULZE/YILDIZ 2007: 12) Allerdings greift eine solche Einschätzung, die vorrangig in Abgrenzung zu politisch-medialer Skandalisierung argumentiert und Parallelgesellschaften eher als virtuelles Konstrukt einschätzt, zu kurz und trägt realen Folgeproblemen verpasster Integrationschancen nicht ausreichend Rechnung. Sie legt aber offen, welche politischen Sichtweisen auf Integration zur Verhandlung stehen.

Integration wird in der Regel dichotom entweder als Leistung der Aufnahmegesellschaft – und hier vor allem der Städte – oder als Leistung der MigrantInnen diskutiert. Wie hoch der Stellenwert der aktiven Akzeptanz durch die Aufnahmegesellschaft im Zusammhang mit interkultureller Integration einzuschätzen ist, ist zuvor deutlich geworden. Was die umgekehrte, häufig aus konservativen Kreisen vorgetragene Botschaft vor allem an die religiös verwurzelten MigrantInnenmilieus betrifft (vgl. Punkt 5.2), man selbst würde sich im Fall der Immigration – oder auch nur einer Reise – in ein anderes Land bereits im Vorfeld mit den spezifischen kulturellen Praktiken vertraut machen, so hält dieses Versprechen dem „Praxistest" nicht ohne Weiteres stand. Abgesehen von der Diskrepanz zwischen freiwilliger und erzwungener Migration und den geringen ökomischen, sozialen und kulturellen Kapitalien vieler MigrantInnen, verdeutlicht etwa das Beispiel deutscher RentnerInnenenklaven an der türkischen Riviera, dass Integration dort vor allem als Leistung der Aufnahmegesellschaft verstanden wird – dies nur als integrationspolitische Pointe (vgl. WAGNER 2008: 10).

MigrantInnen einseitig aktivere Integrationsanstrengungen abzuverlangen, läuft jedoch noch aus einem anderen Grund jüngeren einschlägigen Erkenntnissen aus der Stadt- und Migrationsforschung zuwider. Nach Andreas KAPP-HAHN sind im öffentlichen Raum sichtbare Konflikte, wie sie in den sozial benachteiligten Quartieren auftreten, nicht als Resultat von Desintegration zu deuten, sondern als Dominanzkonflikte. Die Selbstverständlichkeit sozialer und kultureller Regeln wird in diesem Zusammenhang ungewiss (BINDER 2007: 129). Dies sollte auch zu Reflektionen in der Praxis der Quartiersentwicklung führen. Häufig sind dort öffentliche Angebotsstrukturen reflexartig auf das Ziel der sozialen Integration von MigrantInnen ausgerichtet, und ebenso häufig unterstellen die AngebotsträgerInnen jenen mangelndes Interesse an gesellschaftlicher Partizipation. Wenn sich also die soziale Stadterneuerung im Hinblick auf „Angebot und Nachfrage" in der Krise wähnt, dann weil die gesellschaftliche Ordnung krisenhaft ist (s. ebd).[42]

Auch Michael KRUMMACHER kommt zu dem Schluss, dass angesichts der erheblichen Integrationsleistungen von MigrantInnen nicht von „gescheiterter Integration" gesprochen werde könne. So haben sich etwa ihre Wohnverhältnisse in den zurückliegenden Jahrzehnten deutlich verbessert, auch eine Zunahme an privatem Wohneigentum ist zu verzeichnen. Faktische interethnische sozioökonomische und soziokulturelle Ungleichgewichte gründen im Wesentlichen in Formen sozialer und rechtlicher Benachteiligung und einer defizitären Förderung von Integration (s. KRUMMACHER 2007: 110f.).

---

[42] Eine hier nicht weiter verifizierbare und gewagte These könnte sinngemäß lauten, dass die fast schon aggressive öffentliche Betonung der Bedeutung von Deutschkursen für die Integration nicht mehr ist als die Reproduktion sanktionierter Einsprachigkeit der Aufnahmegesellschaft, die auf diese Weise an ihrer letzten Deutungshoheit im öffentlichen Raum festhält (vgl. HINNENKAMP 2007: 179).

Kapitel 5

Vielfalt und Differenz in der Quartiersentwicklung

Den in Kapitel 4 herausgearbeiteten politischen Bezügen zu Diversity Management sollen nun soziologische Implikationen folgen. Begründet durch die Themenstellung dieser Arbeit, bewege ich mich dabei insbesondere im Feld der Stadtsoziologie. Dabei setze ich den stadtsoziologischen Fokus in unmittelbaren Zusammenhang mit meiner leitenden Forschungsfrage (vgl. Kapitel 2). Zunächst gehe ich in Punkt 5.1 unter Berücksichtigung raumtheoretischer Ansätze auf historische und konzeptionelle Veränderungen in der Quartiersentwicklung ein. Allein hierdurch werden sich bereits Schnittstellen zum Diversity-Paradigma aufzeigen lassen. Mit Hilfe milieutheoretischer Interpretationen beleuchte ich im Anschluss in Punkt 5.2 die sozialstrukturelle Dimension der Quartiersentwicklung. Der Frage nach der Bedeutung von Habitus und Mentalität im Stadtquartier gehe ich dabei ebenso nach wie ich die Funktion symbolischer Gewalt auf meinen Untersuchungsgegenstand beziehe. Die an früherer Stelle hergestellte kulturwissenschaftliche Perspektive auf kulturelle Differenz und Identität greife ich in Punkt 5.3 erneut auf, um sie in einen sozialräumlichen Kontext zu stellen.

5.1 Quartiersentwicklung im Zeichen historischer und konzeptioneller Veränderung

In „Die Kunst des Handelns: Gehen in der Stadt" beschreibt Michel de CERTEAU die Stadt als einen widersprüchlichen Ort, der in gleichem Maße integriert wie er die Ausgrenzung befördert: Durch komplexe soziale und räumliche Umschichtungen und Verlagerungen werden einerseits Stadtteile ausdifferenziert und ihre Funktionen neu bestimmt. Andererseits wird alles im funktionalistischen Verwaltungssinne „nicht Handhabbare" (z.B. abweichendes Verwalten) dem sozialen Ausschluss preisgegeben und nur zum Teil in den Verwaltungskreislauf reintegriert (s. de CERTEAU 1999: 268f.) Diese Beobachtung lenkt unsere Aufmerksamkeit in doppelter Hinsicht auf das kleinräumige Stadtquartier: Es ist nicht nur auf Grund seiner jeweils spezifischen Eigenlogik ein Mikrokosmos innerhalb des Stadtteils, vielmehr treten Exklusion und soziale Schließung, die de CERTEAU anspricht, in bestimmten Quartieren auf, während andere offenbar eine andere Entwicklung erleben. Obgleich nach Stadtbezirk und Stadtteil die kleinste administrative Einheit in der Stadt, trägt das Quartier somit eine Schlüsselrolle im Stadterneuerungsprozess, ohne dass es dabei losgelöst vom strukturellen Gesamtgefüge der Stadt zu betrachten wäre.

Terminologische Eingrenzungen

Bevor ein Rückblick auf die historische Entwicklung der Quartiersentwicklung erfolgt und ich mich ihren zentralen Konzepten widme, möchte ich kurz daran erinnern, was ich unter Quartiersentwicklung verstehe. In der Einleitung habe ich, beeinflusst von Hartmut HÄUSSERMANN und Walter SIEBEL, Quartiersentwicklung wörtlich definiert als den Wandel kleinräumiger urbaner Strukturen, deren Entwicklung durch bestimmte gesellschaftliche Kräfte beeinflusst wird und, durch unterschiedliche Nutzungsinteressen verschiedener Bevölkerungsgruppen, immer auch ein gewisses Maß an sozialer Ungleichheit impliziert. Beeinflusst wird Stadt- und Quartiersentwicklung nach HÄUSSERMANN und SIEBEL zudem vor allem von drei Einflussfaktoren, die in Wechselwirkung zueinander stehen: von Standortpräferenzen (von Gewerbetreibenden, Institutionen und Privathaushalten), dem Bodenmarkt und der Stadtplanung (HÄUSSERMANN/SIEBEL 2004: 118f.). In diesem Zusammenhang kann darauf verwiesen werden, dass die Gestaltungsebene der Stadt- bzw. Quartiersentwicklung, die Stadtentwicklungspolitik, durch ökonomische, institutionelle und rechtliche Vorgaben von normativen Leitbildern besetzt ist (s. BINDER 2007: 122). Was auf makropolitischer Ebene längst ein Allgemeinplatz ist, scheint also auch für die Kommunalpolitik zuzutreffen: Sie funktioniert zuvorderst symbolisch:

„Denn wie in allen Politikfeldern werden Zukunftsvisionen und Handlungsziele auch hier in Metaphern und Begriffen gebündelt, die gesellschaftliche, soziale und kulturelle Vorstellungen transportieren [. . .]: Leitbilder und Metaphern stecken Handlungsoptionen ab und wollen aktivieren, hin auf eine im Begriff plastisch werdende Zukunft." (Ebd.)

Die Anforderungen an StadtplanerInnen und QuartiersmanagerInnen liegen also auf der Hand: „Stadtplanung", so Michel de CERTEAU, „bedeutet, gleichzeitig die Pluralität (auch der Wirklichkeit) zu denken und diesem Pluralitätsgedanken Wirksamkeit zu verleihen; und das wiederum bedeutet, wissen und artikulieren zu können." (de CERTEAU 1999: 267) Die unauflösbare Diskrepanz zwischen Stadtplanung als konzeptioneller, aber auch symbolischer Anspruch und Stadtentwicklung als soziale Realität kann treffender kaum formuliert werden.

Wie bereits angedeutet sind Quartiere zugleich *Lernraum* – hiermit ist die hegemoniale Werte- und Normenvermittlung der dominanten Bevölkerungsgruppen eines Quartiers gemeint – und *Stabilisierungshort* – hierzu zählt die integrative Leistung der im Quartier *aktiven* sozialen AkteurInnen (Schlüsselpersonen). Darüber hinaus spielen die *physisch-materiellen Merkmale* von Quartieren eine entscheidende Rolle. In diesen Bereich fällt die sozialinfrastrukturelle Ausgestaltung des Sozialraums – Stadtteilzentren, Bildungseinrichtungen, Altenheime etc. – die Struktur der lokalen Unternehmenslandschaft, bauliche Besonderheiten, ökologische Prägungen, Verkehrsdichte etc. (vgl. HÄUSSERMANN/SIEBEL 2004: 166ff. sowie URBAN/WEISER 2006: 24ff). Schließlich verfügen Quartiere als sozial konstruierte Räume über eine *symbolische Bedeutung*. In ihnen werden Machtstrukturen und Hierarchien sichtbar. Aneignungspraktiken werden beispielsweise innerhalb des Stadtteils aus unterschiedlichen Perspektiven bewertet, im gleichen Maße, wie sie wiederum von „außen" betrachtet häufig entgegengesetzt interpretiert werden. Stadtteilen oder Quartieren, die sich im Niedergang befinden, können Stigmata anhaften, die trotz sozialer Erneuerungsprozesse über eine lange Haltbarkeitsdauer verfügen (vgl. HÄUSSERMANN/KRONAUER 2009: 168).

In den benachteiligten Quartieren treten die Chancen und Risiken des sozialökonomischen Wandels besonders verdichtet auf: Überproportional hohe Arbeitslosen- und Langzeitarbeitslosenanteile, unterschiedliche Lebensgewohnheiten und Wertvorstellungen einer multikulturellen Wohnbevölkerung, weitaus mehr Kinder und Jugendliche als im städtischen Durchschnitt, zumeist mit geringen Bildungschancen, viele Alleinerziehende etc. (vgl. RAUSCH 2005: 172f.). Zugleich muss, was die Vergleichbarkeit der Problemaufrisse vermeintlich „einschlägiger" Quartiere betrifft, differenziert werden. Ebenso wenig wie Städte, Stadtteile und auch einzelne benachteiligte Wohnviertel sozialräumlich homogen sind, lassen sich zwingend – etwa auf Basis ähnlicher Strukturdaten – vergleichende Rückschlüsse ziehen. So unterscheiden sich hierzulande nicht nur die Problemkonstellationen und -verdichtungen zwischen innenstadtnahen ArbeiterInnenquartieren und peripher gelegenen, von Hochgeschossbauten gezeichneten Großraumsiedlungen – im Übrigen eine grundlegende Differenzkategorie für Typen benachteiligter Stadtteile (s. FRIEDRICHS/van KEMPEN 2004: 68f.). Auch in internationaler Betrachtung lassen sich erhebliche Unterscheidungen zwischen benachteiligten Quartieren in europäischen und nordamerikanischen Städten treffen (ebd.: 83). Der Begriff der Quartiersentwicklung ist gegenüber verwandten Termini wie Stadt- oder Stadtteilentwicklung also auch in internationaler Perspektive die feinteiligere und präzisere Variante. Ich möchte ihn allerdings erweitern von einer bisher rein deskriptiven Definition hin zu einer methodologisch-konzeptionellen Komponente. Quartiersentwicklung steht somit auch für ein bestimmtes Forschungs- bzw. Praxisfeld. Nun kann im Folgenden nicht die gesamte Geschichte der Stadtsoziologie aufgearbeitet werden. Bevor ich aus diesem Grund selektiv vorgehe und mich der Soziologie Robert E. PARKs widmen möchte, dessen Forschungsperspektive implizit auch das vorliegende Forschungsdesgin beeinflusst hat, möchte ich jedoch mit Helmuth BERKING (2008) eine „hausgemachte" Kontroverse auf dem Gebiet der Stadtsoziologie exemplifizieren. BERKING identifiziert ein konzeptionelles Vakuum zwischen dem subsumtionslogischen Forschungsprogramm seit der *Chicago School*, das „Stadt" lediglich als Projektionsfläche globaler Krisenerscheinungen und Konflikte analysiert, und dem konkretionslogischen Erkenntisinteresse auf die „Verräumlichung sozialer Besonderheiten" (ebd.: 16): Hier geht es z.B. um die kleinräumige Betrachtung sozialer Milieus, deren Lebensstile und Mentalitäten *in* der Stadt (beide Ansätze verstehen sich dabei als komplementäre Einheiten). Weder würde jedoch die Stadt selbst als „Wissensobjekt" Beachtung finden, noch der auf die Analyse der Eigenlogik zielende Städtevergleich (s. ebd.).

Ausgehend vom Konzept der „großstädtischen Doxa" bzw. von einer zunehmenden „Verstädterung der Lebenswelt" (ebd.: 25f.) geht es BERKING um einen stärkeren stadtsoziologischen Bezug auf „Stadt als räumliches Strukturprinzip" (ebd.: 20). Würde das kategoriale Dreigestirn aus „Größe, Dichte und Heterogenität" in einen qualitativen Referenzrahmen zu „Stadt" gebettet, würden den oben angeführten inhatlichen Bezügen zu Lebensstilen etc. zunächst raumtheoretische Analysen vorausgehen müssen. Auch die Eigenlogik einer Stadt wäre lediglich das Resultat stadtspezifischer „Differenzierungs- und Verdichtungsleistungen" (ebd.).

Robert E. PARK und die Chicago School

Um über die Pionierleistungen der ersten Ansätze der Großstadtforschung zu resümieren, muss bis an die Schwelle zum 20. Jahrhundert zurückgeblickt werden. Auf Georg SIMMEL und seinen theoretischen Beitrag zur Stadtsoziologie wurde bereits zu Beginn dieser Arbeit verwiesen. Wie kein anderer charakterisierte er schon 1903 „die Großstädte und das Geistesleben" in Unterscheidung zur Mentalität der LandbewohnerInnen (SIMMEL 2006). Zu denken ist aber auch an die Soziologen der *Chicago School* um Robert E. PARK, die sich wenige Jahrzehnte später für die physische und soziale Struktur der Stadt interessierten und ihr Forschungsinteresse – im Unterschied zu SIMMEL – vornehmlich auf die unterschiedlichen Lebenswelten einer heterogenen Stadtbevölkerung richteten. Ihre Vorläufer fanden die Chicagoer Soziologen in unterschiedlichen Formen der „Reportage" wie der Rollenreportage – hier machte der bzw. die in einem Feld inkognito auftretende ReporterIn die Nachricht noch selbst – oder der Milieu-Reportage, die eine Binneneinsicht in die Quartiere ethnischer Vielfalt ermöglichte. Eng damit verknüpft ist auch die Sozialfotografie (s. HÄUSSERMANN/SIEBEL 2004: 45f.). Hartmut HÄUSSERMANN und Walter SIEBEL nennen in diesem Zusammenhang den Reporter Jacob A. RIIS, der 1889 die Wohnverhältnisse der ethnischen Bevölkerung in einem „Stadtplan der Ethnien" illustrierte (ebd. 47f.).

Die Bedeutung jener frühen Reportagen für die heutige Methodologie der Stadtforschung kann kaum hoch genug bewertet werden:

„Die Reportagen, die sich dieser Vielfalt (der Großstadt) verdanken, bieten mit ihren Beschreibungen der Stadt, mit ihren Darstellungen großstädtischer Einrichtungen und Berufsgruppen und mit ihren Geschichten über ethnische Viertel und deren Bewohner den Lesern Ersatz für fehlende Anschauung, bringen Fremdes nahe und machen Neues verständlich. Der Reporter fungiert in diesem Kontext als Kundschafter, der seinen Lesern vom Glanz und Elend der Großstadt berichtet." (Ebd.: 48)

Die Ansätze von Robert PARK und der Chicago School können nach HÄUSSERMANN und SIEBEL nicht ohne Rückgriff auf PARKs journalistische Praxis rezipiert werden. Seine Methodologie ist gekennzeichnet durch ethnographische Mittel wie Beobachtungen und Stadtrundgänge („nosing around"). Das Verstehen einer „Kultur der Differenz", nicht deren Veränderung, stand im Mittelpunkt seines Forschungsinteresses (ebd.: 48f.). Sowohl methodisch als auch konzeptionell hat PARK auf diese Weise die Stadtsoziologie beeinflusst: Die Methodologie PARKs wird charakterisiert durch den Anspruch soziologischen (Fremd-)Verstehens. PARK nennt den „nativ", also so weit wie möglich (vor-)urteilslos und distanziert auftretenden Forschenden „marginal man". Auf der konzeptionellen Ebene eröffnete PARKs Forschungsansatz Einblicke unterhalb der Großstadtebene auf die segregierten *communities*, in denen sich spezifische, historisch gewachsene soziale Normen und Codes sowie Institutionen abbilden (ebd.: 49f.):

„Die Territorien der verschiedenen *communities* bilden die einzelnen Steine, aus denen sich das urbane Mosaik der Großstadt zusammensetzt. Ihre Verteilung über das Stadtgebiet entsteht durch die Konkurrenz der sozialen Gruppen um materielle und räumliche Ressourcen. Daraus ergibt sich, dass jede soziale Gruppe in der Stadt dasjenige Quartier besetzt hält, welches die besten Bedingungen für ihre spezifische Lebensweise (ethnische Homogenität, gemeinsame Interessen, Temperamente, Lebensstile) bietet. Die Mitglieder der jeweiligen ethnischen Gruppe werden von diesen Gebieten angezogen, sie bewegen sich dahin, ‚wo sie sich zugehörig fühlen'." (ebd.: 50)

Was hier beschrieben wird, sind die Dynamiken ethnischer Segregation. Gleichwohl sind die auf Grund der Gegenseitigkeit von physischen Voraussetzungen der Umwelt und sozialem Bedürfnis der BewohnerInnen – die wiederum um die Aneignung von Räumen untereinander konkurrieren – von PARK als *natural areas* bezeichneten Quartiere (ebd.) keine kulturell homogenen und geschlossenen Gebilde. (vgl. Punkt 5.2).[43] Allerdings wird das „Abtauchen" in andere segregierte, benachbarte „Welten" wiederum nur durch das Vorhandensein „moralischer Distanzen" bzw. *moral regions* möglich (ebd.: 53f.). Das Zitat verdeutlicht allerdings außerdem eine weitere Differenzierungsebene von Segregation, die sich im Übrigen nicht nur ethnisch, sondern vor allem auch sozial, d.h. nach Statuszugehörigkeit und demografisch, also gesondert nach Alter, abbildet: Deutlich wird der Unterschied zwischen freiwilliger und erzwungener Segregation – im letzten Fall betrifft sie zumeist die einkommensschwachen Haushalte (vgl. KRUMMACHER 2007: 111). Mit dem Begriff der Segregation wird die räumliche Abbildung sozialer Ungleichheit beschrieben. Ihre politische Bewertung ist von Ambivalenzen getragen. Neben der kritischen Betrachtung der Risiken von Segregation lassen sich durchaus auch Potentiale und Chancen erkennen. Eine verbreitete Abwägung der Chancen und Risiken von ethnischer Segregation wird häufig dahin gehend formuliert, dass kurzfristig angelegte, also zeitlich begrenzte Segregation Integrationsprozesse befördern könne, auf Dauer angelegte, verstetigte ethnische Segregation hingegen Desintegration bewirke. Die Annahme lautet verkürzt formuliert: Jüngere Generationen von ZuwanderInnen finden sich auf Grund niedriger kultureller

---

[43] Der theoretische Korpus der Chicago School wird durch seine ökologischen Bezüge zu den Kämpfen in der Tier- und Pflanzenwelt um „Arterhaltung" auch als sozialökologische Theorie bezeichnet und kann daher nicht kritiklos rezipiert werden. Im Zusammenhang mit Stadtentwicklungsprozessen lassen sich nach HÄUSSERMANN und SIEBEL vier theoretische Erklärungsansätze unterscheiden, die die oben genannten Einflussfaktoren der Stadtentwicklung aus verschiedenen Perspektiven betrachten. Neben der sozialökologischen Theorie, die durch einen zweiten bedeutenden Protagonisten der Chicago School, Ernest BURGESS, geprägt wurde – bekannt ist sein Stadtentwicklungsmodell der „konzentrischen Kreise", die als Teilgebiete um die Innenstadt (Chicagos!) herum angelegt sind – zählen hierzu die an Karl MARX angelehnte politisch-ökonomische Theorie (*New Urban Sociology*), die die Kosten-Nutzen-Rechnung von Standortentscheidungen zu Grunde legende ökonomische Theorie sowie die politische Theorie, die ihren Fokus auf Macht und Interessen im Zusammenspiel zwischen Politik und Ökonomie legt (s. HÄUSSERMANN/SIEBEL 2004: 50; 118ff.).

Hemmschwellen in ethnischen Milieus leichter zurecht, erlernen dort normative Praktiken der Aufnahmegesellschaft und wandern nach einem zeitlich berechenbaren Aufenthalt in andere Stadtteile weiter. Sollte dieser Effekt nicht eintreten, entstünden langfristig „ethnische Kolonien" (zu den „Pros und Contras" ethnischer Segregation s. ausführlich HÄUSSERMANN/SIEBEL 2004: 179ff.). Dass die dauerhafte Verortung in bestimmten (ethnischen) Milieus Segregation verschärfen kann, dürfte unstrittig sein. Die Differenzierung nach „ethnischer" und „sozialer Segregation" bzw. ebenso ihr gegenseitiger Einbezug ist jedoch bei der Diskussion um die Chancen und Risiken stets zu beachten. Die „Durchlässigkeit" segregierter Quartiere erscheint darüber hinaus nicht unter der Prämisse der kulturellen Assimilation erstrebenswert, sondern unter sozialpolitischen Vorzeichen, sofern die Verringerung sozialer Ungleichheit und die Erhöhung gesellschaftlicher Teilhabe als konstitutiv für demokratische Gesellschaftsformen betrachtet werden kann.

In Ergänzung zu der theoretischen Rezeption PARKs und den Ausführungen zu Segregationsformen beleuchte ich im Folgenden die Praxiskonzeption in der Quartiersentwicklung. Exemplarisch bietet sich hier das Konzept der Gemeinwesenarbeit an, das neben seinem politischen Partizipationsanspruch immer auch die sozialräumliche Heterogenität der Stadtquartiere berücksichtigt hat.

Renaissance der Gemeinwesenarbeit in der Quartiersentwicklung

Die Geburtsstunde der Gemeinwesenarbeit (im Folgenden GWA) liegt gewiss vor den 1980er Jahren, allerdings oblag ihr zu diesem Zeitpunkt, vor allem im Zusammenhang mit der angehenden Sanierung der Städte und einer rapiden Zunahme sozialer Problemfelder eine Schlüsselrolle. Aufgaben und Zielsetzungen von GWA unterscheiden sich deutlich von den anderen klassischen Methoden der Sozialen Arbeit, der Einzelfall- und der Gruppenarbeit. In einem Satz ausgedrückt, soll durch den Einsatz von GWA erreicht werden, dass Stadtteile wieder stufenweise als selbständige Gemeinwesen fungieren, vor allem durch eigeninitiiertes Handeln ihrer BewohnerInnen (vgl. OELSCHLÄGEL 2001a: 192f.). Es geht um die „soziale Befriedung" von in mehrfacher Sicht benachteiligten Stadtteilen gemeinsam mit BewohnerInnen (vgl. HINTE 2001a: 122f.). GWA muss dabei nicht kommunal institutionalisiert sein, sondern wird vielerorts auch in freier Trägerschaft durchgeführt.

In den Aufgaben von GWA kommt sogleich ihre spezifische Strategie zum Ausdruck, die verkürzt als „Empowerment" (Befähigung) bezeichnet werden kann. Die Aufgaben, die sich gewiss noch erweitern ließen, bilden sich wie

folgt ab (zur Strategiediskussion in der Gemeinwesenarbeit vgl. OELSCHLÄ-
GEL 2001b: 54ff.):

- Erstellung und Fortschreibung der Situationsanalyse des Stadtteils (Sozial-
  Infrastruktur) und Auswerten von für den Stadtteil relevanten Informationen,
- Identifizierung und Verdeutlichung von Problembereichen im Stadtteil sowie Initiierung von Lösungsstrategien,
- Mitwirkung bei Planungsangelegenheiten in Kooperation mit unterschiedlichen kommunalen Fachbereichen, Vereinen, Personen etc.,
- Networking: Zusammenarbeit mit verschiedenen Institutionen und Fachkräften, beratende Mitarbeit in bestehenden Initiativen im Stadtteil sowie
  ggf. Aufbau von und Mitarbeit in Vereinen,
- Koordinierung der Zusammenarbeit unterschiedlicher sozialer AkteurInnen
  (aktive Vernetzung durch GWA),
- Organisation und Koordinierung von Stadtteilveranstaltungen und Projekten, auch im Hinblick auf Stärkung der Traditions- und Identifikationsbildung im Stadtteil,
- Ausbildung von MultiplikatorInnen, insbesondere innerhalb der Gruppe bereits „aktiver" BewohnerInnen (Akquirierung von „Leadern"),
- Öffentlichkeitsarbeit.

Selbst historisch herauskristallisiert, hat GWA als Arbeitsprinzip in der Quar-
tiersentwicklung wiederum erweiterte Handlungskonzepte hervorgebracht.
Anhand einer Zeitleiste, wie sie Britt HOLUBEC, Silvio MARKEWITZ und
Robert GÖTZE entworfen haben, wird die Entwicklung sozialraumbezogener
Konzepte in der Quartiersentwicklung besonders anschaulich (vgl. Abb. 17).[44]

Das abgebildete Modell legt den Anschein nahe, dass Ende der 1990er
Jahre mit den Konzepten „Quartiersmanagement" und „Gemeinwesenökonomie" (eine vor allem durch Susanne ELSEN geprägte Weiterentwicklung des
Selbsthilfe-Ansatzes, der sich auf das Konzept der Lokalen Ökonomie stützt)
ein „Ende der Geschichte" sozialräumlicher Konzeptentwicklung erreicht wurde. Es wird sich im weiteren Verlauf dieser Arbeit zeigen, unter welchen wissenschaftlich gestützten Vorzeichen Diversity Management den perspektivischen Ausblick vom Jahr 2010 an bieten könnte.

---

[44] Die gezeigte Darstellung ist Teil eines von den AutorInnen entwickelten e-learning Programms. Die unterschiedlichen „Meilensteine" auf der Zeitleiste sind mit Hyperlinks ver-
sehen. Online erfolgt nach Aktivierung jeweils eine Weiterleitung zu umfassenden Hin-
tergrundinformationen über die einzelnen Konzepte. Aufgrund des quantitativen Umfangs
kann auf diese Informationen an dieser Stelle nicht näher eingegangen werden. Ich erlaube
mir deshalb, auf die URL zu verweisen, die dem Literaturverzeichnis zu entnehmen ist.

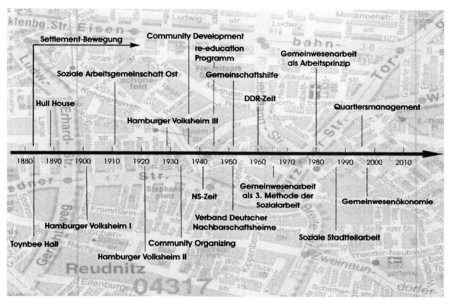

Abb. 17: Historische Konzeptentwicklung in der Quartiersentwicklung
Quelle: HOLUBEC/MARKEWITZ/GÖTZE (2005)

Auch wenn die Europäisierung des Sozialraums zu der Dialektik geführt hat, dass anders herum die Sozialraumorientierung in der Quartiersentwicklung die Voraussetzung für gelingende Integration in der EU ist, bleibt diese Entwicklung nicht widerspruchsfrei: Wurde zwischenzeitlich, befruchtet durch die Theorien der Individualisierung der Lebenslagen, der Eindruck erweckt, GWA könne keine adäquaten Antworten auf den Sozialen Wandel liefern, so ist seit Mitte der 1990er Jahre, vor allem durch die verstärkte Implementierung von Quartiersmanagements in benachteiligten Stadtteilen, ein verstärktes Aufleben der Gemeinwesen- bzw. Sozialraumorientierung zu beobachten. Schließlich, so der Wortlaut einer 2002 erstmals vorgenommenen Bilanzierung des „Soziale Stadt"-Programms, besteht „großes Einvernehmen darüber, dass sich auch und gerade in diesen benachteiligten Quartieren die Zukunft der Städte entscheiden wird." (DIFU 2003) So gesehen verwundert es nicht, dass das Arbeitsprinzip GWA Eingang gefunden hat in Konzepte der Stadtentwicklung von Bund, Ländern und Kommunen. Die Frage ist, inwieweit die tradtitionellen Instrumente der Stadtteilarbeit den veränderten Problemlagen der Quartiersentwicklung Rechnung tragen. Hierauf wird auf Grundlage der qualitativen Befunde im Untersuchungsgbiet Hannover-Stöcken in Kapitel 6 und 7 noch einzugehen sein.

5.2 Habitus, Lebensstil und Milieu im Quartier

Die Geschichte der Moderne ist im Gegensatz zu traditionellen oder tribalistischen Gesellschaftsformen insbesondere eine Geschichte von permanentem gesellschaftlichen Wandel, der sich allumfassend, global und beschleunigt auf die Umwelt niederschlägt (s. HALL 1999: 397; ROSA 2005). Doch worüber wird unter diesen Bedingungen genau gesprochen, wenn mit „Diversity" die Abbildung, Wechselbeziehungen und Aushandlungsprozesse von Vielfalt und Differenz im Stadtbild beschrieben werden? Auf welchen sozialstrukturellen Grundlagen ruht das Diversity-Konzept? Oder anders gefragt: Wie lässt sich Diversity theoretisch erschließen?

Residentiale Strukturmuster in Stadtquartieren lassen sich aus unterschiedlichen theoretischen Blickwinkeln erklären. Um der Gefahr zu begegnen, Diversity Management in der Quartiersentwicklung losgelöst von seinen sozialstrukturellen Rahmenbedingungen zu verhandeln, soll in diesem Abschnitt auf den vor allem in Hannover entwickelten Milieu-Ansatz zurückgegriffen werden. Wie keine andere sozialwissenschaftliche „Schule" ermöglicht der milieutheoretische Blickwinkel auf den sozialen Raum BOURDIEUs sowohl die vertikale Analyse (Macht) als auch die horizontale Analyse (Lebensstile und Mentalitäten) sozialer Ungleichheit.

Bereits Georg SIMMEL stellte 1903 fest, dass „die allerweitesten und allgemeinsten Inhalte und Formen des Lebens [...] mit den allerindividuellsten innig verbunden" sind (SIMMEL 2006: 30). Treffender kann die Koexistenz von vertikaler und horizontaler Dimension der Sozialstruktur auch heute kaum zum Ausdruck gebracht werden: Die gesellschaftlichen Klassenstrukturen haben sich eben nicht im Individualisierungspostulat aufgelöst, vielmehr haben sich aus ihnen heraus feinteilige soziale Milieustrukturen herauskristallisiert, mit jeweils spezifischen Lebensstilen, Netzwerkstrukturen etc. Das Individualisierungstheorem dient also vielmehr als Indikator einer Öffnung, Modernisierung und Erweiterung sozialer Milieus. Die Hannoversche Milieusoziologie um Michael VESTER, Heiko GEILING und andere hat dies in empirischen und repräsentativen Untersuchungen mehrfach belegt (s. exemplarisch VESTER/v. OERTZEN/GEILING/HERMANN/MÜLLER 2001). Ihr Ansatz und der Bezug zum Stadtquartier sollen nun erläutert werden.

Forschungsparadigma des Milieuansatzes

Nach Émile DURKHEIM sind soziale Milieus soziale Gruppen, die durch gemeinsame Beziehungen, z.B. Verwandtschaft, Nachbarschaft, Lernen oder Arbeit einen „Korpus moralischer Regeln", man könnte auch sagen, eine ähnliche alltagskulturelle Praxis, entwickeln und teilen; hieraus erklären sich auch

Stabilität und soziale Kohäsion einzelner Milieus (s. ebd.: 16). DURKHEIM unterscheidet zwei Dynamiken, die historisch zur Aufteilung der Gesellschaft in Klassen und Milieus geführt haben: Differenzierung (durch Arbeitsteilung) und Konflikt (durch Herrschaftsverhältnisse; s. ebd.: 168). DURKHEIMs Analyse der kapitalistischen Arbeitsorganisation ist für die Diskussion um Diversity Management in der Quartiersentwicklung von entscheidender Bedeutung, sucht und findet er doch die gesellschaftlichen Voraussetzungen für das Entstehen von sozialem Zusammenhalt unmittelbar in den kapitalistischen Strukuren selbst. Auch Axel HONNETH bezieht sich in seinem Versuch einer Neubestimmung von „Arbeit und Anerkennung" auf DURKHEIM und fasst zusammen: „Die Solidarität, die nötig ist, um auch moderne Gesellschaften sozial zu integrieren, soll nicht aus Quellen der moralischen und religiösen Tradition, sondern der ökonomischen Wirklichkeit fließen." (HONNETH 2010, o.S.) Folgerichtig geht DURKHEIMs Argumentation einher mit „Forderungen nach einer qualitativ sinnvollen Arbeit" (ebd.), womit ich den Bezug zur lokalen Ökomomie in der Quartiersentwicklung herstelle: Je weniger den „Entkoppelten" (vgl. CASTEL 2008: 360f.) hier der Weg in Erwerbsarbeit, quantitativ wie qualitativ, offensteht, desto mehr scheint es plausibel, dass eben doch jene Quellen des Moralischen und Religiösen an gesellschaftlicher Relevanz gewinnen (vgl. Kapitel 7).

Das heuristische Vorhaben, „das Gesamtbild der sozialen Gruppen, ihrer Grundhaltungen, ihrer Beziehungen und ihrer Veränderungen in einer ‚sozialen Landkarte' zu beschreiben" wurde mit der in der Tradition von Pierre BOURDIEU stehenden und in Hannover weiterentwickelten Soziologie der sozialen Milieus realisiert (s. VESTER/v. OERTZEN/GEILING/ HERMANN/ MÜLLER 2001: 15). Der Ansatz folgt dabei weder orthodoxmaterialistischen Interpretationsmustern, noch orientiert er sich an Individualisierungstheoretikern wie Ulrich BECK (1986) oder Anthony GIDDENS (1997). Gerade die Ansätze letzterer funktionieren aus milieutheoretischer Sicht ausschließlich in negativer, ahistorischer Abgrenzung zum traditionellen marxistischen Klassenmodell, was sie auf diese Weise sozusagen ins „andere Extrem" rücken lässt und ihre Theorien zu Erklärung des gesellschaftlichen Strukturwandels als unzureichend erscheinen lässt (vgl. VESTER/v. OERTZEN/GEILING/ HERMANN/MÜLLER 2001: 14f.). Entscheidend für die Milieutheorie ist dagegen die Perspektive des sozialen Feldes, das heißt die Alltagspraxis der sozialen AkteurInnen (vgl. ebd: 15).

Ohne an dieser Stelle näher auf die komplexe Methodologie der Hannoverschen Milieuforschung eingehen zu können – sie reicht von ExpertInneninterviews, biographischen und themenzentrierten Interviews über Dokumentenanalysen bis zu Beobachtungen (s. ausführlich ebd.: 211ff.) – so bildet doch einen zentralen Bezugspunkt das soziale Raummodell von Pierre BOURDIEU. Das Modell weist über rein physikalische Merkmale hinaus und impliziert, so Heiko GEILING, die „Abqualifizierungen der Alltagserfahrungen und Potenziale der Menschen in den unterschiedlichen sozialen Milieus und [...] damit verbundene Demütigungen und politische Verarbeitungsformen" (GEILING 2006a: 40; s. Abb. 18 und 19). Im Vergleich zu BOURDIEUs Modell wird im Hannoverschen Ansatz die vertikale Unterteilung des sozialen Raums nicht allein durch Linien der Distinktion und Prätention (Abspaltung der oberen Milieus) vorgenommen, sondern zusätzlich durch eine Grenze der Respektabilität, die die mittleren von den unteren Milieus trennt (s. VESTER/v. OERTZEN/GEILING/HERMANN/MÜLLER 2001: 503).

Die Milieuzugehörigkeit richtet sich nach der spezifischen Ausprägung von Habitus und Mentalität (s. GEILING 2005: 1). Ausschlaggebend sind dabei die Herkunftsmilieus, in denen zum einen die ökonomischen, sozialen und kulturellen Statusressourcen weitergegeben werden, zum anderen aber auch die milieuspezifischen dauerhaften Strategien der Alltagsbewältigung und die Habitusformen, die dem Erwerb und der Sicherung sozialer Positionen dienen. Jene, so die Theorie, geben am ehesten Aufschluss über die Zusammensetzung sozialer Milieus (s. ebd.). Soziale Gruppen, so die Annahme, unterscheiden sich nicht nur durch „objektive Gemeinsamkeiten", sondern streben durch spezifische Sitten und Werte vielmehr nach moralischer Unterscheidung. Milieuspezifisch geteilte alltagskulturelle Praxis führt nach DURKHEIM zur Entstehung von sozialer Kohäsion (s. VESTER/v. OERTZEN/GEILING/HERMANN/MÜLLER 2001: 172.). Sozialer Zusammenhalt ist demnach begründet durch Wahlverwandtschaften, die aus gemeinsamem Habitus und Geschmack zustande kommen und sich in Handlungsgemeinschaften, durchaus auch konfliktreich, ausdrücken (s. ebd.: 169).

Nicht zufällig ist in diesem Kapitel mehrfach vom Konzept des Habitus die Rede. Es stellt eine zentrale Kategorie im Denken BOURDIEUs dar. Der Habitus eines Menschen impliziert eine spezifische Grundhaltung und Disposition gegenüber der Welt. Während die Mentalität die innere Haltung oder Einstellung beschreibt, ist der Habitus umfassender, er impliziert die gesamte Haltung einer Person, einschließlich des Körperlichen. Es handelt sich dabei nicht um ein „mechanisches" Konstrukt, der Habitus ist vielmehr ein System sozialer Grenzen, die durch die soziale Herkunft geformt sind. So erklären sich habituell bedingte systematische Stellungnahmen und Einstellungen in einzelnen Milieus sowie die Pflege bestimmter milieuabhängiger Lebensstile. Am Beispiel des sozialen Raummodells veranschaulicht, bedeutet dies: Der

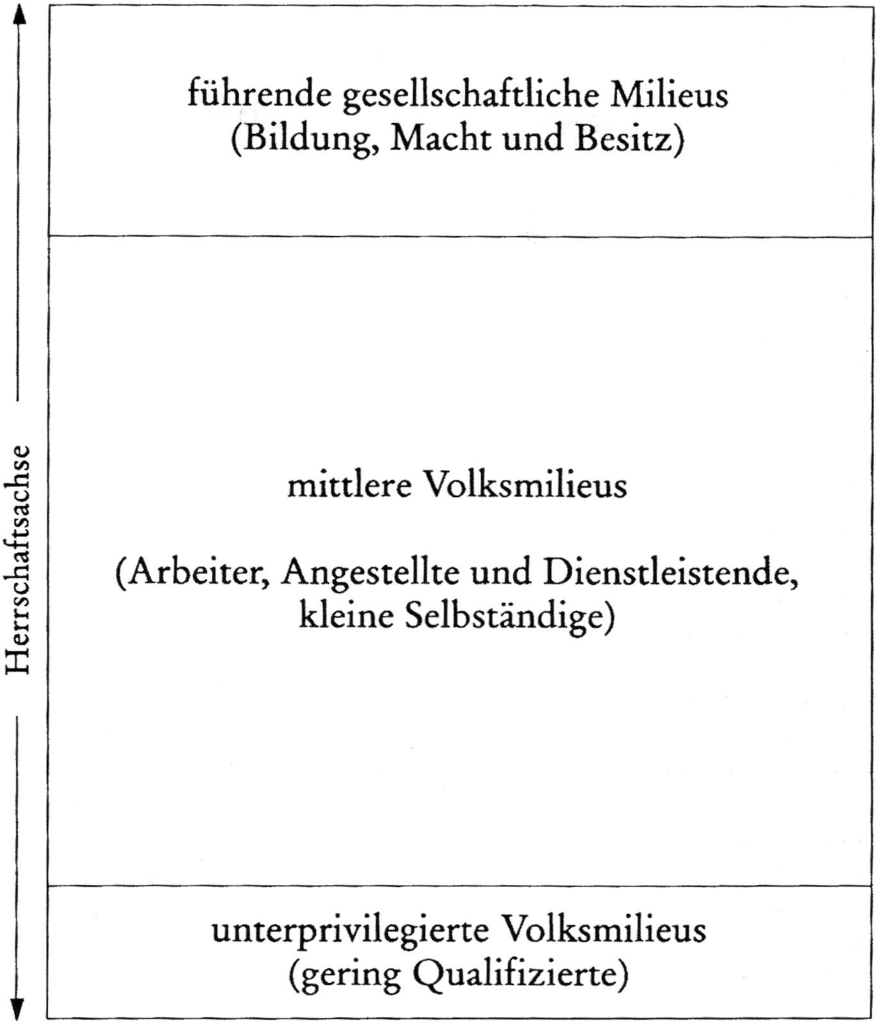

führende gesellschaftliche Milieus
(Bildung, Macht und Besitz)

mittlere Volksmilieus

(Arbeiter, Angestellte und Dienstleistende,
kleine Selbständige)

unterprivilegierte Volksmilieus
(gering Qualifizierte)

Herrschaftsachse

Abb. 18: Vertikale Struktur des sozialen Raums
Quelle: VESTER/v. OERTZEN/GEILING/HERMANN/MÜLLER (2001: 27).

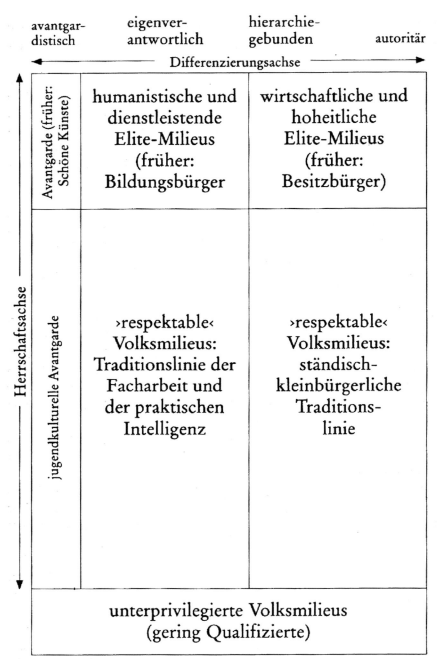

Abb. 19: Horizontale Struktur des sozialen Raums
Quelle: VESTER/v. OERTZEN/GEILING/HERMANN/MÜLLER (2001: 31).

Habitus der oberen Klassen zeichnet sich durch „Distinktion" aus, während er sich in den mittleren Klassen durch „Prätention" und in den unteren Klassen durch „Notwendigkeit" artikuliert. Lebensweisen bzw. -stile, Geschmack und Formen der Alltagskultur sind gekennzeichnet von der sozialen Position der AkteurInnen; es besteht hier also eine Wechselwirkung (vgl. BOURDIEU 1982: 277ff; VESTER/v. OERTZEN/GEILING/HERMANN/MÜLLER 2001: 162ff.). Jenes System von Grenzen ist – unter Berücksichtigung der subjektiven Ausstattung mit kulturellem Kapital (vgl. Punkt 3.1) – wiederum ausschlaggebend für die *Spielräume* der unterschiedlichen AkteurInnen im sozialen Feld:

„Den Kräften eines sozialen Feldes mehr oder minder hilflos ausgeliefert zu sein, heißt, eine untergeordnete Stellung einzunehmen [. . .] Hingegen verfügen Akteure dann über einen großen Spielraum, wenn sie auf Grund ihrer Ressourcen, seien sie ökonomisch, kulturell oder sozial, die Verteilungs- und Unterscheidungsprinzipien, nach denen sich die Umwelt strukturiert, in ihrem Sinn beeinflussen können." (GEILING 2006b: 349)

Wie unterschiedlich sich der Grad der Spielräume gestalten kann, der den AkteurInnen im Feld jeweils zur Verfügung steht, wird am Beispiel der im Zitat genannten Beeinflussung der „Verteilungs- und Unterscheidungsprinzipien" besonders deutlich. Allerdings muss hinzugefügt werden, dass die Spielräume im gleichen – wenn auch im Sinne des Habitus begrenzten – Maße veränderbar sind, wie die Struktur der sozialen Milieus. Die Abbildung letzterer bedarf in mittelfristigem Abstand einer empirischen Überprüfung.

Einen Einblick in die feinteilige Differenzierung der einzelnen Milieus bietet eine von Heiko GEILING revidierte Fassung des sozialen Raummodells für Westdeutschland von 2003 (GEILING 2006a: 42, vgl. Abb. 20).

Der vertikalen Ebene der Abbildung kann entnommen werden, dass die gesellschaftlichen Klassenunterschiede nach wie vor wirken. Durch fünf an das alte Klassenmodell anknüpfende Traditionslinien sozialer Milieus wird dies belegt (s. GEILING 2006a: 41): Im oberen Bereich des sozialen Raums befindet sich mit einem Bevölkerungsanteil von etwa 20% das Besitz- und Bildungsbürgertum. Zu dieser Gruppe zählen auch die sozialen Aufsteiger der neuen ExpertInnenberufe, die im gehobenen Dienstleistungssektor zu finden sind.

Zu den mittleren Gruppen der respektablen Volks- und Arbeitnehmermilieus gehören FacharbeiterInnenschaft und KleinbürgerInnentum. Durch das Bewusstsein, trotz Krise der Arbeitsgesellschaft beruflich relativ gesichert dazustehen, grenzen sich diese Milieus nach „unten" ab. Zugleich erfolgt durch

Soziale Milieus in Westdeutschland – 2003 –

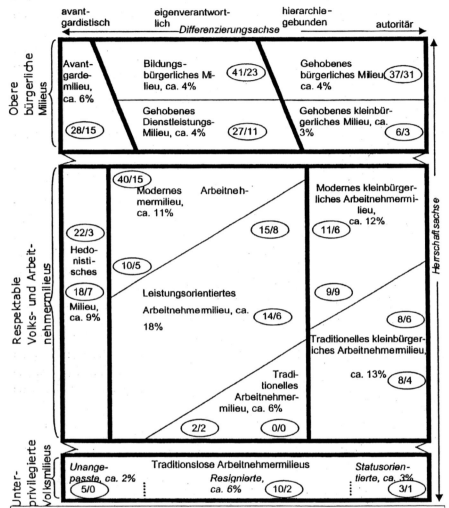

Abb. 20: Strukturwandel sozialer Milieus in Westdeutschland
Quelle: GEILING (2006a: 42)

die Idealisierung „rechtschaffender" Erwerbsarbeit eine Abgrenzung gegenüber den oberen Milieus. Alle Submilieus gemeinsam ergeben einen Bevölkerungsanteil von etwa 70%.

Schließlich befinden sich im unteren sozialen Raum die unterprivilegierten Volksmilieus, die mit einem Anteil von ungefähr 10% an der Gesamtbevölkerung die kleinste Gruppe bilden. Alltagsbewältigung und Lebenskonzepte sind geprägt durch das Ergreifen „günstiger Gelegenheiten", das heißt ein Arrangement mit den Perspektiven der so genannten Schattenökonomie. Auch die in der populistisch aufgeladenen Diskussion zuletzt als „Unterschicht" bezeichneten unterprivilegierten Milieus sind keine heterogene Gruppe. Unter ihnen befinden sich mental bzw. habituell unangepasste, resignierte und statusorientierte AkteurInnen in ihren jeweiligen Submilieus.

Unterschiedlichen sozialen Milieus lässt sich auch die heterogene Gruppe der MigrantInnen zuordnen. Eine hohe Differenz besteht hier in sprachlicher, kultureller und religiöser Hinsicht. Signifikante Differenzlinien zwischen Personen mit Migrationsgeschichte können entlang von Lebensentwürfen und Wertvorstellungen aufgezeigt werden, die nicht immer jenen der Eltern- oder Großeltern entsprechen müssen, aber auch im Hinblick auf soziale Zugehörigkeiten und Identitäten (s. SCHULTE/TREICHLER 2010: 37f.). Aus der Sinus-Studie des Jahres 2008 geht hervor, dass sich die MigrantInnenmilieus in Deutschland vor allem im Hinblick auf *Lebensstile* und *Wertepräferenzen* unterscheiden, weniger nach ethnischer Herkunftskultur (vgl. Abb. 21): „Es kann somit nicht von einer ethnischen Herkunftskultur auf ein Migranten-Milieu geschlossen werden; oder umgekehrt von einem Sozialmilieu auf eine ethnische Herkunftskultur." (SCHULTE/TREICHLER 2010: 37)

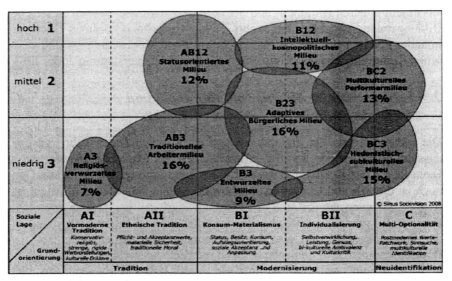

Quelle: Sinus Sociovision; Wippermann/Flaig (2009, S. 8)

Abb. 21: Soziale Lage und Grundorientierungen der Bevölkerung mit Migrationshintergrund
Quelle: nach SCHULTE/TREICHLER (2010: 38)

Symbolische Gewalt

Komme ich erneut auf das Konzept des Habitus zu sprechen, der sich in den unterschiedlichen Sphären des sozialen Raums ausdifferenziert, so muss ich unter Berücksichtigung herrschaftsanalytischer Aspekte zusätzlich auf das BOUR-DIEUsche Schlüsselkonzept der *symbolischen Gewalt* hinweisen. Als „sanfte", subtile oder auch „triviale" Form der Gewalt handelt es sich dabei um strukturell angelegte „gewaltlose Manifestationen von Gewalt", die von denen, die sie erfahren, nicht als gewalttätiger Akt wahrgenommen werden (s. SCHMIDT/WOLTERSDORFF 2008: 8).[45] Indem symbolische Gewalt „auf einem körperlich verankerten Glauben" aufbaut, ist sie untrennbar mit dem Konzept des Habitus verknüpft (s. ebd: 10). Die Funktion symbolischer Gewalt besteht in der Sicherung und gesellschaftlichen Anerkennung (bzw. aus Sicht der Beherrschten: Verkennung) von Herrschaftsverhältnissen mit symbolischen Mitteln. Dies impliziert gleichwohl, dass die Willkür jener Verhältnisse

---

[45] Zu den unmittelbaren Bezugskonzepten von symbolischer Gewalt gehören die Termini „symbolische Macht", als Möglichkeit der Ausübung „gewaltloser Gewalt", sowie „symbolische Herrschaft". Bei letzterer geht es um anerkannte bzw. dadurch verkannte Herrschaftsverhältnisse (s. SCHMIDT/WOLTERSDORFF 2008: 8).

von den „Beherrschten" nicht als solche interpretiert wird; im Gegenteil wird
Herrschaft (und Gewalt) als selbstverständlich und quasi „naturgegeben" verstanden (vgl. ebd.: 8).

Zur Ausübung symbolischer Gewalt bedarf es keiner repressiven Mittel der
Einschüchterung oder Propaganda. Mit Hilfe der „durch symbolische Wirkun-
gen erpressten Beteiligung der Beherrschten an der über sie ausgeübten Herrschaft" werden bestehende Herrschaftsverhältnisse bestätigt bzw. reproduziert
(s. ebd.). Die Mitwirkung der Beherrschten an ihrer eigenen Unterdrückung
vollzieht sich dabei durchaus aktiv, wenn auch nicht in Form eines bewussten
bzw. willentlichen Einverständnisses (vgl. ebd.: 10). Im Spiegel des *relationa-
len Paradigmas* (vgl. VESTER/v. OERTZEN/GEILING/HERMANN/ MÜL-
LER 2001; GEILING 2007) treten die Machtbeziehungen im sozialen Raum
hervor, die Voraussetzung und Ergebnis symbolischer Gewalt sind. Herrschen-
de und Beherrschte bestätigen sich in der Folge gegenseitig in ihrer jeweiligen
Funktion (vgl. SCHMIDT/ WOLTERSDORFF 2008: 8ff.).

Zum besseren Verständnis der Funktionalität symbolischer Gewalt bedarf
es eines praktischen alltäglichen Beispiels. Zugleich möchte ich den Bezug
zum vorliegenden Forschungszusammenhang aufzeigen. Pierre BOURDIEU
selbst hat am Beispiel der sozial konstruierten Geschlechterrollen auf die aktive Mitwirkung der Frauen an ihrer eigenen Unterwerfung verwiesen. In einem
von Pierre CARLES herausgegebenen filmischen Portrait über BOURDIEU
nennt dieser die Fügsamkeit und Strebsamkeit von Mädchen. Im elterlichen
Haus zum Gehorsam erzogen, würden sie den LehrerInnen im Unterricht jene
Eigenschaften präsentieren, die diese von ihnen erwarteten. Die LehrerInnen
bestätigen das gesellschaftlich als „richtig" anerkannte Verhalten der Mädchen
durch Lob und eine wohlwollende Benotung (vgl. CARLES 2008). Mit Robert SCHMIDT und Volker WOLTERSDORFF ausgedrückt, erklärt sich jener
strukturelle Mechanismus dadurch, „dass die Berherrschten [Anm. A.T.: also
in diesem Fall Mädchen und Frauen] zur Selbstwahrnehmung und zur Wahrnehmung und praktischen Erkenntnis der sozialen Welt nur Schemata zur Verfügung haben, die den herrschenden Klassifizierungen und Bewertungen entsprechen." (SCHMIDT/WOLTERSDORFF 2008: 12) Erkenntnisse und Ein-
sichten kehren sich in der Folge um und wandeln sich zu „Verkennungs-
und Unterwerfungsakten" (ebd.). Bezogen auf das angeführte Beispiel der
geschlechterübergreifenden „Allianz" zur Stabilisierung der ungleichen Ge-
schlechterverhältnisse begründet sich die Dynamik symbolischer Gewalt zusammenfassend wie folgt:

„Symbolische Gewalt basiert auf einem Gewaltverhältnis, das von Ausübenden wie Erleidenden zwar gemeinsam produziert, aber nicht als solches erkannt wird. Die Mitwirkung der Beherrschten manifestiert sich folglich als Gewalt, die diese sich selbst zufügen, ohne sie als solche zu empfinden." (Ebd.)

Die Suche nach den für die Ausübung symbolischer Gewalt politisch Verantwortlichen kann demnach nicht eindeutig verlaufen. Beschrieben werden zuvorderst strukturelle, historisch gewachsene Gewaltverhältnisse (vgl. ebd.: 16). Das Medium symbolischer Gewalt ist vor allem die Sprache, hinzu kommen Rituale, Gesten. Doch kann auch der physische Raum, etwa durch die „Botschaften" der Architektur, symbolische Gewalt implizieren (vgl. ebd.: 13).

Was das Paradigma Diversity betrifft, so kann das Konzept der symbolischen Gewalt in den unterschiedlichsten Feldern angewendet werden: Nehme ich etwa das politische Feld der Integration von MigrantInnen, so liefert BOURDIEUs Herrschaftsanalyse mögliche Erklärungen über die Aufstiegskarrieren bestimmter PolitikerInnen mit Migrationsgeschichte um den Preis der kulturellen Assimilation. Doch funktioniert das Konzept der symbolischen Gewalt auch in der autochthonen Gesellschaft, etwa durch nationale oder regionale Identifikationen; oder bei Angestellten der Kommunalverwaltung, die sich mit der Ideologie der „Aktivgesellschaft" und des aktivierenden Sozialstaats identifizieren und sich täglich selbst disziplinieren. Nehme ich vergleichend die Kategorie „Alter" hinzu, so würde das Konzept der „Generationengerechtigkeit" eine geeignete Analysefläche zur Wirksamkeit symbolischer Gewalt darstellen: Aus welcher Logik heraus reden junge und alte Menschen sozialen Einschnitten innerhalb der eigenen Alterskohorte das Wort, ohne zu bemerken, dass soziale Gerechtigkeit nicht von biologischen Faktoren abhängig sein kann? Auch SCHMIDT und WOLTERSDORFF weisen auf die „analytische Fruchtbarkeit" hin, die „dem Begriffswerkzeug der symbolischen Gewalt" jenseits bildungssoziologischer Forschungssettings zukommt und nennen dabei die „intersektional" ausgerichteten Forschungsströmungen, also implizit auch die Diversity Studies (s. ebd.: 14f.).

Soziale Milieus im Stadtquartier

In ihrem Band „Stadtsoziologie" verweisen Hartmut HÄUSSERMANN und Walter SIEBEL auf die Milieueffekte, die im Lernraum Quartier zum Ausdruck kommen (HÄUSSERMANN/SIEBEL 2004: 166ff.). Basierend auf der Theorie sozialen Lernens und der Netzwerktheorie wird davon ausgegangen, dass in benachteiligten Milieus auf Grund von Sozialisationserfahrungen sozialer Austausch und soziale Erfahrung nur in limitierter Form zu tragen kommen (zur Sozialisationspraxis s. ausführlich GRUNDMANN 2006). Von den zentralen Sozialisationsinstanzen Familie, Medien, Schule, Nachbarschaft und Peergroups stehen die letzten drei in unmittelbarem Zusammenhang zum Lernraum Quartier. Von „Rückkopplungseffekten" kann in diesem Zusammenhang gesprochen werden, wenn sich durch eine Konzentration benachteiligter BewohnerInnengruppen das soziale Lernen häufig auf das Lernen abweichender Verhaltensmuster beschränkt. Dies kann dazu führen, dass sich, bedingt durch sozialen Druck und Imitationslernen, letztlich eine „Kultur der Abweichung" im Quartier etabliert – erst Recht wenn alternative, also „positive" Vorbilder in der Alltagspraxis der sozialen AkteurInnen fehlen. Erfahren beispielsweise Jugendliche außerhalb „ihres" Quartiers oder während der Zusammenkunft mit Jugendlichen aus anderen Milieus eine Ablehnung ihrer gelernten sozialen Bewältigungsstrategien, führt dies nicht unmittelbar zu Verunsicherung oder gar Reflexion des eigenen Verhaltens, sondern hat eher eine „reaktive Verstärkung" abweichender Verhaltensmuster, eine Bestätigung der gewählten Strategien und eine weitere Abgrenzung von normativen bzw. von der Mehrheit der Gesellschaft als positiv und erstrebenswert empfunden Rollenbildern zur Folge. Die Etablierung solcher subkultureller Strukturen zieht zumeist die Abwanderung jener Gruppen nach sich, die sich am Wertekodex der Mittelschichten orientieren – eine weitere Verstärkung der beschriebenen Milieueffekte ist die Konsequenz (s. HÄUSSERMANN/SIEBEL 2004: 166).

Der Begriff der Abwärtsspiralen, der häufig im Jargon der Stadtentwicklungspolitik zu vernehmen ist, hat trotz seiner emotionalen Aufladung eine reale soziologische Grundlage: Die soziale „Umwelt der Bezugsgruppen", so HÄUSSERMANN und SIEBEL, wirkt sich auf Selbstwahrnehmung und Selbstachtung der Erwachsenen aus: Wer einst erworbene Verhaltensmuster im unmittelbaren Sozialraum nicht einsetzen kann, weil sie durch die Nachbarschaft entwertet werden und somit an Bedeutung verlieren, und wer den Wegzug auf Grund fehlender ökonomischer Mittel daraufhin nicht bewältigt, fügt sich in der Regel seinem Schicksal, passt sich an und richtet die eigenen Werte und Normen „nach unten" aus. Anstatt sein Umfeld aktiv zu gestalten, erfolgt eine „Reduktion kognitiver Dissonanz": Der Rückzug ins Private geht einher mit einer, insbesondere durch Arbeitslosigkeit verursachten, Beschränkung und Minimierung der sozialen Netze. Zweifelnd und resignierend werden Kontakte zu Personen, die noch immer die einst abgelegte Lebensweise führen, vermieden (s. ebd.: 167). Über die Diskrepanz der Netzwerkstrukturen von „Mittelschicht" und „Unterschicht" bemerken HÄUSSERMANN und SIEBEL, dass die Netzwerke der erst genannten „größer, heterogener und räumlich diffuser" sind. In der Netzwerktheorie sind diese losen und breit gefassten Netze produktiver als die kleinen, homogenen und quartiers- oder stadtteilbezogenen Netzwerke jener Gruppen, die sich im unteren sozialen Raum verorten (s. ebd.). Diejenigen, die in den benachteiligten Quartieren „ein Leben in Armut" führen, „das sich noch an den kulturellen Standards der Integrierten misst", stehen vor der ambivalenten Herausforderung, Alltagspraktiken der „Notwendigkeit" zu entwickeln, sich also in erzwungener Disziplin und Askese zu üben, obwohl in direkter Nachbarschaft die Praxis der „günstigen Gelegenheiten" am Rande oder jenseits der Legalität durchaus realisierbar scheint (s. ebd.: 167f.).

Mit Hilfe der empirischen Befunde der Milieusoziologie lässt sich feststellen, dass die politischen Zielvorgaben in der Quartiersentwicklung in weiten Teilen symbolischen Charakter haben. Nehmen wir den Bereich der Beschäftigungsentwicklung müssen wir fragen, inwieweit die universalen Anforderungen des heutigen Erwerbsarbeitsmarktes an Erwerbstätige und vor allem Erwerbslose von einem Großteil der AkteurInnen überhaupt einlösbar sind (vgl. VESTER/v. OERTZEN/GEILING/HERMANN/MÜLLER 2001: 83). Formen der durch die Mechanismen der aktivierenden Arbeitsmarktpolitik provozierten Selbstaktivierung und der individuellen Integrationsleistung unterscheiden sich zwischen den einzelnen Milieus. Gleichzeitig werden sich die Traditionslinien zwischen den respektablen Volks- und Arbeitnehmermilieus und den unterprivilegierten Volksmilieus weiter verschieben: Massenentlassungen, „Lohndumping" und ein Anwachsen prekärer Beschäftigungsformen sind die Ursache dieser Entwicklung.

Was den Milieuansatz für die Verhandlung von Diversity Management in der Quartiersentwicklung interessant werden lässt, ist der Mobilitätsfaktor. In der zuvor skizzierten Verschiebung der milieuspezifischen Traditionslinien ist auch die freiwillige oder erzwungene Wanderung zwischen unterschiedlichen Milieus inbegriffen. Die Parallelität von Internationalisierung und Regionalisierung der Wirtschaftsstrukturen, der demographische Wandel sowie strukturelle Disparitäten zwischen Stadt und Land werden von europapolitischen Konzepten wie Employability oder Flexicurity flankiert. Die Zugehörigkeit zu Ingroup und Outgroup, Mehrheit oder Minderheit, unterliegt einem ständigen Wandel: „Was heute noch mehrheitsfähig war, kann morgen zu einer Wirklichkeit von Minderheiten werden", schreibt Ingrid BRECKNER (2007: 91). Jene Minderheiten bilden demnach eine durchaus heterogene und flexible Gruppe. Das heißt nicht, dass die einzelnen sozialen AkteurInnen ihren Habitus ebenso flexibel abstreifen und austauschen könnten, allerdings erfahren und erlernen sie einen Perspektivwechsel zwischen Minderheiten- und Mehrheitenstatus: Wenn einem Stadtteil wie Köln-Kalk in einem Zeitraum von nur fünf Jahren zwischen 1990 und 1995 10.000 Arbeitsplätze verloren gehen (s. FRIED-

RICHS/van KEMPEN 2004: 71), hat dies auch handfeste Auswirkungen auf sozialräumliche Kohäsionsprozesse.

Die Zielgruppen der Quartiersentwicklung ausschließlich in den unterprivilegierten Milieus identifizieren zu wollen, greift folglich zu kurz. Gleichzeitig entfalten sich mit den durch die Milieuwanderungen freigesetzten Lerneffekten für alle AkteurInnen mögliche Chancen. BRECKNER liefert das Stichwort der *anschlussfähigen Differenzen* (s. BRECKNER 2007: 91): Professionelle AkteurInnen der Quartiersentwicklung müssen über Handlungskompetenz im Umgang mit Minderheiten bzw. mit differenten Lebenspraxen verfügen, mit dem Ziel, in ihnen Ressourcen zur Bewältigung der beschleunigten und hochkomplexen Lebensbedingungen zu identifizieren.

5.3 Kulturelle Differenz und sozialräumliche Integration

Bereits aus der Lektüre Georg SIMMELs geht hervor, dass Großstädte schon immer Projektionsfläche kultureller Differenz und Abgrenzung gewesen sind: „Die Kürze und Seltenheit der Begegnungen" bedingt den Hang zur Distinktion und Pointiertheit, auf dass die Individualität des/der Einzelnen beim Gegenüber möglichst bleibenden Eindruck hinterlässt (SIMMEL 2006: 37f.). Beschreibt SIMMEL hier das bewusste Spiel mit der *Form* der Differenz, sind es dagegen die *Inhalte*, die in der sozialen Alltagspraxis häufig zu Konflikten führen. Die mit Thomas KRÄMER-BADONI bereits an früherer Stelle gestellte Frage, um welche Differenz es eigentlich konkret geht, führt zu der nüchternen Einsicht, dass vor allem die Angehörigen der zahlenmäßig größten MigrantInnengruppen gemeint sind – in Deutschland also Menschen mit türkischer Migrationsgeschichte, in manchen Quartieren hingegen arabischstämmige Jugendliche, in anderen Quartieren vielleicht ältere Menschen aus den ehemaligen Sowjetrepubliken (s. KRÄMER-BADONI 2007: 61f.): „Es sind jene Migrantinnen und Migranten gemeint, die uns auf Grund ihrer Sprache, ihrer Religion, ihrer Kleidung und ihres kulturellen Hintergrundes wegen als fremd erscheinen." (Ebd.: 62) Die Frage stellt sich also, inwieweit jener „Schein" trügt bzw. wie das Verhältnis von kultureller Diversität und Integration zu gewichten ist (vgl. Punkt 4.2.2). Dabei gilt es zu beachten, dass sich die MigrantInnenmilieus eben nicht so sehr an Hand ethnisch-nationaler Differenzlinien, sondern eher entlang verschiedener Lebensstile und Wertvorstellungen bestimmen lassen (s. Punkt 5.2). In der Folge setzt kulturelle Differenz soziale Interaktion voraus und muss als prozesshaft, nicht als „gegeben" verstanden werden.

Zur Differenz kultureller Differenzen

Ich habe soeben die Frage nach der sozialen bzw. politischen Relevanz kultureller Differenz konkretisiert, indem ich ihr einen sachlichen und räumlichen Bezugsrahmen gegeben habe: Auf der Sachebene sind es jene sich wechselseitig überschneidende Kategorien wie Gender, Ethnie, Alter, die in der sozialen Praxis ungleicher AkteurInnenkonstellationen „einen Unterschied machen". Auf der Raumebene ist an bestimmte Städte, Stadtteile, Quartiere und Nachbarschaften zu denken. Wir nehmen kulturelle Differenzen aber auch im regionalen, nationalen und, wie ich am Beispiel der Europäischen Union gezeigt habe, internationalen Vergleich wahr. Hinzufügen lässt sich die zeitliche Ebene: So ist die Wahrnehmung der islamischen Gemeinden seit den Anschlägen vom 11. September 2001 und dem Beginn des internationalen „War on Terror" eine diametral andere als beispielsweise zu Zeiten des „Cold War" in den 1970er Jahren. Auf der Ebene des Quartiers hingegen wird sich kulturelle Differenz je nach Tages- oder Nachtzeit in unterschiedlicher Weise ausdrücken (vgl. BRECKNER 2007: 84f.).

Die oben bewusst pointiert vorgenommene Übersetzung von kultureller Differenz als Differenzlinie zwischen autochthoner und allochthoner Stadtteilbevölkerung erweist sich bei genauerer Betrachtung im doppelten Sinne als verkürzt: Zum einen macht Michael KRUMMACHER deutlich, dass sich in deutschen multiethnischen Quartieren im Gegensatz zu Quartieren anderer europäischer oder amerikanischer Großstädte „ein friedlich-distanziertes und oft gelingendes Neben- und Miteinander der verschiedenen Bewohner(innen)gruppen" abbildet (s. KRUMMACHER 2007: 113). Konflikte zwischen Autochthonen und Allochthonen würden auf Grund wechselseitiger Distanzen und Vorbehalte jedoch schnell ethnisiert und auf diese Weise interkulturell gefärbt (s. ebd.). Es gilt daher zunächst einmal zu differenzieren, ob es sich bei auf den ersten Blick „typischen" Auseinandersetzungen in multiethnischen Quartieren um ethnische oder um *ethnisch definierte* Konflikte handelt. Zum anderen treten Verständigungsprobleme nicht nur zwischen Alteingesessenen und MigrantInnen auf, sondern ebenso in intergenerationalen und – auf Grund der heute verlängerten Bildungs- und Orientierungsphase, die Jugend zur Bewältigungsaufgabe avancieren lässt – auch zunehmend in intragenerationalen Settings auf (s. MÜNCHMEIER 2008: 17 sowie Punkt 4.2.1); im familiären Rahmen, zwischen den Geschlechtern – die Liste ließe sich beliebig erweitern. Es wird also einerseits diejenige Dimension der kulturellen Differenz, um die es in den meisten Diskursen eigentlich geht, nicht offen ausgesprochen, während andererseits die faktische Diversität urbaner Räume nicht gesehen wird (vgl. BRECKNER 2007: 86; BINDER 2007: 123).

Auf jeden Fall scheint nicht hinreichend geklärt, so macht Beate BINDER am Beispiel des Diskurses um die „Parallelgesellschaften" deutlich, „wie die Balance von Fremdheit und Heimat, von Freiheit und Gemeinschaft in Städten als Grunderfahrung vor dem Hintergrund einer als immer diverser wahrgenommenen Bewohner(innen)schaft noch herzustellen ist." (BINDER 2007: 123) In der Folge wird dieses sozialpolitische Dilemma nur zu oft mit Hilfe vorschneller Kulturalisierungen eigentlich sozialer Problemlagen versucht zu „lösen" (s. ebd.). Doch welche Wege zum sozialräumlichen „Management" von Vielfalt und Differenz bieten sich angesichts der hier genannten Ambivalenzen überhaupt (noch) an? Beeinflusst von einem Essay Karin REINDL-MEIERs zu Diversity-Ansätzen in der politischen Bildungsarbeit (REINDL-MEIER 2007), möche ich zur weiteren Klärung zunächst einige grundsätzliche Fragestellungen formulieren, bevor ich mich im weiteren Verlauf dieser Arbeit möglichen Antworten empirisch nähern werde:

– Welche Heterogenitätsdimensionen, Kategorien, Zugehörigkeiten bzw. Zuschreibungen werden von wem und mit welcher Absicht thematisiert? Wie gestalten sich die Beziehungen *dazwischen*?
– Was wird aus welchen Gründen und von wem als „Problem" identifiziert und wie wird es jeweils definiert? Wer sucht auf welche Weise und aus welcher Motivation heraus nach „Lösungen"?
– Für wen bildet „Vielfalt" eine Ressource? Wer trägt welchen Gewinn? Inwieweit können Ressourcen ihre TrägerInnen stigmatisieren?

Unmittelbar führt die Betrachtung der vorangegangenen Ausführungen zu der Frage der Identität. Ich will daher versuchen, ein nicht-essentialistisches Verständnis für dieses Konzept zu entwickeln.

Identitätskonstruktionen

Bei REINDLMEIER wird deutlich, was bereits an früherer Stelle mit Hilfe der Cultural Studies geklärt werden konnte: Identitäten sind das Resultat machtvoller Konstruktionen und befinden sich im permanenten Wandel (vgl. ebd: 32f.). Jedes Individuum macht im Leben – durch die Zugehörigkeit zu unterschiedlichen sozialen Gruppen – Erfahrungen mit Diskriminierung und Exklusion (vgl. ebd.: 25). Dies hat Auswirkungen auf das individuelle *Selbst*-Verständnis und *Selbst*-Bewusstsein, also auf die Konstruktion von Identität. Mit anderen Worten: Früher oder später sind wir alle einmal „anders". Vergegenwärtigen wir uns diesen kulturellen Mechanismus, so lässt sich erkennen, dass zwar der (Selbst-)Reflexion in der Diversity-Praxis eine wesentliche Bedeutung beizumessen ist. Anders herum reicht es nicht aus, auf individueller Basis die Auseinandersetzung mit (Vor-)Urteilen zu suchen. Diskriminierung

findet nicht bloß unbewusst und im Verborgenen statt, sondern vielfach bewusst und interessengeleitet (vgl. ebd.: 25ff.).

Auch Christine RIEGEL kommt in ihrer soziobiographischen Studie zu
Positionierungen, Orientierungen und Handlungsformen junger MigrantInnen
im Prozess sozialer Ein- und Ausgrenzung zu dem Schluss, dass deren Identitätskonstruktionen mehrdimensional, situations- und kontextabhängig angelegt sind. Ginge es um die Konfrontation mit ethnischen Zuschreibungen und
die Verhandlung von Zugehörigkeiten, bedienten sich junge MigrantInnen „dy-
namischer Verortungsstrategien" (s. RIEGEL 2007: 248). RIEGEL liefert damit Analogien zu den Konzepten postkolonialer Denker wie Homi K. BHAB-
HA, die eine uneindeutige, verflüssigte Konstruktion von Identitäten unterstellen, in denen sich lokale und globale Bezüge vereinen und die auf diese Weise
neue kulturelle Ausdrucksformen hervorbringen (vgl. ebd.: 249).

In diesem Zusammenhang kann ich weder in aller Breite noch Tiefe das
wissenschaftlich umkämpfte Gebiet der Identitätsforschung berücksichtigen.
Worauf ich jedoch hinweisen möchte, sind fünf zentrale Spannungsfelder, die
sich an Hand der führenden Diskurse um „Identität" abzeichnen. Die nach-
stehende Tabelle nach Heiner KEUPP et al. (2006) lässt sich dabei vor allem als Dualismus zwischen elementaren und (de-)konstruktivistischen Erklä-
rungsmustern von Identität lesen (s. Abb. 22).

Schnell wird dabei deutlich, wie schwierig sich die Einordnung von Diversity in eines der oberen Felder darstellt. Auf den ersten Blick mag der/die Be-
trachtende geneigt sein, unter Ausklammerung der „substantiellen" Perspektiven in den linken Feldern Diversity gänzlich einer oder mehrerer Kategorien
auf der rechten Seite zuzuordnen. Doch um ein solches Vorgehen als wissenschaftlich verkürzt zu erklären, genügt es, auf das Spannungsfeld zwischen der
Perspektive „Gefährliche Vielfalt" und „Vielfalt als Chance" zu verweisen. In
der vorliegenden Arbeit werden diese beiden Kategorien ausdrücklich nicht
als inkompatibel begriffen, im Gegenteil wird davon ausgegangen, dass sich
Diversity und soziale Kohäsion gegenseitig bedingen (vgl. insbesondere Punkt
5.2 sowie Kapitel 6 und 7).

Zusammenfassend lässt sich feststellen, dass die Auseinandersetzung mit
Vielfalt allein relativ unproblematisch wäre, in Kombination mit kultureller
Differenz jedoch *soziales* Konfliktpotential freigesetzt werden kann. Soll nicht
auf der individuellen Ebene verharrt werden, ist es notwendig, die Ebene der
strukturellen Diskriminierung zu betreten. Dies führt in der Konsequenz zur
Auseinandersetzung mit Diversity Management.

Fünf Spannungsfelder der Identitätsdiskussion

Anthropologische Konstante Die Identitätsfrage ist zeitlos.	**Frage der Moderne** Die Identitätsfrage ist ein Problem der gesellschaftlichen Moderne.
Derselbe bleiben Identität bezeichnet ein So-sein, etwas Wesenhaftes.	**Sich selber finden** Identität ist bezogen auf einen Such- und Entwicklungsprozeß, auf ein Sich-selbst-Finden.
Gefährliche Vielfalt Identität braucht Kohärenz und Kontinuität.	**Vielfalt als Chance** Erst Vielfalt des Selbsterlebens macht Kohärenz und Identität möglich.
Personaler Fokus Identität meint die Singularität .	**Soziale Konstruktion** Identität und Alterität sind untrennbar verbunden.
Basale Identität Identität beruht auf basalen innerpsychischen Prozessen, einem Identitätsgefühl.	**Narrative Identität** Identität ist sozial konstruiert. Das Medium der Konstruktion ist Sprache. Die Strukturierung geschieht erzählend, narrativ.

Abb. 22: Diskursebenen in der Identitätsforschung
Quelle: KEUPP et al. (2006: 69)

Sozialräumliche Integration

Der Begriff des Sozialraums ist im Laufe dieser Arbeit bereits mehrfach genannt worden. In diesem den Sozialraum im besonderen Maße betreffenden Kapitel will ich ihn nun konkretisieren: Martina LÖW und Gabriele STURM stellen in einem Beitrag zur Raumsoziologie fest, dass in allen neuen Ansätzen „Raum nicht länger als naturhaft gegebener materieller Hinter- oder erdgebundener Untergrund sozialer Prozesse" verstanden wird. Vielmehr wird angenommen, dass Raum das *Produkt* sozialer Prozesse sei und „damit sowohl Gesellschaft strukturierend als auch durch Gesellschaft strukturiert und im gesellschaftlichen Prozess sich verändernd" (LÖW/ STURM 2005: 31).

Mit Herbert SCHUBERT kann konkretisiert werden, dass sich der Sozialraum eines Stadtteils oder Stadtquartiers je nach Wohnbereich geographisch eingrenzen lässt. Teil des Sozialraums sind die Lebenswelten der einzelnen sozialen AkteurInnen, die diese selbst durch subjektive Kategorisierungen, Zuschreibungen, Bedeutungen und Stereotype produzieren (s. SCHUBERT 2007: 143). Der Sozialraum beeinflusst, wie schon bei LÖW und STURM deutlich wurde, gesellschaftliche Prozesse und bildet somit eine relevante Bezugsgröße für die Stadtteilintegration. Entscheidend sind nach SCHUBERT:

– „die gebaute Umwelt als Gegenstand der Identifikation,
– die Freiflächen als Territorien möglicher Aneignung,
– die gelebte Nachbarschaft als tragendes Beziehungsnetzwerk
– die Einrichtungen der sozialen und kulturellen Infrastruktur sowie die lokalen Organisationen als Orte der Vermittlung und Überwindung von Fremdheit." (Ebd.: 143)

Insbesondere in den zuletzt genannten Punkten kommt die Bedeutung einer vitalen Stadtöffentlichkeit und aktiver intermediärer Stadtteileinrichtungen zum Ausdruck, die es zur Herstellung sozialer Kohäsion bedarf (vgl. GEILING 2006c: 73ff.).

Sozialräume sind durchaus umkämpfte Räume. Die „Differenz kultureller Regelsysteme" zeigt sich im öffentlichen Raum durch Nutzungskonflikte, die Wahl der Kommunikations- und Begegnungsformen und differente Aneignungspraktiken (s. SCHUBERT 2007: 143). Der Blick von „Außen" auf die multiethnischen Quatiere ist vielerorts so lange liberaler Natur, wie sich jene Nutzungskonflikte unter der öffentlichen Oberfläche abspielen. Machen sie sich im Stadtbild bemerkbar, wird nicht nur deutlich, wo die Grenzen normativer gesellschaftlicher Akzeptanz zu verorten sind, sondern dass noch nicht von Integration gesprochen werden kann, wenn öffentliche Räume von der Mehrheitsgesellschaft ohne aktive interkulturelle Auseinandersetzung lediglich „gewährt" werden (vgl. BRECKNER 2007: 88; Punkt 4.2.2). Ziehe ich nun erneut Georg SIMMEL heran, so kann bekräftigt werden, dass individueller Freiheit nicht durch Gewährung (in diesem Fall durch die sozialen Milieus des oberen sozialen Raumes) Ausdruck verliehen wird, sondern durch lebendige Demonstration von Unterschiedlichkeit. So zeigt letzten Endes „erst unsere Unverwechselbarkeit mit anderen [...] daß unsere Existenzart uns nicht von anderen aufgezwungen ist." (SIMMEL 2006: 34f.) Soll jene Unverwechselbarkeit nicht vorrangig über „abweichendes" Sozialverhalten hergestellt werden, muss eine Gesellschaft Angebote zur Partizipation und Teilhabe von Minderheiten bereithalten.

Partizipation von Minderheiten im Quartier

Wenn ich wie oben von Partizipationsangeboten spreche, könnte ein vorschneller Einwand die Partizipationsbereitschaft von Minderheiten in Frage stellen – ein besonnener Zwischenruf könnte hingegen lauten, gesellschaftliche Teilhabe müsse dem Gebot der Freiwilligkeit unterstehen.

Wird bei den zu beteiligenden Minderheiten einmal deren grundsätzliche Bereitschaft, an den öffentlichen Angeboten des Gemeinwesens zu partizipieren und diese mitzugestalten, unterstellt, so würde es jedoch demokratietheoretischen Erkenntnissen zuwiderlaufen, diese Bereitschaft bedingungslos vorauszusetzen: Die Entwicklung eines mündigen und demokratischen BürgerInnenstatus ist abhängig von der Disposition bestimmter Befähigungen, aus denen „BürgerInnenkompetenz" überhaupt erst erwachsen kann.[46] Dabei muss der Begriff der BürgerInnenkompetenz selbst differenziert werden. Joachim DETJEN unterscheidet in diesem Zusammenhang *kognitive, prozedurale* und *habituelle* Kompetenzen (s. DETJEN 2001).

Zum ersten setzt das Vorhandensein *kognitiver Kompetenzen* Kenntnisse über Strukturen und Funktionsweisen der Gesellschaft sowie Wissen über politische Systeme und internationale politische und wirtschaftliche Zusammenhänge voraus. Lediglich informiert zu sein, genügt dabei noch nicht: BürgerInnen müssen das eigene politische System, das Zusammenwirken der Verfassungsinstitutionen, *verstehen* und auf diese Weise den *„Sinn* der institutionellen Arrangements" erfassen (ebd.). Kognitive Kompetenz bedeutet nach DETJEN auch die Kenntnis einschlägiger Politikbereiche (Policy). Hierdurch soll die rationale Urteilskraft der BürgerInnen geschärft werden (vgl. ebd.).

Wer am Gemeinwesen partizipieren will, muss zum zweiten in der Lage sein, auf *prozedurale Kompetenz* zurückgreifen zu können. Diese setzt sich wiederum aus Kenntnissen und Fertigkeiten zusammen. Über prozedurale Kenntnisse verfügt, wer mit dem Ablauf politischer Entscheidungsprozesse vertraut ist. Mit prozeduralen Fertigkeiten ausgestattete BürgerInnen sind in der Lage, politische Ziele nicht nur zu formulieren, sondern für diese auch gegenüber Dritten mit Argumenten einzustehen. Dabei können sie flexibel auf sprachliche und taktische Mittel zurückgreifen (s. ebd.).

Ist zum dritten von *habituellen Kompetenzen* die Rede – die unter Hinzuziehung milieutheoretischer Erkenntnisse in besonderem Maße relativ erscheinen (vgl. Punkt 5.2) – sind darunter positive Einstellungen zum Gemeinwesen zu verstehen. DETJEN begreift diese als Tugenden, die das Handeln der

---

[46]   Von dem rechtlichen Status der deutschen oder der europäischen Staatsbürgerschaft, der vielen Minderheiten verwehrt bleibt, und vor allem die politische Partizipation negiert, will ich nicht schweigen.

BürgerInnen bestimmen und dadurch zur Stabilisierung eines demokratischen Gemeinwesens beitragen. Gemeint sind etwa Rechtsgehorsam, Eintreten für die politische Ordnung, Toleranz, Fairness, Solidarität Schwächeren gegenüber, Gerechtigkeitssinn und nicht zuletzt: die Bereitschaft zur Partizipation (s. ebd.). Auch wenn die hier von DETJEN als Tugenden übersetzten habituellen Kompetenzen den ethnischen Minderheiten freilich nicht abgesprochen werden sollen, so wirken doch Kompetenzen wie „Rechtsgehorsam", „Fairness" und „Partizipationsbereitschaft" wie aus bürgerlichem Idealismus heraus vorgetragene Appelle. Sie scheinen daher in den hier verhandelten sozialen Feldern zum Teil unangemessen. Es lassen sich demnach neue Herausforderungen für die politische Bildungsarbeit erkennen. Ein weiterer kritischer Aspekt betrifft die hier mitklingende Note protestantischer Arbeitsethik, von der sich – und das ist für den vorliegenden Forschungszusammenhang besonders relevant – offenbar auch die Stadtentwicklung nicht emanzipiert hat: So werden in allen „Soziale Stadt"-Gebieten von den Verantwortlichen unhinterfragt „Identifizierungspolitiken" favorisiert: Die BürgerInnen sollen sich mit ihrem Stadtteil nach Möglichkeit „versöhnen" und schließlich positiv, und durch Freiwilligenarbeit aktiv, identifizieren. Dies mag bei autochthonen Deutschen der respektablen Sozialmilieus auf Gegenliebe stoßen, auf der Folie der postkolonialen Diskurse um die Verflüssigung und globale Transformation von „Identität" mutet diese Tugend geradewegs paradox an (vgl. Kapitel 7).[47]

---

[47] Weitere Anachronismen ließen sich in der kommunalen Stadtentwicklungspolitik aufzeigen. An dieser Stelle sei lediglich auf das Konzept der so genannten „Durchmischung" kritisch hingewiesen, das für die im öffentlichen Wohnungsbau praktizierte multiethnische Belegungspolitik steht und sozusagen als Königsweg gilt, ohne dass allein der in diesem Terminus angelegte Rassismus einer Reflektion unterzogen würde.

Sampling Diversity: Implementationsbedingungen für Diversity Management – eine exemplarische Stichprobe in einem Großstadtstadtteil

Kapitel 6

Diversity Research als integriertes Forschungsparadigma in der Quartiersentwicklung

Im folgenden Kapitel wird ein an der leitenden Forschungsfrage (vgl. Kapitel 2) orientiertes mehrstufiges empirisches Verfahren präsentiert, dessen Ziel darin besteht, die zu Beginn dieser Arbeit aufgeworfenen Arbeitshypothesen auf Grundlage einer exemplarischen Stichprobe qualitativ zu spiegeln. In der Einleitung hatte ich zunächst behauptet:

1. Diversity ist ein „Catch it all"-Konzept zur Kumulation multidimensionaler sozialer und kultureller Phänomene
2. Eine Revision bisheriger Integrationskonzepte erscheint aus der „Diversity-Perspektive" möglich und notwendig
3. Nicht zuletzt auf Grund des terminologischen Vakuums ist in der Diskussion um Diversity ein interdisziplinärer Austausch auf- bzw. auszubauen
4. Diversity ist zu einem Politikum geworden: Der Wissenschaft sollte es um politische Einflussnahme auf die Bestimmung der „Inhalte" gehen
5. Einer einseitigen Verknüpfung von Ressourcenansatz und Erwerbsarbeitsmarkt – wie von der EU vorgenommen – ist aus historischem Blickwinkel („Nutzwert des Menschen") zu widersprechen

Meine mit den Implementationsbedingungen von Diversity Management in der Quartiersentwicklung verbundenen Erwartungen hatte ich in Kapitel 2 wie folgt geäußert:

1. In der Praxis der Quartiersentwicklung wird von einem geringen Sensibilisierungsgrad für *Vielfalt* und *Differenz* und kaum vorhandenem Fachwissen über Diversity und Diversity Management ausgegangen (quasiprofessionelle „Betriebsblindheit" der Fachkräfte in der Sozialen Arbeit; allenfalls niedriges Bewusstsein für Vielfalt und Differenz bei Semiprofessionellen auf Grundlage von Weiterbildungen etc.; ambivalenter Erwartungshorizont in der Gruppe der BewohnerInnen auf Grund fehlender institutioneller Variable)

2. „Diversity Management" in der Quartiersentwicklung wird nicht als Querschnittsaufgabe begriffen, da lediglich einzelne, segmentierte Diversity-
Facetten thematisiert werden, z.B. geschlechtsspezifische Jugendarbeit, interkulturelle Spielgruppen etc.
3. „Europa" ist als politische Größe allenfalls den VertreterInnen der mittleren
bzw. oberen Führungsebene bekannt. Gleiches gilt in der Folge für EU-
Konzepte zu Beschäftigungsförderung und sozialer Kohäsion sowie entsprechende Finanzierungsmöglichkeiten.

In Punkt 6.1 erläutere ich dezidiert, aus welchen Gründen ich mich für ein
spezifisches, triangulativ angelegtes qualitatives Verfahren entschieden habe,
mit dessen Hilfe sich möglichen Antworten auf die Frage nach den Implementationsbedingungen für Diversity Management in der Quartiersentwicklung genähert werden soll. Daran anschließend widme ich mich in Punkt 6.2
der empirischen Erschließung des Forschungsfeldes Hannover-Stöcken. Dabei
bediene ich mich unterschiedlicher qualitiativer und quantitativer Zugänge. In
Punkt 6.3 begründe ich meine Entscheidung für die Methode offener ExpertInneninterviews, verdeutliche mein Forschungsinteresse und erkläre mein Vorgehen bei der Konzeption des Leitfadens und der Datengewinnung. Ausführlich
schließe ich mit einer transparenten Offenlegung der einzelnen Auswertungs-
schritte.

6.1 Begründung des methodischen Vorgehens

In der Praxis qualitativer Sozialforschung wird häufig ein Methodenmix bevorzugt. Dies betrifft nicht nur den zusätzlichen Rückgriff auf quantitative Verfahren, auch innerhalb der qualitativen Forschung werden unterschiedliche Methoden flexibel eingesetzt. Die als *Triangulation* (FLICK 2007a) bezeichnete
Kombination unterschiedlicher methodischer Zugänge wird dabei weniger mit
dem Anspruch auf Validität als vielmehr mit der Hoffnung auf Erkenntnisgewinn begründet.[48] Im Feld der Quartiersentwicklung bietet sich ein triangu-
latives Vorgehen auf Grund komplexer und multidimensionaler Problemkonstellationen trotz des damit verbundenen hohen Zeitaufwandes in besonderem
Maße an, um auf diese Weise die alltagskulturellen Bewältigungsstrategien einer heterogenen Stadtteilbevölkerung unterhalb der sichtbaren Oberfläche so-

---

[48] Die Vernachlässigung des Ziels der Validität in der Triangulation liegt der Kritik zu Grunde,
dass mit jeder Methode auch ein spezifischer Zugang ins Feld gewählt wird. Gleiches gilt für
den Prozess der Auswertung. Insofern ist das Datenmaterial aus einem bestimmten Setting
nicht ohne weiteres kompatibel mit den Daten aus anderen Settings. Allenfalls bildet es eine
Ergänzung (s. FLICK 2007a: 311).

zialer Benachteiligung zu durchdringen (vgl. GEILING 2005: 5 sowie GEI-LING/SCHWARZER 1999: 13). Unterscheiden lassen sich dabei nach Uwe FLICK die Daten-Triangulation (Kombinierung unterschiedlicher Datenquellen), die Investigator-Triangulation (Einsatz mehrerer InterviewerInnen oder BeobachterInnen), die Theorien-Triangulation (Entwicklung unterschiedlicher Forschungsperspektiven) und die methodologische Triangulation (sowohl innerhalb einer Methode – *within method* – als auch in Form der Kombinierung unterschiedlicher Methoden – *between method*), (FLICK 2007a: 310).

In der vorliegenden Arbeit wird grundsätzlich auf alle vier Formen der Triangulation zurückgegriffen: Durch den Einsatz unterschiedlicher stadtteilanalytischer Methoden – Begehungen, Beobachtung, Fotografie, Dokumentenanalyse, Internetrecherche, Auswertung lokaler Strukturdaten, qualitative Interviews – werden nicht nur verschiedene Datensätze trianguliert. Die Beobachtungen sollen zudem von unterschiedlichen, im Vorfeld methodisch angeleiteten Personen durchgeführt und protokolliert werden, um subjektiv vorhandene Dispositionen auszugleichen (Investigator-Triangulation).[49] Die Beobachterinnen fokussieren dabei die gleichen Settings, sowohl zeitgleich, als auch zu unterschiedlichen Zeitpunkten. Von einer Theorien-Triangulation ist zumindest implizit auszugehen, da jede der gewählten Methoden vor einem spezifischen theoretischen Hintergrund entwickelt wurde. Schließlich werden reaktive Methoden (Interviews, Beobachtungen) mit nicht-reaktiven Verfahren (Auswertung kommunalstatistischer Daten) gekoppelt, um so die Grenzen methodischer Feldzugänge zu erweitern (s. ebd.: 313).

Kultursensible Stadtteilanalyse

Die hier skizzierte Forschungsmethodologie ist beeinflusst vom heuristischen Ansatz Heiko GEILINGs, der eine milieuspezifische Perspektive auf den Stadtteil vorschlägt (GEILING 2005). Danach wird in der Tradition Pierre BOURDIEUs und – stärker noch – der Hannoverschen Milieuforschung der *soziale Raum* eines Stadtteils analysiert (vgl. Punkt 5.2.). Im Gegensatz zur bisherigen Methodologie von Sozialraumanalysen (vgl. exemplarisch RIEGE/ SCHUBERT 2002) rücken hierbei vor allem die gesellschaftlichen Konfliktlinien und die lokalen Herrschaftsbeziehungen in den Mittelpunkt der Expertise. Von besonderem Interesse sind die individuellen und kollektiven Spielräume der sozialen AkteurInnen im Feld, die sich nicht allein nach bestimmten Merkmalen wie Geschlecht, Ethnie oder Alter sondern – und hier konstituiert sich

---

[49]   Bei den durchführenden Beobachterinnen handelt es sich um Studierende der Hochschule für angewandte Wissenschaft und Kunst (HAWK) Hildesheim aus dem Bachelor-Studiengang Soziale Arbeit.

die theoriegeleitete Analogie zum Diversity-Konzept – aus der *Kombination* der Heterogenitätsdimensionen und der Funktionalität ihres Einsatzes in den jeweiligen sozialen Feldern heraus bilden (s. GEILING 2005).

Unter der hypothetischen Prämisse, dass Diversity Management in der Quartiersentwicklung mit der Kenntnis sozialer und räumlicher Strukturen sowie der Wirkungsweisen unterschiedlicher Handlungszusammenhänge im Stadtteil einhergehen muss, gewinnt die Wahl eines milieutheoretischen Blickwinkels auf den sozialen Raum eines Stadtteils an Plausibilität: Eine derart vorgenommene Stadtteilanalyse dient als sozialstrukturelle Landkarte des Untersuchungsgebietes und gibt darüber hinaus Aufschluss über das Geflecht der sozialen Beziehungen im Feld. Der Grad an sozialer Nähe und Distanz wird hierbei am Zugang zu den *intermediären Einrichtungen* des Stadtteils festgemacht. Begründbar ist diese Annahme mit der empirischen Erkenntnis, dass es die „Orte der mittleren Vergesellschaftungsebenen [sind], in denen sich die unterschiedlichen sozialen Milieus nicht nur repräsentiert und symbolisiert sehen, sondern über die sie sich auch mit anderen sozialen Milieus auseinandersetzen." (Ebd.)

In der milieuspezisichen Stadtteilanalyse wird durch räumliche Abbildung der sozialstrukturellen und institutionellen Spezifika des Untersuchungsgegenstandes das Zusammenspiel sozialer Lagen (hier: bezogen auf die AdressatInnen Sozialer Arbeit) und Mentalitäten (Anforderungen, Praktiken, Orientierungen) verdeutlicht (vgl. ebd.). Am Ende steht hier die Erstellung eines stadtteilspezifischen Raummodells. Im Laufe dieser Arbeit ist jedoch immer wieder deutlich geworden, dass nicht so sehr die sozialstrukturelle Sphäre der Integration im Mittelpunkt des Forschungsinteresses steht, sondern eher die Ebene der Sozialkultur (vgl. Punkt 4.2.2 sowie Punkt 5.3). Ich schlage daher vor, die hier unternommene Form der empirischen Stadtteilerkundung auf Grund der vorliegenden Themenstellung als kultursensible Stadtteilanalyse zu bezeichnen. Mit der milieuspezifischen Stadtteilanalyse gemeinsam hat sie die Wahl der Mittel: Es werden fotografisches Material und Beobachtungsprotokolle ausgewertet, sozialstrukturelle Daten und Dokumente analysiert, qualitative Interviews geführt, Stadtteilbegehungen durchgeführt und die Resultate umfangreicher Internetrecherchen hinzugezogen. Auf eine grafische Darstellung des sozialen Raums wird auf Grund des Untersuchungsgegenstandes jedoch nicht insistiert. Stattdessen werden andere Formen der Abbildung qualitativer Forschung gewählt (vgl. Kapitel 7).[50]

---

[50] Zu den Grenzen des methodischen Verfahrens einige klärende Anmerkungen: Das Forschungsparadigma Diversity Research ist hier primär entlang der leitenden Forschungsfrage konzipiert. Entsprechend der normativen politischen und sozialen Rahmenbedingungen

Untersuchungsgegenstand

Untersuchungsgegenstand der vorliegenden Expertise sind die Integrationskonzepte intermediärer bzw. öffentlicher und sozialer Institutionen im Hannoverschen Stadtteil Stöcken sowie die Einstellungen von BewohnerInnen, semiprofessionellen und professionellen AkteurInnen zu Vielfalt und Differenz.
Diese duale Perspektive halte ich für notwendig, da unter Umständen Ambivalenzen und Widersprüche zwischen „offiziellem", d.h. öffentlichem Integrati-
onsauftrag der Landeshauptstadt Hannover und Sichtweisen bzw. Handlungs-
logiken der lokalen AkteurInnen festzustellen sind.

Im Bereich der Stadtsoziologie beginnt jedoch jedes Forschungsvorhaben
mit einer sozialräumlichen Untersuchung des Gegenstandes. Die erwartbaren
unterschiedlichen Nutzungsstrukturen der StadtteilakteurInnen sowie die en-
ge historische Verflechtung Stöckens mit industriellen Großbetrieben und die
durch den Strukturwandel bedingten sozialen Folgewirkungen versprechen hohen explorativen Gewinn. Zudem stand Stöcken, im Gegensatz zu anderen
Stadtteilen in Hannover wie z.B. Vahrenheide, bislang kaum im Interesse stadtsoziologischer Forschung.[51] Der Stadtteil Stöcken wurde 2007 in das Bund-
Länder-Programm „Stadtteile mit besonderem Entwicklungsbedarf – Soziale
Stadt" aufgenommen (DIFU 2009b). Ein Teil der zur Verfügung stehenden
Sozial- und Strukturdaten bezieht sich auf das ausgewiesene Sanierungsgebiet
(vgl. Punkt 6.2.3). Die hier gewählten Forschungssettings beschränken sich jedoch nicht auf das Gebiet der „Sozialen Stadt". Ein Grund für einen flexiblen,
d.h. räumlich erweiterten Umgang mit der „Sozialen Stadt" liegt darin, dass in
Stöcken gerade jene Quartiere den Stadtteil historisch geprägt haben, die außerhalb der formalen Grenzen des Sanierungsgebietes liegen. Deshalb werden
in der methodologischen Anlage mit Hilfe ikonographischer Elemente z.B.
die Industriezonen im Norden des Sanierungsgebietes oder die „grüne Lun-
ge" des Stöckener Friedhofes im Süden – von dem nur ein kleiner Teil zum

---

von „Diversity" steht die Frage im Vordergrund, inwieweit Diversity Management in der
Quartiersentwicklung zur Unterstützung von lokaler Beschäftigungsentwicklung und sozialer Kohäsion beitragen kann. Diversity Research geht jedoch über die „Outputorientierung"
hinaus: Es bietet sich durch seine kultursensible Erschließung milieuspezifischer Lebenswelten exemplarisch für die Analyse von Vielfalt und Differenz in der Quartiersentwicklung an. Die befragten ExpertInnen sind dabei von ihrem Selbstverständnis her nicht nur
RepräsentantInnen des institutionellen Gefüges, sie repräsentieren auch – insbesondere die
befragten Semiprofessionellen und die BewohnerInnen – ihre jeweiligen sozialen Milieus
und geben so zumindest mittelbar Einblick in deren jeweils spezifische Doxa und Alltagskultur.

51 Heiko Geiling hat jedoch seit den 1990er Jahren die Konfiguration sozialer Lagen und die
Lebenswelten sozialer Milieus in Stadtteilen Hannovers, u.a. auch in Stöcken, untersucht (s.
GEILING/SCHWARZER 1999; GEILING 2006c).

Sanierungsgebiet gehört – abgebildet. Es wäre außerdem verkürzt, den ExpertInnenstatuS der interviewten Personen vom Wohnsitz oder Arbeitsplatz im Sanierungsgebiet abhängig zu machen. Hingegen stammen die für die Interviews ausgewählten BewohnerInnen wiederum überwiegend aus dem Sanierungsgebiet, da dort eine besonders verdichtete Problemkonstellation, gleichzeitig aber auch mögliche Lösungsansätze vermutet werden.

Zudem wurde darauf geachtet, die feldspezifischen Diversity-Aspekte analog zu den Forschungsfragen (vgl. Kapitel 2) in das Forschungsdesign zu integrieren: Um herauszufinden, wie „Vielfalt" auf der kleinräumigen Ebene des Stadtteils von den dort handelnden AkteurInnen wahrgenommen wird – z.B. als Potential oder als Risiko – und ob Konfliktlinien sozialen oder kulturellen Ursprüngen zugeordnet werden, muss neben der Berücksichtigung der institutionellen ExpertInnenebene auch auf die Befragung von ExpertInnen der semiprofessionellen Ebene sowie von BewohnerInnen zurückgegriffen werden. Zugleich erfolgt eine „diversity-adäquate" Auswahl der Interviewten, um die personale Vielfalt des Stadtteils in gewisser Weise zu repräsentieren.

Inspektion und Exploration

Der Methodeneinsatz erfolgt weder zeitgleich noch zwingend in chronologischer Reihenfolge. Dennoch ergibt sich nicht zwangsläufig das Problem der Vergleichbarkeit (vgl. FLICK 2007a: 317): Die hier gewählten Settings lassen sich, wenn nicht unmittelbar untereinander vergleichbar, gleichwohl als eigenständige Beiträge zur kulturellen Entschlüsselung des Untersuchungsgegenstandes lesen. In diesem Sinne leitet nicht Validierung oder Generalisierung der Forschungsergebnisse das methodische Vorhaben, sondern exemplarischer Erkenntnisgewinn (vgl. ebd.: 318).[52] Das Forschungsinteresse ist gleichsam auf Inspektion und Exploration gerichtet (vgl. MERKENS 2007: 295ff.): Es geht mir zunächst um Momentaufnahmen und Zustandsbeschreibungen (s. FLICK 2007b: 255), um die Frage, inwieweit Diversity auf Quartiersebene thematisiert und wie dementsprechend der Umgang mit Vielfalt und Differenz organisiert wird. Zugleich sollen die zu Beginn der Arbeit erhobenen Hypothesen überprüft und die zu Grunde gelegten theoretischen Fundamente gegebenenfalls modifiziert bzw. weiterentwickelt werden (vgl. ebd.: 258).

Das methodische Vorgehen in dieser Forschungsarbeit ist also nur begrenzt deduktiv angelegt. Durch die Analyse des Untersuchungsgebietes wird gewissermaßen die „innere Logik" feldspezifischer Handlungszusammenhänge

---

[52] Es erklärt sich aus dem Selbstverständnis qualitativer Forschung heraus, dass bei sämtlichen Daten und deren Abstrahierungen kein Anspruch auf Repräsentativität erhoben wird.

herausgestellt (vgl. GEILING 2005). Das Ziel besteht somit auch in der Rekonstruktion der „inneren Logik" der sozialen Konstruktion von Wirklichkeit der unterschiedlichen AkteurInnen (HONER 2007: 201ff.). Das „Verstehen" milieuspezifischer Mentalitätsmuster ist von besonderem Interesse (GEILING 2005). Dabei wird sowohl zwischen den einzelnen Milieus als auch innerhalb eines Milieus von einer Flexibilität von Integrationsvorstellungen und der jeweiligen „Diversity-Sensibilität" durch milieuspezifische Ausprägungen ausgegangen (vgl. SCHERSCHEL 2009: 130).

Grundsätzlich wird also ein Widerspruch zwischen Diversity Management-Konzepten und den brüchigen Konzeptionen individueller Lebenswelten, Einstellungen und Mentalitäten vermutet. Zugleich ist das qualitative Moment als Korrektiv vermeintlich objektiver Strukturdaten bzw. der aus ihnen abgeleiteten Interpretationen zu sehen (vgl. GEILING/SCHWARZER 1999: 13). Im Sinn einer „rollenden Planung" (vgl. LEGEWIE o.J.: 9f.) kann die Ergänzung der deduktiv begründeten thematischen Schwerpunkte wie auch der InterviewpartnerInnen auf Basis der ersten Ergebnisse der Stadtteilanalyse (Begehungen, Fotografien, Strukturdaten, Beobachtungen, Interviews) sowohl erheblich erleichtert als auch methodologisch begründet werden.

Diversity Research

Mit der hier skizzierten Methodologie wird zugleich die Auffassung vertreten, dass Diversitätsforschung, will sie im Sinne von Intersubjektivität qualitativ verlässliche, d.h. nachvollziehbare Daten erheben, sich den spezifischen Gegebenheiten des jeweiligen Feldes anpassen muss. Die Notwendigkeit einer „flexiblen Forschungsstrategie" (vgl. LÜDERS 2007: 393ff.) trifft dabei besonders für das Feld der Quartiersentwicklung mit seinen vielschichtigen, sich häufig überschneidenden Problemlagen zu. Um sowohl dem Aspekt der Triangulation im vorliegenden Forschungsansatz als auch dem Forschungsinteresse Rechnung zu tragen, wird für das vorliegende Setting der Titel „Diversity Research" vorgeschlagen (vgl. Abb. 23). Ein solches Setting ist im Unterschied zu klassischen Stadtteilanalysen gekennzeichnet durch ein:
- einschlägiges Forschungsinteresse: *Diversity* als Analysekategorie auf *Quartiers*ebene
- erweitertes Methodenrepertoire: insbesondere durch das ethnographische Moment und den Einsatz qualitativer Interviews
- Befragung auf unterschiedlichen ExpertInnenebenen (Professionelle, Semiprofessionelle, BewohnerInnen)

– Hinzuziehung machtsensibler Theorien wie der Milieutheorie zur Kontrastierung der horizontal angelegten Diversity-Perspektive
– zielgerichtetes Vorgehen: Suche nach quartiersspezifischen Potentialen für
  Diversity Management

Im Feld der Diversitätsforschung ist wie in allen ethnographischen Feldern eine wertoffene und „objektive" Haltung der Forschenden praktisch unmöglich. Mithin ist eine neutrale Verhandlung von Unterschieden nur *ar-
tifiziell* möglich. Für die Forschenden bedeutet dieses Dilemma eine Verpflichtung zur permanenten Selbstreflexion (vgl. FUCHS 2007: 32; THIE-
SEN/GÖTSCH/KLINGER 2009).

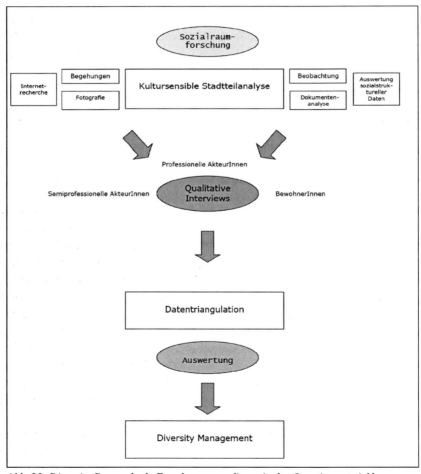

Abb. 23: Diversity Research als Forschungsparadigma in der Quartiersentwicklung

6.2 Erschließung des Untersuchungsfeldes Hannover-Stöcken

Foto: Andreas Thiesen 03/09

Im Terminus der Quartiersentwicklung ist der Hinweis auf die Notwendigkeit einer sozialräumlichen Differenzierung von Stadtteilen bereits inbegriffen. Innerhalb eines Stadtteils können sich einzelne Quartiere hinsichtlich ihrer Sozialstruktur, kulturellen Regelsysteme und soziokulturellen Infrastruktur, aber auch in Bezug auf die bauliche Prägung oder die Verkehrsdichte erheblich unterscheiden. Vor diesem Hintergrund stellt sich die Frage nach der kleinräumlichen Bestimmung des Untersuchungsfeldes. Eine Möglichkeit der Quartierseingrenzung besteht in der Orientierung an den Grenzen einzelner Wahlbezirke (vgl. GEILING/SCHWARZER 1999: 20 sowie Punkt 6.2.3). Eine solche Einteilung ist zum genaueren Verständnis der sozialräumlichen Stadtteildimension wichtig, für das vorliegende Forschungsinteresse allerdings nicht das einzige Kriterium. Bedeutsamer als die administrativen Quartiersbestimmungen erscheinen mir die *informellen* Stadtteil- und Quartiersgrenzen, wie sie der Definition der unterschiedlichen StadtteilakteurInnen unterliegen. Es wird davon ausgegangen, dass der Stadtteil Stöcken in der Alltagspraxis seiner BewohnerInnen wie auch der professionellen AkteurInnen anderen räumlichen Determinanten unterworfen ist als beispielsweise das formale Untersuchungsgebiet der Sozialen Stadt. Sollen also – wie im Zuge der Befragungen eingelöst – jene die Grenzen des Untersuchungsgebietes bestimmen, die auf langjährige spezifische Erfahrungswerte und/oder lokale Handlungskompetenz verweisen können:[53]

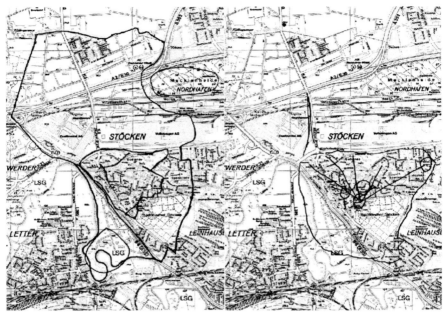

Abb. 24: Individuell angefertigte Stadtteilpläne von Befragten im Untersuchungsfeld
Legende: Großer Radius: Persönliche Stadtteilgrenzen; kleiner Radius: Angebots- und Zielgruppengrenzen

Sinnvoll erscheint mir angesichts der skizzierten Problematik neben dem formalstatistischen Zugang ein *inhaltlicher* Zugang ins Forschungsfeld. Die zwei wichtigsten Themen dieser Arbeit, Beschäftigungsentwicklung und soziale Kohäsion, leiten dabei die Suche nach der Auswahl der ExpertInnen. Durch

---

[53] Im Zuge der Leitfadeninterviews habe ich alle Erzählpersonen gebeten, auf einem von mir vorgelegten Stadtteilplan ihre „persönlichen" Stadtteilgrenzen – unabhängig von administrativen Vorgaben – einzuzeichnen. Außerdem habe ich die professionellen und semiprofessionellen AkteurInnen nach ihren räumlichen Angebotsgrenzen und die BewohnerInnen nach ihren individuellen räumlichen Nutzungsgrenzen befragt. Zur Illustration stellte ich ebenfalls die Vorlage des Stadtplans zur Verfügung. Die individuellen Stadtteilpläne der Befragten sind Teil dieser Dissertation, liegen der Publikationsfassung jedoch nicht bei. Interessant ist in diesem Zusammenhang, inwieweit meine vorab getroffene Auswahl des Kartenausschnitts die Datenerhebung beeinflusste. So dachten einige Befragte beim Einzeichnen der Grenzen in der Relation des Stadtbezirks und vermissten die Stadtteile Marienwerder oder Ledeburg, die nur in Ausschnitten auf der Karte abgebildet sind. Andere wiederum „erfüllten" ihre Aufgabe ohne weitere Fragen zu stellen.

ein solches Vorgehen wird eine feinteilige räumliche Eingrenzung des Forschungsfeldes ermöglicht (vgl. Abb. 25):

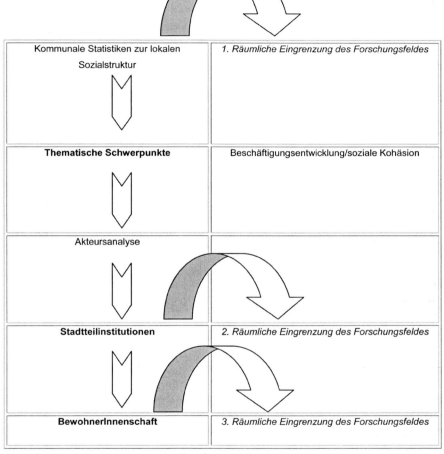

Abb. 25: Räumliche Eingrenzung des Forschungsfeldes

Das hinter dem vorliegenden Forschungsdesign stehende Erkenntnisinteresse besteht im Aufspüren quartiersspezifischer Vielfalt, der Einschätzung ihrer Risiken und Potentiale sowie der Analyse und Bewertung lokaler Diversity-
Konzepte. Hierzu bedarf es zwingendermaßen eines ethnographischen Blickwinkels im Sinne eines offenen, suchenden und heuristischen Vorverständnisses. Beginnend mit mehrfachen Stadtteilbegehungen und zum Teil parallel angelegten Fotosettings wurde der Versuch einer ersten Aneignung des Untersu-

chungsfeldes gewagt (vgl. Punkt 6.2.1). Die Begehungen waren hierbei ebenso wie die fotografischen Exkursionen im Vorfeld der Analyse kommunaler
Daten (vgl. Punkt 6.2.3) und (analoger und digitaler) Dokumente (vgl. Punkte 6.2.4-6.2.6) angelegt, um den Grad der subjektiven Beeinflussung so weit
wie möglich einzudämmen und die Rolle des Ethnographen möglichst (vor-)
urteilsfrei einzunehmen (vgl. FINKELDEY 2007: 25).

Derartige, im Vorfeld einer Untersuchung angelegte Wahrnehmungsreisen
dienen dem Ziel des besseren „Verstehens" des Forschungskontextes und haben entsprechende Auswirkungen auf das weitere Vorgehen im Forschungsprozess, z.B. auf die Bestimmung der InterviewpartnerInnen (vgl. BRECK-
NER 1999: 86). Aus ähnlichem Grund wurden die Beobachtungen von unterschiedlichen, im Vorfeld von mir instruierten Personen durchgeführt (vgl.
Punkt 6.2.2).

*Abb. 26: „Buntes" Stöcken: Stöckener Markt (oben links); Graffiti am Lauckerthof (oben
rechts); Alternatives Wohnen am Jädekamp (unten)
Fotos: Andreas Thiesen 03/09.*

Abb. 27: „Bella triste": Neueröffnung an der Stöckener Straße (oben links); ehemaliges Flüchtlingsheim, heute leer stehendes Gebäude, an der Fuhsestraße (oben rechts); Brachfläche an der Fuhsestraße (unten)
Fotos: Andreas Thiesen 03/09

6.2.1 Gebietsstruktur

Der Stadtteil Hannover-Stöcken liegt am nordwestlichen Stadtrand, ca. 8 km vom Stadtzentrum entfernt, und gehört zu den am dichtesten besiedelten Stadtteilen in Hannover (LHH 2009a). Die heutige Gebietsstruktur Stöckens ist nur aus der Geschichte des Stadtteils heraus zu verstehen, die in besonderem Maße mit der Industrialisierung verbunden ist. Als „Haufendorf" über mehrere Jahrhunderte in bäuerlicher Tradition stehend, wird der Anschluss an das Stadtgebiet 1907 realisiert (EV.-LUTH. KIRCHENGEMEINDE LEDEBURG-STÖCKEN IN HANNOVER 2006: 8).[54] Mit dem Bau des Mittellandkanals beginnt ab 1910 die industrielle Erschließung Stöckens, die durch die Ansiedelung von Großbetrieben in den 1930er Jahren ihren Höhe-

---

[54] Die ländlich-provinziellen Ursprünge Stöckens sind im Stadtteilbild allgenwärtig: Die Straßen sind zum Teil nach ortsansässigen Bauern benannt. Noch heute verkaufen Bauern „aus der Region" ihre Erzeugnisse auf dem Stöckener Wochenmarkt.

punkt erreicht: Im Jahr 1938/39 lassen sich Varta und Continental in Stöcken nieder, 1955 folgt Volkswagen (LHH 1998: 8).

Stöcken grenzt heute im Norden an die A2 und im Westen an die B6. Abgesehen von offenkundigen Problemlagen wie Lärm- und Umweltbelastungen ergeben sich aus der Stadtrandlage Stöckens durchaus auch Vorteile: So bietet der Stadtteil durch seine Nähe zu den überregionalen Verkehrsadern ein hohes Maß an Mobilität und Flexibilität und damit Standortvorteile für Unternehmen.

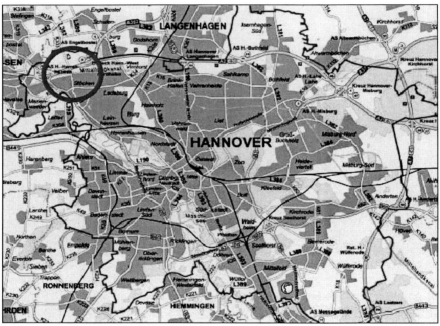

Abb. 28: Hannover-Stöcken in gesamtstädtischer Betrachtung (1)
© *Landeshauptstadt Hannover - Geoinformation, 2009*
Quelle: http://www.Hannover-Gis.de, 18.03.09.

Der Stadtteil Stöcken gehört zum 12. Stadtbezirk der Landeshauptstadt Hannover, Herrenhausen-Stöcken, zu dem außerdem die Stadtteile Burg, Herrenhausen, Ledeburg, Leinhausen, Marienwerder und Nordhafen zählen. In unmittelbarer Nachbarschaft zu Stöcken liegen im Osten Ledeburg, im Südosten Leinhausen, im Westen Marienwerder und im Nordosten Nordhafen (vgl. Abb. 29). Mit 11.985 EinwohnerInnen ist Stöcken der größte Stadtteil im Stadtbezirk, der insgesamt 34.942 EinwohnerInnen zählt (Stand 01.01.2009; LHH 2009b).

Abb. 29: Hannover-Stöcken in gesamtstädtischer Betrachtung (2)
Quelle: Wikipedia (2010): Stadtbezirk 12 (Herrenhausen-Stöcken), Hannover, 17.04.09,
Eigenes Werk, Urheber: Pitichinaccio, im Internet: http://de.wikipedia.org/w/index.php?
title=Datei:Hannover_Stadtbezirk_12.png&filetimestamp=20090417214259, verifiziert am
07.07.10.

Stöcken verfügt mit acht S-Bahn-Haltestellen über eine dichte Anbindung an das Schienennetz der Hannoverschen Verkehrsbetriebe AG (üstra). Die Linie S4 (Endstation Garbsen) bedient die im Westen gelegenen Quartiere, die S5 erreicht über die Stadtteilmitte die Endstation Stöcken. Der Verlauf entlang der Hogrefestraße bildet zugleich eine Trennschneise, die den Stadtteil jedoch nicht eindeutig an Hand räumlicher, sozialer, kultureller oder ökonomischer Kriterien teilt. Ein wesentlicher Effekt ist allerdings eine entsprechende Abgrenzung der „Alteingesessenen" im Bereich des westlichen Teils der Eichsfelder Straße vom Kern des Sanierungsgebietes und seinen BewohnerInnen auf der gegenüberliegenden Seite der Hogrefestraße (s. Abb. 30).

Neben den S-Bahnstationen befinden sich im Stadtteil zahlreiche Bushaltestellen. Die Stadtteileinrichtungen liegen zum Teil weit voneinander entfernt und befinden sich – wie z.B. das Jugendzentrum – nicht immer in unmittelbarer Reichweite örtlicher Haltestellen (vgl. Punkt 6.2.4). Wie bereits erwähnt,

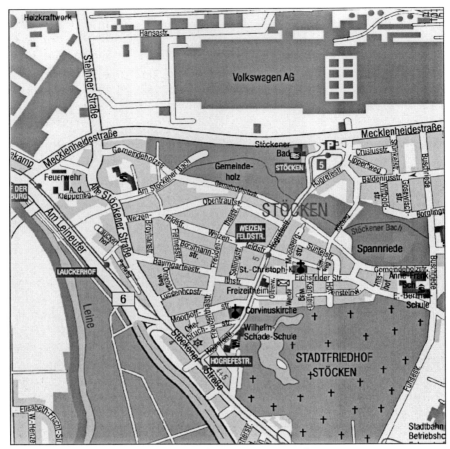

Abb. 30: Kerngebiet Hannover-Stöcken in kleinräumiger Betrachtung
Quelle: http://www.hot-maps.de, 18.03.09.

ist die Geschichte Stöckens eng verflochten mit der Ansiedlung industriel-
ler Großbetriebe wie der Volkswagen AG und der Continental Gummiwerke
AG. Der Industriegürtel befindet sich, zusammen mit einem Heizkraftwerk
der Stadtwerke AG sowie einer Niederlassung der Varta AG im Norden des
Stadtteils, südlich der Autobahn und des Mittellandkanals gelegen (vgl. LHH
2009a):

Abb. 31: Endhaltepunkt Hannover-Stöcken
Fotos: Andreas Thiesen 03/09.

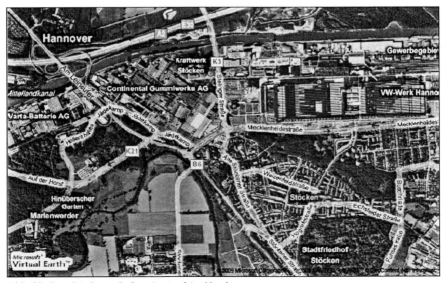

Abb. 32: Der Stöckener Industriegürtel im Norden
Quelle: Microsoft Live Search Maps, 24.03.2009.

Abb. 33: Das Werk der Continental AG im Stöckener Norden; Abb. 34: Proteste bei „Conti", Foto links: Andreas Thiesen 03/09; Quelle Foto rechts: Handelsblatt, im Internet: http://gallery.handelsblatt.com/hb_conti_demonstration090317/huGO_2_BG_h0950755.jpg, verifiziert am 28.10.09.

Südlich der Industriezonen schließen die Wohngebiete des Stadtteils an, bestehend aus drei- bis viergeschossigen Zeilenbauten der 1950er Jahre, aber auch zahlreichen Altbauten, die an die landwirtschaftlich geprägte Vergangenheit des alten Dorfkerns erinnern. Hochgeschossbauten im Stile klassischer Großwohnsiedlungen in Stadtrandlage tauchen im Stadtteilbild, von wenigen Ausnahmen abgesehen, nicht auf.

Abb. 35: Eine Straße, zwei „Seiten": Alt- und Neubauten in der Alten Stöckener Straße
Fotos: Andreas Thiesen 03/09.

Ein Großteil des Wohnungsbestandes im Stadtteil ist dem sozialen Wohnungsbau zuzurechnen (vgl. LHH 2009a). Bausubstanz und Image einzelner Wohngebiete unterscheiden sich zum Teil erheblich voneinander. Sanierter und ruinöser Wohnbestand liegen mitunter in unmittelbarer Nachbarschaft.

Abb. 36: Bauliche Vielfalt am Stöckener Bach
Fotos: Andreas Thiesen 03/09.

Abb. 37: Zwei der wenigen Hochgeschossbauten im Stadtteil, Hogrefestraße
Foto: Andreas Thiesen 03/09.

*Abb. 38: Sanierter und ruinöser Wohnbestand in unmittelbarer Nachbarschaft in der
Freudenthal- bzw. Moorhoffstraße
Foto: Andreas Thiesen 03/09.*

Die Beschreibung der Gebietsstruktur Stöckens wäre unvollständig, blieben
die unweit des Stadtteils gelegenen zahlreichen Grünflächen unerwähnt: Im
Norden und Nordosten befinden sich die Wald- und Grünflächen Gemeinde-
holz und Spannriede, im Westen grenzt der Stadtteil an die nördlichen Lei-
neauen. Im Süden breitet sich der Stadtfriedhof mit einer Fläche von 55 Hektar
aus (LHH 2008a: 5). Im Gegensatz zu den grünen Randlagen fehlt es innerhalb
des Stadtteils an öffentlichen Grün- und Platzflächen (LHH 2009a). Eine Ausnahme bildet der Bereich um den Stöckener Bach. Überdies verfügen viele
Häuser über begrünte Hinterhöfe.

*Abb. 39: Naturimpressionen am Stöckener Bach und Kapelle Stöckener Friedhof
Fotos: Andreas Thiesen 03/09.*

Stöcken in der „Sozialen Stadt"

Im Jahr 2007 ist Stöcken in das Bund-Länder-Programm „Stadtteile mit besonderem Entwicklungsbedarf – Soziale Stadt" aufgenommen worden (DIFU 2009b). Das Sanierungsgebiet umfasst nur einen Ausschnitt des Stadtteils:
Eine relativ große, zusammenhängende Fläche des Stadtteils gehört zum Sanierungsgebiet (vgl Abb. 40). Allerdings sind einige charakteristische Orte von der Förderung ausgeschlossen: Hierzu zählen unter anderem der überwiegende Teil des Stadtfriedhofes und der südlichen Anrainerstraßen sowie die einige Kilometer nordwestlich des Kerngebiets gelegene und administrativ zu Stöcken gehörende Siedlung „Schwarze Heide".

Die „Schwarze Heide"

Das Quartier Schwarze Heide hebt sich durch seine räumliche Alleinlage (vgl. Abb. 41), moderne Doppel- und Reihenhausbebauung sowie eine ausgeprägte Eigenheimstruktur (vgl. Abb. 42) vom restlichen Stadtteilbild ab. Trotz realer Problemlagen im Quartier – so hatte der Bau einer Moschee (vgl. Abb. 43) am Rand der Siedlung massive Proteste aus der BewohnerInnenschaft zur Folge (vgl. HASSE 2004) – wird die analytische Erschließung des Quartiers in der vorliegenden Untersuchung nicht weiter verfolgt. Auf Grund der „abgekoppelten" Randlage und einer spezifischen Eigenlogik des Quartiers, bedingt vor allem durch die Quartiersgeschichte und daraus gewachsene unterschiedliche Interessensgruppen, wäre eine gesonderte Betrachtung für diese Forschungsarbeit nur von mittelbarem Interesse.

Abb. 40: Sanierungsgebiet Hannover-Stöcken
Fotos: Andreas Thiesen 03/09; Quelle Karte: LHH (2008b: 12).

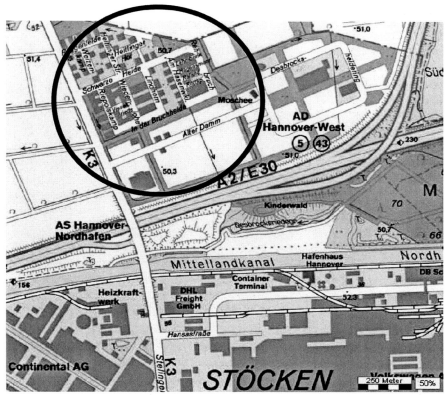

Abb. 41: Siedlung Schwarze Heide/Hannover-Stöcken
Quelle: LHH (2011): Regionskarte. Das offizielle Kartensystem von Stadt und Region Hannover, im Internet: http://83.246.67.2/map/cgi-bin/cityguide.pl?action=show&lang=de&size=8660&mapper=3&zoom=100&mapX=3550568&mapY=5804920&group=0&object=0, verifiziert am 25.01.11.

Abb. 42: Doppel- und Reihenhausbebauung in der Schwarzen Heide
Quelle: Wikipedia (2011): Schwarze Heide (Hannover), im Internet: http://de.wikipedia.
org/w/index.php?title=Datei:Schwarze_Heide_H%C3%A4user.jpg%&filetimestamp=
20080516215000, verifiziert am 27.01.11.

Abb. 43: Moschee Bait us-Sami am Rande der Schwarzen Heide
Quelle: Wikipedia (2011): Schwarze Heide (Hannover), im Internet: http://de.wikipedia.org/
w/index.php?title=Datei:Bait_us-Sami.jpg&filetimestamp=20090409045332, verifiziert am
27.01.11.

6.2.2 Beobachtungen

Das in Punkt 6.1 als *Diversity Research* bezeichnete Forschungsparadigma zeichnet sich nicht zuletzt durch eine breit gefächerte Datentriangulation aus. Neben der auf quantitativen Daten basierenden Analyse der Sozialstruktur des Untersuchungsfeldes habe ich im Vorfeld mehrfache Stadtteilbegehungen sowohl mit BewohnerInnen als auch mit professionellen Kräften aus verschiedenen Stadtteilinstitutionen, alleine und mit Studierenden, organisiert. In diesem Zusammenhang habe ich einige Studierende der Hochschule für angewandte Wissenschaft und Kunst (HAWK) Hildesheim gebeten, alltagskulturelle Beobachtungen im Stadtteil durchzuführen. Nach Einführung in grundlegende Regeln der Beobachtung (vgl. SCHÖNE 2003, WEYERS 2006, LÜDERS 2007) wurden die Studierenden aufgefordert, nach Möglichkeit lediglich zu beschreiben, was sie „sehen", weniger was ihnen „auffällt". Die zu beobachtenden Felder wurden vorab festgelegt und bewusst solche Orte ausgewählt, an denen alltägliche soziale Praktiken in besonderem Maße erfahrbar werden: der Stöckener Marktplatz, der öffentliche Raum vor dem zentral gelegenen Penny-Markt sowie der S-Bahn-Endhaltepunkt Stöcken. In Einheiten à 30 Minuten wurde zu Zwecken der Vergleichbarkeit vormittags an einem Wochentag von zwei Studierenden zur gleichen Zeit beobachtet. Auf dem Stöckener Marktplatz, der ansonsten kaum von den Stöckener BewohnerInnen genutzt wird, war zum Zeitpunkt der Beobachtung Wochenmarkt. Die Studierenden erstellten im Anschluss an ihre Beobachtungen Protokolle, die im Folgenden wiedergegeben werden.[55] Die Beobachtungsprotokolle sollen zuvor durch ein Geleitwort aus einer Stadtteilchronik kontrastiert werden, das möglicherweise Einblick in das Selbstverständnis vieler autochthoner StöckenerInnen geben kann (zumindest wird deutlich, an wen sich die Chronik richtet – und an wen nicht). Zusammen mit den Protokollen ergibt sich auf diese Weise ein paradoxer Blick auf den Stadtteil:

---

[55] Die Beobachtungsprotokolle der Studierenden wurden – abgesehen von Formatierung, Interpunktion und Orthographie – nicht überarbeitet.

Geleitwort

Stöcken – was ist das eigentlich?
Sicher werden viele sagen, das ist doch da, wo das große VW-Werk ist, wo Continental und Varta ihren Sitz haben – der Standort der größten hannoverschen Unternehmen, wo mehr Leute arbeiten als wohnen. Stöcken – das ist aber viel mehr. Es ist ein Ort, der nicht nur heute erheblich mehr zu bieten hat, sondern auch eine sehr eindrucksvolle Geschichte aufweist.
Stöcken – das ist die Geschichte von einem kleinen dörflich-ländlichen Gemeinwesen, das sich zu einem bedeutenden Stadtteil einer Großstadt entwickelt hat, ohne den liebens- und erhaltungswerten dörflichen Charakter völlig aufzugeben.
Stöcken – das war auch ein Ort, in dem sich die Bürgerinnen und Bürger wohlgefühlt haben, an dem sie nicht nur hart gearbeitet haben, sondern auch vor allem in den vielen Vereinen ihre Freizeit aktiver gestaltet haben und ihre Feste – seien es Schlachte-, Schützen- oder sonstige Feste – fröhlich gefeiert haben.
Stöcken – das waren aber auch viele verantwortungsvolle Persönlichkeiten, die den Ort geprägt haben.
Manche Gründer finden sich heute noch in den Straßennamen.
In Hannover wußte man schon, weshalb man 1907 Stöcken eingemeindet hat.
Allen, die an diesen sehr interessanten „Kleinen Notizen über Stöcken" mitgewirkt haben, möchte ich herzlich danken. Es ist eine überaus lesenswerte Schrift über Stöcken entstanden, die ich allen, die Stöcken verbunden sind, sehr zum Lesen empfehlen möchte.

Dr. Heinz-Dieter Goedeke
(Bezirksbürgermeister)

Quelle: LHH (1998: 5)

Nun könnte mit der hermeneutischen Akribie Ulrich OEVERMANNs (1983) auf den Pathos verwiesen werden, der diesen Zeilen innewohnt; auch müsste auf den durch den Verfasser produzierten Ausschluss der allochthonen Stadtteilgruppen von der Lektüre der Stadtteilchronik hingewiesen werden. Diese und weitere Schritte – von den zahlreichen Strukturverletzungen im Text einmal abgesehen – können hier nicht bewerkstelligt werden. Stattdessen sollen die Beobachtungsprotokolle für sich „sprechen":

Beobachtungsprotokoll 1, 29.05.09: Alltägliche soziale Praxis im öffentlichen Raum in Hannover-Stöcken

Beobachtung 1: Stöckener Markt, ca. 10:15 Uhr bis 10:45 Uhr

Beobachtung 2: Penny Markt, ca. 11:00 Uhr bis 11:30 Uhr

Beobachtung 3: Endhaltepunkt Stöcken, ca. 11:30 Uhr bis 12:00 Uhr

Zu Beobachtung 1:

Der Markt ist recht gut besucht. Ich sehe hauptsächlich Menschen im Alter von etwa 65 bis 80 Jahren. Erkennbar ist dies, neben dem Aussehen der Menschen, an den vielen benutzten Rollatoren und Gehstöcken. Nicht selten sehe ich auch Menschen, die *sehr* alt und gebrechlich aussehen. Die Vertretung der beiden Geschlechter scheint recht ausgeglichen zu sein – ich sehe Männer und Frauen in etwa gleicher Anzahl.

Ansonsten fallen lediglich Kleinigkeiten auf. Ich sehe eine junge Frau mit ihrem Kind. Außerdem eine Frau mit indischem Aussehen; die Hautfarbe, ein Punkt auf der Stirn und auch die Kleidung erwecken diesen Anschein. Insgesamt kann ich in der gesamten Zeit sechs Frauen mit Kopftuch beobachten. Einmal sehe ich ein kleines, etwa fünfjähriges Mädchen mit einem Mann. Weitere zwei Frauen, erneut mit indischem Aussehen, kaufen an einem Stand ein; die eine Frau hält einen Säugling im Arm. Es scheinen Mutter, Tochter und deren Kind, also drei Generationen zu sein. Ein Mann mit einem Kind im Kinderwagen läuft an mir vorbei.

Außerdem sehe ich: ein jüngeres Paar, eine schwangere Frau mit Partner, der scheinbar eine Gehbehinderung hat, eine junge, asiatisch aussehende Frau mit Kind, eine weitere schwangere Frau. Weiter eine jüngere Frau mit einem etwa acht Jahre alten Sohn sowie erneut eine Mutter mit ihrer erwachsenen Tochter und deren Kind.

Einmal beobachte ich, wie eine Gruppe von vier Männern, alle sehr groß und kräftig gebaut („Türsteher"), etwa drei Minuten stehen bleiben und auf jemanden zu warten scheinen. Drei der Männer tragen eine Glatze, einer scheint türkischer Herkunft zu sein.

Ansonsten scheinen sich mehrere Menschen zu kennen, insbesondere die älteren, rufen sich ab und an Grußworte zu oder unterhalten sich kurz. Die meisten sind alleine oder höchstens zu zweit unterwegs.

Besonders auffällig ist für mich tatsächlich die enorme Anzahl an älteren Menschen – schätzungsweise 80 bis 90 Prozent der beobachteten Personen sind augenscheinlich über sechzig Jahre alt.

Zu Beobachtung 2:

Vor dem Penny Markt ist es recht voll. Die Menschen sind insgesamt etwas jünger als auf dem Markt und ich sehe etwas mehr Frauen als Männer.

Auffällig sind lediglich zwei Bier trinkende Männer, die etwa zehn Minuten im Eingangsbereich stehen. Außerdem sehe ich einen Mann mit Blindenstock. Weiter sehe ich: eine Frau mit indischem sowie eine Frau mit türkischem Aussehen, zwei Frauen, die Kopftücher tragen und einen jungen Mann mit vielen Tätowierungen am Hals und einem Skateboard unter dem Arm.

Einmal beobachte ich zwei erwachsene Frauen, sie scheinen Mutter und Tochter zu sein. Die Tochter ruft ihrer Mutter, welche noch vor dem Laden steht, sehr laut „Komm jetzt her!" zu. Außerdem sehe ich zwei Mädchen, etwa 14 oder 15 Jahre alt, jeweils eine Zigarette rauchend, vorbeigehen. Zweimal begegnet mir wieder die

„Drei-Generationen"-Konstellation; jeweils eine ältere und eine jüngere Frau mit einem Kind. Außerdem sehe ich einen Mann, der mit einem Jogginganzug bekleidet ist.

Zu Beobachtung 3:

Auf dem Bahnsteig ist nahezu nichts los. Ab und an steigen Fahrgäste in die Bahn ein oder aus. Ich sehe zwei Männer in Putzkleidung, welche den Bahnsteig säubern. Außerdem sehe ich eine Frau mit Kopftuch.

Das soziale Stadtteileben auf dem Marktplatz und vor dem Supermarkt scheint sich in generationaler Hinsicht leicht zu unterscheiden. Während der Wochenmarkt vor allem von den älteren BewohnerInnen besucht wird, spiegelt die Szenerie vor dem „Penny" eine breitere Bevölkerungsschicht wider. Insgesamt wird ein multikulturelles Stadtteilbild gezeichnet: Personen mit unterschiedlichen Migrationsbiographien, Männergruppen sowie Familien scheinen das Bild zu prägen. Zwischen vielen MarktbesucherInnen bestehen offenbar soziale Kontakte, wenn auch die meisten Personen allein unterwegs sind.

Im zweiten Protokoll finden sich sowohl Gemeinsamkeiten als auch Unterschiede im Vergleich zum ersten Material. Besonders die Unterschiede fallen dadurch auf, dass die Beobachterin häufiger ungeschützte Interpretationen anstellt:[56]

Beobachtungsprotokoll 2, 29.05.09: Alltägliche soziale Praxis im öffentlichen Raum in Hannover-Stöcken

Beobachtung 1: Stöckener Markt, ca. 10:15 Uhr bis 10:45 Uhr

Beobachtung 2: Penny Markt, ca. 10:55 Uhr bis 11:25 Uhr

Beobachtung 3: Endhaltepunkt Stöcken, ca. 11:35 Uhr bis 12:00 Uhr

Zu Beobachtung 1:

Nach einem Rundgang über den Markt war mein erster Eindruck ziemlich positiv. Es war eine angenehme Atmosphäre und eine geringe Lautstärke, was mich erstaunte. Auf den Märkten, auf denen ich bisher war, schrien die Händler und bewarben damit ihre Ware. Das war hier gar nicht der Fall.

Auf dem Markt waren übermäßig viele deutsche alte Menschen mit Gehhilfen, Gehstöcken und Ziehwagen zum Transport des Einkaufs. Der Altersdurchschnitt schien so bei 60 Jahren und darüber zu liegen. Viele der älteren Markt-Besucher schienen sich zu kennen, und so entstanden immer wieder kleinere Gruppen, die sich angeregt unterhielten oder die sich im Vorbeigehen grüßten. Während unserer ganzen Beobachtung saßen zwei ältere Männer neben uns auf der Bank, die sich durchgehend angeregt unterhielten.

---

[56] Die Beobachtungsprotokolle können auch als Beispiel für die Subjektivität der Wahrnehmung von Vielfalt und Differenz verstanden werden.

Es gab einen Stand mit T-Shirts (mit aufgedruckten Totenköpfen), Gürteln, Fahnen und Parfums, der bei der Klientel auf dem Markt ziemlich deplatziert wirkte und mir gleich ins Auge stach.

Wir setzten uns auf die Bank am Rand des Marktes und begannen zu beobachten. Es kamen zwei indisch aussehende Frauen in traditioneller Kleidung vorbei, und die eine von ihnen hielt ein Kind auf dem Arm.

Nach kurzer Zeit stellten sich vier Männer mit „Türsteher-Statur" vor uns hin und standen dann einfach nur da. Sie unterhielten sich und gingen dann ein paar Meter weiter, wo sie sich wieder in einem Kreis hinstellten. Immer wieder kamen schwangere Frauen mit ihren Männern vorbei (insgesamt vier Paare). Später fiel mir noch eine „aufgetakelte" Frau mit ihrem ca. 8 Jahre alten Sohn ins Auge. Die Frau war ungefähr 40 Jahre alt und war sehr figurbetont angezogen. Sie war stark geschminkt und hatte hohe Schuhe an, wodurch sie sich von den Anderen abhob. Eine alte türkisch aussehende Frau mit einem bunten Kopftuch, einem Stock und auffälligen goldenen Kronen auf den Zähnen ging immer wieder an uns vorbei. Auch eine ältere Frau, die ihren Mann im Rollstuhl schob, kreuzte mein Blickfeld. Die Taschen des Rollstuhls waren voll mit Einkäufen, und der Mann hielt zusätzlich noch eine Tasche auf dem Schoß.

Des Weiteren gab es einige Frauen, die mit ihren Kindern in Kinderwagen an uns vorbei kamen, was aber nicht übermäßig viele waren. Während wir auf der Bank saßen, fühlte ich mich des Öfteren merkwürdig angeschaut. Ich weiß nicht, ob es daran lag, dass wir einfach noch recht jung waren, im Gegensatz zu der anderen Klientel, oder daran, dass wir auf der Bank saßen und einige der älteren Passanten mit unseren Sitzplätzen liebäugelten.

Zu Beobachtung 2:

Der Penny-Markt bot uns eigentlich kein großartig anderes Bild als der Markt. Nach einem Gang durch den Penny-Markt stellten wir fest, dass die Klientel im Durchschnitt etwas jünger (so ca. 50 Jahre) war, sich aber ansonsten nicht viel änderte. Es waren ein paar mehr jüngere Einkäufer und auch Familien unterwegs, aber immer noch überwiegend ältere Leute. Das Erste, was mit auffiel, waren zwei Männer, die vor dem Markt standen und Bier tranken. Zwei junge und etwas übergewichtige Frauen bzw. Mädchen kamen zwei Mal vorbei. Sie rauchten und schienen dabei selbstbewusst. Eine junge türkisch aussehende Frau, die „trendy" gekleidet war, stach mir sehr ins Auge, weil sie eine Ausnahme war. Die meisten Menschen, die ich sah, waren nicht wirklich modebewusst oder richtig gepflegt. Eine ältere türkische Frau mit einem extrem voll- gepackten Ziehwagen kam vom Markt an uns vorbei. Zwei ca. 30-40 Jahre alte Frauen im Partnerlook kamen aus dem Penny-Markt. Sie wirkten nicht sehr gepflegt und waren noch dabei, ihre Einkäufe einzupacken.

Des Weiteren kam ein älterer Mann mit einem Blindenstock an uns vorbei. Er stieß kurz mit einem anderen Passanten zusammen, da dieser nicht aufmerksam war, und ging dann weiter.

Kurz bevor wir unsere Beobachtung beendeten, fiel mir noch ein junger Mann mit einem Skateboard unter dem Arm und einem Tattoo am Hals auf. Er ging zügig an uns vorbei.

Zu Beobachtung 3:

Nachdem wir zur Haltestelle zurück gegangen waren, waren wir erstaunt und enttäuscht, denn es war einfach gar nichts los. An der gesamten Haltestelle waren nur zwei ältere Frauen, die offensichtlich auf die Bahn oder den Bus warteten. Außerdem waren zwei Putzkräfte an der Haltestelle, die den Fußboden vor den Sitzmöglichkeiten säuberten. Nachdem wir eine ganze Weile gesessen und gewartet hatten, entschlossen wir uns zu gehen, da sich nichts zu ändern schien.

Im Allgemeinen fand ich das, was ich von Stöcken gesehen habe, ganz positiv. Die Menschen schienen nett, es war eine „Urlaubs-Atmosphäre", die Häuser schienen nicht zu heruntergekommen, und es gab für meine Augen jede Menge Grünflächen.[57]

Gemeinsam stellen beide Beobachterinnen fest, dass der überwiegende Teil der BesucherInnen überdurchschnittlich alt ist. Die zweite Beobachterin unterstreicht, dass sich dieses Bild auch vor dem Supermarkt bestätigt. Gestützt wird durch die zweite Beobachterin des Weiteren die Feststellung, dass viele MarktbesucherInnen miteinander bekannt sind.

Der bleibende Eindruck einer stark multikulturell gefärbten Stadtteilbevölkerung aus dem ersten Protokoll wird durch die zweite Beobachterin relativiert, die mehrheitlich ältere Deutsche – zumindest auf dem Marktplatz – identifiziert.

Das im Anschluss wiedergegebene dritte Beobachtungsprotokoll wurde von einer Studierenden angefertigt, die an zwei Exkursionen nach Stöcken teilgenommen hatte. Während der erste Stadtteilrundgang von einer Stöckener Bewohnerin organisiert wurde, übernahm eine der Quartiersmanagerinnen die Führung des zweiten Rundgangs. Das Protokoll bezieht sich auf den ersten Stadtteilrundgang. Da die Beobachterin zu diesem Zeitpunkt noch über keine statistischen Informationen über den Stadtteil verfügte, konnte der „ethnographische" Blickwinkel gewahrt bleiben:

Beobachtungsprotokoll 3, 02.06.09 Stadtteilrundgang durch Hannover-Stöcken unter Führung einer Bewohnerin, Beginn: ca. 15:00 Uhr

Auf den Straßen in Stöcken befanden sich wenige Menschen. Es scheinen vorwiegend ältere Menschen oder Menschen mit Migrationshintergrund in Stöcken zu leben.

---

[57] Stöcken verfügt im Stadtteil selbst kaum über Freiflächen. Die Hervorhebung der Begrünung im Stadtteil durch die Beobachterin ist darauf zurückzuführen, dass die Beobachtungen unter anderem am Endhaltepunkt der S-Bahn am Rand des Stadtteils mit seinen angrenzenden Waldstücken durchgeführt wurden.

Auffallend war die Begrünung des Stadtteils, es gibt dort viele Bäume und Büsche. Stöcken besteht hauptsächlich aus Mehrfamilienhäusern oder Wohnblöcken. Die Gebäude wurden teilweise renoviert und restauriert und machten einen modernen und gepflegten Eindruck. Manche alte Backsteingebäude erinnern an ein Dorf. Die Gebäudestrukturen verfolgen keine einheitliche Linie, sondern sind vermischt.

In Stöcken gibt es wenige Einkaufsmöglichkeiten, einige leerstehende Lädchen weisen darauf hin, dass es einmal anders gewesen sein muss. Die Bus- und Straßenbahnanbindungen machen Einkäufe außerhalb des Stadtteils möglich. An den Straßenrändern stehen Mittelklasse-Pkw (z.B. Golf IV, Polo usw.) Ein Pkw schien gebrannt zu haben, es waren Spuren von Asche und geschmolzene Teile sichtbar. Am Stöckener Bahnhof befindet sich ein VW-Werk, welches viele Arbeitsplätze bietet.

In Stöcken befinden sich erstaunlich viele Fußballplätze und Cafés. Der Marktplatz ist das Zentrum Stöckens. Dort sind mehrere Geschäfte angesiedelt, und dort findet regelmäßig der Markt statt. Der Jugendtreff „Opa Seemann" ist blöd gelegen und wird deshalb nur von bestimmten Jugendlichen besucht.

Ein beliebter Treffpunkt von Jugendlichen ist ein Stromkasten in der Nähe der S-Bahnhaltestelle.

Die Beobachterin betont deutlich den Freizeitgehalt im Stadtteil (Begrünung, Sportangebote). Daneben problematisiert sie den Gebäudeleerstand ehemaliger Geschäfte und skizziert am Beispiel der vielen Cafés das Bild einer ökonomischen „Monokultur".

6.2.3 Soziodemographische Daten

Mit Hilfe unterschiedlicher Indikatoren soll im Folgenden die Sozialstruktur des Stadtteils Stöckens und – soweit möglich – der unterschiedlichen Quartiere ermittelt werden. Die zu Grunde gelegten Daten wurden von der Statistikstelle sowie der Koordinationsstelle Sozialplanung der Landeshauptstadt Hannover zur Verfügung gestellt. Darüber hinaus wurde auf den Sozialbericht 2008 der Stadtverwaltung zurückgegriffen (LHH 2008c). Weitere Daten wurden dem Internetportal der Landeshauptstadt Hannover entnommen. Diversity-Aspekte sind in den nachstehenden Ausführungen besonders herausgestellt.

Bevölkerungsentwicklung

Der Stadtteil Stöcken zählt 11.985 EinwohnerInnen (Stand 01.01.2009, LHH 2009b; im Vergleich: Personen mit Erstwohnsitz 2006 in Hannover gesamt: 507.981, LHH 2008c: 4).[58]

Der Anteil der Kinder und Jugendlichen (0-17 Jahre) an der Wohnbevölkerung beträgt in Stöcken 17,2% (LHH 2008c: 138). In Relation zum Stadtdurch-

---

[58] Wenn nicht wie hier gesondert vermerkt, datieren die nachfolgenden Werte auf den 01.01. 2007.

schnitt (15,1%) und im Vergleich mit den kinderreichsten Stadtteilen wie Lahe, Bemerode, Mühlenberg oder Vahrenheide (alle über 20%) ist dieser Wert allerdings nicht überproportional hoch (ebd.: 17). Wird die Definition der Jugendlichen auf die Altersgrenze von 26 Jahren gestreckt, ergibt sich nach Datenlage des Sozialberichtes ein prozentualer Wert an der Wohnbevölkerung Stöckens von 30,4% (vgl. ebd.: 137).

Die Gruppe der älteren Menschen (hier: 60 Jahre und älter) ist in Stöcken mit 23,8% Anteil an der Wohnbevölkerung in etwa auf dem Niveau des städtischen Mittels (24,8%) vertreten (ebd.: 138).

Mit Blick auf die Wanderungssalden gehört Stöcken neben Mühlenberg, Linden-Nord, Linden-Mitte, Linden-Süd, Vahrenheide, der Nordstadt und der Südstadt zu den Stadtteilen, in denen mehr Personen fort- als zuziehen (ebd.: 25).

Der Anteil von Personen mit ausländischer Staatsangehörigkeit liegt in Stöcken bei 25,9%, während die Quote im Stadtdurchschnitt bei 14,7% liegt (ebd.: 14). Ein erweiterter Blick auf den so genannten Migrationshintergrund[59] führt zu anderen Werten: Während in den als privilegiert geltenden Stadtteilen wie Isernhagen-Süd, Waldhausen oder Waldheim der Anteil von Personen mit Migrationsgeschichte nicht über 10% liegt, sind es in Stöcken 38%. Andere Stadtteile wie Mühlenberg oder Vahrenheide verzeichnen mit 48,2% bzw. 46,5% höhere Werte, der Stadtdurchschnitt liegt bei ca. 24% (ebd.: 16; vgl. Abb. 44).

Zieht man bei der Betrachtung der Migrationsgeschichte den zusätzlichen Indikator des Alters hinzu, ist festzustellen, dass 39,6% aller Kinder und Jugendlichen (0-17 Jahre) in Hannover auf eine Migrationsgeschichte zurückblicken können (LHH 2008c: 18). Detailgenaue prozentuale Werte weist der Sozialbericht für Stöcken nicht aus. Diese lassen sich allerdings im Vergleich einschlägiger Tabellen relativ einfach ermitteln: Danach haben 54,4% oder

---

[59] Der „Migrationshintergrund" einer Person ist als empirische Variable uneindeutig und wird in verschiedenen Studien unterschiedlich definiert. Im Sozialbericht der Landeshauptstadt Hannover heißt es hierzu erklärend: „Um die kulturelle Zugehörigkeit bzw. Herkunft abzubilden, reicht eine Differenzierung nach Deutschen und Ausländern nicht aus; stattdessen wird der so genannte Migrationshintergrund dargestellt. Es ist mit den vorhandenen Möglichkeiten der Datenauswertung jedoch nicht möglich, den tatsächlichen Migrationshintergrund darzustellen. Dabei müsste diese Personengruppe über den Geburtsort der Person oder der beiden Eltern abgebildet werden. Da dies nicht möglich ist, wird ein Hilfsindikator gebildet. Der Migrationshintergrund wird dargestellt als Summe der Personen mit ausländischer Staatsangehörigkeit sowie der deutschen Personen mit einer zweiten Staatsangehörigkeit. Dies ist somit eine Annäherung an den Personenkreis mit einem anderen nationalen und kulturellen Hintergrund" (LHH 2008a: 15).

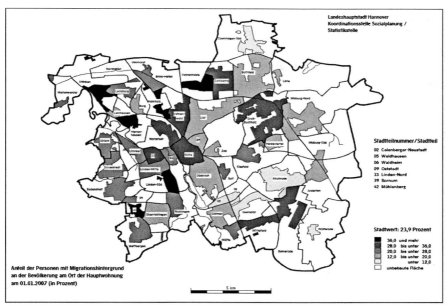

Abb. 44: Bevölkerung mit Migrationsgeschichte in Hannover nach Stadtteilen
Quelle: LHH (2008c: 34).

1.110 der 0-17jährigen eine Migrationsgeschichte (ebd.: 138/141). Beziehen wir erneut die Jugendlichen bis 26 Jahren mit ein, ergibt sich ein Wert von 48% (1727 Kinder und Jugendliche), (ebd.: 137/141).

Von allen SeniorInnen (60 Jahre und älter) haben in Stöcken 24,5% eine Migrationsgeschichte (Stadtdurchschnitt: 11,1%, ebd.: 23/39).

Zusammenfassend lässt sich festhalten: In Hannover-Stöcken leben im Vergleich zum Stadtdurchschnitt relativ viele junge und alte MigrantInnen. In der Gesamtbetrachtung weist Stöcken im Vergleich zur Landeshauptstadt jedoch relativ „gemäßigte" demographische Werte auf: Ein Indiz dafür, dass Zahlen allein wenig über die sozialen Problemlagen in Stadtteilen aussagen (vgl. Kapitel 7).

Bevölkerungsstruktur in der „Sozialen Stadt"

Wie bereits an früherer Stelle angeführt, umfasst die „Soziale Stadt" Hannover-Stöcken lediglich einen Teil des Flächenstadtteils (vgl. Punkt 6.2.1). Die jüngsten Daten zur Bevölkerungsstruktur für das Sanierungsgebiet Stöcken datieren auf den 01.01.2009. In Tabelle 4 werden zur Veranschaulichung die Daten des Vorjahres 2008 in die Statistik einbezogen.

Auffällig im Vergleich zu den Zahlen für die Gesamtstadt Hannover ist

Tab. 4: Bevölkerung am Ort der Hauptwohnung im Sanierungsgebiet Hannover-Stöcken

	Sanierungsgebiet Stöcken 2008		Sanierungsgebiet Stöcken 2009		LHH 2009
	Absolut	in %	Absolut	in %	in %
Bevölkerung insgesamt davon:	6.024		6.026		
Ausländer/-innen[*]	1.847	30,7	1.832	*30,4*	*14,3*
Deutsche[*] darunter:	4.177	69,3	4.194	69,6	85,7
mit 2. Nationalität[*]	662	11	715	11,9	10,2
Migrationshintergrund[**]	2.509	41,7	2.547	*42,3*	*24,5*
0 - 17 Jahre insgesamt	874	14,5	891	14,8	15,1
Ausländer/-innen[***]	231	26,4	223	*25*	*12,7*
Deutsche[***] darunter:	643	73,6	668	75	87,3
mit 2. Nationalität[***]	300	34,3	344	38,6	27,8
Migrationshintergrund[***]	531	60,8	567	*63,6*	*40,5*
60 Jahre u.ä. insgesamt[*] davon:	1.533	25,4	1.539	25,5	24,8
Ausländer/-innen[***]	397	25,9	419	*27,2*	*8,9*
Deutsche[***] darunter:	1.064	69,4	1.120	72,8	91,1
mit 2. Nationalität[***]	71	4,6	71	4,6	3,5
Migrationshintergrund[***]	469	30,6	490	*31,8*	*12,4*

*Anteil an Gesamtbevölkerung **Summe Nichtdeutsche und Deutsche mit 2. Nationalität/in Prozent an Gesamtbevölkerung ***Anteil an der jeweiligen Bevölkerungsgruppe; Quelle: LHH (2009c), im Vergleich zur LHH besonders abweichende Werte wurden von A.T. kursiv hervorgehoben bei der Analyse der Daten für das Sanierungsgebiet dreierlei: Erstens leben dort überproportional viele AusländerInnen und Menschen mit Migrationsgeschichte. Der Anteil der Kinder und Jugendlichen sowie der alten Menschen liegt zweitens – und im Gegensatz zu „klassischen" Sanierungsgebieten – in etwa auf dem Niveau des städtischen Mittels. Drittens gehören beiden Gruppen, den Kinder und Jugendlichen wie auch den Alten, im Vergleich zur Stadt Hannover überdurchschnittlich viele AusländerInnen und MigrantInnen an.

Kleinräumige Bevölkerungsstruktur nach Quartieren

Der Stadtteil Stöcken verfügt im Jahr 2009 über insgesamt neun Quartiere (1801-1809), die in Größe und geometrischer Form jeweils deutliche Unterschiede aufweisen:[60]

Der differenzierte Blick auf einen Stadtteil entsteht nicht durch das Hinzuziehen unterschiedlicher Statistiken. Dennoch zeigt sich bei der Analyse der Bevölkerungsstruktur unterhalb der Stadtteilebene, warum im Titel dieser Arbeit der Begriff der Quartiersentwicklung dem der Stadt- oder Stadtteilentwicklung vorgezogen wird: Die statistischen Werte für die Quartiersebene Stöckens relativieren nämlich ein allzu sicher geglaubtes Bild des Stadtteils, das möglicherweise gerade dort entsteht, wo ausschließlich die Empirie des Sanierungsgebietes (wie oben aufgeführt) studiert wird. Vielmehr unterliegen die Zahlenwerte zwischen den verschiedenen Quartieren zum Teil erheblichen Schwankungen (s. Tab. 5).

In Auseinandersetzung mit der kleinräumigen Datenlage stoßen vier Auffälligkeiten ins Auge: Erstens weisen die zum Sanierungsgebiet der „Sozialen Stadt" gehörenden Quartiere 1803 und 1804 im Vergleich zu den anderen Quartieren in fast allen soziodemographischen Kategorien überproportional hohe Werte auf. Zweitens fallen in Quartier 1808 – das sich nicht im Sanierungsgebiet befindet – die in der Tabelle kursiv markierten, hohen Bevölkerungsanteile der MigrantInnen auf, und zwar sowohl in der Kategorie „0-17 Jahre" als auch in der Kategorie „60 Jahre und älter". Drittens ist der Anteil der (jungen) MigrantInnen in Stöcken im Vergleich zu den durchschnittlichen Stadtwerten in allen Quartieren, mit Ausnahme des Quartiers 1802, deutlich höher. Eine demographische Besonderheit macht sich viertens im Quartier 1806 bemerkbar, das ebenfalls nicht zur „Sozialen Stadt" zählt: Während zu der Gruppe der 0-17jährigen über 65% MigrantInnen gehören, ergibt sich für die Gruppe der ab 60jährigen ein anderes Bild: In keinem Stöckener Quartier leben mehr alte Menschen deutscher Herkunft (vgl. Tab. 5).

---

[60] Das Quartier 1809 (Schwarze Heide; vgl. Punkt 6.2.1) wird in der Darstellung wie auch bei der weiteren Quartiersanalyse nicht berücksichtigt.

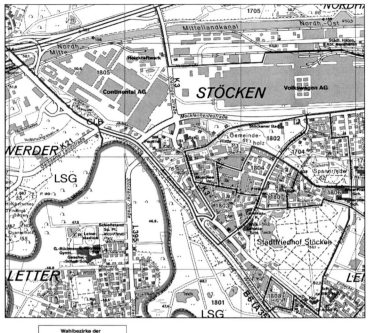

Abb. 45: Quartiere des Stadtteils Hannover-Stöcken
Wahlbezirke zur Bundestagswahl 1:20 000 (Ausschnitt), © Landeshaupt-
stadt Hannover - Geoinformation, 2008
Quelle: LHH (2008d).

Tab. 5: Bevölkerung am Ort der Hauptwohnung in den Mikrobezirken (Quartieren) Hannover-Stöckens am 01.01.2009

Mikrobezirke im Stadtteil Stöcken

	1801		1802		1803		1804		1805		1806		1807		1808		insgesamt	
	Absolut	in %	Absolut	in %	Absolut	in %	Absolut	in %	Absolut	in %	Absolut	in %	absolut	in %	Absolut	in %	absolut	in %
Bevölkerung insgesamt	1.054	100,0	1.173	100,0	2.012	100,0	1.914	100,0	1.282	100,0	1.053	100,0	996	100,0	1.016	100,0	11.985	100,0
davon: Ausländer/-innen*	253	24,0	232	19,8	695	34,5	697	36,4	252	19,7	232	22,0	215	21,6	258	25,4	3.125	26,1
Deutsche*	801	76,0	941	80,2	1.317	65,5	1.217	63,6	1.030	80,3	821	78,0	781	78,4	758	74,6	8.860	73,9
darunter: mit 2. Nationalität*	109	10,3	110	9,4	259	12,9	230	12,0	201	15,7	122	11,6	108	10,8	208	20,5	1.627	13,6
Migrationshintergrund**	362	34,3	342	29,2	954	47,4	927	48,4	453	35,3	354	33,6	323	32,4	486	45,9	4.752	39,6
0 bis 17 Jahre insgesamt*	159	100,0	165	100,0	301	100,0	255	100,0	214	100,0	136	100,0	148	100,0	189	100,0	2.037	100,0
davon: Ausländer/-innen***	38	23,9	35	21,2	89	29,6	58	22,7	40	18,7	31	22,8	31	20,9	34	18,0	422	20,7
Deutsche***	121	76,1	130	78,8	212	70,4	197	77,3	174	81,3	105	77,2	117	79,1	155	82,0	1.615	79,3
darunter: mit 2. Nationalität***	56	35,2	49	29,7	124	41,2	102	40,0	89	41,6	58	42,6	55	37,2	84	44,4	753	37,0
Migrationshintergrund***	94	59,1	84	50,9	213	70,8	160	62,7	129	60,3	89	65,4	86	58,1	118	62,4	1.175	57,7
60 Jahre u.ä. insgesamt*	258	100,0	345	100,0	461	100,0	477	100,0	294	100,0	396	100,0	308	100,0	112	100,0	2.769	100,0
davon: Ausländer/-innen***	36	14,0	45	13,0	168	36,4	177	37,1	41	13,9	46	11,6	38	12,3	30	26,8	615	22,2
Deutsche***	222	86,0	300	87,0	293	63,6	300	62,9	253	86,1	350	88,4	270	87,7	82	73,2	2.154	77,8
darunter: mit 2. Nationalität***	.	.	.	.	25	5,4	30	6,3	22	7,5	6	1,5	11	3,6	10	8,9	123	4,4
Migrationshintergrund***	.	.	.	.	193	41,9	207	43,4	63	21,4	52	13,1	49	15,9	40	35,7	738	26,7

Quelle: LHH (2009c), überproportional hohe sozialdemographische Werte wurden durch AT fett hervorgehoben. Die Quartiere 1803 und 1804 bilden das Kernstück des Sanierungsgebietes. Die zugehörigen Spalten wurden auf Grund der besonderen Datenlage grau untermalt. Für die Quartiere 1806 und 1808, die nicht zum Sanierungsgebiet gehören, liegen ebenfalls auffällig hohe sozialdemographische Werte vor. In Unterscheidung zum Sanierungsgebiet erfolgten die Herausstellung der Zahlen kursiv und die Kennzeichnung der entsprechenden Spalten in hellem Grau.

Geschlechtsspezifische Bevölkerungsstruktur

Die Bevölkerungsstruktur Stöckens lässt sich auch geschlechtsspezifisch abbilden. Dabei suggeriert die Gesamtbetrachtung des Stadtteils zunächst ein paritätisches Verhältnis der weiblichen und männlichen Bevölkerung: Von den 11.985 EinwohnerInnen sind 5.995 weiblich und 5.990 männlich. Erneut ist die kleinräumige Perspektive für eine differenzierte Datenerhebung ausschlaggebend. Einige Details fallen dabei ins Gewicht: Während im Quartier 1806 im Vergleich zu den geschlechtsspezifischen Relationen der anderen Quartiere *deutlich* mehr weibliche als männliche Personen wohnen (593 bzw. 460), verhält es sich im Sanierungsquartier 1803 umgekehrt: Hier treffen 1.046 männliche Bewohner auf 966 weibliche Bewohnerinnen. Mögen diese absoluten Zahlen noch relativ unbedeutend erscheinen, sind die geschlechterbezogenen Daten in Korrelation mit den Kategorien Alter und Ethnie umso auffälliger: Betrachten wir die Alterskohorte „60 Jahre und älter", so lässt sich feststellen, dass in allen Quartieren der Anteil der Ausländer und (mit Ausnahme der Quartiere 1801, 1802, 1806, in denen keine Menschen mit zweiter Nationalität leben) der Anteil der Personen mit Migrationshintergrund in der Gruppe der Männer prozentual – zum Teil deutlich – höher ist als der Anteil der Ausländerinnen und Migrantinnen in der Gruppe der Frauen (LHH 2009c; vgl. Tab. 6 und 7).

In der Alterskohorte 0-17 Jahre verhält es sich entgegengesetzt: So befinden sich in der Gruppe der Mädchen in allen Quartieren – außer den im Sanierungsgebiet liegenden Quartieren 1803 und 1804 – prozentual mehr Personen mit Migrationshintergrund als in der Gruppe der Jungen (ebd.; vgl. Tab. 6 und 7).

Tab. 6: Weibliche Bevölkerung am Ort der Hauptwohnung in den Mikrobezirken (Quartieren) Hannover-Stöckens am 01.01.2009

Mikrobezirke im Stadtteil Stöcken

	1801 Absolut	1801 in %	1802 Absolut	1802 in %	1803 Absolut	1803 in %	1804 Absolut	1804 in %	1805 Absolut	1805 in %	1806 Absolut	1806 in %	1807 absolut	1807 in %	1808 Absolut	1808 in %	insgesamt absolut	insgesamt in %
Bevölkerung insgesamt	523	100,0	592	100,0	966	100,0	949	100,0	602	100,0	593	100,0	534	100,0	518	100,0	5.995	100,0
davon:																		
Ausländer/-innen*	130	24,9	114	19,3	331	34,3	333	35,1	124	20,6	117	19,7	107	20,0	152	29,3	1.558	26,0
Deutsche*	393	75,1	478	80,7	635	65,7	616	64,9	478	79,4	476	80,3	427	80,0	366	70,7	4.437	74,0
darunter:																		
mit 2. Nationalität*	55	10,5	59	10,0	135	14,0	112	11,8	97	16,1	67	11,3	63	11,8	102	19,7	826	13,8
Migrationshintergrund***	185	35,4	173	29,2	466	48,2	445	46,9	221	36,7	184	31,0	170	31,8	254	49,0	2.384	39,8
0 bis 17 Jahre insgesamt*	80	100,0	78	100,0	155	100,0	129	100,0	93	100,0	73	100,0	79	100,0	95	100,0	994	100,0
davon:																		
Ausländer/-innen***	21	26,3	21	26,9	39	25,2	33	25,6	16	17,2	18	24,7	16	20,3	21	22,1	221	22,2
Deutsche***	59	73,8	57	73,1	116	74,8	96	74,4	77	82,8	55	75,3	63	79,7	74	77,9	773	77,8
darunter:																		
mit 2. Nationalität***	31	38,8	25	32,1	70	45,2	46	35,7	43	46,2	32	43,8	32	40,5	45	47,4	384	38,6
Migrationshintergrund***	52	65,0	46	59,0	109	70,3	79	61,2	59	63,4	50	68,5	48	60,8	66	69,5	605	60,9
60 Jahre u.ä. insgesamt*	141	100,0	185	100,0	245	100,0	265	100,0	148	100,0	245	100,0	178	100,0	62	100,0	1.533	100,0
davon:																		
Ausländer/-innen***	16	11,3	18	9,7	84	34,3	83	31,3	14	9,5	18	7,3	19	10,7	14	22,6	284	18,5
Deutsche***	125	88,7	167	90,3	161	65,7	182	68,7	134	90,5	227	92,7	159	89,3	48	77,4	1.249	81,5
darunter:																		
mit 2. Nationalität***	*	*	*	*	10	4,1	17	6,4	11	7,4	*	*	6	3,4	6	9,7	67	4,4
Migrationshintergrund***	*	*	*	*	94	38,4	100	37,7	25	16,9	*	*	25	14,0	20	32,3	351	22,9

Quelle: LHH (2009c), Werte, die im Vergleich zur männlichen Bevölkerungsgruppe eine auffällig hohe Differenz zeigen, wurden durch AT jeweils fett hervorgehoben (vgl. Tab. 7). Die Quartiere 1803 und 1804 bilden das Kernstück des Sanierungsgebietes und wurden grau unterlegt.

Tab. 7: Männliche Bevölkerung am Ort der Hauptwohnung in den Mikrobezirken (Quartieren) Hannover-Stöckens am 01.01.2009

Mikrobezirke im Stadtteil Stöcken

	1801		1802		1803		1804		1805		1806		1807		1808		Insgesamt	
	Absolut	in %	Absolut	in %	Absolut	in %	Absolut	in %	Absolut	in %	Absolut	in %	absolut	in %	Absolut	in %	absolut	in %
Bevölkerung insgesamt	531	100,0	581	100,0	1.046	100,0	965	100,0	680	100,0	460	100,0	462	100,0	498	100,0	5.990	100,0
davon:																		
Ausländer/-innen*	123	23,2	118	20,3	364	34,8	364	37,7	128	18,8	115	25,0	108	23,4	106	21,3	1.567	26,2
Deutsche*	408	76,8	463	79,7	682	65,2	601	62,3	552	81,2	345	75,0	354	76,6	392	78,7	4.423	73,8
darunter:																		
mit 2. Nationalität*	54	10,2	51	8,8	124	11,9	118	12,2	104	15,3	55	12,0	45	9,7	106	21,3	801	13,4
Migrationshintergrund**	177	33,3	169	29,1	488	46,7	482	49,9	232	34,1	170	37,0	153	33,1	212	42,6	2.368	39,5
0 bis 17 Jahre insgesamt*	79	100,0	87	100,0	146	100,0	126	100,0	121	100,0	63	100,0	69	100,0	94	100,0	1.043	100,0
davon:																		
Ausländer/-innen***	17	21,5	14	16,1	50	34,2	25	19,8	24	19,8	13	20,6	15	21,7	13	13,8	201	19,3
Deutsche***	62	78,5	73	83,9	96	65,8	101	80,2	97	80,2	50	79,4	54	78,3	81	86,2	842	80,7
darunter:																		
mit 2. Nationalität***	25	31,6	24	27,6	54	37,0	56	44,4	46	38,0	26	41,3	23	33,3	39	41,5	369	35,4
Migrationshintergrund***	42	53,2	38	43,7	104	71,2	81	64,3	70	57,9	39	61,9	38	55,1	52	55,3	570	54,7
60 Jahre u.ä. insgesamt*	117	100,0	160	100,0	216	100,0	212	100,0	146	100,0	151	100,0	130	100,0	50	100,0	1.236	100,0
davon:																		
Ausländer/-innen***	20	17,1	27	16,9	84	38,9	94	44,3	27	18,5	28	18,5	19	14,6	16	32,0	331	26,8
Deutsche***	97	82,9	133	83,1	132	61,1	118	55,7	119	81,5	123	81,5	111	85,4	34	68,0	905	73,2
darunter:																		
mit 2. Nationalität***	*	*	*	*	15	6,9	13	6,1	11	7,5	*	*	5	3,8	4	8,0	58	4,5
Migrationshintergrund***	*	*	*	*	99	45,8	107	50,5	38	26,0	*	*	24	18,5	20	40,0	387	31,3

Quelle: LHH (2009c), Werte, die im Vergleich zur weiblichen Bevölkerungsgruppe eine auffällig hohe Differenz zeigen, wurden durch AT jeweils fett hervorgehoben (vgl. Tab. 6). Die Quartiere 1803 und 1804 bilden das Kernstück des Sanierungsgebietes und wurden grau unterlegt.

Wohnsituation

Der Wohnstandard im Stadtteil Stöcken ist, gemessen an den zur Verfügung stehenden Quadratmetern pro Person, nur gering bemessen: Die im sozialen Wohnungsbau entstandenen Zeilen- und Geschossbauten verfügen über vergleichsweise kleine Wohneinheiten. Die durchschnittliche Wohnfläche pro Person liegt in Stöcken bei 34 m^2 (im Vergleich dazu: Stadt Hannover: 42 m^2), (LHH 2009a).

Armutsquote und Transferleistungen

Die Armutsquote[61] (Einkommensarmut) lag im Jahr 2004 in der Stadt Hannover bei 19,4% und damit über dem Landes- und Bundesdurchschnitt (jeweils 14,5%) sowie der Armutsquote in der übrigen Region Hannover (14,4%). Es gelten solche Haushalte als *relativ arm*, die im Monat weniger als 613 Euro pro Kopf zur Verfügung haben. In Zahlen ausgedrückt waren Ende 2007 in Hannover rund 98.500 EinwohnerInnen von relativer Armut betroffen. Im Ergebnis weist Hannover die höchste relative Armutsquote in Niedersachsen auf, zugleich wohnen in der Stadt überdurchschnittlich viele Personen (6,1%), die als relativ reich gelten (Einkommen von mindestens 2.453 Euro/ Monat), (LHH 2008c: 42).

Differenzierte Zahlen zum regionalen Armutsgefälle oder aufgeschlüsselt nach Merkmalen (im Verständnis von Diversity) liegen nicht vor. Für den Sozialbericht der Stadt Hannover wurde aus diesem Grund ein weiterer Indikator „Transferleistungen zur Sicherung des Lebensunterhaltes" gebildet, der die Ermittlung kleinräumiger Daten und ihre Kombination mit den verschiedenen Heterogenitätsdimensionen ermöglicht.[62]

In Hannover bezogen im Dezember 2007 insgesamt 79.651 Personen (15,6%) Transferleistungen[63] zur Sicherung des Lebensunterhaltes (LHH

---

[61] „Armut" wird hier nach Definition des Landesbetriebes für Statistik und Kommunikationstechnologie Niedersachsen, auf den sich die Ausführungen des Hannoverschen Sozialberichtes stützen, als *relative Armut* definiert. Relativ arm ist demnach, wer weniger als 50 % des gewichteten durchschnittlichen regionalen Nettoeinkommens pro Kopf zur Verfügung hat. Im Gegensatz dazu ist *relativ reich*, wer über mehr als 200% des gewichteten durchschnittlichen regionalen Nettoeinkommens pro Kopf verfügt (LHH 2008a: 41). Der hier zu Grunde gelegte Fokus auf Einkommensarmut berücksichtigt demnach weder das physische Existenzminimum, also die absolute Armut, noch die soziokulturelle Dimension von Armut (vgl. BMAS 2008: 30).

[62] Informationen zu Transferleistungsbezügen unterhalb der Stadtteilebene liegen nicht vor, da diese aus datenschutzrechtlichen Gründen von der LHH nicht an Dritte weitergegeben werden dürfen.

[63] Zu den hier genannten EmpfängerInnen von Transferleistungen zählen erwerbsfähige Hilfebedürftige (ALG II-EmpfängerInnen) nach dem SGB II, EmpfängerInnen von Hilfe zum

2009d). In Stöcken bezogen im gleichen Zeitraum 2.430 Personen (20,3% der Wohnbevölkerung) Transferleistungen, unter ihnen 30,9% oder 627 Kinder und Jugendliche (bis 17 Jahre), 12,3% oder 343 alte Menschen (ab 60 Jahre), 30,7% oder 961 AusländerInnen sowie 20,5% oder 1.227 Frauen. Zugleich ist über die Hälfte der Alleinerziehenden (61,7% oder 198 Personen, LHH 2009d), die etwa ein Viertel aller Familienhaushalte in Stöcken ausmachen (LHH 2008c: 104), auf die Zahlung von Transferleistungen angewiesen.

Insbesondere das Problem der Altersarmut sticht bei der Betrachtung besonders hervor: Während in der Stadt Hannover 8.641 Personen oder 6,8% der über 60jährigen Transferleistungen zur Sicherung des Lebensunterhaltes beziehen, liegen die Werte für Stöcken mit 12,3% (343 Personen) an der gleichaltrigen Wohnbevölkerung erheblich höher (LHH 2009d).

Bei der Unterteilung der Transferleistungsbezüge nach Stadtteilen ergibt sich in der gesamtstädtischen Betrachtung folgendes Bild (vgl. Abb. 46):

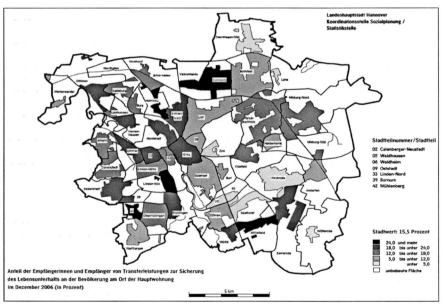

Abb. 46: Bezug von Transferleistungen in Hannover nach Stadtteilen
Quelle: LHH (2008c: 54).

Im Vergleich der am höchsten von Einkommensarmut betroffenen Stadtteile

---

Lebensunterhalt nach dem SGB XII sowie EmpfängerInnen von Grundsicherung nach dem SGB XII.

Hannovers liegt Stöcken – gemessen an den Transferbezügen – im Dezember 2006 auf dem zehnten Platz (vgl. Tab. 8).

Tab. 8: Vergleich der zehn von Einkommensarmut am höchsten belasteten Stadtteile der Stadt Hannover 2004 und 2006

31.12.2004 Hilfe zum Lebens- unterhalt (BSHG)	Dezember 2006 Empfänger/-innen von Trans- ferleistungen zur Siche- rung des Lebensunterhalts (SGB II und SGB XII)
1. Mühlenberg	1. Mühlenberg
2. Linden-Süd	2. Vahrenheide
3. Vahrenheide	3. Linden-Süd
4. Sahlkamp	4. Hainholz
5. Hainholz	5. Mittelfeld
6. Mittelfeld	6. Sahlkamp
7. Wülfel	7. Bornum
8. Bornum	8. Linden-Nord
9. Bemerode	9. Herrenhausen
10. Herrenhausen	10. Stöcken

Quelle: LHH (2008c: 45).

Wohngeld erhielten in Stöcken Ende 2007 2,2% aller Haushalte (HeimbewohnerInnen ausgenommen). In der Gesamtbetrachtung liegt der Wert in Hannover bei 1,6% (LHH 2008c: 49).

Arbeitslosigkeit

Im Dezember 2007 waren in Hannover 30.226 Personen arbeitslos gemeldet. Dies entspricht einer Arbeitslosenquote von 9,1% (Personen im Alter zwischen 18 und 64 Jahren), (ebd.: 63). Von allen Arbeitslosen war Ende 2007 in Hannover fast die Hälfte (45,7%) länger als ein Jahr arbeitslos, also langzeitarbeitslos (ebd.: 65). Zum Zwecke der Vergleichbarkeit mit den Stöckener Daten wird im Folgenden die Arbeitslosenstruktur der Stadt Hannover unter Berücksichtigung von Subindikatoren abgebildet, bevor eine spezifische Perspektive auf das Untersuchungsgebiet eingenommen wird (vgl. Abb. 47).

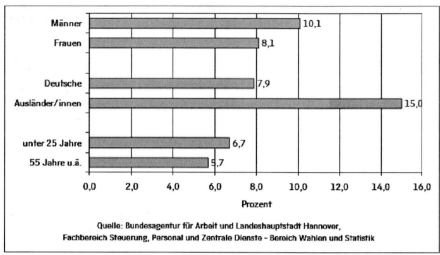

Abb. 47: Struktur der Arbeitslosen in Hannover im Dezember 2007
Quelle: LHH (2008c: 64).

In Stöcken liegt die Arbeitslosenquote mit 11,5% (Stand Dezember 2007) über dem städtischen Durchschnitt. 10,2% der Bevölkerung mit deutscher Staatsangehörigkeit oder 557 Personen sind arbeitslos. Unter der Bevölkerung mit ausländischer Staatsangehörigkeit sind es 14,2% oder 327 Personen. In der Gruppe der unter 25jährigen beträgt die Arbeitslosenquote 7,4% (91 Personen), bei den über 55jährigen liegt der Wert bei 7,2% (ebenfalls 91 Personen). 11,3% der Frauen in Stöcken sind arbeitslos. Die Quote der Langzeitarbeitslosen liegt im Stadtteil in Relation zu allen Arbeitslosen bei 44% (ebd.: 147).

Bildung

Kleinräumige Werte mit Bezug zur Bildungsstruktur in den einzelnen Stadtteilen Hannovers werden im Sozialbericht nur punktuell, jedoch nicht für Stöcken genannt – mit einer Ausnahme: Auffällig ist die Quote der Hauptschulempfehlungen, die in Hannover je nach Standort der Schule zwischen 1,7% und 41,9% erheblich schwankt. In der Grundschule Am Stöckener Bach ist die Quote der Hauptschulempfehlungen mit 40,4% fast doppelt so hoch wie im Stadtdurchschnitt, wo sie bei 20,8% liegt (ebd.: 80).

Sonstige Indikatoren

Im Vergleich zu anderen Stadtteilen in Hannover bzw. zum städtischen Mittel ist die Wahlbeteiligung in Stöcken mit 30,6% besonders gering (im Vergleich: Waldheim: 58,6%, Zoo: 53,7%, Stadtdurchschnitt: 42,8%). Nur in Vahrenheide und Hainholz wird dieser Wert noch um einige Prozentpunkte unterboten (ebd.: 82).

Kleinräumige Strukturdaten für den Indikator Religionszugehörigkeit liegen lediglich für die steuerpflichtigen christlichen Religionsgemeinschaften vor und werden aus diesem Grund hier nicht weiter berücksichtigt. Auch wird der Bereich der physischen und psychischen Beeinträchtigung nicht gesondert erfasst. Gleiches gilt aus ersichtlichen Gründen für das Feld der Drogen- und Suchtproblematik und für eine differenzierte Kriminalitätsstatistik.

6.2.4 Soziale und kulturelle Infrastruktur

Stöcken verfügt über eine vielfältige Trägerlandschaft im Bereich der sozialen und kulturellen Infrastruktur. Hierzu zählen nicht nur die sozialen Einrichtungen. Stöcken ist in besonderer Weise gekennzeichnet durch eine hohe Vereinsdichte. Die Traditionslinien einiger Vereine und Gruppen reichen, wie im Fall des „Turnerbundes Stöcken v. 1896 e.V." oder der „Liedertafel Stöcken v. 1877", zum Teil bis Ende des 19. Jahrhunderts zurück (vgl. LHH 1998: 58ff.).

Im Folgenden wird ein Überblick über die im Stadtteil ansässigen intermediären bzw. öffentlichen und sozialen Einrichtungen gegeben (s. Tab. 9).[64]

Exemplarisch sollen Stadtteileinrichtungen, die auf Grund ihres öffentlichen bzw. gemeinnützigen Arbeitsauftrages formal eine Schlüsselfunktion im Stadtteil für die soziale Integration bzw. Kohäsion übernehmen, näher vorgestellt werden. Hierbei handelt es sich um das „Leckerhaus", das Quartiersmanagement, das Freizeitheim, die Anne-Frank-Schule und das Jugendzentrum. Räumlich erstrecken sich die Einrichtungen auf einer horizontalen Linie über die geographische Mitte des Stadtteils hinweg nach Westen und Osten (vgl. Abb. 48).

Informationen über die Einrichtungen basieren auf Handreichungen, Besuchen, Konzeptionen und Internetpräsentationen; weitere Informationen sind dem Internetauftritt des Stadtteils Stöckens entnommen. Bereichert wird dieses Kapitel durch Zitationen aus einer von der ev.-luth. Kirchengemeinde Ledeburg-Stöcken herausgegebenen Stadtteilchronik, mit deren Hilfe die Entwicklung der sozialen und kulturellen Infrastruktur Stöckens sowie der Eigensinn des Stadtteils historisch gespiegelt und die an beliebigen Textstellen eingefügt werden (EV.-LUTH. KIRCHENGEMEINDE LEDEBURG-

---

[64] Bei der Darstellung der Stöckener Einrichtungen konnte ich – sofern heute noch aktuell – auf eine 1999 von Heiko GEILING und Thomas SCHWARZER vorgenommene Stadtteilanalyse zurückgreifen (GEILING/SCHWARZER 1999). Neu hinzugekommene Einrichtungen sowie Vereine wurden in der Darstellung ergänzt.

Tab. 9: Intermediäre bzw. öffentliche und soziale Stadtteileinrichtungen in Hannover-Stöcken

Öffentliche Einrichtungen	Schulen und Kitas	Soziale Einrichtungen	Religiöse Einrichtungen	Vereine
•Ortsfeuerwehr Stöcken •Schwimmbad „Stöckener Bad" •Deutsche Post •Polizeistation Stöcken	•Grundschule "Am Stöckener Bach" •Kommunale Kindertagesstätte Wiedenlohe (Quartier Schwarze Heide) •Kindertagesstätten der AWO (Eichsfelderstraße und Freudenthalstraße) •Ev.-luth. Kindertagesstätte an der Corvinuskirche •Anne-Frank-Schule (Hauptschule)* •Emil-Berliner-Schule (Realschule)* •Wilhelm-Schade-Schule (Förderschule)	•Quartiersmanagement •Kommunaler Sozialdienst ** •Kommunaler Seniorenservice ** •Seniorenbüro des Deutschen Roten Kreuzes** •Freizeitheim Stöcken •Altenwohn- u. Pflegeheim "Friedrich-Wasmuth-Haus" •Textilwerkstatt der ev.-luth. Kirchengemeinde Ledeburg-Stöcken •Jugendzentrum "Opa Seemann"*** •Jugendhilfestützpunkt des Stephansstiftes •Behindertenwohnheim "Pallotti-Haus" der Caritas •Leckerhaus •Stadtteilladen	•Camii-Moschee u. Koranschule (Verband der Islamischen Kulturzentren e.V.) •Corvinuskirche (ev.-luth. Kirchengemeinde Ledeburg-Stöcken) •St. Christophoruskirche (kath. Pfarrgemeinde St. Maria) •Ahmadiyya-Moschee	•Soziales Netzwerk Stöcken e.V. •Bürgerverein •Turnerbund Stöcken von 1896 e.V.** •Sportverein "Kleeblatt Stöcken"** •Türkischer Fußballverein "Damla Genc"*** •Schützenverein Stöcken von 1898 e.V. •Kulturverein zur Förderung und Integration für Jugendliche in Hannover (KFJiH) e.V.

*seit dem Schuljahr 2009/10 Integrierte Gesamtschule (IGS) Stöcken.

**Schlüsseleinrichtungen und -vereine in administrativen Quartieren außerhalb Stöckens.

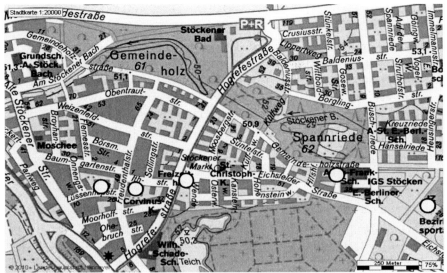

Abb. 48: Standorte ausgewählter Stadtteileinrichtungen in Stöcken
Quelle: LHH (2010a); Hervorhebungen AT: Von Westen nach Osten: Leckerhaus, Quartiers-
management, Freizeitheim, Anne-Frank-Schule, Jugendzentrum.

STÖCKEN IN HANNOVER 2006). Sichtbar werden bereits in diesem Abschnitt unterschiedliche Diversity-Zugänge von Stadtteileinrichtungen.

„Leckerhaus"

In der zentral im Stadtteil gelegenen Einrichtung erhalten Kinder im Alter von 6-12 Jahren an fünf Tagen der Woche ein kostenloses Mittagessen. Zudem werden Hausaufgabenhilfe und Nachhilfeunterricht, auch für Jugendliche, Kunsttherapie und Ferienfreizeiten angeboten. Darüber hinaus können Erwachsene Hilfe bei Krisenbewältigung, Erziehungsproblemen, Ausfüllen von Formularen und Behördengängen in Anspruch nehmen. Außerdem finden Schwerbehinderte im Leckerhaus ein Beratungsangebot. Spezielle Angebote für Frauen umfassen ein Frauenfrühstück, eine Tanzgruppe und „Mutter-Kind-Veranstaltungen" (s. LECKERHAUS 2010).

Träger des Leckerhauses ist das „Soziale Netzwerk Stöcken e.V.", der 2001 eigens zur Realisierung dieses Projektes gegründet wurde und inzwischen vielfältige Aufgaben im Stadtteil wahrnimmt. Die Aktivitäten des Vereins wie Förderung nachbarschaftlicher Selbsthilfe oder Qualifizierung Langzeitarbeitsloser sind dabei vorwiegend im Bereich der Gemeinwesenarbeit und in der „Sozialen Stadt" angesiedelt (s. ebd.).

Neben der Grundversorgung der Kinder mit einer täglichen warmen Mahl-

zeit leistet die Einrichtung pädagogische Unterstützung, wie oben beschrieben etwa durch Nachhilfe und Einzelförderung oder Elternbetreuung. Ziele des Leckerhauses sind:
– Vermittlung sozialer Kompetenzen
– Gewaltprävention
– Schaffung einer Öffentlichkeit und Aufbrechen von „Tabuisierungen"
– Einbeziehung der Kinder in andere Projekte und Angebote des Stadtteils, Verhinderung „häuslicher Isolation" (ebd.).

Das Leckerhaus spricht darüber hinaus weitere Zielgruppen an, etwa die als „Lückekinder" bezeichnete Gruppe der 12-16jährigen. Selbst im Leckerhaus sozialisiert, werden sie an der Arbeit der Einrichtung aktiv beteiligt, helfen jüngeren Kindern bei den Hausaufgaben oder schlichten bei Konflikten. Für die „Lückekinder" erfüllt das Leckerhaus eine präventive Funktion, da durch den Aufenthalt in der Einrichtung der Rückzug in die soziale Isolation oder delinquentem Verhalten entgegengewirkt wird. Folgende Aufgaben und Ziele werden in der Arbeit mit dieser Altersgruppe verfolgt:
– Gewaltprävention
– Berufsvorbereitung und Bewerbungstraining
– Hilfe bei persönlicher Krisen- und Konfliktbewältigung
– Nachhilfe (auch für Realschule und Gymnasium)
– Schaffung altersgerechter Freizeitangebote
– Weitervermittlung der Zielgruppe in Angebote anderer Vereine, Initiativen und Institutionen (ebd.).

Das Leckerhaus kooperiert mit anderen lokalen Institutionen wie den Kindertagesstätten der AWO und der Corvinusgemeinde. So kommen aus diesen Einrichtungen zum Beispiel Lebensmittelspenden. Zu den weiteren KooperationspartnerInnen zählen neben der Kirchengemeinde Ledeburg-Stöcken die Grundschule „Am Stöckener Bach", das Freizeitheim Stöcken, der Kommunale Sozialdienst, das Jugendzentrum „Opa Seemann" sowie weitere im Stadtteil aktive Institutionen und TrägerInnen (ebd.).

Die Einrichtung wird geleitet von einer Diplom-Sozialpädagogin. Außerdem sind eine Erzieherin in Teilzeit und drei „Ein-Euro-Kräfte" eingestellt. Die Finanzierung der Fachkräfte erfolgt zum Großteil durch die Landeshauptstadt Hannover. Alle weiteren Kosten werden durch Stiftungen, den Bezirksrat Herrenhausen-Stöcken und durch Spenden von lokalen Unternehmen und BürgerInnen, die zumeist selbst im Stadtteil leben, gedeckt. Die meisten MitarbeiterInnen arbeiten allerdings ehrenamtlich. Zu ihnen gehören BürgerInnen aus dem Stadtteil, unter ihnen auch Langzeitarbeitslose und SeniorInnen (ebd.).

Das Leckerhaus hat insgesamt eine hohe Vergesellschaftungsfunktion für den Stadtteil und übernimmt erhebliche Anteile an Gemeinwesenarbeit. Täglich wird die Einrichtung von etwa 35 Kindern aufgesucht. Bei der Zielgruppe, so eine Stadtteilakteurin, handele es sich zu 80% um „die Schwächsten der Schwachen". Nicht nur diese Einschätzung, auch das Engagement von BürgerInnen „im Hintergrund", die habituell den auf Respektabilität bedachten Milieus angehören, spricht aus Diversity-Perspektive dafür, dass der in der Einrichtung gefahrene Ansatz eher dem „Fürsorge"-Konzept nahesteht als dem politischen Gedanken des Empowerments (s. ebd.).

Ist heute „Frau Werner"?

„[...] Voll ist auch das Programm an Gemeindearbeit, das Ilse Werner für die Menschen in Stöcken auf die Beine stellte. In ihrer langen Corvinustätigkeit durchlief sie jeden Arbeitsbereich der Gemeinde: Vorschularbeit und Kinderkreis, Krippenspiele und Martinsumzüge, Konfirmandenarbeit, Mütterkreis und Frauenkreis, Gemeindebrief und Schaukastengestaltung, Projekte mit Studenten der Fachhochschule, Partnerarbeit mit Leipzig und später mit Südafrika, Altenarbeit mit Feierabendrunde und Besuchsdienstkreis. Nicht selten war sie die Gründerin der jeweiligen Aktion oder Gruppe. In unzähligen Hausbesuchen ist sie den Menschen nahe gekommen. Und dabei schlug und schlägt ihr Herz für die Menschen über vermeintliche Grenzen hinweg. Ohne Scheu tauchten die türkischen Kinder bei ihr in den Kinderkreisen auf. Mit ‚Ist heute Frau Werner¿ kamen sie von der Straße ins Gemeindehaus gesaust. Und mit Projekten wie ‚Senioren laden ausländische Nachbarn ein' setzte sie Akzente.
[...] Sie hat sich immer über die vielen Ehrenamtlichen gefreut, die auch ihre umfangreiche Arbeit mit möglich machten. Für sie kann es nie genug Ehrenamtliche in der Gemeinde geben." (EV.-LUTH. KIRCHENGEMEINDE LEDEBURG-STÖCKEN IN HANNOVER 2006: 15f.)

Quartiersmanagement

Das Konzept des Quartiersmanagements erhält in der Programmabwicklung der „Sozialen Stadt" eine Schlüsselrolle, wenn auch Quartiersmanagement heute nicht mehr ausschließlich in den als Fördergebieten ausgewiesenen Stadtteilen installiert ist.

Die Aufgaben von Quartiersmanagement sind denen der Gemeinwesenarbeit nicht unähnlich (vgl. Punkt 5.1), weisen allerdings auch einige erhebliche Unterschiede auf. Quartiersmanagement in der „Sozialen Stadt" ist mit der Programmumsetzung vor Ort beschäftigt, verhandelt anstehende Sanierungsmaßnahmen in politischen Gremien wie der Kommission Sanierung. Welche Bedeutung dem der „Sozialen Stadt" innewohnenden Leitgedanken der integrativen Stadtentwicklung beizumessen ist, wird bei der Betrachtung der unterschiedlichen, sich überschneidenen Handlungsfelder deutlich, in denen sich Quartiersmanagement bewegt:

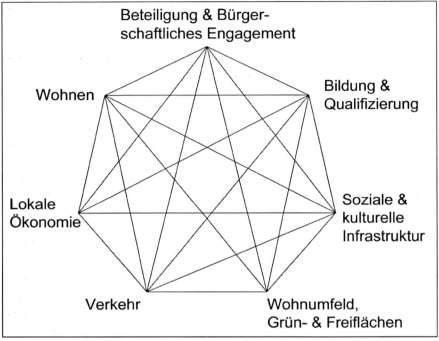

Abb. 49: Handlungsfelder in der „Sozialen Stadt" – Handlungsfelder von Quartiersmanagement
Quelle: SKOWRONNECK (2008: 6).

Personell wird innerhalb des Quartiersmanagements in der Regel eine „Tandemlösung" aus StadtplanerInnen und SozialarbeiterInnen favorisiert (vgl. KRUMMACHER/KULBACH/WALTZ/WOHLFAHRT 2003: 57). Die Umsetzung von Quartiersmanagement unterscheidet sich im kommunalen Vergleich, was in verschiedenen Bezeichnungen wie Stadtteil- oder Gebietsmanagement sowie unterschiedlichen Organisationsformen – von Top-down-Ansätzen mit planerischem Schwerpunkt bis zu einer Verlagerung von Verwaltungsverantwortlichkeit auf die QuartiersmanagerInnen selbst – zum Ausdruck kommt (vgl. FRANKE 2004: 149).

Das Quartiersmanagement Stöcken ist von der Landeshauptstadt Hannover in Zusammenarbeit mit der Gesellschaft für Bauen und Wohnen Hannover mbh (GBH) eingerichtet worden. Als Ansprechpartnerinnen vor Ort sind drei

Quartiersmanagerinnen tätig, unter ihnen zwei Sozialarbeiterinnen und eine Mitarbeiterin aus dem kommunalen Sachgebiet Stadterneuerung.

Zu den wichtigsten Aufgaben von Quartiersmanagement zählen:

- Koordination der Umsetzung des Programms „Soziale Stadt" auf Stadtteilebene
- Organisation von Beteiligung und Aktivierung von BewohnerInnen
- Stärkung und Unterstützung der Kooperationen und Vernetzung zwischen Institutionen, Vereinen, Initiativen, lokale AkteurInnen, Politik und Wirtschaft
- Projektinitiierung und Projektverantwortung
- Moderation von Stadtteilentwicklungsprozessen (STÖCKEN 2010).

Zahlreiche Schlüsselprojekte sind im Zuge der „Sozialen Stadt" durch das Quartiersmanagement angestoßen worden, darunter zum Beispiel ein „Berufsparcours", der SchülerInnen der Klassen 8 bis 10 die praktische Betätigung in potentiellen späteren Berufsfeldern und den Austausch mit Wirtschaftsunternehmen und lokalen Betrieben ermöglicht (vgl. Punkt 6.2.6).

Nach dem Verständnis integrativer Stadtentwicklung werden Projekte in der „Sozialen Stadt" in der Regel nicht nach dem Top-Down-Prinzip beschlossen oder politisch deligiert. Auch wenn Maßnahmen in der kommunalpolitischen Praxis von Verwaltungsseite vorbereitet und geplant werden, übernehmen QuartiersmanagerInnen in der Praxis häufig die Rolle von ModeratorInnen. Der „Kommission Sanierung Stöcken" kommt in diesem Zusammenhang formal bzw. ideell die Funktion einer demokratisch-partizipativen Kontrollinstanz zu: Die Kommission besteht aus 18 Mitgliedern, neun davon sind BürgerInnen, weitere neun VertreterInnen des Bezirksrates Herrenhausen-Stöcken oder des Rates der Landeshauptstadt Hannover (STÖCKEN 2010).

Die Kommission Sanierung berät sechs bis achtmal im Jahr über sämtliche im Rahmen der „Sozialen Stadt" geplante Maßnahmen, spricht Empfehlungen aus und besitzt ein Anhörungsrecht gegenüber dem Bezirksrat. Die Stöckener BürgerInnen können – im öffentlichen Teil der Sitzungen – von ihrem Rederecht Gebrauch machen. Formell sollen auf diese Weise die unterschiedlichen Anliegen der BewohnerInnen in der Entscheidungsfindung des Gremiums berücksichtigt werden (ebd.).

Freizeitheim

Das Freizeitheim Stöcken befindet sich in Trägerschaft der Landeshauptstadt Hannover und ist dem Bereich der Stadtteilkultur zuzuordnen. Die kommunale Stadtteilkulturarbeit ist dabei mit der Hilmar HOFFMANNschen Idee verknüpft, ein institutionelles Gegengewicht zur Hochkultur zu schaffen und

„Kultur für alle" anzubieten (HOFFMANN 1981); zugleich handelt es sich bei der Förderung der Stadtteilkultur um ein freiwilliges Angebot der Stadt Hannover. Die Kulturausrichtung des Freizeitheims ist nicht ohne ihre sozialarbeiterische Komponente zu verstehen: Es geht um Sozialraumorientierung und Partizipation der lokalen Bevölkerung – im gesamten Stadtbezirk Herrenhausen-Stöcken – mit der Besonderheit, dass bei der Umsetzung des Arbeitsauftrags kulturelle Mittel eingesetzt werden:

„Stadtteilkulturarbeit ist stadtteilbezogen und ermittelt und berücksichtigt sozialräumliche Voraussetzungen bei der Entwicklung und Bereitstellung von (Bildungs-) Angeboten. Sie fördert Beteiligung und Teilhabe der Menschen, trägt zur Stadtteilidentität bei und regt Stadtteilentwicklungsprozesse an. Sie bietet Lern- und Begegnungsorte im Stadtteil an und trägt damit auch zu einem ‚Stadtteilmarketing' bei." (LHH 2010b)

Der Arbeitsauftrag des Stöckener Freizeitheims ist also in erster Linie gemeinwesenorientiert. Bildungsarbeit im Sinne lebenslangen Lernens, Qualifizierung, aktive Kulturvermittlung, Bereitstellung von Beteiligungsmöglichkeiten und vor allem Networking zählen zu den zentralen Aufgaben der Einrichtung: Ein bedeutender Aspekt von Stadtteilkulturarbeit ist die Initiierung und Pflege lokaler und regionaler Netze (vgl. Abb. 50).

Über 53.000 Menschen besuchen das Freizeitheim im Jahr. Grundsätzlich spricht die Einrichtung „alle Altersgruppen, Menschen verschiedener Sprachen und Kulturen, Mädchen und Jungen, Frauen und Männer" an, der Arbeitsansatz wird betrachtet als „intergenerativ, interkulturell, integrativ und kreativ" (LHH 2010b). Das Freizeitheim Stöcken bietet zahlreiche eigene Angebote bzw. Räume für zum Teil sehr unterschiedliche NutzerInnengruppen: Amateurtheater mit interkultureller und intergenerationaler Ausrichtung wie die von AussiedlerInnen betriebene „Russische Bühne" oder das Theater „Firlefanz" proben im Freizeitheim; der „Russisch-Deutsche-Kultur-Klub" veranstaltet regelmäßige Gesprächskreise. Die „Dancing Wheels" bieten gleichermaßen Körperbehinderten und Nichtbehinderten die Möglichkeit zum gemeinsamen Tanz (STÖCKEN 2010). Zu den aktuellen Projekten zählen unter anderem der so genannte Bildungssamstag („BiSam"), ein Versuch der Stadtteilkulturarbeit, Erwerbstätigen trotz zunehmender Arbeitsverdichtung den Zugang zu kulturellen Bildungsangeboten zu ermöglichen, und die Initiative „Kulturelle Bildung an Schulen", ein Kooperationsprojekt zwischen Freizeitheim und Schulen im Stadtteil, das auf die Stärkung sozialer und kultureller Kompetenzen von SchülerInnen zielt (LHH 2010b).

In der Zusammenarbeit von Stadtteilkulturarbeit und Schulen werden die Chancen offengelegt, die sich aus der Gestaltung neuer Lernformen für den

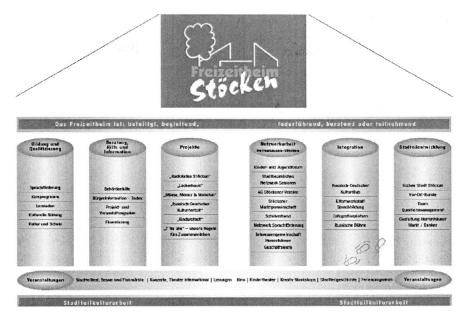

Abb. 50: Handlungsfelder des Freizeitheims Stöcken
Quelle: LHH (2010b).

Bereich der Beschäftigungsförderung ergeben können. Die Frage stellt sich jedoch, inwieweit im „Alltagsgeschäft" eines Freizeitheims neben der Terminverwaltung und Organisation von Raumbelegungsplänen überhaupt geeignete Ressourcen für eine derartige inhaltliche Orientierung bereit gestellt werden können.

Dem Freizeitheim kommt für die Entwicklung von Diversity Management in der Quartierentwicklung eine Schlüsselfunktion zu. Alle BewohnerInnen sind mögliche Zielgruppen und können die Angebote der Institution grundsätzlich nutzen. Allerdings, so haben zum Beispiel die Reflexionen einer zusammen mit Hildesheimer Studierenden der Sozialen Arbeit unternommenen Hospitation der Einrichtung gezeigt, treten die unterschiedlichen Gruppen praktisch kaum in einen gegenseitigen Austausch. Gelebte Interkulturalität findet im Freizeitheim nicht statt, und somit kommt es letztlich auch zu keinem sozialen Ausgleich zwischen den einzelnen AkteurInnen. Das Alltagsgeschäft der Einrichtung, die rentabel arbeiten muss, ist auf eine möglichst hohe räumliche Auslastung ausgerichtet. Vor diesem Hintergrund liegt der Gedanke nahe, das Freizeitheim betreibe praktisch eher Facility Management als Diversity Management.

Die Boutique in der Hölle

„Im Mai 1991 wurde eine Kleiderstube im hintersten Keller des Gemeindehauses errichtet. Seit vielen Jahrzehnten wird dieser Kellerraum, der für die Kirchbaufeste über viele Jahre immer als Bierkeller hergerichtet wurde, als ‚Hölle' bezeichnet. Von wem diese Bezeichnung stammt und aus welchem Anlass heraus sie entstanden ist, ist nicht mehr nachvollziehbar.

Schon vor 1991 hatte sich eine Gruppe von engagierten Frauen der Corvinusgemeinde für diese Kleiderstube eingesetzt, in der gut erhaltene Textilien, auch Geschirr und andere Haushaltsartikel, angenommen werden, um diese an Bedürftige auszugeben. Und es gibt viele Bedürftige unter uns, deren Einkommen nicht ausreicht, sich ein Kleidungsstück zu kaufen. Jeden Samstag drängen sich schon viele Menschen, oft weit vor der Öffnungszeit, um den Eingang herum, um die ersten zu sein. Betreut wird die Kleiderstube samstags jeweils von zwei Frauen, dabei helfen sowohl Mitarbeiterinnen der Kindertagesstätte als auch andere engagierte Gemeindeglieder [sic!] mit. Für die ausgegeben [sic!] Sachen ist ein kleiner Obulus [sic!] zu entrichten. Den ‚Erlös' erhält nach Absprache unsere Kindertagesstätte für besonderes Spielmaterial, Ausstattungsgegenstände usw. [...]" (EV.-LUTH. KIRCHENGEMEINDE LEDEBURG-STÖCKEN IN HANNOVER 2006: 17.)

Anne-Frank-Schule

Die Anne-Frank-Schule (AFS) ist eine Hauptschule und gehört gemeinsam mit der Emil-Berliner-Schule (Realschule) zum Schulzentrum Stöcken. Seit dem Schuljahresbeginn 2009/10 hat der Transformationsprozess zur Integrierten Gesamtschule (IGS) Stöcken begonnen. Dies hat zunächst nur Auswirkung auf den fünften Jahrgang.

Dreimal hat die AFS bisher das Gütesiegel „Berufs- und Ausbildungsfreundliche Schule" erhalten. Die „Stärkung der Ausbildungsfähigkeit" der SchülerInnen weist einen thematischen Schwerpunkt der Einrichtung auf, die sich als „Zukunfts-Werkstatt-Schule" versteht. Im Leitbild der Schule werden folgende Selbstverpflichtungen formuliert:

– „Wir stellen die Entwicklung von Herz und Verstand unserer Schülerinnen und Schüler ins Zentrum unseres pädagogischen Denkens und Handelns.
– Wir stärken ihre Gesamtpersönlichkeit.
– Wir fordern und fördern sie nach ihrem persönlichen Leistungsvermögen.
– Wir bereiten sie intensiv auf die Berufs- und Arbeitswelt vor.
– Wir stellen unsere Arbeit auf den Prüfstand und entwickeln sie weiter." (AFS 2010)

Aus dem Leitbild werden folgende Konsequenzen für die schulische Arbeit abgeleitet:

– „Förderung sozial benachteiligter Schülerinnen und Schüler

- Stärkere Integration jugendlicher Ausländer, Aussiedler und Flüchtlingskinder
- Förderung und Betreuung lernschwacher Schülerinnen und Schüler
- Hinführung zu kulturellen und sozialen Einrichtungen
- Hilfe bei der Suche nach Ausbildungsplätzen
- Verbesserung der Ausbildungsfähigkeit durch
  - das Angebot von praxisorientierten Wahlpflichtkursen
  - eine stärkere Verzahnung des theoretischen und praktischen Lernstoffs
  - Schnupperkurse und Praxistage in den berufsbildenden Schulen
  - den Ausbau der „Werkstatt-Projekte" in der Schule
  - die Zusammenarbeit mit Experten und Firmen
  - eine konsequente Erziehung zu sorgfältigem Umgang mit Maschinen
  - die Teilnahme an Messen
- die Arbeit an einem Berufswahlpass ab dem 8. Jahrgang." (Ebd.)

Die schulische Arbeit der AFS ist praxisorientiert: Neben einer Theater-, einer Fußball- und einer Mädchen-AG liegt ein Schwerpunkt auf der Vermittlung von Medienkompetenzen; von herausragendem Stellenwert ist allerdings das Feld der Berufsorientierung. Hierzu zählt ein breit gefächertes Angebot an Unterstützungsleistungen und Praxisfeldern (s. Abb. 51).

Die AFS hat ein Förderkonzept für SchülerInnen mit Migrationsgeschichte entwickelt, die mit besonderen Sprachschwierigkeiten konfrontiert sind. Der ehemals parallel organisierte Unterricht in Förder- und Regelklasse ist seit dem Schuljahr 2005/06 dem Konzept einer gemeinsamen Sprachlernklasse gewichen. Die SchülerInnen mit Sprachbenachteiligungen im Umgang mit der deutschen Sprache gehören formal weiterhin der Förderklasse an, werden allerdings gemeinsam, z.B. in Form von *Teamteaching* (Doppelbesetzung von Lehrpersonal) mit SchülerInnen der Regelklasse unterrichtet. Sprache wird an der AFS als Schlüssel zur Integration verstanden. So besteht das von Seiten der Schule nicht weiter differenzierte Ziel der Sprachlernklassen darin, „die Schüler in die deutsche Schule und in die deutsche Gesellschaft zu integrieren" (ebd.).

Im Bereich des Konfliktmanagements verweist die AFS neben einem schulinternen Sicherheitskonzept auf die so genannten „Sieben für alle", ein symbolisches Regelwerk mit Geltungsrahmen für alle Schulen im Stadtbezirk (ebd.).

Abb. 51: Berufsorientierung an der Anne-Frank-Schule
Quelle: nach AFS (2010).

Regelwerk der AFS: „Sieben für alle"

1. Ich lehne gesprochene und körperliche Gewalt ab.
2. Ich schreite bei Konflikten frühzeitig ein.
3. Ich biete Hilfestellung zur friedlichen Konfliktlösung.
4. Ich respektiere mich und andere.
5. Ich trage Mitverantwortung für die Gemeinschaft.
6. Ich bin ein Vorbild.
7. Ich gebe diese Regeln weiter.

Des Weiteren werden situations- und altersabhänge Übungen und Angebote mit den SchülerInnen, zum Teil in Kooperation mit Jugendhilfe und Polizei durchgeführt (ebd.)

Im Bereich der Stadtteilarbeit kann die AFS auf ein differenziertes Netzwerkbündnis verweisen. Dabei unterscheidet sie drei Formen der Netzwerkarbeit: Zusammenarbeit, Vereinbarung und Kooperationsvertrag. Kooperationsverträge wurden mit anderen öffentlichen, schulischen und sozialen Einrichtungen (z.B. Polizei, Realschule, Jugendzentrum im Stadtteil) sowie mit Wirtschaftsunternehmen und -verbänden geschlossen.

Welchen Stellenwert „Diversity" in der künftigen Struktur der IGS Stöcken einnehmen wird, bleibt eine der Schlüsselfragen. Auf der Internetpräsenz der IGS wird inhaltlich bisher nur auf einen Flyer verwiesen, in dem aus dem Leitbild zitiert wird. Das dort zu Grunde gelegte interkulturelle Verständnis ist unmissverständlich dem Assimilationskonzept entlehnt: Als Bedingung für den von den VerfasserInnen als Bereicherung bewerteten interkulturellen Austausch wird die Pflege der deutschen Sprache als „Umgangssprache im Unterricht und auf dem Schulgelände" genannt (IGS Stöcken 2010).

Jugendzentrum Stöcken

Das Jugendzentrum „Opa Seemann" wird von der Landeshauptstadt Hannover betrieben und befindet sich räumlich im östlich an Stöcken angrenzenden Stadtteil Ledeburg. Die Einrichtung steht Kindern und Jugendliche im Alter von 10 bis 27 Jahren offen (s. STÖCKEN 2010). Mehr als 90% der AdressatInnen stammen aus Familien mit einer Migrationsbiographie; etwa 30% der Zielgruppe sind Besucherinnen. Personell verfügt das Jugendzentrum über zweieinhalb MitarbeiterInnenstellen, eine ist für die Durchführung des Niedersächsischen Bildungs- und Kooperationsprojektes (NiKo) vorgesehen (LHH 2007: 16f.).

Neben dem klassischen Angebot der offenen Kinder- und Jugendarbeit liegt ein Schwerpunkt der pädagogischen Arbeit im Bereich Übergangsmanagement. Die Jugendlichen werden von den MitarbeiterInnen bei der Bewältigung der Schwelle zwischen Schule und Beruf durch Hausaufgabenhilfe, Berufs- und Lebenswegplanung sowie mediale Bildungsangebote unterstützt. Hierbei wird im Rahmen des NiKo-Projektes eng mit der Anne-Frank-Hauptschule und angrenzenden Schulen kooperiert. Der Bereich der Schlüsselkompetenzen wird durch musikpädagogische Angebote wie DJ-Kurse, Bandcoaching oder Beteiligung an Discoveranstaltungen gefördert. Ein wichtiger Kooperationspartner auf diesem Gebiet ist das „Rockmobil" des Musikzentrums Hannover. Ein enger Kontakt besteht auch zwischen dem Jugendzentrum und dem örtlichen Jugendkontaktbeamten der Polizei (s. ebd.).

Ein wichtiger jugendpolitischer Arbeitskreis im Stadtteil ist das vom Jugendzentrum organisierte „Kinder- und Jugendforum Herrenhausen-Stöcken". Neben der Erarbeitung von Handlungskonzepten geht es dem Arbeitskreis um die Verknüpfung bestehender kinder- und jugendspezifischer Beratungs-, Bildungs- und Freizeitangebote. Teilnehmende des Kinder- und Jugendforums sind VertreterInnen von Kinder- und Jugendeinrichtungen, die ihen Sitz entweder innerhalb des Stadtbezirks haben oder in diesen hineinwirken (STÖCKEN 2010).

Galerie im Turm

„Seit langem hat sich die Kita der Corvinuskirche eine Orientierung an der Pädagogik aus Reggio/Italien auf die Fahne geschrieben. Dazu gehört, die Kinder in ihren verschiedenen Ausdrucksmöglichkeiten zu stärken. ‚Kinder sind Künstler' entdeckten die Vorschulpädagogen. Malen, Singen, Puppenspiel, Tanzen, Töpfern und Bauen sind einige von hundert Sprachen, in denen die Kinder uns etwas erzählen können. Viele Bilder wurden im Laufe der Zeit in unserer Kita gerahmt und aufgehängt, in den Vitrinen und Minimuseen gibt es immer neue Ausstellungsstücke zu sehen. Von einer richtigen Kunstausstellung träumten wir manchmal." (EV.-LUTH. KIRCHENGEMEINDE LEDEBURG-STÖCKEN IN HANNOVER 2006: 37)

Neben den Stadtteileinrichtungen haben sich – beflügelt durch den sozialen Erneuerungsprozess der „Sozialen Stadt" – unterschiedliche Netzwerke und Gremien gebildet. Hierzu zählen „das Forum für Menschen ab 50", die Beratungs- und Informationsstelle des „Wohnwinkels" etc. (s. STÖCKEN 2010).

Nicht unerwähnt bleiben soll die „AG KZ Stöcken", die sich seit 1979 mit der Dokumentation und Vermittlung der nationalsozialistischen Stadtteilgeschichte beschäftigt. Die Gruppe begleitet unter anderem ehemalige Häftlinge des Lagers Stöcken, organisiert Projekte in Zusammenarbeit mit Schulen, Gewerkschaften, Kirchengemeinden und Jugendverbänden. Mitglieder der AG KZ Stöcken sind das Freizeitheim Stöcken, die Gewerkschaft Nahrung-Genuss-Gaststätten (NGG), die Vereinigung der Verfolgten des Naziregimes-Bund der Antifaschistinnen und Antifaschisten (VVN-BdA), Arbeit und Leben Niedersachsen sowie unterschiedliche evangelische und katholische Kirchengemeinden der Stadt Hannover (s. LHH 2010b).

6.2.5 Ökonomische Infrastruktur

Wie bereits zu Beginn dieses Kapitels festgestellt wurde, ist Stöcken zum einen geprägt durch die Ansiedlung der großen Industriebetriebe im Norden des

Stadtteils – nach wie vor produzieren hier VW und Continental, wenn auch mit rückläufigen Kapazitäten; zum anderen fallen bei einem Stadtteilrundgang die ökonomische Monoinfrastruktur und der Ladenleerstand ins Auge: Eine hohe Dichte an Kneipen, Bistros und ethnischem Kleinstgewerbe prägt vor allem die Quartiere im Sanierungsgebiet.

Abgesehen vom zentral am Stöckener Markt gelegenen „Penny"-Markt befinden sich die Standorte der übrigen Discounter am Rande des Stöckener Kerngebietes: „NP" an der Weizenfeldstraße im Norden, „Lidl" an der Alten Stöckener Straße im Nordwesten und „Netto" im Westen, ebenfalls an der Alten Stöckener Straße gelegen. Ein türkischer Supermarkt befindet sich ebenfalls im Stadtteil.

Ein Großteil der Stöckener Gewerbetreibenden kritisiert die Standortbedingungen. Öffentliche Hinweisschilder auf lokale Betriebe seien nicht in ausreichendem Maße gegeben (s. LEBEN IN STÖCKEN 2010: 6):

Abb. 52: Ausschilderung an der Alten Stöckener Straße
Foto: Andreas Thiesen 03/2009.

Als ein weiteres Problem wird die mangelnde Sauberkeit im Stadtteil angegeben. Dies trifft vor allem auf den Stöckener Markt zu (s. ebd.). Die dort ansässigen mittelständischen Betriebe sind mit Abwanderungserscheinungen und neuen Niederlassungen von Firmen konfrontiert, die die Nachfrage nach Niedrigpreisprodukten im Stadtteil bedienen. In diesem Zusammenhang haben sich lokale Gewerbetreibende in der „Stöckener Marktgemeinschaft" zusammengeschlossen, einer Interessensinitiative, der es um die Aufwertung des Quartiers und den Erhalt bzw. den Ausbau der ökonomischen Infrastruktur geht (vgl. STÖCKEN 2010). Der Marktplatz selbst ist nur an Freitagen zu Marktzeiten belebt. An anderen Tagen spiegelt er das stereoytpe Stadtteilbild einer sozial benachteiligten Bevölkerungsstruktur wider.

Die Stabilisierung und Erweiterung der lokalen Ökonomie in Stöcken wird seit 2009 von städtischer Seite aus mit der Installierung von zwei Gewerbebeauftragten im Stadtteil unterstützt. Neben individueller Gewerbeberatung und Gewerbesozialplanung leisten sie Hilfestellung im Bereich des Fundraisings, sollen den Aufbau eines Unternehmensnetzwerks in Stöcken begleiten und durch gezieltes Standortmarketing zur Image-Aufwertung des Stadtteils als Unternehmensstandort und zur Beseitigung von Ladenleerstand beitragen. Darüber hinaus sind die Gewerbebeauftragten an lokalen Projekten zur besseren Kooperation von Schulen und Wirtschaft beteiligt. Die Vernetzung mit den Gewerbetreibenden vor Ort erfolgt duch die Organisation von Gewerberunden und persönliche Terminabsprachen (STÖCKEN 2010).

6.2.6 Schlüsselprojekte

Der Leitgedanke der „Sozialen Stadt" drückt sich im doppelten Sinne im Instrument des *Integrierten Handlungskonzeptes* aus (s. BECKER et al. 2003).[65] Hierbei geht es auf der Steuerungsebene zum einen um die Beteiligung lokaler AkteurInnen im Netzwerkverbund, zum anderen um die Kompatibilität sozialer Projekte mit den unterschiedlichen Bedarfslagen im Stadtteil. Im Vordergrund stehen die Identifizierung zentraler Handlungsfelder und die Initiierung integrierter Schlüsselprojekte. Mit der Fokussierung auf lokale „Leuchtturmprojekte" sollen Anreize zu mehr Beteiligung innerhalb der Bewohnerschaft geschaffen werden. Zugleich fungieren jene Maßnahmen als Prestige-Objekte im Stadtteil und verfolgen das Ziel der Image-Aufwertung. Integrierte Handlungskonzepte bilden die konzeptionelle Grundlage der Umsetzung der „Sozialen Stadt" vor Ort und sind nicht zuletzt formaljuristische Basis für die Mittelbewilligung (s. ebd.: 76).

Vor der Kulisse „der lokalen städtebaulichen, baulichen, verkehrlichen, sozialen und wirtschaftlichen Situation" nennt die Landeshauptstadt Hannover

---

[65] Eine detaillierte Betrachtung des Integrierten Handlungskonzeptes Hannover-Stöcken kann hier nicht erfolgen. Zum Zeitpunkt der Fertigstellung dieser Forschungsarbeit befand sich das Integrierte Handlungskonzept noch im verwaltungsinternen Abstimmungsprozess.

für das Sanierungsgebiet Stöcken folgende leitende *Handlungsfelder* (LHH 2009b):
- Stärkung der Qualität von Wohnungen und Gebäuden durch Schaffung familiengerechter Wohnungen sowie Modernisierungen und energetischer Sanierungen
- Schaffung barrierefreier und seniorengerechter Wohnungen
- Schaffung neuer und Aufwertung vorhandener Spiel- und Bolzplätze
- Verbesserung der Zugänge zur Leineaue und zum Stöckener Friedhof
- Aufwertung des Marktplatzes
- Weiterführung der Grünverbindung Stöckener Bach
- Steigerung der Attraktivität von Handel und Dienstleistungen
- Verbesserung der Aus-, Fortbildung und Qualifizierung
- Grunderneuerung, Neuordnung und Begrünung verschiedener Straßenräume
- Förderung und Stärkung von Nachbarschaften und des Stadtteillebens
- Beteiligungsprojekte für alle Bevölkerungsgruppen
- Verringerung der verkehrsbedingten Emissionen durch Maßnahmen zur Verkehrsberuhigung und Lärmschutz
- Verbesserung der sozialen, kulturellen, freizeitbezogenen Infrastruktur

Analog zu den thematischen Schwerpunkten sind zu Beginn der Sanierung einige erste Schlüsselprojekte entstanden. Einschränkend sei hier erwähnt, dass es sicher verkürzt wäre, Schlüsselfunktionen von Projekten für den Stadtteil allein an den Angeboten der „Sozialen Stadt" festzumachen. So bestand das Projekt des Leckerhauses bereits vor Einzug des Stadtteils Stöcken in das Bund-Länder-Programm (vgl. Punkt 6.2.4). Im Idealfall entsteht in Stöcken eine Win-Win-Situation: Der Programmstart der „Sozialen Stadt" wird durch bestehende Strukturen im Stadtteil erleichtert, „alte" Projekte hingegen profitieren von der neuen „Aufbruchstimmung" und nicht zuletzt von zusätzlichen Fördermitteln.

Stadtteilladen

Der Stadtteilladen ist ein Projekt des Stöckener Vereins „Soziales Netzwerk Stöcken e.V" und befindet sich unweit des Quartiersmanagements im Kern des Sanierungsgebiets der „Sozialen Stadt". Die Einrichtung ist Begegnungsstätte, Aufenhaltsraum für BewohnerInnen und Projektschmiede in einem. Zahlreiche Mikroprojekte und Initiativen im Stadtteil sind räumlich an den Stadtteilladen angebunden. Vor dem Gebäude befindet sich ein offener Bücherschrank (vgl. STÖCKEN 2010).

Die Angebotsstruktur im und um den Stadtteilladen ist vielfältig. Die Initiative „Gesund in Stöcken" bietet neben Walking, „gesundem Frühstück", Rückengymnastik und wechselnden Vorträgen auch einen türkischen Frauentreff an. Für MigrantInnen wurde ein Beratungsangebot installiert, mit dem ihre „sprachliche, schulische, berufliche und soziale Integration" verfolgt wird (ebd.).

Weitere Projekte im Stadtteilladen lassen sich wie folgt abbilden:

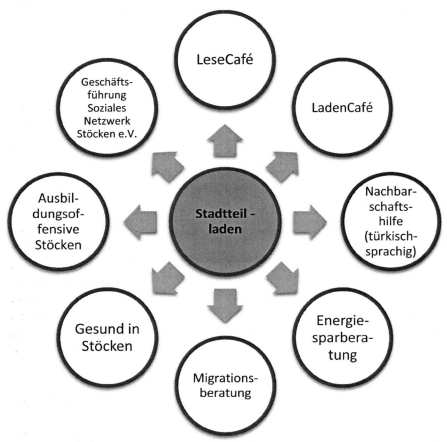

Abb. 53: Angebote im Stadtteilladen Stöcken
Quelle: Eigene Darstellung.

Ausbildungsoffensive Stöcken

Das seit Oktober 2009 geschaffene Qualifizierungsprojekt „Ausbildungsoffensive Stöcken" ist Teil des ESF-Bundesprogramms „Soziale Stadt – Bildung, Wirtschaft, Arbeit im Quartier (BIWAQ)" und zunächst mit einer Laufzeit von drei Jahren angesetzt. „BIWAQ", so ist auf der Programmseite im Internet zu lesen, ist „ein ergänzendes arbeitsmarktpolitisches Instrument", durchgeführt vom Bundesministerium für Verkehr, Bau und Stadtentwicklung in den „Soziale Stadt"-Gebieten (BMVBS 2010). Das Programm will „die Qualifikation und soziale Situation der Bewohnerinnen und Bewohner und damit auch ihre Perspektiven auf dem Arbeitsmarkt verbessern." (Ebd.) Bereits im Kapitel zur EU-Policy ist deutlich geworden, dass der Unterschied zwischen den verschiedenen ESF-Programmen im Grunde lediglich in der Namensgebung der Projekte besteht. Stets sind die Zielsetzungen kompatibel. So formuliert das BMVBS weiter:

„Gefördert werden Projekte, die dem integrierten Programmansatz des Städtebauförderungsprogramms „Soziale Stadt" Rechnung tragen und bei denen die Handlungsfelder Bildung, Beschäftigung, soziale Integration und Teilhabe der Bewohnerschaft sowie die Wertschöpfung im Quartier im Vordergrund stehen. Die Gleichstellung von Männern und Frauen sowie die Integration von Menschen mit Migrationshintergrund ist integraler Bestandteil des Programms." (Ebd.)

Die Ausbildungsoffensive Stöcken finanziert sich zu 50% aus Mitteln des ESF, zu 38% aus Mitteln des Bundesministeriums für Verkehr, Bau und Stadtentwicklung und zu 12% aus Eigenanteilen der Stadt Hannover, d.h. aus „Soziale Stadt"-Mitteln des Jugend- und Sozialdezernats. Trägerin des Projektes ist die kommunale Jugendberufshilfe. Stadtintern wurde in Ergänzung eine Steuerungsgruppe gebildet, in der neben den MitarbeiterInnen der Ausbildungsoffensive Stöcken auch das Quartiersmanagement und das Sachgebiet Stadterneuerung der Landeshauptstadt Hannover vertreten sind. Im Mittelpunkt stehen die Integration von Jugendlichen in Ausbildung und Beruf, die Verbesserung des Übergangs von der Schule in den Beruf sowie die Stärkung der lokalen Ökonomie. Die Ausbildungsreife bzw. Beschäftigungsfähigkeit von SchulabgängerInnen soll erhöht und AusbildungsplatzbewerberInnen bereits während des Bewerbungsprozesses unterstützt werden. Ziel ist es, die Aufenthaltszeiten im Übergangssystem zu verringern (vgl. Punkt 4.2.1) und neue Ausbildungsplätze im Bereich der lokalen Ökonomie zu schaffen (STÖCKEN 2010).

Zielgruppen sind junge Menschen im Alter von 15 bis 27 Jahren, deren Eltern und weitere Bezugspersonen. Stadtteil- und stadtweite Institutionen und Unternehmen sollen mit Hilfe der Ausbildungsoffensive vernetzt werden, um auf diese Weise den Prozess der beruflichen Eingliederung der Zielgruppen zu optimieren. Der Zugang zu arbeitsmarktwirtschaftlichen Instrumenten soll Jugendlichen und den AkteurInnen der lokalen Ökonomie ermöglicht, neue An-

gebote konzipiert und lokale und regionale Kooperationen verbessert werden (s. ebd.; vgl. Abb. 54):
Unter anderem sind bereits folgende Angebote der Ausbildungsoffensive Stöcken realisiert worden (s. STÖCKEN 2010):

– Beratungsangebot vor Ort
  Als Ansprechpartner für SchülerInnen, Jugendliche ohne Ausbildungsplatz oder mit Fragen zum Übergangssystem, Eltern und Ausbildungsbetriebe wurden zwei Mitarbeiter der Landeshauptstadt Hannover im Stadtteil eingesetzt: zweimal wöchentlich im Jugendzentrum „Opa Seemann" und jeweils einmal wöchentlich im Freizeitheim und im Stadtteilladen.

– Einstieg ohne Ausstieg
  Das Angebot richtet sich an Jugendliche im Übergang zwischen Schule und Beruf und wird in Trägerschaft der AWO Region Hannover e.V. durchgeführt. In dem Projekt werden jungen Menschen an der Schwelle zwischen Schule und Ausbildung durch Auszubildende unterstützt, die auf Grund vergleichbarer Erfahrung persönlich mit dieser Situation vertraut sind. Durch das MentorInnensystem wird sich ein Lerneffekt für die SchülerInnen erhofft.

– Projektwochen zum Thema Berufsinformation/Bewerbungstraining
  In Trägerschaft der Pro Beruf GmbH wurde mit zwei Realschulklassen die Nachbereitung eines Schulpraktikums organisiert, mit dem Ziel, individuelle Stärken und Interessen zu identifizieren und „realistische" Berufsfelder kennenzulernen. Außerdem sollten in dem Projekt Sicherheit im Umgang mit potentiellen ArbeitgeberInnen vermittelt und Hilfestellung beim Anfertigen von Bewerbungsunterlagen geboten werden.
Neben den durch die „Soziale Stadt" geförderten Projekten gibt es Qualifizierungsangebote, die bereits vor dem Bund-Länder-Programm umgesetzt wurden. Beispielhaft kann hier auf das Projekt „TWS – Textilwerkstatt Stöcken" verwiesen werden. Die TWS qualifiziert junge arbeitslose Frauen im Alter von 17 bis 25 Jahren, indem ihnen Herstellungstechniken von Textilprodukten vermittelt werden. Darüber hinaus werden Bewerbungstraining und Unterstützung in den Fächern Deutsch und Mathematik angeboten. Das kirchliche Angebot hält außerdem Unterstützung in persönlichen Krisen bereit (EV.-LUTH. KIRCHENGEMEINDE LEDEBURG-STÖCKEN IN HANNOVER 2006: 20).

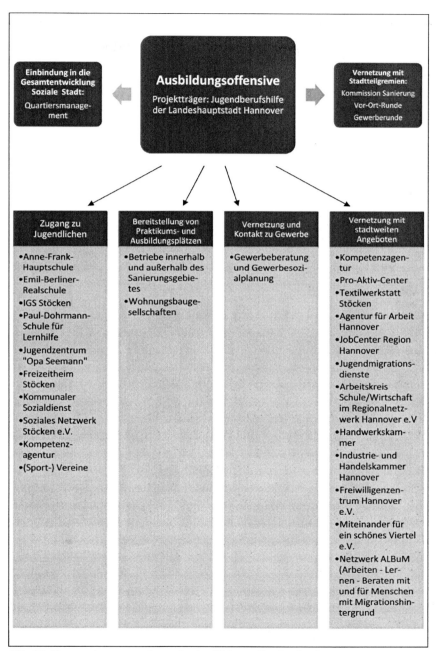

Abb. 54: KooperationspartnerInnen der Ausbildungsoffensive Stöcken
Quelle: LHH (2009e); STÖCKEN (2010); Stand: 03/2010.

6.3 ExpertInneninterviews

In Relation zum Thema dieser Dissertation scheint der ExpertInnenstatus des interviewten Fachpersonals zunächst widersprüchlich: Wie kann in einem Feld, in dem zunächst die Implementationsbedingungen für Diversity Management ausgelotet werden sollen, davon ausgegangen werden, dort auf im Thema ausgewiesene „ExpertInnen" zu treffen? An dieser Stelle sei erklärend darauf hingewiesen, dass sich der ExpertInnenstatus der von mir ausgewählten Erzählpersonen weniger aus dem expliziten Wissen um die einschlägigen, theoriegeladenen Diversity-Diskurse konstituiert, als vielmehr aus dem *Kontextwissen* um spezifische Phänomene der sozialen Ungleichheit, soziale Netzwerke und lokalen Eigensinn.[66] ExpertInnen können wichtige Insider-Informationen liefern. Daher dienen die ExpertInneninterviews auch der gezielten Informationsgewinnung über Nutzungs- und Handlungsmuster bestimmter BewohnerInnengruppen und Milieus im Stadtteil. Darüber hinaus geht es mir um eine Einschätzung von Diversity-Sensibilität und -Kompetenz. Entlang der zentralen Forschungsfragen soll untersucht werden, inwieweit Diversity Management bereits in ortsspezifische Steuerungsmodelle integriert ist bzw. welche künftigen Aufgaben sich aus den ermittelten Bedarfseinschätzungen ergeben. Dennoch wäre es vermessen, vor dem Hintergrund des hier skizzierten Forschungsinteresses von Evaluationsforschung zu sprechen (vgl. v. KARDORFF 2007): Da die Auseinandersetzung mit Diversity Management in der Quartiersentwicklung in der Fachöffentlichkeit bislang allenfalls andiskutiert wurde, kann nicht von einem Evaluationsgegenstand ausgegangen werden. Vielmehr geht es mir zusammenfassend um Inspektion und Exploration zugleich (vgl. MERKENS 2007: 295ff.), d. h. um die Analyse der spezifischen Voraussetzungen für sozialräumlich angelegtes Diversity Management vor der Kulisse der politisch-diskursiven Rahmenbedingungen.

Die nachfolgenden Unterkapitel behandeln in chronologischer Reihenfolge das meinen Forschungsansatz bestimmende Forschungsinteresse und die Zusammensetzung des Samples (Punkt 6.3.1), theoretische Vorüberlegungen

---

[66] Jenes Kontextwissen ist nach Michael MEUSER und Ulrike NAGEL bei ExpertInneninterviews von einer zweiten Untersuchungsanlage, dem Betriebswissen, zu unterscheiden (MEUSER/NAGEL 2005: 75ff.). Während an Betriebswissen interessierte Forschende ausdrücklich das Handlungsfeld der ExpertInnen fokussieren und die ExpertInnen selbst die Zielgruppe der Untersuchung bilden, stellen sie im Fall des Kontextwissens nur eine „zur Zielgruppe *komplementäre* Handlungseinheit" dar (MEUSER/NAGEL 2005: 75). Beide Untersuchungsanlagen lassen sich nur schwer trennscharf unterscheiden: Alle Informationen, die ExpertInnen abverlangt werden, müssen zwangsläufig immer auch Betriebswissen enthalten. Andernfalls wären sie im institutionell-organisatorischen Verständnis keine ExpertInnen.

zur Konzeption des Leitfadens (Punkt 6.3.2) sowie Informationen zu der Datengewinnung (Punkt 6.3.3) und den Auswertungsschritten (Punkt 6.3.4).

6.3.1 Forschungsinteresse und Sample

Obwohl bei der Leitfadengestaltung (vgl. Punkt 6.3.2) notwendigerweise die betrieblich-professionelle Dimension Berücksichtigung findet, steht das Forschungsinteresse an Kontextwissen im Vordergrund der ExpertInnenbefragung. Ziel ist unter anderem die Akquise umfangreicher Informationen über quartiersspezifische Sozialstrukturen, Konflikte und Ressourcen. Es geht mir um ein erstes Vorverständnis der den Handlungsmustern der AdressatInnen der sozialen Quartiersentwicklung zu Grunde liegenden Kontextbedingungen (vgl. MEUSER/NAGEL 2005: 75).[67]

Die für die Interviews aktivierten ExpertInnen wurden bewusst aus der unteren und mittleren Steuerungsebene der Quartiersentwicklung sowie aus der Stöckener BewohnerInnenschaft ausgewählt (zum Vorgehen bei der Datengewinnung s. Punkt 6.3.3). Das Erkenntnisinteresse zielte unter anderem auch auf Insider-Wissen ab, und es wird vor dem Hintergrund der Themenstellung davon ausgegangen, dass die Kenntnis lokaler Strukturen umso stichhaltiger ist, je intensiver die ExpertInnen sich an ihnen „reiben", sie sowohl reproduzieren als auch verändern (vgl. MEUSER/NAGEL 2005: 74). Ebenso wurden in der Hierarchie der Kommunalverwaltung oberhalb der Stadtteilebene stehende FunktionsträgerInnen befragt: Schließlich impliziert der Begriff Diversity *Management*, dass es sich bei diesem Vorhaben um eine Führungsaufgabe handelt. Während sich im Bereich der Wirtschaftswissenschaften das Forschungsinteresse daher folgerichtig auf das Betriebswissen beziehen würde, ist in der Sozialen Arbeit das Kontextwissen von ExpertInnen um ein Vielfaches wichtiger, geht es in der Quartiersentwicklung doch primär um die Beteiligung der AdressatInnen. In diesem Sinne wurde eine Dreiteilung vorgenommen: Befragt wurden professionelle ExpertInnen aus Stadtteilinstitutionen und der Kommunalverwaltung, BewohnerInnen des Untersuchungsgebietes sowie semiprofessionelle ExpertInnen. Bei den zuletzt Genannten handelt es sich um Personen, die in hohem Maße ehrenamtlich im Stadtteil aktiv und in bestehenden Netzwerken fest integriert sind. Ihr Status ist in gewisser Weise zwischen BewohnerInnen und Fachkräften angesiedelt.[68]

---

[67] Im gleichen Maße geht es in den ExpertInneninterviews weniger um die Erschließung der Lebenswelten der Interviewten. Entsprechend wurde diese Dimension bei der Leitfadenkonzeption vernachlässigt (vgl. MEUSER/NAGEL 2005: 72f.).

[68] Jedoch engagieren sich im vorliegenden Sample auch die befragten BewohnerInnen punktuell in der Stadtteilarbeit.

Der ExpertInnenstatus selbst ist dabei immer relational zu fassen und abhängig von den Forschungsfragen (vgl. ebd.: 73; Kapitel 2). Bei allen Aussagen der Interviewten waren die jeweilige Stellung der Befragten in der Organisation bzw. im Stadtteil, ihre Rolle und ihr „Interesse" entsprechend zu gewichten. Von Interesse war dabei auch, welche Themen und Diversity-Dimensionen von den unterschiedlichen AkteurInnen besonders herausgestellt bzw. welche Fragen warum besonders ausführlich beantwortet wurden.

Die zentralen Fragestellungen an die ExpertInnen im ausgewählten Untersuchungsgebiet (vgl. Punkt 6.3.2) gründeten in praxisnahen Vorüberlegungen und betrafen unter anderem folgende, an den leitenden Forschungsfragen orientiere Dimensionen:

– Soziale Kohäsion/lokale Integrationsstrategien: professionelle vs. „persönlich" bzw. ideologisch praktizierte Ansätze
– Europäischer Bezug zum Stadtteil: berufliche Erfahrungswerte
– Perspektiven Lokaler Ökonomie
– Individuelle und institutionelle „Diversity-Kompetenz"
– Reflexion der „Diversity-Policy" lokaler Institutionen: z.B. Konzeptionen, Corporate Identity
– Diversity als Ressource in beruflichen Qualifizierungssettings/bei der Ausbildungsplatzsuche: „Vielfalt als Chance"
– Konfliktmanagement.

Grundsätzlich sollten die Interviews Raum für die Thematisierung aller zentralen Heterogenitätsdimensionen von Diversity (Gender, Ethnie, Religion/Weltanschauung, physische/psychische Handicaps, Alter/Generation oder sexuelle Orientierung) sowie weitere für die Befragten relevanten Inhalte lassen. In besonderer Weise sollte das Gespräch jedoch analog zur Themengewichtung dieser Arbeit auf die Dimensionen Gender, Ethnie und Alter/Generation gerichtet werden.

In thematischer Orientierung an den Fragestellungen im Leitfaden und resultierend aus der im Vorfeld angelegten Stadtteilanalyse wurden 14 Personen für die ExpertInneninterviews ausgewählt (s. Tab. 10). Die Auswahl der ExpertInnen wurde durch die Annahme beeinflusst, dass zwischen den Arbeitsfeldern der einzelnen Institutionen und Vereinen bzw. ihren Handlungspraxen und -zielen spezifische Überschneidungen existieren, die sich thematisch wiederum mit der zentralen Forschungsfrage verbinden lassen. Dies betrifft besonders den Bereich der sozialen Kohäsion. Insbesondere bei den intermediären Stadtteileinrichtungen wurde davon ausgegangen, dass bestimmte Diversity-Dimensionen und daraus abgeleitete Zielsetzungen implizit bereits in Programmatik und Konzeption angelegt sind. Die Suche nach geeigneten

Nr.	Pseudonym	Status	Funktion	Institution	Geschlecht Weibl.	Geschlecht Männl.	Alter (Jahre) Geringfügig verändert	Migrationsgeschichte (entweder selbst oder Eltern im Ausland geboren)	Sonstiges
1	A	Semiprof.	Kommunalpolitikerin	Partei	X		71	–	Schlüsselperson im Stadtteil
2	B	Bewohner	Ehrenamtlicher	Verein		X	46	–	Ehrenamtliches Engagement vorrangig im Quartier Schwarze Heide, darum Status „Bewohner"
3	C	Semiprof.	Ehrenamtliche	Verein	X		64	–	Langjährige Bewohnerin des Stadtteils
4	D	Prof.	Sozialpädagogische Fachkraft der mittleren Steuerungsebene	Kommunalverwaltung	X		51	–	Arbeitsmittelpunkt nicht im Stadtteil
5	E	Bewohner	Kommunalpolitiker	Partei		X	31	+	
6	F	Prof.	Planerische Fachkraft der mittleren Steuerungsebene	Kommunalverwaltung		X	44	–	Arbeitsmittelpunkt nicht im Stadtteil
7	G	Prof.	Sozialpädagogische Fachkraft der unteren Steuerungsebene	Kommunalverwaltung	X		54	–	Arbeitsmittelpunkt vor Ort im Stadtteil
8	H	Prof.	Sozialpädagogische Fachkraft	Kommunalverwaltung	X		49	–	Arbeitsmittelpunkt vor Ort im Stadtteil; de facto Übernahme von Funktionen der unteren Steuerungsebene
9	J	Prof.	Polizeibeamter	Polizei		X	60	–	
10	K	Semiprof.	Ehrenamtlicher	Religiöse Einrichtung		X	39	+	
11	L	Prof.	Lehrer	Schule		X	62	–	
12	M	Prof.	Sozialpädagogische Fachkraft	Kommunalverwaltung	X		40	–	Arbeitsmittelpunkt vor Ort im Stadtteil
13	N	Semiprof.	Ehrenamtliche	Verein	X		33	+	
14	O	Semiprof.	Ehrenamtliche	Religiöse Einrichtung	X		69	–	Schlüsselperson im Stadtteil und langjährige Bewohnerin

Tab. 10: Bestimmung der InterviewpartnerInnen

Diversity Management-Strategien auf Quartiersebene kann somit gerade auch über implizites ExpertInnenwissen erschlossen werden.

Darüber hinaus wird jedoch eine fehlende inhaltliche Vernetzung zwischen den intermediären Stadtteilinstitutionen unterstellt: Wahrscheinlich ist, dass das Selbstverständnis von Fachkräften mit unterschiedlichen Arbeitsschwerpunkten nicht darauf ausgerichtet ist, die jeweiligen Arbeitsbereiche als Querschnittsfelder zu begreifen. Anders ausgedrückt: Wenn jede Einrichtung auf ihre Weise Diversity „bearbeitet", geschieht dies noch nicht im Sinne von gemeinwesenorientiertem Diversity Management. Hier könnten also mögliche Netzwerkstrategien ermittelt werden.

Lokale UnternehmerInnen werden nicht als ExpertInnen betrachtet. Die ExpertInneninterviews setzten auf der institutionellen Ebene der Quartiersentwicklung an und – was die Themengewichtung betrifft – in einiger „Distanz" zu den Anforderungen des ersten Arbeitsmarktes.

6.3.2 Leitfadenkonzeption

Die ExpertInnen werden in offenen Leitfadeninterviews befragt. Dieses Vorgehen bietet sich nach Michael MEUSER und Ulrike NAGEL aus zwei Gründen an: Erstens ist das Forschungsinteresse auf die im Leitfaden aufgenommenen Themen begrenzt. Zweitens trägt das Leitfadeninterview dem ExpertInnenstatus Rechnung (vgl. MEUSER/NAGEL 2005: 77). Mit dem Leitfaden sollen ökonomische, soziale und kulturelle Potentiale für Diversity Management in der Quartiersentwicklung untersucht werden: Inwieweit ist Diversity Management in kommunale Steuerungsprozesse der Quartiersentwicklung bereits wissentlich oder unwissentlich integriert? Welche Vorstellungen über Diversity Management existieren in der Praxis? Welche Ziele erscheinen in Bezug auf die Arbeitsmarktintegration der benachteiligten Zielgruppen als realistisch?

Zunächst wird davon ausgegangen, dass die ExpertInnen mit dem Terminus Diversity Management auf Grund seiner noch jungen Geschichte und wechselhaften Verwendung kein präzises und eindeutiges Konzept verbinden. Dennoch werden die ExpertInnen mit professionellem Status eine bestimmte Vorstellung von „Diversity", zumindest von „Vielfalt" und „Unterschieden" haben. Darüber hinaus besitzen Sie als ExpertInnen Kenntnis über reale Handlungskonzepte im Umgang mit „Vielfalt" im Untersuchungsgebiet und werden überdies eine professionelle oder auch nur rein persönliche Meinung darüber haben, welcher Schritte es in der Zukunft bedarf, mit dem Thema Diversity vor Ort „adäquat" umzugehen. Angenommen werden darf zudem, dass von den ExpertInnen Schnittstellen zu dem bereits allerorts implementierten Gender Mainstreaming aufgezeigt werden, Diversity Management mit dem Konzept der interkulturellen Kompetenz verwechselt oder monokausal über die Integration bestimmter benachteiligter Gruppen nachgedacht und dabei Diversity Management als Querschnittsaufgabe verkannt wird. All diese Szenarien sind bedingt durch ihre inhaltlichen Nähe zum Diversity-Diskurs möglich und müssen von mir als Interviewer behutsam eingeordnet und gegebenenfalls zurück gespiegelt werden. Letztlich geht es um die klassische Unterscheidung von explizitem und implizitem Wissen – man könnte in diesem Zusammenhang auch zwischen expliziter Diversity-Kompetenz und impliziter Diversity-Sensibilität unterscheiden. Insofern ist es sinnvoll und notwendig, dem jeweiligen berufspraktischen Relevanzrahmen der Befragten Rechnung zu tragen und – um die Datenerhebung nicht unnötig zu erschweren – den Begriff Diversity Management bei der Konzeption des Leitfadens nach Möglichkeit zu paraphrasieren, also zu „übersetzen". Als Orientierungsrahmen für alle ExpertInneninterviews wurde ein Leitfaden in dreifacher Ausführung – für die Interviews mit Professionellen, Semiprofessionellen und BewohnerInnen – entwickelt.[69] Mit dem Leitfaden werden vier zentrale Themen abgedeckt, die sich jeweils an den unterschiedlichen Forschungsfragen orientieren (vgl. Kapitel 2):

– Block I: Institutionale (bzw. bei BewohnerInnen biographische) Dimension
  Forschungsfragen: Integration von Diversity Management in kommunale Steuerungsprozesse der Quartiersentwicklung? Sensibilisierung für Diversity? Interessen hinter möglichen Widerständen gegen Diversity? Wahrnehmung von „Europapolitik" aus der Perspektive des Stadtteils? Berührungspunkte?
– Block II: Vielfalt, Unterschiede und Erwerbsbeteiligung im Stadtteil
  Forschungsfragen: Integration von Diversity Management in kommunale Steuerungsprozesse der Quartiersentwicklung? Sensibilisierung für Diversity? Wo sinnvolle, wo kontraproduktive Einführung von Diversity-Ansätzen? Warum?
– Block III: Sozialräumliche Dimension
  Forschungsfragen: Problemlagen und Konfliktlinien? Wann ist ein Stadtteil „benachteiligt"?
– Block IV: Potentiale und Perspektiven für lokales Diversity Management
  Forschungsfragen: Integration von Diversity Management in kommunale Steuerungsprozesse der Quartiersentwicklung? Sensibilisierung für Diversity? Problemlagen und Konfliktlinien? Wann ist ein Stadtteil „benachteiligt"?

---

[69] Der Leitfaden ist Teil der Anlage dieser Forschungsarbeit. Die dreifache Ausführung ist der nötigen sprachlichen Differenzierung, nicht unterschiedlicher Inhalte in den Leitfäden geschuldet. Der vorliegenden Publikationsfassung liegt der Leitfaden nicht bei.

Wo sinnvolle, wo kontraproduktive Einführung von Diversity-Ansätzen? Warum?

Die Vergleichbarkeit der ExpertInneninterviews im Feld der Quartiersentwicklung ist neben der thematisch-inhaltlichen Gewichtung im Leitfaden durch den gemeinsam geteilten institutionell-organisatorischen Kontext gesichert – auch wenn es hier bedingt durch die Vielzahl an quartiersspezifischen Organisationsformen der Einrichtungen eher um den „organisatorischen" als um den institutionellen Kontext geht (vgl. MEUSER/NAGEL 2005: 80ff.).

6.3.3 Datengewinnung

Die stadtsoziologische Perspektive auf die leitende Fragestellung dieser Forschungsarbeit (vgl. Kapitel 2) erforderte den Rückgriff auf eine breit gefächerte und multidimensionale Datenbasis. Demnach mussten ExpertInnen auf unterschiedlichen Steuerungsebenen der Stadtentwicklung und aus verschiedenen sozialen Milieus befragt werden. Der Zugang zu den Stadtteilinstitutionen erwies sich als unproblematisch. Alle angefragten ExpertInnen signalisierten mit Ausnahme von zwei Einrichtungen Interesse an den Interviews.[70] Bei der Auswahl des Samples wurde – auch unter Beachtung zeitökonomischer Kriterien – auf eine ausgewogene thematisch-inhaltliche Mischung Wert gelegt. So liegen die Arbeitsschwerpunkte der befragten ExpertInnen zum Beispiel im politischen, sozialen, kulturellen bzw. religiösen Bereich.

Je Institution und kommunaler Organisationseinheit wurde eine Person befragt. Ein anderes Vorgehen hätte für den vorliegenden Forschungsgegenstand keinen empirischen Mehrwert gebracht, da gerade im Bereich der Stadtteilarbeit häufig einzelne Schlüsselpersonen bestimmte Institutionen repräsentieren oder von einem Großteil der Stadtteilbevölkerung mit ihnen verbunden werden. Aus diesem Zusammenhang heraus lässt sich, von dem grundsätzlichen Problem der Repräsentativität qualitativer Forschung einmal abgesehen, die Frage, ob die befragten professionellen ExpertInnen als repräsentativ für ihre Institutionen angesehen werden können, durchaus bejahen: Es handelt sich bei den Befragten um Personen mit einem bestimmten Grad an Leitungs- oder zumindest Entscheidungskompetenz. Ihre Arbeitsfelder sind allesamt mehr oder weniger durch relative berufliche Autonomie gekennzeichnet. Besonders in den intermediären Stadtteilinstitutionen existieren flach angelegte Hierarchien und kleine Teams. Unter Berücksichtigung des Machtaspekts begünstigen diese Strukturen den politischen Einfluss bestimmter Personen im Stadtteil,

---

[70] Die ursprünglich geplanten Interviews mit einem Träger der Altenhilfe und einem Sportverein konnten auf Grund fehlenden Interesses auf Seiten der Einrichtungen letztlich nicht durchgeführt werden.

die wiederum stellvertretend – mitunter auch symbolisch – für ihre jeweiligen Institutionen handeln.

Der Zugang zu den semiprofessionellen ExpertInnen und zu den BewohnerInnen konnte, mit einer Ausnahme, nach Empfehlung durch mir bekannte „TüröffnerInnen" realisiert werden. Ein Bewohner war mir auf Grund seiner politischen Funktion bereits bekannt, so dass ich diesen Kontakt nach kurzer Recherche selbst herstellen konnte.

Begleitend zu den Interviews wurden jeweils Prä- und Postskripte angefertigt, die vor allem dazu dienen sollten, bei der späteren Analyse des Datenmaterials meine orts- und zeitabhängigen (Vor-)Urteile sowie mögliche emotionale Befindlichkeiten zu berücksichtigen.

6.3.4 Auswertungsschritte

Um nicht einer vorschnellen, meinem sozial und kulturell geformten Relevanzrahmen geschuldeten, unreflektierten Auswahl „besonders interessanter" Interviewpassagen Vorschub zu leisten, habe ich mich zunächst an dem Vorschlag von Henrike EVERS orientiert, jeweils das vollständige Interview zu transkribieren und im Auswertungsprozess zu berücksichtigen (s. EVERS 2009: 10).[71] Dieser Schritt bietet sich auch unter Beachtung phonetischer Aspekte an: Allein auf Grundlage des Audio-Dokumentes über die heuristische Relevanz von Textpassagen für die spätere Auswertung zu entscheiden, wäre kaum ratsam. Schließlich sind Verstehen und Verständnis keine unabhängigen Variablen und bereits davon beeinflusst, ob es sich um einen „geschriebenen" oder „gehörten" Text handelt. In diesem Sinne sollte die ohnehin stets allgegenwärtige soziale und kulturelle Distanz in einer Interviewsituation auch in der Nachbereitung nicht unnötig vergrößert werden.

Zwei Dimensionen sind für die Auswertung der Interviews von besonderem Interesse:

1. Institutionale Ebene: Stellenwert von Diversity innerhalb der einzelnen Institutionen; Analyse der Diversity-Ansätze
2. Subjektive Ebene: Mentalitäten der Befragten und ihre Einstellungen zu Vielfalt und Differenz

Die zentralen kommunalpolitischen Vorgaben der „Sozialen Stadt" als verbindlicher „gemeinsamer Nenner" beider Dimensionen sind bei der Analyse des Datenmaterials zu berücksichtigen, jedoch angesichts der den AkteurIn-

---

[71] Die Transkripte aller von mir geführten Interviews sind Teil der Dissertation, auf Grund der umfangreichen Datenmenge nicht aber der vorliegenden Publikation.

nen zur Verfügung stehenden „Spielräume" (BOURDIEU) auch nicht überzu-
bewerten.[72]

Zur Erleichterung der Auswertung der Interviews wurde im Vorfeld ein
Kategoriensystem entwickelt (s. Punkt 7.4), das analog zu den zentralen Forschungsfragen (vgl. Kapitel 2) und zum Leitfaden (vgl. Punkt 6.3.2) aufgebaut
ist.[73] Die Frage, welche Formen sozialräumlicher Differenz im subjektiven Relevanzrahmen der befragten ExpertInnen eine Rolle spielen, stellt hierbei einen
ebenso zentralen Aspekt dar wie die Frage nach der „Eigenlogik" des Stadtteils
Stöcken, die Bestimmung von „Ortseffekten" oder die Analyse sozialräumlicher Ressourcen.

Das Vorgehen gliedere ich wie folgt: In einem ersten Schritt sollen auf der
Ebene der Institutionen grundlegende Diversity-Dispositionen überprüft werden wie z.B. das jeweilige Verständnis von Vielfalt und Differenz, die Relevanz europapolitischer Entwicklungen oder die subjektive Formulierung von
„Integration". Es geht mir um die Ermittlung der „Diversity-Sensibilität" –
im weiteren Sinne könnte ich auch von Kultursensibilität sprechen – der befragten ExpertInnen in ihren jeweiligen institutionellen bzw. alltagskulturellen
Settings. Hierbei gilt es zu berücksichtigen, dass es in der Regel die ehrenamtlich aktiven Schlüsselpersonen sind, die den intermediären bzw. öffentlichen
Institutionen ein „Gesicht" verleihen und somit auch die Diversity-Policy der
Einrichtungen inhaltlich mitbestimmen. Von heuristischem Interesse ist in diesem Zusammenhang die Frage, ob bzw. inwieweit sozialstrukturelle und sozialkulturelle Realitäten im Stadtteil mit den von den Befragten als prioritär
angesehenen Handlungsfeldern korrespondieren. Für jede/n befragte/n Exper-
tin/en wurde eine eigene Tabelle mit vergleichbaren Kategorien angelegt, die
in enger Beziehung zu den zentralen Forschungsgegenständen dieser Arbeit,
„lokale Beschäftigungsentwicklung" und „soziale Kohäsion", stehen.

---

[72] Zu den weiteren administrativen kommunalpolitischen Vorgaben im Untersuchungsfeld ist
vor allem der so genannte Lokale Integrationsplan (LIP) der Landeshauptstadt Hannover
zu zählen, dessen Entstehungsgeschichte politisch im Zusammenhang mit dem Nationalen
Integrationsplan der Bundesregierung steht (LHH 2008e). Er weist durchaus Neuerungen
in der kommunalen Integrationspolitik Hannovers auf wie die Einrichtung dezentral agie-
render Integrationsbeiräte in den Stadtbezirken. Politischer Handlungsdruck leitet sich aus
dem LIP jedoch nicht zwingend ab. Der LIP, so Oberbürgermeister Stephan WEIL, sei „eine
Einladung" und „ein Angebot zur Mitarbeit" und für ihn persönlich „eine Verpflichtung, aus
der Chefsache Integration tatsächlich eine Aufgabe der ganzen Stadt zu machen" (ebd.: 5).

[73] Eine alternative Darstellung des empirischen Materials als Abstraktion im sozialen Raum-
bild wäre ebenfalls ein gangbarer Weg gewesen. Auf Grund der relativ kleinen Größe des
Samples und des spezifizierten Forschungsinteresses wird hier jedoch eine andere Präsen-
tationsform gewählt.

In einem zweiten Schritt soll ermittelt werden, welche Form der grundlegenden Ansätze von Diversity Management die Stadtteilinstitutionen und Vereine jeweils de facto betreiben (vgl. Punkt 3.2). Dabei wird von den einzelnen
Befragten abstrahiert, der Blick richtet sich auf die Diversity-Ausrichtung der
Einrichtungen. In der Einleitung wurde darauf hingewiesen, dass es nicht um
Diversity Management im Sinne der Personalforschung und Organisationsentwicklung geht, sondern um lokale Steuerungsprozesse der Quartiersentwicklung. Entsprechend wurde das an Günther VEDDER (2006: 18) angelehnte
Raster dem Forschungszusammenhang angepasst (s. Punkt 7.4).

Die Kategoriensysteme werden im Laufe des Auswertungsprozesses immer wieder einer Überprüfung am Originalmaterial unterzogen. Eine Modifi-
zierung bzw. Erweiterung ist prinzipiell möglich. Keineswegs widersprechen
sich Deduktion und Induktion, sofern das Prinzip der Offenheit im gesamten
Forschungsprozess aufmerksam umgesetzt wird. Ich möchte in diesem Zusammenhang an die Worte Pierre BOURDIEUs erinnern, die am Ende seines Ban-
des „Das Elend der Welt" im Kapitel „Verstehen" zu finden sind:

„Auch wenn ein fundiertes Vorabwissen zwar möglicherweise ein theoretisches Äqui-
valent zu dem praktischen Wissen liefern kann, das aus Nähe und Vertrautheit er-
wächst, bliebe es doch unfähig, zu wirklichem Verstehen zu führen, ginge es nicht
einher mit einer Aufmerksamkeit für das Gegenüber und einer hingebungsvollen Offenheit, wie man sie im täglichen Leben nur selten findet." (BOURDIEU 1997/2002:
787)

Die ExpertInneninterviews bilden *einen* methodologischen Baustein neben
den anderen in Kapitel 6 aufgeführten, in weiten Teilen ethnographischen Ansätzen und erfüllen eine zusätzliche, die Methodologie bereichernde Funktion im Forschungsparadigma „Diversity Research". Bei der Auswertung spielen somit meine persönlichen Felderfahrungen, Stadtteilbegehungen und infor-
melle Gespräche mit unterschiedlichen StadtteilakteurInnen eine wesentliche
Rolle.

Was die Interviews betrifft, bin ich vor allem an „dichten Beschreibungen"
(GEERTZ) in Form pointierter Textpassagen interessiert, die ich dem Kategoriensystem zuordne (s. Punkt 7.4).[74] Die Aussagen der Interviewten sollen in
ihrem Wortlaut herangezogen werden und im BOURDIEUschen Sinne verste-
hend interpretiert werden. Dem latenten Grad an „Willkür", der in der subjektiven, von kulturellen Vorannahmen geleiteten Auswahl der Interviewpassagen

---

[74] Die gegenüber der Forschungsfrage sinngemäße Reduktion des Datenmaterials wurde ebenso wie dessen Strukturierung bereits bei der Erstellung des Interviewleitfadens berücksichtigt, der aus vier thematisch unterschiedlichen Teilen besteht.

notwendigerweise angelegt ist, bin ich mir durchaus bewusst. Ebenso bin ich mir über meine außerordentliche Verantwortung als Interpretierender im Klaren, die ein solches theoriegeleitetes Verfahren nach sich zieht. Doch wird dem Aspekt der „Willkür" auf zweierlei Weise entgegengewirkt: Zum einen wurde ein erhebliches Zeitkontingent in die Ausgestaltung des Leitfadens investiert. Durch die offenen Fragetechniken hatten alle InterviewpartnerInnen die Möglichkeit, persönliche Akzente in ihren Antworten zu setzen, die ihren subjektiven Relevanzrahmen jeweils Rechnung tragen.[75] Zum anderen verpflichte ich mich durch die multidimensionale Anlage des Kategoriensystems einer permanenten zirkulären Auseinandersetzung mit dem Datenmaterial. Abhängig vom Erkenntnisinteresse der jeweiligen Dimension, bin ich gezwungen, stets aufs Neue und aus einem anderen Blickwinkel die Originaltranskripte zu analysieren bzw. im Zweifel die Tonaufnahmen hinzuzuziehen. Durch die Fokussierung auf pointierte Textpassagen nehme ich in Kauf, dass möglicherweise weitere, die Auswertung ergänzende Textsegmente nicht berücksichtigt werden. Die Vorteile des hier angewendeten Verfahrens – vor allem die durch dichte Beschreibung mögliche Zuspitzung von Einstellungen der InterwiewpartnerInnen – überwiegen jedoch deutlich.

---

[75] In diesem Zusammenhang bin ich mir der in einer Interviewsituation allegegenwärtigen „Zensur", die das Herausstellen bestimmter Aspekte durch die Befragten ebenso bestimmt wie der Umstand, dass andere Aspekte ungesagt bleiben, durchaus bewusst (BOURDIEU 1997/2002: 781).

Kapitel 7

Implementationsbedingungen für Diversity Management in der Quartiersentwicklung

„(. . .) ich sag mal, die Gemeinsamkeiten der Familien, die hier leben, ihren Job haben oder ihren Job suchen, die Sorgen und Nöte sind ja zu 98% völlig identisch. Da bleiben ja nur diese ominösen Dinge, die dann gesagt werden (. . .) Aber das macht das Leben ja nicht alleine aus. Es sind ja nicht die 98%, es ist der kleine Rest, der bleibt und der immer wieder zu (. . .) Konfrontationen natürlich führt." *(L., Interviewpartner)*

Das heuristische Moment dieser Forschungsarbeit besteht in der Chance, mit Hilfe des kultursensiblen Diversity-Ansatzes vermeintliche Integrationserfolge krititsch zu hinterfragen: In der Praxis der Quartiersentwicklung, so haben die unterschiedlichen Feldzugänge exemplarisch gezeigt, dominieren Strukturen, die tradierte Vorstellungen von „Gemeinschaft" eher reproduzieren als dass sie zu einer Überwindung führen würden. Mit Hilfe einiger Interviewpassagen möchte ich im Folgenden am Beispiel der Felder „lokale Institutionen", „berufliche Qualifizierung" und „soziale Kohäsion" deutlich machen, unter welchen Voraussetzungen in den institutionellen Settings im Untersuchungsgebiet Hannover-Stöcken von Diversity Management gesprochen werden muss. Wenn Diversity Management im institutionellen Zusammenhang diskutiert wird, dann nicht im klassischen Sinne der Personalplanung (vgl. Kapitel 2). Es wird weder eine Analyse der Organisationsentwicklung öffentlicher Arbeitgeber angestrebt, noch geht es mir um die rein konzeptionelle Verwaltungsebene der Landeshauptstadt Hannover und ihre einschlägigen Statute wie den Lokalen Integrationsplan. Im Vordergrund stehen die Perspektiven der unterschiedlichen AkteurInnen der Quartiersentwicklung auf Diversity. Diversity Management in der Quartiersentwicklung vollzieht sich zwar wie in der Wirtschaft auch auf organisationaler Ebene, die „MitarbeiterInnen" stellen hier aber im Vergleich zu Unternehmen die unterschiedlichen Stadtteilgruppen und -akteurInnen. Diversity Management ist daher vor allem nach „Außen" ausgerichtet. Zugleich spiegelt Diversity Management – und dies wird durch die Aussagen der unterschiedlichen StadtteilakteurInnen in den Interviews ge-stützt – die Summe aller individuellen Perspektiven auf Vielfalt und Differenz.

In den folgenden Punkten 7.1-7.3 beginne ich mit einer hermeneutischen Interpretation des Interviewmaterials und schließe in Punkt 7.4 mit seiner Ab-straktion in einem Kategoriensystem.

7.1 Diversity Management in lokalen Institutionen

Ich möchte mit einer gewagten These beginnen, um im Anschluss zu zeigen, inwiefern die intermediären bzw. öffentlichen und sozialen Institutionen im Stadtteil Stöcken (noch) kein – als interkultureller Lern- und Effektivitätsan-satz verstandenes – Diversity Management betreiben (vgl. Punkt 3.2): Diejeni-gen, die in dominanzkultureller Weise unterstellen, es werde sich zu sehr *„für unsere ausländischen Mitbürger und Mitbürgerinnen"*[76] engagiert, wie Kommunalpolitikerin A. aus dem Stadtteil berichtet, haben auf institutioneller Seite Verbündete. Die „alteingesessenen" StöckenerInnen, die über 60jährigen Deutschen – unter ihnen zahlreiche Engagierte – bestimmen, was unter „Viel-falt" zu verstehen ist, und deshalb bestimmen sie die *Inhalte* der Integrationsar-beit.[77] Die hauptamtlichen professionellen Kräfte in der Quartiersentwicklung sind auf Beteiligung der BewohnerInnen angewiesen, soll der Stadtteilerneue-rungsprozess gelingen, und können daher nur begrenzt autonom die Themen gestalten.

Diversity Management im Spiegel von Macht und Interesse

Indem vor allem die älteren Autochthonen den Stadtteil „managen" – im Üb-rigen ganz im Gegensatz zur islamischen Gemeinde in Stöcken, wo sich die Alten eher zurückziehen – bestimmen sie, interessengeleitet, maßgeblich die Ausgestaltung von „Diversity Management" in Stöcken, wenn auch die Rol-le der professionellen Fachkräfte in den Institutionen als StichwortgeberInnen dadurch nicht bedeutungslos wird. Die ehrenamtlichen Schlüsselpersonen sind jedoch ein wichtiger Brückenkopf der Kommunalverwaltung in den Stadtteil hinein. Ohne sie lassen sich politische Zielvorgaben nicht oder nur bedingt verwirklichen. Ein Mitarbeiter der kommunalen Steuerungsebene der Quar-tiersentwicklung bestätigt die besondere Funktion der so genannten „Leader":

---

[76]   Die folgenden kursiv hervorgehobenen Zitate beziehen sich auf das Interviewmaterial. Wie bereits angemerkt, gehören die Transkripte zur Anlage der originären Fassung dieser Ar-beit und sind auf Grund des umfangreichen Datenkorpusses nicht Teil dieser Publikation. Zur Einordnung der InterviewpartnerInnen nach Status und Funktion verweise ich auf die entsprechende Übersicht in Tabelle 10, S. 205.

[77]   Eine Fachkraft der mittleren kommunalen Steuerungsebene bemerkte sogar, sie würde auf *„Wunsch"* lokaler Vereine handeln.

„(...) diese (...) Akteure in den Stadtteilen sind für uns wesentliche Ansprech-partner und auch Garanten dafür, sag ich mal, auch Vertrauen aufzubauen. " Bezogen auf die aktive Akzeptanz (vgl. Punkt 4.2.2), die es zu einer wirklichen interkulturellen – nicht ethnisch verengten – Integration bedarf, ist die Akteu-rInnenkonstellation der Engagierten problematisch. Eine autochthone Vertre-terin fragt in diesem Zusammenhang rhetorisch: *„(...) sollen wir denen alles abnehmen? Wir kümmern uns um die Kinder, wir sehen zu, dass die... (...) und, und... Wie kommt man denn aber eigentlich mal an die Eltern ran oder überhaupt an die anderen Menschen, dass die auch mal mitmachen?"*

Auf die Aspekte BewohnerInnenaktivierung und Engagement werde ich im weiteren Verlauf noch eingehen. Bis hierhin halte ich fest, dass das Macht-gefälle, nicht zuletzt durch die Eigentumsverhältnisse im Stadtteil verhärtet – „Eigentum verpflichtet" viele auch ideell zu Engagement und politischer Ein-flussnahme – als Kriterium bei der Implementation von Diversity Management im Stadtteil kritisch bedacht werden sollte: So bemerkt die oben zitierte Be-wohnerin O., selbst Hauseigentümerin und ehrenamtliche Schlüsselperson im Stadtteil: *„Die ‚Soziale Stadt' ist ja nun ganz nah dran"* und bekräftigt mit die-ser Feststellung, dass Engagement durchaus auch zu einem bestimmten Grad aus Eigeninteresse (an „sozialem Frieden", öffentlicher Ordnung etc.) erfolgen kann.

Durch bestimmte AkteurInnenkonstellationen entsteht aus hermeneuti-scher Betrachtung der Eindruck, die erheblich benachteiligte Klientel würde die objektive Funktion erfüllen, das Befürfnis der christlich-autochthonen Se-niorInnen nach „Nächstenliebe" zu stillen.[78] So erweckt das Beispiel einer öf-fentlichen Feier den Anschein, dass Ressourcen der allochthonen Kinder zum Amüsement der Autochthonen eingesetzt werden: *„Und unsere Kinder haben wieder getanzt (...) und es war einfach schön. "* Multikulturelle Stadtteilarbeit wird so zur emotionalen Belohnung der ehrenamtlich Engagierten. Auch ließe sich am Beispiel der ehrenamtlichen Kinder- und Jugendarbeit fragen, welche Personen dort eigentlich welche Lerninhalte an Kinder und Jugendliche wei-tergeben. Dieser kritische Einwand, der vor allem für die Diskussion um inter-generationales Lernen und die Vermittlung von Werten interessant ist, könnte in allen Institutionen thematisiert werden. Schließlich fällt die Entscheidung

---

[78] Vor allem das Leckerhaus trifft wie kaum ein anderes soziales Projekt in Stöcken auf hohe Zustimmung bei vielen BewohnerInnen. Es repräsentiert gewissermaßen den *common sense* des kollektiven Stadtteilgedächtnisses. Hierbei handelt es sich offenbar vor allem um das Gedächtnis jener Autochthonen, die in irgendeiner Form in lokale Projekte involviert sind und einen räumlichen Bezug zur „Sozialen Stadt" haben bzw. selbst im Sanierungsgebiet wohnen.

von Ehrenamtlichen, in einem bestimmten Bereich zu arbeiten, nicht zufällig. Diejenigen, die sich in der Bildungsarbeit im Wirkungskreis einer Moschee engagieren, werden ebenso von spezifischen Motiven geleitet wie jene, die die gleiche Tätigkeit im Umfeld der öffentlichen Jugendarbeit oder der Gemeinwesenarbeit ausüben. Insbesondere bei Letzteren kann die Funktion von ehrenamtlichem Engagement im Spiegel der Reproduktion bürgerlicher Ideale beleuchtet werden: „Aktivität" wird als BürgerInnenpflicht begriffen und zugleich verkannt bzw. billigend in Kauf genommen, dass auf diese Weise das Postulat der „Aktivgesellschaft" (LESSENICH 2008) umgesetzt wird – einer Gesellschaft, in der das „Gemeinwohl" Vorrang vor individuellen Präferenzen erhält.[79] Pierre BOURDIEU hätte in diesem Zusammenhang von einem Ausdruck symbolischer Gewalt gesprochen (vgl. Punkt 5.2).

Die Stadtteilarbeit in Stöcken wird in großen Teilen von Vereinen und Ehrenamtlichen getragen. Dies stellt einerseits ein Potential für den sozialen Erneuerungsprozess dar, andererseits birgt diese Entwicklung Ambivalenzen. Sozialarbeiterin H. stellt klar: *„Also zumindestens alle die, die für den Stadtteil arbeiten (...) die sind sich einig: Nur, wenn wir uns zusammentun, dann schaffen wir auch etwas."* Doch welche Positionen vertreten diejenigen, die nicht „für den Stadtteil arbeiten"? Spreche ich, wenn ich in Stöcken ehrenamtliches Potential identifiziere, in erster Linie von „Selbst-Hilfe" im Sinne einer interessengeleiteten Klientelhilfe? Auf diese und weitere Fragen werde ich im Abschnitt zu sozialer Kohäsion näher eingehen (s. Punkt 7.3).

Der ideelle Einfluss der Autochthonen in Stöcken wird durch die Entscheidungsmacht ausgewählter AkteurInnen über die Mittelverfügung, z.B. im Rahmen der „Sozialen Stadt", noch gestärkt. Die Frage, wie die Entscheidungsfindung organisiert ist, welche Governance-Ansätze also konkret zur Anwendung kommen (z.B. Abstimmungsregeln), stellt sich daher für alle politischen Gremien: Wer ist stimmberechtigt, wer votiert aus welchem Interesse für oder gegen spezifische Projekte? Diese und weitere Aspekte sind bei der Reflexion lokaler Diversity Management-Ansätze zu bedenken.

Diversity-Dispositionen der Professionellen [80]

Am Beispiel einer für die Diversity-Sensibilität vieler StadtteilakteurInnen in Stöcken symptomatischen Stellungnahme der Sozialarbeiterin G. möchte ich

---

[79] Diversity Management selbst läuft von seinem Ansatz her stets Gefahr, in jene Zwickmühle der Aktivgesellschaft zu geraten. Schließlich steht auch hier der organisationale bzw. gesellschaftliche „Output" im Mittelpunkt des Interesses.

[80] Wenn ich von „Diversity-Dispositionen" spreche, geht es mir um die Frage, wie Vielfalt und Differenz im Stadtteil von wem wahrgenommen werden bzw. welche Bedeutung ihren unterschiedlichen Formen jeweils beigemessen wird.

einführend das empirische Material sprechen lassen: Sie empfindet Vielfalt als *„Potential"* und beklagt, *„dass bei den Bewohnern auch noch nicht angekommen ist, dass die Vielfalt auch eine Chance sein kann (...)."* G. illustriert die in der Vielfalt vermutete „Chance" beispielhaft an einem *„,Fest der Kulturen', wo jede Kultur auch die Möglichkeit hatte, so ihre Besonderheit (...) oder ihre Einzigartigkeit darzustellen."* Argumentationen wie diese erschöpfen sich in einer Reproduktion kulturalistischer Erklärungsansätze. Wenn also Vielfalt als Potential verstanden wird, muss eine Begründung folgen. Wenn professionelle Kräfte nicht in der Lage sind zu erklären, inwieweit Vielfalt eine Chance darstellt und für wen, wie sollen es dann die BewohnerInnen? Im schlechtesten Fall gestaltet sich die Praxis der Quartiersentwicklung schließlich derart, dass nicht nur die Autochthonen, sondern die Autochthonen und die „professionellen" Kräfte gemeinsam, letztere selbst „deutsch" und „aus der Region", den gleichen kulturellen Referenzrahmen teilen.

Einen Mangel an Diversity-Sensibilität lässt auch Politikerin A. erkennen, die zu Protokoll gibt: *„Diskriminierung hab ich hier noch nicht festgestellt, kann ich mir nicht vorstellen."* Wenn Diskriminierung in einem – um einen Terminus von Steven VERTOVEC (2007) zu wählen – „super-diversen" Stadtteil wie Hannover-Stöcken für eine Politikerin nicht einmal vorstellbar ist, spricht vieles dafür, dass das Reflexionsvermögen in der Stadtteilbevölkerung ebenfalls in weiten Teilen unausgeprägt ist. Weitaus reflektierter wird A. allerdings, wenn sie kurze Zeit später zum Thema Inklusion bemerkt:

„Nur ich hab mich ein bisschen mit beschäftigt, weil ich diese Kindertagesstätte im Forst Mecklenheide [kenne], wo Behinderte, Kleinstkinder betreut werden, besucht habe und unsere Wilhelm-Schade-Schule hier gut kenne und mir so ein Wort von dem Schulleiter [noch im Ohr ist], der gesagt hat: Wir haben keine dummen Kinder. Wir haben auch keine behinderten Kinder. Wir haben Kinder mit einer anderen Begabung. Und das ist mir so richtig im Kopf aufgegangen. Und da hab ich gedacht: Genau so sollte es eigentlich sein. Dass jeder mit seiner Begabung auch gefördert wird und auch ein wertvoller Mensch in dieser Gesellschaft ist".[81]

Auch wenn hier geschildert wird, dass „behinderte Kleinstkinder" in einem Waldstück, abgelegen von Urbanität und Stadtteilleben, „betreut" werden, so wird doch im Ansatz deutlich, dass professionelle und bereits sensibilisierte

---

[81] Das Thema „Behinderung" beschäftigt auch die Bewohnerin C. Interessant dabei ist, dass sie beim Umgang mit „Behinderung" im Stadtteil einen ethnisch-kulturellen Unterschied feststellt: *„Also ich denke mal, da sind die ausländischen Bürger offener (...) da ist ein alter Mann (...) und der geht mit so einem Rollwägelchen, ne? Und da sind immer zwei Jungs, die den Spazieren führen (...) Meinen Sie, ein junger Mann von 18 Jahren würde mit so einem alten Mann von unseren jetzt hier durch die Straße gehen?"*

Fachkräfte, wie hier der Schulleiter, wichtige ImpulsgeberInnen und MultiplikatorInnen in der öffentlichen Auseinandersetzung mit Integrationsmodellen auf Stadtteilebene sein können. So gesehen scheint es berechtigt, in Bezug auf Diversity von „Management" zu sprechen. Ohne institutionelle Bildungsarbeit bleiben Diversity-Ansätze lediglich gut gemeint oder können wie in diesem Fall, wenn die gleichzeitige Verwendung von entmächtigenden und ermächtigenden Termini („Betreuung" und „Inklusion") im gleichen Sinnzusammenhang gewählt wird, signifikante Widersprüche enthalten. Darüber hinaus ist zu bedenken, dass Stadtteilarbeit in Stöcken zu großen Teilen von Vereinen geleistet wird. Diese werden wiederum von pädagogischen Laien, d.h. von ehrenamtlichen, im besten Fall semiprofessionellen Kräften getragen, denen es selbst an „Diversity-Kompetenz" fehlt. So reagierte Vereinsfunktionärin C. skeptisch auf die Frage nach einem größeren Aktivposten der lokalen Vereine bei der lokalen Integration: *„So ein Verein, das sind ja alles Menschen, ne? Und da ist nicht so das Potential, dass da jemand ist, der sagt: Jetzt müssen wir das mal aufsetzen. Da wird gesagt: Wir müssen das machen. Aber es ist nicht (…) so ein Konzept, ne? Ich kann das auch nicht, muss ich Ihnen gestehen."*

Wenn es wie in Stöcken nur wenige institutionell verankerte Stadtteileinrichtungen gibt, muss Diversity Management möglicherweise aus seiner originär institutionellen Anbindung gelöst und auf die Ebene der Vereine bzw. der semiprofessionellen Sozialen Arbeit übertragen werden. Dies im Übrigen auch, um die wenigen einflussreichen Institutionen, die zum Teil ausschließlich durch Einzelpersonen repräsentiert werden, zu entmachten. Wird berücksichtigt, dass zum Eigensinn Stöckens vor allem die soziale Selbsthilfe gehört, führt diese Erkenntnis zu Handlungsanforderungen an die Schlüsselpersonen im Stadtteil, die durch ihr überdurchschnittliches Engagement eine besonders tragende Rolle für die soziale Integration spielen. Damit sind die professionellen AkteurInnen nicht aus der Pflicht genommen. Institutionelle Bildungsarbeit setzt jedoch auch voraus, dass die Verantwortlichen über „Diversity-Kompetenz" verfügen. Dies ist beispielsweise bei der örtlichen Polizei nicht der Fall. Auf die Frage nach interkulturellen Kompetenzen erwidert der Beamte J: *„Also das, was wir machen, eignen wir uns überwiegend selbst an."*

In Stöcken ist ein Großteil der Gemeinwesenarbeit im Bereich der soziokulturellen Bildungarbeit angesiedelt. Dieser Ansatz scheint für die Implementation von Diversity Management besonders geeignet, da auf diese Weise die „Stadtteilkultur" zum Thema gemacht wird, doch gilt es hier, genau zu erfassen, welche eigenen kulturellen Vorannahmen die in diesem Bereich beschäftigten Fachkräfte in die Bildungsarbeit einfliessen lassen und was sie unter Schlüsselbegriffen wie „Kultur" oder „Ressoucen" verstehen. Interessant ist darüber hinaus das berufliche Selbstverständnis, das Erzählperson H. im folgenden Zitat beschreibt: *„Unser Mittel ist immer auch die kulturelle Bildung. Das heißt, es gibt eine bestimmte Ausrichtung, wir machen nicht nur so Sozialarbeit pur, defizitär orientiert, sondern wir arbeiten mit den kulturellen Mitteln an den Ressourcen und Potentialen, also der Menschen und auch des Stadtteils...“*

H. grenzt sich hier bezogen auf ihe berufliche Identität von der Sozialen Arbeit ab, die sie als „defizitär orientiert" charakterisiert. Bleibt also die Frage, von welcher Art „Ressourcen" und „Potentialen" hier die Rede ist, an denen Stadtteilkulturarbeit H. zufolge ansetzt. Sie nennt ein berufsbezogenes Beispiel und berichtet von den Erfahrungen mit einem russischen Theater:

„Und die Berufskarrieren dieser Schauspieler über zehn Jahre (...) also die Chancen (...) sind wesentlich besser natürlich dadurch, dass sie mit dem Theater gemeinsam die Sprache verbessert haben (...) sich hier bewegt haben und (...) auch deutsches Publikum angesprochen haben, also da sind Persönlichkeitsentwicklungen ganz anders gelaufen als sie sonst gelaufen wären, ne?"

Eine weitere „Verlockung" für professionelle Kräfte der Quartiersentwicklung besteht darin, sich einseitig auf (vermeintliche) Integrationserfolge zu berufen oder sich selbst bis zur Unkenntlichkeit mit Verwaltungsstrukturen und kommunalen Zielvorgaben zu identifizieren. Die unreflektierte Reproduktion von Verwaltungsdenken sticht besonders im Interview mit einer Funktionärin der mittleren kommunalen Steuerungsebene hervor. Fast durchgängig bedient sich D. einer quasi-professionellen „Macher"-Sprache, betont einerseits ihre *„Lotsenfunktion"*, andererseits ihre *„Kümmererfunktion"*, ohne dass dabei deutlich wird, was sich dahinter verbirgt. Vielmehr scheint sie ihr berufliches Selbstbild künstlich (durch Rhetorik) aufzuwerten und auf diese Weise fehlendes Reflexionsvermögen zu überspielen. Die StöckenerInnen werden von ihr als tolerant und aktiv dargestellt, abgesehen von einigen jugendlichen „Ausreißern", die sie mit Verweis auf die Polizeistatistik jedoch nicht als spezifische Stöckener *„Erscheinung"* verstanden wissen möchte. Indem das Ungleichgewicht der öffentlichen Ordnung im Stadtteil auf Jugendliche projiziert wird *„die da Ärger machen"*, ohne dass nach den Ursachen gefragt wird, erfährt diese Gruppe institutionelle Stigmatisierung. Unter dieser Prämisse verwundert es kaum, dass diesem Konflikt mit autoritären „Lösungen" begegnet wird:*„Da sind wir also dann auch ständig (...) im Kontakt mit Polizei und so, um da einzugreifen."*[82]

---

82 In diesem Zusammenhang kann ergänzt werden, dass Stöcken auch von Seiten der Polizei als „toleranter Stadtteil" dargestellt wird: *„Also ich wüsste nicht (...) dass man eingeschränkt würde oder diskriminiert würde, das haben wir eher nicht."*

Gleichzeitig ist ihr in mehreren Interviewpassagen hervorgehobenes Lob der Vielfalt im Stadtteil nicht aufrichtig, wie aus folgender Passage hervorgeht:

„Obwohl es so eine bunte Mischung von gut situierten Menschen mit und ohne Migrationshintergrund und von sehr armen Menschen mit und ohne Migrationshintergrund im Stadtteil Stöcken gibt, ist es trotzdem nicht so, dass Kriminalität höher ist als in anderen Stadtbezirken Hannovers. Das find ich ganz erstaunlich."

Dadurch, dass D. das relativ friedfertige Zusammenleben einer heterogenen Stadtteilpopulation als überraschend empfindet, verbindet sie mit Vielfalt offenbar grundsätzlich Konfliktpotentiale.

Ein kurzer Exkurs auf die Ebene der Kommunalverwaltung zeigt, dass dort von Diversity Management keine Rede sein kann. Die fachlichen Zuständigkeiten sind, wie die Ausführungen von D. sehr klar belegen, administrativ verteilt und Diversity-Bezüge für die MitarbeiterInnen selbst kaum herzustellen:

„Wenn Sie jetzt sagen, Integration von alten Menschen, dann ist es ja wieder unser Fachbereich Senioren (...). Damit bin ich zwar vernetzt, ich bekomme die Informationen, aber (...) es ist kein Schwerpunkt. Gender? Ist eine schwierige Geschichte, ist auch so, dass ich versuche, das konsequent in allem, was ich mache, auch mit reinzunehmen. (...) aber ich mache jetzt schwerpunktmäßig nichts in die Richtung. Was ich mir noch denken könnte, das wird aber dann sein, wenn ich wieder Kapazitäten frei habe, die ich im Moment und so wie es aussieht, auch über einige Zeit in der Zukunft nicht frei haben werde, das wären solche Projekte der Integration von Menschen mit Handicap."

Selbst wenn wie bei wenigen Ausnahmen den InterviewpartnerInnen der Begriff Diversity Management bekannt ist, verbinden sie damit nicht unbedingt ein tieferes und reflektiertes Verständnis des Konzeptes. H. gibt an, dass in ihrer Institution unter Diversity Management zunächst einmal *„Offenheit gegenüber dieser ganzen Vielfalt"* verstanden wird, das heißt, *„nicht die Unterschiede zu betrachten, sondern die Potentiale der Vielfältigkeit"* bzw. *„nicht auf das Trennende, sondern auf das Gemeinsame zu gucken"*. Mit Diversity Management verbindet H. allerdings kein spezifisches Konzept, wie im Folgenden deutlich wird: *„Der Stadtteil war von jeher so, und von daher war das dann auch immer Thema. Also der hat sich in den zehn Jahren, wo ich jetzt hier bin, nicht geändert."* Hieraus geht hervor, dass H. in ihrer Institution entweder schon immer „Diversity Management" betrieben hat oder eben zu keinem Zeitpunkt. Was in dieser Passage deutlich wird, ist ein Phänomen, dass in der Praxis der Sozialen Arbeit häufig auftritt, wenn SozialarbeiterInnen über langjährige Berufserfahrung verfügen: An die Stelle professioneller Distanz und Offenheit gegenüber sozialen und konzeptionellen Entwicklungen treten Intuition und subjektive Erfahrungswerte – Reflexion wird auf diese Weise durch Resistenz ersetzt:

„Wir haben früher nicht mit ‚Vielfalt‘ gearbeitet, sondern mit ‚Internationalität‘, ne? Also früher, als dieser Begriff noch nicht angesagt war, haben wir von ‚internationaler Kinderbühne‘ zum Beispiel gesprochen und so (...) auch das immer in der positiven Formulierung. Man hat auch nicht gesagt, dass Stöcken irgendwie mit vielen Menschen mit Migrationshintergrund besetzt [ist], sondern Stöcken ist ‚international‘. "

Was in diesem Zitat bereits durchklingt, ist eine rhetorische Herabstufung der sozialräumlichen Bedeutung von Vielfalt und Differenz für den Stadtteil. In mehreren Interviews wird die „soziale Frage" im historischen Arbeiterstadtteil Stöcken herausgestellt: Sinngemäß werden solidarische, zuweilen emotional unterkühlte, dennoch herzliche Mentalitäten „der StöckenerInnen" gezeichnet – aktive AkteurInnen, die seit Jahrzehnten „aus der Not heraus" den Stadtteil durch gemeinschaftliche Akte der Selbsthilfe stabilisieren, ohne dabei die MigrantInnen auszuschließen. H. bemerkt hierzu: *„(...) Also, von daher, ich denke, der Stadtteil weiß, was er ist (...) – das wussten sie schon immer – und, vielleicht denken Sie auch manchmal: Lasst uns doch nur in Ruhe. Das lief doch eigentlich gar nicht schlecht. So. Das kann ich mir auch vorstellen. "* Ich werde in Punkt 7.3 noch auf dieses Bild zurückkommen und aufzeigen, dass unterhalb dieser Interpretationsebene durchaus begründete Zweifel angebracht sind.

Sozialarbeiterin M., die sich ebenfalls fachlich mit Diversity auseinandersetzt, verbindet eine relativ umfassende Vorstellung mit dem Ansatz. Auf die Frage, was sie in ihrem Arbeitszusammenhang unter Vielfalt verstehe – Diversity wurde hier von mir bewusst verkürzt übersetzt – entgegnet M.:

„Naja, einmal guck ich schon, ist [es ein] Junge/Mädchen? Wie alt sie sind, vielleicht auch welche Schule sie besuchen. Das ist oft eine Frage von mir. (...) wie sie leben, also woher ihre Eltern vielleicht stammen. (...) wo sie wohnen hier, also in welchem Umkreis. (...) haben sie einen langen Schulweg, solche Sachen. Und guck auch vielleicht drauf, was mögen sie gerne, also Musik, Hobbies. "

Die „Grenzen" der Vielfalt, so M., lägen bei ihr und reichten bis zu dem Punkt, an dem sie keine weiteren Informationen mehr aufnehmen könne.

Gemeinschaft und Verweigerung

Wenn ich hier die unterschiedlichen Diversity-Dispositionen der professionellen AkteurInnen schildere und interpretiere, so muss ich zwei weitere relevante Aspekte thematisieren: Zum einen verfolgt Diversity Management nicht das Ziel der Kontrolle von Minderheiten. So erinnert eine Befürchtung der bereits zitierten Politikerin A., keinen Zugang zu einem türkischen Fussballverein herstellen zu können, an die das Kapitel 3 dieser Arbeit einleitende „Fear of small numbers"-Hypothese von Arjun APPADURAI. A. bekundet: „*Was mich eben noch ein bisschen betroffen macht (…) dass wir mit diesem ‚Damla Genc' überhaupt nicht zu Recht kommen, dass wir den gar nicht mit einfangen können.*" Was mit dieser Aussage noch deutlich wird, ist ein für Stöcken offenbar signifikanter Gemeinschaftszwang. So berichtet der in Stöcken geborene Bewohner B., er kenne in seinem unmittelbaren Umfeld „*keinen, der sich verwehrt oder verweigert.*" Freiwilliger privater Rückzug stößt dabei nur schwer auf Akzeptanz. So gibt der gleiche Bewohner zu Protokoll: „*Es gibt Leute, die verziehen sich in ihr Häuschen und kommen nicht raus – das haben wir auch unter den Deutschen.*" Und schließlich bekundet auch der Kommunalpolitiker E., „*zu allen größeren Gruppen, allen relevanten Gruppen hier Kontakt*" zu haben, und er fügt hinzu, „*inklusive halt auch so ein paar russischen Juden*". Doch wodurch zeichnen sich „relevante Gruppen" im Stadtteil aus? Gerade der dahinter stehende Satzteil „*inklusive halt auch so ein paar russischen Juden*" verdeutlicht doch, dass jene für E. im Grunde irrelevant sind. Dennoch ist in Stöcken die Verweigerung der öffentlich-institutionellen Gemeinschaft durchaus möglich. Dies zu tun, steht – ohne an dieser Stelle nach den Motiven zu fragen (vgl. hierzu Punkt 7.3) – so unterschiedlichen AkteurInnen offen wie AlkoholikerInnen oder aktiven Muslimen in der Moschee.

Zum anderen wäre es nach dem bisher zu Grunde gelegten Verständnis von Diversity widersinnig, wenn ein interkulturell angelegter Integrationskonsens lediglich auf dem kleinsten gemeinsamen Nenner zwischen Autochthonen und Allochthonen basieren würde, wie es A. zu verstehen scheint: „*Es muss jeder ein klein bisschen Abstriche machen: Wir Deutschen und auch die Türken, und dann denke ich, kommen wir auch gut zusammen.*" Diversity Management, so habe ich jedoch herausgearbeitet, bedeutet nicht, „Abstriche" machen zu *müssen*, sondern ein kulturelles bzw. gesellschaftliches „Plus" erzielen zu *können*.

Wohnungspolitik als strukturelle institutionelle Diskriminierung

Mit der kommunalen Wohnungspolitik möchte ich ein weiteres Feld betreten, in dem die federführenden AkteurInnen noch weit von einer kultursensiblen Praxis entfernt scheinen. Zugleich wird an diesem Beispiel deutlich, dass neben der Quartiersdimension noch eine tiefere Ebene, die Dimension des unmittelbaren Wohnumfeldes innerhalb der Mietshäuser, von Bedeutung für die Ebene des Zusammenlebens und der Konfliktbewältigung ist.

In der Praxis kommunaler Wohnungspolitik werden mögliche interkulturelle Nachbarschaftskonflikte für gewöhnlich präventiv „gelöst", indem dem

Belegungsplan der Häuser ein Schlüssel zu Grunde gelegt wird. Eines der im Forschungsfeld etablierten öffentlichen Wohnungsbauunternehmen verfährt der Kommunalpolitikerin A. zufolge so, dass von fünf Wohneinheiten in einem Haus *drei* (!) der Wohnungen mit deutschen MieterInnen belegt werden. Dieses Beispiel lässt mich auf die „Durchmischungspolitik" zu sprechen kommen, deren Grundsätze ich hier zwar nicht kritisieren will – wer könnte allen Ernstes in Zeiten transkultureller Dynamik für ethnisch homogene Hausgemeinschaften votieren? – sehr wohl ist jedoch augenscheinlich, dass das Konzept der Durchmischung in der Praxis als Dogma unreflektiert bleibt. Dabei ist dies schon terminologisch nicht unproblematisch (wobei in diesem Fall begriffliche und konzeptionelle Dimension in hohem Maße voneinander abhängen), da sich aus historischem Blickwinkel menschenfeindliche Sinnbilder des vermeintlich „Reinen" und „Unreinen" aufdrängen: Wer wird eigentlich konkret „durchmischt"? Handelt es sich um eine sozioökonomische Mischung aus Angehörigen der unteren, mittleren und oberen sozialen Milieus? Schnell wird klar, dass hier kein pädagogisches Programm greift. Es geht nicht darum, dass unterprivilegierte BewohnerInnengruppen Tür an Tür mit möglichen „sozialen Vorbildern" leben und lernen.[83] Das Konzept ist vorrangig ethnisch-kulturell gefärbt. Hierbei ist eine strukturell angelegte administrative Stigmatisierung von Menschen mit Migrationsgeschichte zu beobachten. So werden, wie Interviewpartnerin G. bemerkt, in der Verwaltungspraxis eines weiteren Wohnungsbauunternehmens SpätaussiedlerInnen unter dem Buchstaben „A" geführt. Bezogen auf das Beispiel des Belegschlüssels könnte eine überzeichnete Formulierung lauten: Die Deutungshoheit der schrumpfenden autochthonen Mehrheitsgesellschaft über das normative kulturelle Wertesystem (in den Hausgemeinschaften) soll durch institutionelle Lenkung bewahrt werden.

Von Diversity Management kann daher in der kommunalen Wohnungspolitik keine Rede sein. Im Vordergrund steht die Orientierung an vermeintlichen Defiziten der Klientel, wie aus den Aussagen der Sozialarbeitein G. hervorgeht, die angibt, zu einer Verwehrung kommunaler Wohnungszuweisungen müsse das kommunale Wohnungsbauunternehmen *„triftige Gründe"* nennen. Hierzu zählten Belästigungsklagen oder positive Schufa-Auskünfte. Potentiale multikultureller Hausgemeinschaften werden von kommunaler Seite gar nicht erst unterstellt, vielmehr ist die „Vergabepolitik" durchzogen von Stigmata und Ressentiments, die auf vermeintlichen Erfahrungswerten mit

---

[83] Keine Erzählperson geht in diesem Zusammenhang so weit wie die Migrantin N., die überzeugt davon ist, dass es keinerlei positive Rollenbilder im Stadtteil Stöcken gebe: „(...) *es gibt sozusagen für die, die dort leben, kein richtiges Miteinander, kein Voneinander-Lernen, weil das Gegenbild fehlt.*"

früheren „schwierigen" BewohnerInnen – *„bestimmte Bevölkerungsgruppen"* bzw. *„Randgruppen"* – beruhen. G. stellt fest:*„Es geht natürlich (...) ganz häufig um Nationalitäten oder halt auch um Personengruppen. Aber ich finde eigentlich, dass häufig eine Zuweisung oder eine Wohnungsvermietung vollzogen wird, wo manchmal klar ist, dass (...) die Bewohner da einfach nicht in dieses Haus reinpassen."* Im Vordergrund stehen somit Konfliktvermeidung und soziale Befriedung, nicht das gemeinsame Lernen in Nachbarschaften, aus dem sich mögliche neue Erfahrungswerte speisen könnten. Dies würde jedoch einem als Lern- und Effektivitätsansatz verstandenen Diversity Management entsprechen (vgl. Punkt 3.2).

„Beyond (Multi-)Culturalism"?

Was die institutionelle Ausrichtung der Integrationsangebote betrifft, so dominieren in Stöcken spezifische ethnisch-kulturelle Gruppenangebote. Dieser Ansatz wird von Sozialarbeiterin H. mit der „Sicherheit-Kontakt-Hypothese" begründet (vgl. Punkt 4.2.2):

„Also wir bieten auch durchaus den Raum, dass Kulturen sich für sich erst mal selbst auch stärken können, weil das immer auch eine Voraussetzung ist, dass sie sich öffnen. Das hat was mit Selbstsicherheit zu tun. Also wenn ich mich selbst bei mir selber gut fühle und meiner selbst sicher bin, dann hab ich auch viel mehr Mut und mich zu öffnen etwas Neuem. Fühl ich mich ausgegrenzt und nicht anerkannt, ziehe ich mich zurück und mache auf gar keinen Fall auf. Das heißt, auch diese Möglichkeit (...) in der eigenen Kultur sich zu begegnen und sich auseinanderzusetzen; in der eigenen Muttersprache, lässt es sich immer noch am besten über Gefühle sprechen."

Was hier vordergründig als Ansatz interkultureller Integration interpretiert werden könnte, bedient vielmehr (multi-)kulturalistische Denkmuster: Die hier zitierte Erzählperson H. geht gar von einer „menschlichen" Affinität zur ethnisch-kulturellen Segmentation aus: *„Ich habe die Erfahrung gemacht, die Menschen haben eher den Drang, sich abzugrenzen als sich zusammenzutun. Also, wenn man ihnen die Wahl lässt (...) dann haben sie (...) eher den Wunsch, sich auseinander zu sortieren."*

Dabei werden ausgerechnet präventive Gesundheitsangebote überwiegend von den autochthonen Deutschen wahrgenommen, obgleich der Bedarf bei alten MigrantInnen, vor allem Frauen, bekanntermaßen hoch ist. Die Frage stellt sich also, ob die „Erreichbarkeit" dieser Gruppen wirklich nur durch ethnisch homogene Gruppenangebote realisierbar ist oder diese nicht vielmehr die ethnisch-kulturelle Differenz (hier: im Sinne von „Abstand") im Stadtteil verstärkt. F., tätig auf der mittleren kommunalen Steuerungsebene, erklärt hierzu:

„Also ich glaube, das ist ein Prozess, der auch sehr zeitaufwendig und langwierig ist. Und ich weiß auch nicht, ob es Sinn macht, sag ich mal, diese großen Ziele sofort anzugreifen, sondern ich glaube, man muss erst Vertrauen schaffen durch kleinere Projekte, auch wenn es dann manchmal beinhaltet, dass, sag ich mal, vielleicht die Türken nur was machen und die Russen machen separat was, und die Deutschen machen nur was. Ich glaube mit kleineren Schritten, die dann dazu führen, dass man irgendwann zusammenkommt, kann man vielleicht auch eine ganze Menge mehr erreichen (...)".

Bei aller Herausstellung von dichtotomen bzw. bipolaren Denkstrukturen im Stadtteil Stöcken und der Kritik an kulturalistischen Ansätzen geht es mir im Übrigen nicht darum, soziale und kulturelle Unterschiede in der Stadtteilbevölkerung zu „verwischen" oder den AkteurInnen „abzusprechen", allerdings besteht die Gefahr stets in ihrer ethnischen, nationalen oder kulturellen Zuschreibung.

7.2 Diversity Management in beruflichen Qualifizierungssettings

Bevor ich Diversity in einen Zusammenhang mit beruflicher Qualifizierung stelle, möchte ich zunächst an die europapolitische Antidiskriminierungspolitik, die das „Recht auf Differenz" stets im Kontext der Erwerbsarbeitsmärkte und der beruflichen Integration versteht, erinnern (vgl. Punkt 4.1ff.). Wird bedacht, dass sich dieses Paradigma über Instrumente wie den Europäischen Sozialfonds unmittelbar auf das Gemeinwesen und seine einschlägigen Quartiere überträgt, erscheint es befremdlich, wenn Diversity und die Bedeutung seiner europapolitischen Rahmengebung auf der professionellen Steuerungsebene der Quartiersentwicklung zum Teil kaum bekannt sind.

Im Fall der Interviewpartnerin D., die auf der mittleren Steuerungsebene der Quartiersentwicklung tätig ist, reichen der politische Abstraktionsgrad und das Bewusstsein über den politischen Einfluss der EU auf die Prozesse sozialräumlicher Integration nicht über die verwaltungsinterne Ebene hinaus: *„(...) der Auftrag ist ein ganz klarer vom Oberbürgermeister. Eben über den Rat (...) Integration voranzubringen. (...) und das europäische Thema ist eigentlich mehr, ja, eine Randerscheinung in unserer Arbeit, weil es eben viel mit Mitteln zu tun hat."* Diese Einschätzung entspricht im Prinzip der Wahrnehmung der anderen professionellen Erzählpersonen: Auch wenn „Europa" keinen direkten Einfluss auf die Arbeit der Institutionen und der Semiprofessionellen und schon gar nicht auf den alltagskulturellen Relevanzrahmen der Stadtteilbevölkerung zu haben scheint, so besteht doch ein indirekter Einfluss durch die Beteiligung an ESF-Projekten.

Gerade im Hinblick auf die berufsqualifizierenden Bereiche muss der Hinweis wiederholt werden, dass Stöcken erst seit wenigen Jahren im „Soziale Stadt"-Programm vertreten ist. Es können und sollen hier also keine Prozesse evaluiert, umsomehr jedoch Aussagen zu Potentialen und Grenzen von Diversity Management auf Grundlage der im Stadtteil vorzufindenden Integrationskonzepte getroffen werden.

Obgleich die Stadtteilerneuerung in Stöcken noch am Anfang steht, eröffnen sich bereits einige Beschäftigungsperspektiven, etwa im Zusammenhang mit einem geplanten SeniorInnenprojekt im Stadtteil. Nicht nur die Versorgung dieser Gruppe mit Wohnraum ist dabei angedacht, sondern auch die Einrichtung eines BewohnerInnencafés, das Beschäftigungsmöglichkeiten für ältere Erwerbslose bereithalten könnte. Perspektivisch ist auch die Schaffung von Möglichkeiten des intergenerationalen Austauschs im Stadtteil angedacht. Was die Beschäftigungschancen junger Menschen betrifft, so interessiert vor allem, inwieweit die Schulen und anderen einschlägigen sozialen Einrichtungen auf die in Punkt 4.2.1 aufgezeigten Entwicklungen auf dem Ausbildungsmarkt reagieren.

Berufliche Qualifizierung von Jugendlichen

Auf die für Stöcken spezifische Rolle der örtlichen Großunternehmen wie Volkswagen und Continental ist an früherer Stelle hingewiesen worden (vgl. Punkt 6.2.1 und 6.2.5). Zwischen ihnen und der Kommunalverwaltung bestehen Kontakte, die über ESF-Programme wie „BIWAQ" weiter ausgebaut werden sollen. Inwieweit sich hieraus Chancen für benachteiligte Jugendliche ergeben, ist aktuell noch nicht absehbar. Bisher hat es intragenerationale Ansätze in Form so genannter „Lernpartnerschaften" gegeben, die als Mentoringsystem angelegt sind: VW-Lehrlinge begleiten dabei künftige Auszubildende bei der Lehrstellensuche. Die sinkenden Beschäftigungschancen von sozial benachteiligten Jugendlichen in Stöcken hängen wiederum entscheidend mit den steigenden Anforderungen an Auszubildende im industriellen bzw. produzierenden Gewerbe zusammen. Die intellektuelle Befähigung, vor allem aber „weiche" Kompetenzen wie Zuverlässigkeit und Selbstorganisation sind in der Gruppe der HauptschülerInnen häufig unausgeprägt. So stellt Lehrer L. fest:

„Also auch außerhalb von VW bekommen wir in den 9. Klassen höchstens einen in der Klasse, der überhaupt einen Lehrvertrag hat, irgendwo [unter] – eventuell zwei, aber mehr nicht. (. . .) in den 10. sind es dann von 20 Leuten vielleicht vier oder fünf, die einen Ausbildungsplatz kriegen. Der Rest geht (. . .) in die berufsbildenden Schulen."

Es bedarf vor diesem Hintergrund – will dem Problem der Jugendarbeitslosigkeit nicht lediglich mit dem Verweis auf „künftige Generationen" im Bereich der frühkindlichen Bildung begegnet werden – bereits im Vorfeld didaktischer Maßnahmen, um mehrfach benachteiligte AusbildungsplatzbewerberInnen auf die für sie hohen Anforderungen des ersten Arbeitsmarktes vorzubereiten. Die Erhöhung berufsvorbereitender Praxisanteile im Lehrplan ist dabei eine notwendige Maßnahme, die auch Lehrer L. unterstreicht, wobei er auch auf den Stellenwert der Geschlechterparität verweist. So sei es *„völlig selbstverständlich"*, dass Mädchen im Technikunterricht ausgebildet würden und Jungen lernten, eine Nähmaschine zu bedienen. Die stufenweise Umstrukturierung der Haupt- und Realschulen zu Integrierten Gesamt- und Ganztagsschulen ist dabei für die Ausdehnung berufspraktischer Einheiten als vorteilhaft einzuschätzen. Dennoch wird die gendersensible Herangehensweise im Bereich der Berufsvorbereitung, so wird aus dem Gespräch mit L. deutlich, nicht konsequent umgesetzt. In einer Schülerfirma nehmen fast ausschließlich Jungen teil, die Mädchen sind, sofern sie teilnehmen möchten, auf sich alleine gestellt: *„Das hat sich aber eben auch ein bisschen rumgesprochen, es wird kompliziert, wenn zwei Mädchen und acht Jungen dabei sind. Und das ist eigentlich immer der 9. Jahrgang, also die Vollpubertät. Dann gibt es eher ein bisschen Probleme."* Diese Entwicklung wird von L. jedoch nicht reflektiert oder problematisiert, sondern lediglich beschrieben. Mit dem Verweis auf fehlende Zeitressourcen wird einer kritischen Auseinandersetzung mit dieser strukturellen Form der Diskriminierung aus dem Weg gegangen: *„Sonst müsste ich einen ganzen Tag darauf aufpassen, dass die Mädchen nicht zu kurz kommen und soviel Zeit ist gar nicht da."*

Neben fehlender geschlechtsspezifischer Sensibilität geht aus dem Interview mit Lehrer L. eine weitere Auffälligkeit hervor, die aus Diversity-Perspektive problematisch ist: Geht es um Fähigkeiten und Fertigkeiten, Ausbildungsreife und Employability der SchülerInnenschaft, betont L. an vielen Stellen die Schwächen und Negativsaldi. Abgesehen von „zu Gute gehaltener" handwerklicher Qualifikation werden Verhaltensauffälligkeit, Sprachprobleme oder fehlende Selbstkompetenz thematisiert. Die Defizitorientierung verstellt dabei den Blick auf „versteckte" individuelle Potentiale. Ganz im Gegensatz dazu scheint der Bereich der kulturellen Bildung geeignet, die beschäftigungsorientierte Komponente von Diversity Management einzulösen, indem an individuellen Ressourcen angesetzt wird. So berichtet die Sozialarbeiterin H.:

„Wir haben allerdings auch Erfahrung gemacht mit Jugendlichen, die sich gut engagieren, die dann auf einmal Lust haben (...) bei besonderen Projekten mitzuarbeiten.

Wir hatten hier ja mal (...) das Staatstheater (...) die so einen Container aufgestellt haben und Projekte machen und so. Dann sind die schon ziemlich engagiert. Das ist schon toll. Da blitzten immer so die Potentiale auf, ne?"

Diversity Management scheint also im Bereich der Berufsvorbereitung in besonderem Maße von der Wahl der Methoden abzuhängen.

Diversity-Orientierung: Potentiale erkennen und (anders) fördern

Alternative Konzepte berufsvorbereitender Settings könnten in der Tat eine gangbare Perspektive vor allem in der Arbeit mit besonders benachteiligten Jugendlichen bieten. Aus der soziokulturellen Perspektive bemerkt H. hierzu:

„Ich kann mit Kreativität und mit einem anderen Herangehen aus einem ganz normalen Beruf durchaus auch ein Potential finden, was mir auch Spaß macht und wo ich vielleicht auch über eine Selbständigkeit, die ich anstrebe, anders leben kann, als wenn ich irgendwo angestellt bin (...) Selbst wenn Du nur einen Hauptschulabschluss hast, ist damit (...) die Welt nicht zu Ende. Sondern wenn ich einen Hauptschulabschluss mach und eine Schneiderlehre, kann ich Kostümbildnerin werden."

Auch die Sozialarbeiterin M. betont den Stellenwert von Kreativität, der HauptschülerInnen in der Regel von Dritten nicht zugetraut bzw. *„nicht abgefragt"* werde. Das Klischee der „einfach geschnitzten", eher praktisch veranlagten HauptschülerInnen hält sich offenbar hartnäckig, und wie ich am Beispiel des Lehrers L. gezeigt habe, wird es auch von pädagogischen Fachkräften reproduziert. M. verweist hingegen auf den Medienbereich und Techniken wie Fotobearbeitung oder Webdesign, die ihre Klientel durchaus anwenden könne. Besonders interessant ist jedoch der Hinweis auf die Perspektiven des Web 2.0, die bisher in der Praxis der Jugendsozialarbeit kaum in einen Zusammenhang zu berufsvorbereitenden Qualifizierungssettings gestellt worden sind:

„Und was mich immer verblüfft, wenn ich mir auch mal Videos von denen bei YouTube (...) angucke – man mag über den Inhalt streiten, aber die sind gut gemacht. (...) sind halt Rapper und Hip Hopper und (...) zeigen ihre starke Seite und durchaus auch mal Sachen, wo man als Pädagogin denkt: Naja, das muss jetzt nicht sein. Aber sie können das."

Am Beispiel der Mediatisierung wird deutlich, dass das Verhältnis von Autochthonen und Allochthonen auch eine Frage der „Generation" ist. Das Unternehmen Ericsson hat jenen „Generation Gap" in einer Ausgabe ihres Online-Magazins *Telecom Report* zum Thema gemacht. Die „digital immigrants" sind im Zeitalter des Internets vor allem die Alten, während die große Mehrheit der Jungen der Gruppe der „digital natives" zuzurechnen ist. Das in der analogen Netzwelt des Stadtteils auf den ersten Blick eindeutig erscheinende Verhältnis von „drinnen" (Autochthone) und „draußen" (Allochthone) kehrt sich in der digitalen Netzwelt um und wird zugleich transkulturalisiert – Internetkompetenz drückt sich weniger deutlich entlang ethnisch-kultureller Kategorien aus. Was in der Wirtschaft als *Button Theory* die „Arroganz der Jugend" beschreibt, sich technischer Innovationen angstfrei und mit dem Willen zur Gestaltung zu nähern, könnte – und dies zeigt das Beispiel oben – durchaus als Potential in der Sozialen Arbeit mit benachteiligten Jugendlichen begriffen werden (s. ERICSSON 2009).

H. verweist im Übrigen darauf, dass sich Unternehmen bei der Entwicklung von Schlüsselqualifikationen bereits künstlerischer Mittel bedienen: „*Wenn es schon um Menschen geht, die Berufe haben, hat die Wirtschaft das schon längst aufgegriffen, ne? Nicht umsonst spielen Manager Theater (...) Aber wenn es um Berufsvorbereitung geht, läuft immer noch das klassische Programm.*" Hier öffnet sich eine pointierte Parallele zu der Entwicklung von Diversity Management. Das Konzept wurde ebenfalls zuerst von den Wirtschaftswissenschaften adaptiert und entwickelt, bevor es mit deutlicher Verspätung die Diskurse der Sozialwissenschaften und damit der Sozialen Arbeit erreichte.

Ich halte also fest, dass der konzeptionellen und inhaltlichen Ausgestaltung von Kompetenzfeststellungsverfahren – ob für Jugendliche oder für ältere mögliche ErwerbsteilnehmerInnen – eine entscheidende Bedeutung für die Einlösung des viel zitierten Credos „Vielfalt als Chance" beizumesen ist. Der Polizeibeamte J. liefert in diesem Zusammenhang unfreiwillig einen interessanten Impuls. Er gibt zu Protokoll, er wolle mögliche unerkannte Potentiale von im öffentlichen Raum „auffälligen" Jugendlichen „*nicht in Abrede stellen*", könne diese Annahme jedoch „*auch nicht belegen*". Genau hier liegt offenbar ein Problem vor: Inwieweit können individuelle Stärken, Qualifikationen und Potentiale, die in herkömmlichen Verfahren und Tests nicht „gemessen" werden können, da sie dort nicht abgefragt werden, „belegt" werden? Um diese Frage nicht nur rhetorisch zu stellen, verweise ich auf das in Stöcken praktizierte Modell des „Berufsparcours", eine Art Messe, die Unternehmen und Ausbildungsplatzsuchende der Abschlussklassen zusammenbringt. Hier haben SchülerInnen die Chance, sich in unterschiedlichen Berufsfeldern auszuprobieren und in Kontakt mit den ausstellenden Unternehmen zu treten. Jedoch geht das klassische „Übungsterrain" von Berufsparcours nicht über die Simulation von Routineabläufen im Technik- bzw. Dienstleistungsbereich hinaus – weder in Stöcken noch anderswo. Dabei ist der Berufsparcours eine Chance für SchülerInnen, potentielle ArbeitgeberInnen vor Ort auf ihr Können aufmerksam zu machen und sich selbst zu empfehlen. Hier könnten also durchaus geschickte *obstacles* eingebaut werden, die jenen SchülerInnen eine Chance geben, die bei klassischen Kompetenzfeststellungsverfahren und Prüfungssituationen kapitulieren oder scheitern. Zu denken wäre beispielsweise an performative Aufgabenstellungen, die auf Improvisation und Spontanität setzen. Wenn hingegen über 100 SchülerInnen dieselbe Werkbank passieren, wird es ihnen kaum möglich sein, ihre individuellen Stärken unter Beweis zu stellen.

Darüber hinaus werden in Stöcken praktische Fertigkeiten im Kontext der Beschäftigungsförderung offenbar bislang nicht hinreichend abgefragt: Am Beispiel der handwerklichen Fähigkeiten türkischer Frauen lässt sich hier exemplifizieren, dass durchaus von „verschenkten" Potentialen gesprochen werden kann, wenn diese lediglich im Bereich der lokalen Gemeinwesenökonomie zur Schau gestellt würden – was den hauswirtschaftlichen, aber auch den musisch-kreativen Bereich betrifft, ist eine solche Praxis in vielen benachteiligten Stadtteilen sozusagen unreflektierter Usus. Dies zu ändern, würde jedoch bedeuten, zunächst die sozialkulturelle Sphäre der Integration – oder genauer formuliert: die sozialkulturelle Eigenlogik eines Stadtteils X – zu „entschlüsseln". Die Frage nach den milieuspezifischen Codes bestimmt den Zugang und die Erreichbarkeit der jeweiligen Gruppen und Personen. Erst wenn die kulturelle Decodierung erfolgt ist, können unter Umständen „ethnische" Potentiale genutzt werden, um MigrantInnen sozialstrukturell zu integrieren.

Ethnische Ökonomie als interkulturelle Brücke

Eine weitere Möglichkeit zur sozialstrukturellen Integration von MigrantInnen verspricht das Feld der ethnischen Ökonomie. Die ethnischen Kleinstbetriebe sind in Stöcken vielfach im gastronomischen Bereich angesiedelt. Offensichtlich können sich diese Betriebe am „Markt" behaupten, ohne dass in den meisten Fällen ein ausgearbeiteter Business-Plan die Existenzgründung strukturiert haben wird. Als unkonventionelle GründerInnenpersönlichkeiten dürften ethnische KleinstunternehmerInnen daher nicht zur Stammklientel kommunaler Wirtschaftsförderungsgesellschaften zählen. Ich will in diesem Zusammenhang jedoch auf einen anderen Aspekt aufmerksam machen, der sich aus dem empirischen Material herleiten lässt. So drängt sich eine institutionelle Förderung der ethnischen Ökonomie im doppelten Sinne auf: Zum einen sollte Quartiersentwicklung daran interessiert sein, ethnische Betriebe im durch den Stadtteilerneuerungsprozess ausgelösten infrastrukturellen Wandel zu begleiten, so dass diese auch künftig wirtschaftlich bestehen können; zum anderen muss auf ihre zunehmende interkulturelle Brückenfunktion verwiesen werden. So berichtet Bewohner E. von einem griechischen Schuster, der sozia-

ler Knotenpunkt im Quartier sei: Dort gehe es *„nicht um Schuhe"*. Die langjährige Bewohnerin C. erwähnt, dass in Stöcken vermehrt türkische Frisiersa-
lons eröffnet hätten. Da diese preisgünstige Angebote machten, gehe sie davon
aus, dass sich dort auch deutsche BewohnerInnen die Haare schneiden lassen.
Der lokale türkische Supermarkt habe bereits eine multiethnische Kundschaft:
„Wir haben ja auch hier so einen türkischen Supermarkt – „Mavi Market"
heißt das – da gehen auch Deutsche einkaufen." Die in ethnischen Unternehmen praktizierte Mehrsprachigkeit kann zudem nicht nur als Marktvorteil (vgl.
REIMANN/SCHULERI-HARTJE 2009: 508), sondern als pädagogischer Ge-
genentwurf zur in anderen Bereichen des öffentlichen Lebens häufig sanktio-
nierten Einsprachigkeit betrachtet werden (vgl. HINNENKAMP 2007: 179).

Wenn sich trotz ethnisch-kultureller Segmentation im Stadtteil Stöcken
(vgl. Punkte 7.1, 7.3 und 7.4) interkulturelle Berührungspunkte über den „Umweg" der Ökonomie herstellen lassen, so ergeben sich hieraus viel verspre-
chende Perspektiven für Diversity Management in der Quartiersentwicklung.

In der Diskussion um die Perspektiven ethnischer Ökonomie muss auch
die Frage nach Quantität und Qualität ethnischer Ausbildungsbetriebe gestellt
werden. Ebenso bedarf es einer jenseits aller Klischees auferlegten Image-
Kampagne zur Aufwertung der Reputation ethnischer Kleinstbetriebe. Dies
könnte die Betriebe als Arbeitgeber nicht nur in den eigenen MigrantInnen-
Milieus, sondern über Ethnien und Nationalitäten hinweg attraktiv machen.
Damit ethnische GründerInnen zu bedeutenden LotsInnen sozialräumlicher Integration avancieren können, benötigen sie jedoch Unterstützung. Ihre wirtschaftliche, soziale und symbolische Stärkung könnte einhergehen mit ihrer
Einbindung in Stadtteilgremien und lokale Netzwerke. Als RepräsentantInnen
des öffentlichen Lebens sind die ProtagonistInnen der ethnischen Ökonomie
mögliche interkulturelle ÜbersetzerInnen. Der zuvor skizzierte vermeintliche
„Umweg" über die Ökonomie weicht auf diese Weise der interkulturellen Di-
rektanbindung.

Mit Blick auf den folgenden Unterpunkt, in dem ich den Aspekt der sozialen Kohäsion behandele, möchte ich den Punkt der beruflichen Qualifizierung mit einer kritischen Anmerkung zur Lokalen Ökomomie schließen. Wie
im weiteren Verlauf sichtbar werden wird, existieren im Stadtteil tief verwur-
zelte interkulturelle Ressentiments. Vor diesem Hintergrund kann das Konzept
der Lokalen Ökonomie, verstanden als subventionierte Gemeinwesenarbeit für
gering Qualifizierte, als riskant betrachtet werden, da die Armutsstrukturen als
wesentlicher Nährboden für Ressentiments und Konflikte nicht nachhaltig be-
seitigt werden. An früherer Stelle habe ich mit so unterschiedlichen Denkern
wie DURKHEIM, HONNETH und CASTEL darauf hingewiesen, dass sich

gelingende soziale Kohäsion und Solidarität auch heute noch an der ökonomischen Realität, weniger an moralischen oder religiösen Indikatoren wird messen lassen müssen (vgl. Punkt 5.2). Das Primat einer qualitativ sinnvollen Arbeitsperspektive, die individuelles ökonomisches Auskommen gewährt, gilt unverändert. Im folgenden Abschnitt zur sozialen Kohäsion wird zu klären sein, in welcher Gestalt sich das Moralisch-Religiöse in Hannover-Stöcken ausdifferenziert bzw. – trotz Festanstellung einzelner AkteurInnen – vom Ökonomischen lossagt.

7.3 Diversity Management und soziale Kohäsion

Bezeichnend für den Stadtteil Stöcken ist die bis heute noch ausgeprägte Integrationskraft der Großbetriebe. Stöcken besitzt den Eigensinn eines ArbeiterInnenstadtteils. Hieraus lässt sich ein Grundmaß an sozialer Stabilität im Stadtteil ableiten, wobei an dieser Stelle die ethnisch-kulturellen Differenzen noch nicht näher beleuchtet sind. Der Bewohner und Kommunalpolitiker E. zeigt aus seiner Sicht eine besondere Stärke des Stadtteils auf, indem er das Antlitz einer kleinräumigen Solidargemeinschaft zeichnet. *„Ich habe den Eindruck – und ich meine, nicht umsonst hat die SPD hier immer noch eine absolute Mehrheit bei den Kommunalwahlen im Stadtbezirk – die Leute legen hier sehr viel Wert auf dieses Integrative, auf das Miteinander."* E. liefert eine Definition von Integration, die sozusagen stellvertretend stehen kann für das Integrationsverständnis mehrerer befragter ExpertInnen, die jedoch die sozialkulturelle Sphäre der Integration ausblendet:

„Ich denke in Stöcken versteht man Integration unabhängig von solchen Begriffen wie Ethnizität, wie Religion, sondern man versteht Integration eher im Sinne von Gemeinschaft und Außenseitersein. Man integriert die Leute, egal aus welchem Grund sie sich weniger in der Gesellschaft eingebunden fühlen. Man integriert die Leute einfach."

Die Sozialarbeiterin H. teilt diese Ansicht, obgleich sie auf eine entscheidende Einschränkung aufmerksam macht:

„Also, das ist hier noch relativ konfliktfrei. Das hat was damit zu tun, dass es ein alter (...) Arbeiterstadtteil ist. Und Thema Gastarbeit hier, natürlich VW schon immer war. Die sind das gewohnt. Und dann ist es (...) insbesondere politisch (...) sehr rot gefärbt das Ganze. Und dann hat man eine gewisse Toleranz (...). Das heißt aber noch lange nicht, dass die Leute unbedingt viel miteinander anfangen müssen."

Diese nüchterne Einschätzung einer Sozialarbeiterin zum „interkulturellen Agreement" in Stöcken – *„Aber das ist auch gesünder, finde ich, als (...) wenn man es auskämpfen würde oder so. Von daher ist das noch relativ* *okay"* – macht deutlich, dass aus Vielfalt und Differenz per se noch lange keine Ressourcen oder Potentiale erwachsen müssen. Die Eigenlogik der ethnisch-kulturellen Beziehungen im Stadtteil Stöcken lässt sich mit H. daher zu Recht auch als *„ignorantes Nebeneinander"* beschreiben, zusammengebracht vor allem in Form einer niedrigschwelligen Eventkultur, durch Stadtteilfeste und -feiern. Wird bedacht, dass die Erreichbarkeit und Beteiligung bestimmter marginalisierter BewohnerInnengruppen durch institutionell organisierte Feste mehr als fraglich ist, verwundert die Fokussierung auf diese lokale Aktionsform.

Doch welche BewohnerInnengruppen leben in Stöcken „nebeneinander"? Aus dem Datenmaterial wird schnell ersichtlich, dass sich Differenzlinien in Stöcken nicht nur sozialstrukturell abbilden. Der alte *„Stöckener Stamm"*, so H., wohnt zu großen Teilen in räumlicher Distanz zum Kern des Sanierungsgebietes, getrennt durch Hogrefestraße und S-Bahntrasse, im „anderen Stöcken" im marktnahen Umfeld der Eichsfelder Straße (vgl. Punkt 6.2.3):*„Das sind die Senioren (...) wir müssen auch gucken (...) dass wir da Angebote haben, die auch diese Zielgruppe einfach ansprechen. Also wir können nicht alles darauf auslegen, nur Integration und (...) sondern wir müssen auch mal klassische Angebote machen (...)"*, betont Sozialarbeiterin H. Insofern grenzt sich die autochthone Bevölkerung räumlich *und* kulturell nach „Außen" ab, während lokale Stadtteilinstitutionen „reagieren" anstatt Diversity Management zu gestalten. Auch die örtlichen SeniorInnenkreise – „*(...) da gehen die Ausländer in der Regel nicht hin"*, wie Polizeibeamter J. erwähnt – sind praktisch als autochthone Angebote zu verstehen. Weitere Angebote wie „Liedertafel", „Schützenverein" oder „Bürgerverein" sind ebenfalls einschlägig: So bemerkt Bewohnerin C. zum „Bürgerverein Stöcken":

„(...) das sind Stöckener Bürger, die da drin sind, und da wird so (...) Historie gepflegt. (...) Und die hatten jetzt hundertjähriges Bestehen, und denn haben sie da so eine Bilderwand gehabt von dem ganz alten Stöcken noch. Und (...) waren auf der Harthöhe, als Beispiel."

Das Festhalten an lokalen milieuspezifischen Traditionen führt nicht zwangsläufig zu Diskriminierung anderer Bevölkerungsgruppen. Doch werden alle sozialen und kulturellen Angebote im Stadtteil ad absurdum geführt, wenn in den Köpfen nicht dauerhaft kultursensibel gedacht wird. Viele InterviewpartnerInnen, ob sie aus Kommunalverwaltung, Politik oder Polizei stammen oder selbst im Stadtteil wohnen, zeichnen ein grundsätzlich positives, integratives und tolerantes Stadtteilbild. Spontan verbinden sie mit Vielfalt stereotype Attribute wie „bunt", „spannend" oder „interessant" bzw. konkreter: „Nationalitäten" und „Kulturen". Die Beispiele verdeutlichen, dass in der Praxis der Quartiersentwicklung Vielfalt entweder als „ganzer", „dichter", fast „einheitlicher" Tatbestand verstanden wird, also keine Dekodierung von Vielfalt stattfindet, oder jene lediglich auf bestimmte Kategorien wie „Nationalität" reduziert wird.

Ethnisch-kulturelle Differenz: „100% Religion"

Aus der Metapher des „ignoranten Nebeneinanders" wird deutlich, dass der vor allem von professionellen AkteurInnen hervorgehobene interkulturelle Dialog zwischen autochthoner und allochthoner bzw. hier: christlicher und islamischer Gemeinde nicht der sozialen Praxis entspricht.[84] Allenfalls bestehen Anzeichen eines interreligiösen Dialogs, der sich jedoch auf gegenseitige Einladungen zu offiziellen Anlässen, ein- bis zweimal im Jahr, beschränkt. Wenn die Moschee daher als „sehr kooperativ" beschrieben wird, wie es D. als Vertreterin der mittleren Steuerungsebene der Quartiersentwicklung – auch in Abgrenzung zur benachbarten, als orthodox wahrgenommenen Ahmadiyya-Gemeinde im Quartier Schwarze Heide – tut (und wie es in den offiziellen Netzwerken offenbar übereinstimmend bewertet wird),[85] lässt dies auf mangelnde Sensibilisierung für problematische Aspekte schließen wie die Planung eines organisatorisch an die Moschee angebundenen Mädcheninternats oder die Kooperation mit der vom Verfassungsschutz beobachteten Vereinigung *Milli Görus*, die ein Ehrenamtlicher der islamischen Gemeinde erwähnt. Ein Vertreter der Polizei, die*„also auch einen ganz guten Kontakt zu unseren Moscheen"* unterhält, kann ebenfalls keine fundamentalistischen Entwicklungen erkennen: *„Da mag sicherlich der eine oder andere dabei sein, das kann man so nicht feststellen, aber generell haben wir das eher nicht."* Die mit dem türkisch-islamischen Milieu in Stöcken vertraute Erzählperson N. berichtet hingegen:

„Aber Religion geht in Stöcken bei den Türken vorneweg und die Moral, die persönliche Moral der Frau und Familie. Also das ist ein[e] ganz große Differenz zu dem, was Ihr eigentlich hier schaffen wollt, ne? Eine Frau kann da einfach nicht irgendwie im

---

[84] Wenn hier im Folgenden der hermeneutische Fokus auf die ethnisch-kulturelle Differenz zwischen autochthonen Deutschen und allochthonen TürkInnen bzw. zwischen christlicher und türkischer Gemeinde gelegt wird, dann, weil durch das emprische Material dieser Diskurs in den Vordergrund rückt. Es sind somit, wie an früherer Stelle dieser Arbeit herausgearbeitet (vgl. Punkt 5.2), die anschlussfähigen Differenzen, die für die Ausgestaltung von Diversity Management von besonderer Relevanz sind.

[85] In diesem Zusammenhang fällt auch die in mehreren Interviews getroffene Behauptung, es handele sich bei der Ahmadiyya-Gemeinde um Nicht-StöckenerInnen, die keinerlei sozialen Bezug zum Stadtteil hätten. Dies zeigt wie hoch der Stellenwert sozialräumlicher Identität für viele AkteurInnen zu sein scheint.

Stadtteil sich breit machen, integrieren. Ich hab sogar von einigen gehört, dass [es] da eine Moralpolizei gibt. Also ich möchte das nicht schwören, aber Grabsen [Garbsen] und Stöcken, das heißt die (. . .) Stadtteilältesten, die pensioniert sind (. . .) die gucken so, was machen die junge[n] Frauen. "

Selbstverständlich bedarf die Einholung ambivalenter Informationen wie dieser konsequenter Beziehungsarbeit in die islamische Community hinein – erst recht wenn es wie hier um die Verifizierung von Spekulationen geht.[86] Nur die vorinstitutionelle Kontaktpflege kann langfristig zu Vertrauensbildung führen. Dies ist aus der Ferne der Steuerungsebene kaum möglich. Umso bedeutender sind in der Quartiersenwicklung aufsuchende Elemente der Gemeinwesenarbeit. Auf meine Nachfrage, ob sie glaube, dass der Einfluss der islamischen Gemeinde in Stöcken groß sei, erwidert N.:

„Ich würd sagen 100%, aber es glaubt mir nur keiner. Das ist eine Gegenarbeit (. . .). [Gegen] all diese Arbeiten [der] Integration in letzter Zeit arbeitet die Moschee, [die] islamische Gemeinde, noch stärker dagegen. Weil die wollen ja auch ihre Leute nicht verlieren. Die haben Angst, dass, wenn sie sich integrieren… also Bildung ist immer ein Stück auch frei werden, ne? Menschen, die sich bilden, die nach außen schauen, und die gehen ja auch, die bleiben nicht. Was macht man denn, damit man die Leute hält? Wann existiert eine türkische Gemeinde? Wenn sie voll ist, und alle von dieser Ideologie auch überzeugt sind. "

Hier wird deutlich, dass die Religion in der türkischen Gemeinde Stöckens einen bestimmten Stellenwert hat. N. nennt *„Religion"* als den wesentlichen Indikator für Wertedifferenz im Stadtteil zwischen TürkInnen und Deutschen. Die Wochenenden würden *„mit Koranunterricht für die Kinder belegt."*[87] Angesichts der Diskrepanz, die diese kritische Einschätzung zur „Integrationsbereitschaft" der muslimischen TürkInnen gegenüber der institutionellen Sichtweise offenlegt, kann die These ins Feld geführt (bzw. im empirischen Sinne ins Feld zurückgeführt) werden, dass im Stadtteil routierendes Halbwissen, das heißt der institutionelle *common sense*, das „objektive" Stadtteilbild bestimmt.

Wie die ideologische Haltung der islamischen Gemeinde en detail auch aussehen mag: Aus den offenen Leitfadeninterviews und den Interpretationen der Erzählpersonen können nur *Tendenzen* abgeleitet werden, die sich wiederum aus meinen eigenen Interpretationen speisen. Dabei fordert insbesondere

---

[86] Sollte in Stöcken wahrhaftig eine „Moralpolizei" existieren, so würde dies ein fragwürdiges Licht auf die öffentliche Stadtteilarbeit und den Einsatz von Fördermitteln für den „interkulturellen" Dialog werfen.

[87] Diese Beobachtungen decken sich durchaus mit den Inneneinsichten in die Eigenlogik der islamischen Gemeinde, die mir einer ihrer Vertreter gestattet hat.

die Heterogenitätsdimension „Religion" der Ausgestaltung von Diversity Management ein hohes Maß an Sensibilität ab. Der Vertreter der islamischen Gemeinde K. betont, dass seine Gemeinde bereits gegenüber anderen Religionen eine tolerante und offene „Politik" verfolge, insbesondere die christliche Gemeinde erwidere jedoch die islamischen Offerten nur zögerlich bzw. kaum. Die Frage nach der interkulturellen „Augenhöhe" ist für Diversity Management zweifelsohne von Bedeutung, doch stellt sich aus humanistischer Perspektive auch die Frage nach der angemessenen gesellschaftlichen Reaktion auf diskutable religiöse Verhaltenskodizes in Teilen der islamischen Gemeinden bzw. nach der Wahl der präventiven pädagogischen Mittel.

Die „Kopftuchfalle"

Die in jüngster Vergangenheit medial aufgeladene Diskussion über das „Kopftuch" bietet sich exemplarisch zur multiperspektivischen Verhandlung an, da es nicht nur im Interview mit K. von ihm selbst immer wieder problematisiert wird. Auch der in der türkisch-islamischen Community arbeitenden Erzählperson N. ist *„aufgefallen, dass in Stöcken fast jede Zweite oder jede ein Kopftuch trägt. "* Ich möchte diesen Diskurs nun weder ausführlich noch universell darlegen. In jedem Quartier stellen sich soziale Problemlagen, kulturelle Differenz und die Frage des Zugangs in muslimisch geprägte Milieus spezifisch dar, so dass die Verantwortlichen der Quartiersentwicklung gemeinsam mit BewohnerInnen ein adäquates Modell finden und ihr Konzept begründen müssen. Soll eine breite, vielfältige gesellschaftliche Teilhabe unterschiedlicher Bevölkerungsgruppen und Milieus erreicht werden, führen Pauschallösungen nicht weiter. Mit Blick auf Diversity Management stellt sich in diesem Zusammenhang jedoch die Frage, inwieweit in der Quartiersentwicklung spezifische religiöse Praktiken im Namen der Religionsfreiheit akzeptiert und institutionelle Strukturen geschaffen werden müssen, die jener Freiheit Rechnung tragen. Und um die Gegenfrage nicht zu vergessen, ist ebenfalls zu klären, inwiefern jener Forderung weitere Diskriminierungsformen entgegenlaufen, wie im Fall des Kopftuchs die geschlechtsspezifische Diskriminierung.

Wenn es nach Interviewpartner K. ginge, ist die Integration kopftuchtragender Mädchen ausschließlich „separat" denkbar, also in Form von Planungsszenarien wie einem konfessionellen Wohnheim für Mädchen. Doch provokant gefragt: Ist Diversity Management, soll dieses Konzept für soziale Kohäsion und interkulturelle Kommunikation im Stadtteil stehen, nur möglich, wenn öffentliche Stadtteilinstitutionen und -vereine in unterschiedlichen Freizeitbereichen Mädchengruppen gründen (zum Teil gibt es sie bereits im Stadtteil), um islamische Mädchen zu integrieren? Kann auf diese Weise – und zwar nur auf diese Weise – die Planung eines sozial und kulturell geschlossenen, konfessionellen Wohnheims abgewendet werden? Diese und weitere Fragestellungen verlangen der Steuerungsebene der Quartiersentwicklung die kaum zu bewältigende Aufgabe ab, zu klären, ob bei Musliminnen, die ein Kopftuch tragen, eine institutionelle bzw. öffentliche Ausgrenzung vorliegt oder ob sie sich hingegen selbst dem öffentlichen Leben entziehen bzw. ihm durch Gehorsam gegenüber Dritten entzogen werden.

Ich möchte dafür votieren, im Zweifel argumentativ auf den zu Beginn der Arbeit aufgestellen *Referenzrahmen der Vielfalt* (vgl. Kapitel 3) zurückzugreifen und zugleich die Variable „Europa" ins Spiel bringen: Was, wenn die islamische Gemeinde, die nach K.'s Aussage finanziell überschaubar darsteht, als Partnerin in einem ESF-Projekt fungiert und sich auf diese Weise mittelbar der Umsetzung von EU-Antidiskriminierungszielen und vor allem von Gender Mainstreaming verpflichtet?

Um den Diskurs über das religiöse Symbol „Kopftuch" abzuschließen, will ich noch eine kurze Reflexion ergänzen: Die Frage, ob Mädchen und Frauen das Kopftuch freiwillig oder gezwungenermaßen tragen, mag subjektiv für die betroffenen Personen eine Rolle spielen, doch ist diese Frage aus integrationspolitischer Sicht wenig hilfreich, da sie nie erschöpfend zu beantworten sein wird. Meine Frage an N., ob die ihr bekannten muslimischen Frauen in Stöcken das Kopftuch „freiwillig" trügen, wird von ihr weder bejaht noch verneint: *„Ich würde sagen, die haben doch nichts anderes gesehen. Also die sind so damit geprägt, so früh verheiratet worden, dass sie das als normal empfinden."* Es ist in der Praxis der Quartiersentwicklung offenbar unmöglich, in dem hier verhandelten Zusammenhang eindeutige Differenzierungen vorzunehmen, da sich erstens der Einblick in familiäre Strukturen in vielen Fällen problematisch gestalten dürfte und zweitens die Frage nach der Freiwilligkeit streng genommen ein Scheindiskurs ist: Wenn wie im vorliegenden Beispiel Musliminnen von klein auf religiös erzogen werden, ist es fragwürdig, ob (später) in Bezug auf das angelegte Kopftuch von „Selbstbestimmung" gesprochen werden kann.

Deutlich werden aus den vorausgegangenen Überlegungen vor allem die Ambivalenzen und die Unmöglichkeit, eindeutige Strategien im Umgang mit religiöser Vielfalt zu entwickeln. Zugleich habe ich an diesem Ausschnitt gezeigt, dass die ethnische Verengung in der Praxis der Quartiersentwicklung, die häufig auf eine Unterscheidung zwischen „Deutschen" und „MigrantInnen" hinausläuft, zu kurz greift.

Ursachen ethnisch-kultureller Segmentation

Ich bewege mich im Folgenden noch für einen Moment auf der Ebene der kulturellen bzw. religiösen Differenz im Stadtteil Stöcken, um mich soweit wie möglich ihrem „Ursprung" zu nähern. Was in Bezug auf die örtliche islamische Gemeinde festgestellt werden kann, ist eine soziale und emotionale Segmentation, zu der es aus der Sicht des Ehrenamtlichen K. aus religiöser Überzeugung offensichtlich keine Alternative gibt.

„Also wir hätten auch nichts dagegen, wenn man mit deutschen Gemeinden was unternimmt – können wir auch machen. Aber was Vernünftiges halt, ne? Muss ja nicht unbedingt jetzt eine riesengroße Feier sein, wo Alkohol getrunken wird (...) Alkohol zum Beispiel bei uns ist verboten. (...) Und das ist auch der Knackpunkt, glaube ich auch, mit Deutschen und Türken (...) doch vielleicht die Religion. (...) Deutsche, viele, die nehmen ihre Religion nicht so ganz ernst (...)."

Dabei ist die Argumentation, die K. verfolgt, doppeldeutig. Er lässt offen, ob es sich im Fall seiner Gemeinde um freiwillige oder erzwungene Segmentation handelt – eine Frage, die in der Tat auch in der theoretischen Rekonstruktion nicht eindeutig beantwortet werden kann, wie ich oben am Beispiel der „Kopftuchpflicht" verdeutlicht habe. So könnte einerseits argumentiert werden, die „Isolation" (im Sinne einer sozialen und kulturellen Abgrenzung nach Außen) der islamischen Gemeinde sei von Seiten der Gemeindefunktionäre kalkuliert. Schließlich wird ein Großteil der ehrenamtlichen Arbeit in den Ausbau der religiösen Strukturen investiert; *„Koranschule"* und *„Schülerwohnheim"* sowie der Gedanke an ein eigenes *„Freizeitheim"* sprechen für sich. Zudem scheinen K. nicht-konfessionelle Angebote kaum zu interessieren: *„Gut, ich bin ja leider (...) auch bisschen eingeschränkt, weil ich ja hier in diesem (...) Verein bin. (...) bestimmte Sachen krieg ich auch nicht mit."* Auch die ehrenamtlich aktive Migrantin N. beobachtet die Abbildung manifester segmentativer Strukturen in der türkisch-islamischen Gemeinde:

„(...) jedes Mal, wenn ich in der Gruppe war, hab ich das Gefühl gehabt, ich bin jetzt in eine[r] andere[n] Welt. Ich bin nicht in Deutschland. (...) weil die hatten eine [andere] Weltanschauung. (...) viele waren nie aus dem Bezirk rausgekommen. Also das Höchste war Einkaufen (...) in der Stadt. Und wenn sie da die Möglichkeiten hätten, hätten sie diese[n] Stadtteil auch nicht verlassen."

So gesehen wären alle Bekundungen aus den Sozialwissenschaften, es gebe in Deutschland keine Parallelgesellschaften (vgl. BUKOW/NIKODEM/ SCHULZE/YILDIZ 2007) auf die Ebene der Sprachkritik reduziert. N. berichtet von einer Klientin, die seit 30 Jahren im Stadtteil Stöcken lebt, zu keinem

Zeitpunkt je Kontakt zu Deutschen hatte und dies auf Grund der Milieustrukturen kaum veränderbar zu sein scheint: *„Also die hindern sich gegenseitig,
bremsen sich gegenseitig. Hocken immer in Grüppchen.* "[88]

Andererseits könnte der Rückzug vieler türkischer MigrantInnen in die Re-
ligionsgemeinschaft sozialräumlich als kulturelle Prävention verstanden werden: In einem Stadtteil, in dem die Alltagskultur der unterprivilegierten Deutschen Teil der Dominanzkultur ist, sollen zumindest „die eigenen Leute" in einem moralisch geschützten Raum zusammenleben. Begegnung vollzieht sich
nach K. und N. entweder privat, in der Moschee oder auf Hochzeiten.

Der Stadtteil müsste demnach also „den MuslimInnen" mehr bieten, bzw.
zu einem interkulturellen Arrangement bedürfte es eines institutionellen „Anstoßes", nicht zuletzt von der christlichen Gemeinde: *„Wir laden ein, wenn
zum Beispiel die andere[n] was machen, werden wir nicht eingeladen. "*, stellt
K. fest. Zu diesem zweiten Argumentationsstrang passt, dass K. den religiösen Rückzug punktuell mit der sozialen und kulturellen Ablehnung durch die
autochthonen Deutschen erklärt und so auch als Selbstethnisierung beschreibt
(die in der christlichen Gemeinde engagierte Seniorin O. bemerkt ebenfalls,
dass nur wenige Nicht-MuslimInnen den Kontakt zur Moschee suchten und
durchaus Ressentiments in der alteingesessenen Stöckener Bewohnerschaft bestünden): *„Die bilden eine Gemeinde und sagen: Mensch, die anderen wollen
von [uns] nicht[s] wissen, aber ich hab ja meine Gemeinde, mit denen kann
ich auch zusammenleben. "* Als seine Gemeinde einen „Tag der offenen Tür"
organisierte, war K. dagegen persönlich erfreut über den hohen Zulauf von
Autochthonen und KommunalpolitikerInnen: *„Und da kamen wirklich viele
auch an. Da[s] hat mich zum ersten Mal schon [ein] bisschen (...) glücklich
gemacht (...) die haben doch Interesse. (...) Das (...) war schön. "*

Deutlich wird darüber hinaus, dass das segmentative Verhalten der islamischen Gemeinde offenbar fehlendes Wissen über Stadtteilstrukturen, Schlüsselpersonen und soziale Angebote zur Folge hat. So erwähnt K.: *„Also viele
gemeinnützige Vereine gibt es hier glaub ich nicht. "* Diese Feststellung muss
vor dem Hintergrund eingeordnet werden, dass ein aktives und vielfältiges Vereinsleben mit entsprechender Angebotsstruktur zu den wesentlichen Charakteristika der Eigenlogik des Stadtteils Stöcken zählt. Die hohen Selbsthilfepoten-
tiale des Stadtteils sind K. allerdings nicht bekannt: *„Und das ist das, was uns
wirklich hier in Stöcken auch fehlt, die soziale (...) Tätigkeit vielleicht, Enga-*

---

[88]   Diese Deskription des Eigensinns der türkisch-islamischen Gemeinde findet ihr kulturelles
       Äquivalent in der Vereinskultur der autochthonen Deutschen.

gement (. . .). Gibt es bestimmt (. . .) aber es ist unzureichend wahrscheinlich (. . .)".

Bemerkenswert ist außerdem, dass der „religiöse Rückzug" auch ein Ausblenden konflikthaften Verhaltens innerhalb des eigenen ethnischen Milieus zur Folge hat: *„Also wir binden uns da eigentlich überhaupt nicht ein, ehrlich gesagt. Weil (. . .) wir wollen das gar nicht hören, weil das stört uns halt (. . .) dass Jugendliche so was machen. Was ich Ihnen vorhin gesagt hab: Ein Moslem, ein richtiger Moslem macht sowas eigentlich nicht, ja?"* Das „ignorante Nebeneinander", mit dem einführend die interkulturelle Entwicklung in Stöcken beschrieben wurde, bekommt mit diesem Zitat eine paradoxe Wendung, scheint jenes Credo auch für Teilbereiche der türkisch-muslimischen Alltagskultur zuzutreffen.

„Richtiger Hass" und „Bauchgefühle"

Eine diversity-sensible Analyse der Quartiersentwicklung impliziert ein multidimensionales Vorgehen, d.h. ich wende mich nun den Einstellungen und Mentalitäten jener Autochthoner zu, die den respektablen Milieus entstammen und die Stadtteilarbeit prägen. Hier treten aus der Perspektive der Vorurteilsforschung beunruhigende Entwicklungen an die Oberfläche. Ich möchte einen Ausschnitt aus einem Interview mit einer langjährigen, ehrenamtlich aktiven autochthonen Bewohnerin wiedergeben, aus dem zweierlei hervorgeht: Zum einen können liberale, die gegenseitige Toleranz betonende Bekundungen nicht darüber hinwegtäuschen, dass in einem Teil der alteingessenen Stöckener BewohnerInnen tiefe emotionale Vorbehalte gegenüber – in diesem Falle den türkischen – MigrantInnen ruhen. Zum anderen scheint die Funktion der „Sozialen Stadt" – und dies wäre fallübergreifend in anderen Gebieten zu prüfen – bei einem Teil der autochthonen Bevölkerung problematische Hoffnungen zu wecken: die Rückeroberung verloren geglaubter dominanzkultureller Werte oder anders formuliert, die Wiederherstellung der – ebenfalls verloren geglaubten – öffentlichen Ordnung (vgl. Punkt 4.2.2). Die Bewohnerin C. bezieht sich in der folgenden Interviewpassage auf das ethnisch-kulturelle Spannungsverhältnis zwischen Deutschen und türkischen MigrantInnen:

„Teilweise haben die hier richtig Hass auf die. Und: Weil die auch (. . .) alles haben wollen. (. . .) zum Beispiel haben wir hier auf der Ecke (. . .) das älteste Haus in Stöcken war das. (. . .) Und das ist dann aus irgendwelchen Gründen abgefackelt. Ich lass mal [dahingestellt], was hier für Gerüchte in Stöcken waren. Und was ist da jetzt? Da ist jetzt ein türkischer Autohändler drauf. Da ist weder eine Wanne, dass da kein Benzin runterlaufen kann, dass das [nicht] aufgefangen wird im Erdreich (. . .). Da ist nur ein Zaun drum herum. Da stehen nur Autos. Und wem gehört's? Den Türken. (. . .) Und alle beschweren sich bei der Stadt – ganz viele Bürger – ein Freund von mir

auch, und der erzählte mir dann: Ja, da muss man vorsichtig sein, das sind ja schließ-lich hier türkische Mitbürger, und da müsste man Rücksicht nehmen und, und, und. Das war bevor es hieß „Sozialstadt Stöcken". Dann hab ich mit denen dann gespro-chen (...) die hier die Projekte leiten. Ich sage, das ist ein Unding, dass da mitten im Wohngebiet... Das ist halb Industriegebiet. Das würde heute nicht mehr passieren, jetzt wo das „Sozialstadt" Stöcken ist, ne? Früher hat sich keiner getraut, denen nein zu sagen. Und das sind denn so Sachen, ne? Da hat man dann Zorn, ne?"

An kaum einer anderen Interviewstelle hat C. mit einer solchen Entschieden-heit die Konventionen der künstlichen Gesprächssituation abgestreift. Offen werden Ressentiments geäußert. Die verständliche Sorge um mögliche Um-weltverschmutzung allein würde nicht zu der Verwendung von Begriffen wie „Hass" und „Zorn" führen. Sogleich bezieht sie sich auf die Aktivitäten der örtlichen islamischen Gemeinde:

„Und mit der Moschee, genau dasselbe.(...) [Ein] Freund meines Bruders hat da ein Haus, und der Hof grenzt genau an das Grundstück der Moschee. Als die gebaut haben: Alles schön, alles nett und: Ach nett alle, und die sind ja alle so reizend. Und was machen die? Die Moscheeleute? Dann wird da eine Bretterbude hin gebaut, dann wird da eine Bretterbude hin gebaut (...). Keine Genehmigung. (...) und der hat sich da so einen schönen Garten gemacht, hat sich so eine Pergola gebaut und so einen Wintergarten. Für jedes muss er eine Genehmigung haben, ne? Da wird einfach gebaut, und er hat sich beschwert: Ja, da muss man ja vorsichtig sein und (...) [das] sind dann so Kleinigkeiten, was dann so unterschwellig ist, wissen Sie?"

Zudem finden sich in mehreren Interviews immer dort Ambivalenzen, wo die Befragten den rationalen Willen zu interkulturellem Austausch mit emotional gesteuerten Ressentiments verknüpfen, wie wiederum bei Bewohnerin C. zu beobachten*: „Wir haben hier auch so eine „Gruppe Wohnen AG" (...) Da sind auch keine ausländischen Bürger drin. Obwohl die halb Stöcken besit-zen, ne?"* Empfindungen von Sozialneid scheinen emotional tief verwurzelt und der prinzipiell emanzipatorischen Forderung nach mehr Beteiligung von MigrantInnen am Stadtteilgeschehen im Wege zu stehen – oder wie es die Sozialarbeiterin H. formuliert: *„(...) ich habe das Gefühl, es gibt mehr inte-grationswillige Migranten als integrationswillige Deutsche. "*

Ähnliche Widersprüche wie sie im Interview mit C. zum Vorschein kom-men, bringt auch die ehrenamtliche Seniorin O. zum Ausdruck, die einen en-gen Kontakt zur Gruppe der alteingesessenen StöckenerInnen unterhält und diesen Personenkreis – so lässt sich hermeneutisch interpretieren – für die ei-gentlich benachteiligte Klientel im Stadtteil hält. Dies wird deutlich, indem O. die vermeintliche Desintegration der Autochthonen in einen Zusammenhang mit der kommunalen Integrationspolitik stellt:

„Mir ist inzwischen schon (...) aufgefallen, dass (...) Menschen, die hier immer schon gewohnt haben in Stöcken, die fühlen sich etwas fremd inzwischen. (...) Und deswegen meine ich, es wird ganz viel für Menschen mit Migrationshintergrund getan. Und das ist auch gut so. Da tut die Politik was. (...) Man denkt nicht, dass das von denen aus der Wunsch ist (...) ‚Wir möchten uns hier mehr heimisch fühlen. Wir möchten uns mehr integrieren.‘ Sondern ich denke, das kommt mehr so: Wir wollen euch integrieren, damit ihr euch hier besser fühlt. Da wird sehr viel angeboten. (...) Nur dass ich jetzt schon immer sage, wenn ich das Klagen höre, ‚ach Mensch, früher war es hier so schön in Stöcken‘, dass ich sage: Da müsst ihr was tun, selber. Wir können nun lange nicht warten (...) dass irgendwie von Außen jemand sagt: Jetzt wollen wir mal was für die alten Stöckener tun oder so. Da muss man selber was machen. Nicht gegen andere, auf keinen Fall. Ich meine immer, wenn man etwas für sich tut, dann darf das nicht gegen andere sein. "

Dabei zeigt sich O. im Vergleich zu anderen BewohnerInnen des Stadtteils noch relativ reflektiert: Sie ist sich ihrer irrationalen „Bauchgefühle" – sie selbst benutzt die Metapher des „Bauches" – bewusst, die sie etwa in der Planungsphase des Moscheebaus verspürte und punktuell in der Lage, diese intellektuell zu spiegeln. Dennoch entgegnet sie auf meine bewusst „naiv" gestellte Frage, ob die hohe Zahl von Menschen mit Migrationshintergrund im Stadtteil „ein Problem" darstelle: *„Wir wollen es nicht so wahr haben. Wir machen ganz viel dafür, dass es kein Problem wird. "* Jene „Bauchgefühle" steuern also implizit auch das Bewusstsein vieler ehrenamtlich engagierter Autochthoner im Stadtteil, die zudem der Auffassung sind, sie beförderten durch ihre Aktivitäten entscheidend die Integration.[89] Eine für den Stadtteil riskante Entwicklung könnte sich demnach wie folgt darstellen: Sollte die soziale Stadtteilerneuerung in Stöcken mittelfristig keine sichtbaren Veränderungen von „Stadtteilkultur" und „Stadtteilbild" hervorbringen, könnte dies auf Seiten der autochthonen HelferInnen zu Irritationen führen: Trotz freiwilliger „Aufopferung" bleiben die Integrationserfolge aus – ein weiteres Beispiel dafür, dass die Quantität ehrenamtlicher Arbeit nur bedingt als Ressource identifiziert werden kann oder anders formuliert: Ohne Diversity-Sensibilität kehren sich alle guten Absichten ins Gegenteil.

---

[89] Diversity Management kann freilich nicht das „Ausspielen" der Interessen einer Gruppe gegen eine andere bedeuten. Wenn interkulturelle Kommunikation eine Voraussetzung für gelingende Integration sein soll, müssen Ängste und Befürchtungen aller BewohnerInnengruppen zunächst einmal von Politik und Verwaltung „gehört" werden. Doch abgesehen davon, dass es sich bei Xenophobie um eine für die soziale Kohäsion im Stadtteil problematische Form der Angst handelt, wäre zunächst einmal auf den Unterschied zwischen autochthonem und allochthonem Fremdheitsgefühl hinzuweisen, dem „einfachen" und dem „doppelten" Gefühl der Fremde.

Während C. und O. im oberen Ausschnitt mehr oder weniger ein ressentimentgeladenes Bild der alten StöckenerInnen zeichnen und die Bevölkerungsheterogenität im Stadtteil auch persönlich problematisieren, wird diese Perspektive durch den Bewohner und Kommunalpolitiker E. entschärft. Die StöckenerInnen, so seine Einschätzung, seien mit Alltagsbewältigung und -sorgen beschäftigt, pflegten möglicherweise einen etwas kühlen Umgang miteinander, seien aber grundsätzlich offen und tolerant: *„Die Leute begegnen sich auf der Straße. Sie gehen alle auch gemeinsam zum Schützenfest. Das ist eigentlich ziemlich entspannt. Und es ist wirklich nicht so, dass die Leute sich so scharf voneinander abgrenzen."* Das „entspannte" Stadtteilbild gerät unmittelbar ins Wanken, sobald xenophobe und rassistische Ressentiments ins Spiel kommen. Sozialarbeiterin G. bemerkt hierzu entschuldigend:

„(...) die sagen ja auch dann (...) ‚Hier wohnen so viele Kanacken', oder ‚hier wohnen so viele Ausländer' oder ‚hier wohnen so viele mit schwarzer ...', so was wird ja gesagt (...) manchmal denke ich aber, das sind Menschen – ich hab manchmal auch private Hintergründe von diesen Personen, also mir ist Einiges bekannt – wo ich manchmal denke (...) die sind so problembeladen, weil der Mann ist schwerst krank, das Kind kann nicht zu Hause leben, sondern ist in einer anderen Institution untergebracht (...) ich muss mich von einem, sag ich mal, Ein-Euro-Job in den nächsten hangeln (...) das kann manchmal nur (...) so ein Ventil sein für viele Dinge, die sich vielleicht im privaten Bereich abspielen. Also das ist dann schon so (...) dass die (...) Randgruppen (...) verantwortlich gemacht werden für das private Schicksal."

Unterprivilegierte autochthone Minderheiten – G. fügt hinzu, es handele sich um *„Einzelpersonen"* – suchen und finden in Stöcken demnach in allochthonen Minderheiten geeignete soziale Sündenböcke. Ergänzend möchte ich eine Einschätzung der aufmerksamen Beobachterin N. hinzuziehen, auf deren kritische Bezüge auf den Stadtteil ich bereits weiter oben eingegangen bin:

„(...) warum haben sie ihr[en] Bezirk nicht verlassen? (...) die haben den Sprung deshalb nicht geschafft, weil wenn diese Gruppe nur unter Deutschen leben würde, die würde so auffallen. Die wollen die Deutschen ja auch nicht haben. Die sind auch irgendwo nicht richtig gebildet, unterschwellig Gebildete, Arbeiterklasse. Also dann sind die ja bei den Türken und Russen und (...) [dieser] Vielfalt so gut aufgehoben, das sind wenigstens die Deutschen dort. (...) Und die sind da schon ganz oben, also die leben das schon auch richtig bewusst glaub ich aus. (...) Dann [bleiben] sie lieber hier, da zeigt keiner auf sie. Da gibt es andere, auf die man zeigt."

Diese und weitere Beispiele zeigen, dass die Frage nach „Mehrheit" und „Minderheit" in Stöcken zum einen abhängig ist vom jeweiligen sozialen, kulturellen, ökonomischen, räumlichen und zeitlichen Kontext. So dominieren einige unterprivilegierte Deutsche das Stadtteilbild um den Stöckener Markt herum, mit Ausnahme der Wochenmarkttage (vgl. Punkt 6.2.2). Zum anderen wirken sich die Beziehungen zwischen den kulturellen Gruppen und ihre Akkulturationseinstellungen auf die Einstellungen der jeweils anderen Gruppe aus (vgl. Punkt 4.2.2). Der selbstbewusste Ausbau religiöser Aktivitäten der türkisch-islamischen Gemeinde in Stöcken wird begleitet von einem haushaltsbedingten Abbau der christlichen Aktivitäten. Zugleich findet faktisch kein beständiger aktiver interkultureller Austausch statt. Dies führt zum Teil zu „Minderheitsgefühlen" auf der autochthonen Seite, die sich in Ressentiments gegenüber der türkischen Community entladen. Jene Ressentiments verursachen auf Seiten der türkischen MigrantInnen ebenfalls Gefühle der Ausgrenzung und Stigmatisierung. Jedoch scheint in der türkisch-islamischen Gemeinde das Konzept der Selbstethnisierung (als Reaktion auf Zuschreibungen durch die Autochthonen) auf Grund der religiösen Überladung nur bedingt zu greifen.

Transkulturelle Perspektiven sozialräumlicher Identität

Ein weiterer Punkt, der sich im Zusammenhang mit ethnisch-kultureller Differenz in Stöcken aufdrängt, ist das bereits problematisierte Paradigma der sozialräumlichen Identifikationspolitik, das in der Stadtentwicklung eine lange Tradition hat und in gewisser Weise an das Teilkonzept der emotionalen Assimilation erinnert (vgl. Punkt 4.2.2). Das soziale Setting der türkischen Gemeinde muss jedoch eher als Segmentation beschrieben werden. Der islamische Gemeindevertreter K. bemerkt, er fühle sich in Stöcken wohl, weil er in der islamischen Gemeinde *„unter viele[n] Türken"* sei. Lokale identifikationsstiftende Aktivitäten würden demnach vorrangig dem Bedürfnis der Autochthonen Tribut zollen und auch nur von den Aktiven unter ihnen bzw. den assimilierten MigrantInnen unterstützt. Der auf der mittleren Steuerungsebene agierende Interviewpartner F. bekräftigt, es gebe eine sozialräumliche Ausprägung von Identität im Stadtteil:

„Also Identität gibt es im oberen Bereich, im, sag ich mal, alten Dorfbereich, da gibt es die definitiv, ne? Die sehen sich so. Und es gibt auch eine, sag ich mal, ansatzweise Identität im Bereich nördlich der Hogrefestraße, Richtung Markt. Also da gibt es auch so eine Abgrenzung (. . .). Aber, wir haben noch nicht gänzlich herausfinden können, sag ich mal, wie die alle, sag ich mal, sich gemeinsam als Stöckener sehen."

Ich will die Notwendigkeit, das Image eines benachteiligten Stadtteils im gesamtstädtischen Vergleich aufzuwerten, nicht von der Hand weisen. Doch ist eine konzeptionelle Verengung auf Traditions- und Identifikationsbildung im Stadtteil durchaus kritisch zu betrachten (vgl. Punkt 5.1).[90]

Die „Identifikationspolitik" auf Quartiers- und Stadtteilebene schafft grundsätzlich sozialen Ausschluss und „kulturelle VerliererInnen", da der Ansatz aus sich heraus Diskriminierung produziert: Aus Diversity-Perspektive wäre es unmöglich, universale Orte der Identifikation zu schaffen; und gewiss bedienen in der Quartiersentwicklung die meisten „Prestigeobjekte" die Bedürfnisse derjenigen Autochthonen (und wenigen MultiplikatorInnen), die durch ihr Engagement zu deren Realisierung beigetragen haben. Bindungspotentiale können jedoch nur entstehen, wenn eine gemeinsame „Vision" der Quartiersentwicklung existiert. Das Versprechen der „Sozialen Stadt" ist jedoch von „außen" auferlegt und wird den Stöckener BewohnerInnen als Vision „verkauft". Die Vorstellung, aus ihrer sozialen Lage kaum zu befreiende unterprivilegierte BewohnerInnengruppen inkorporierten ein Bewusstsein frei nach dem Motto „Wir sind arm, aber jedenfalls sind wir Stöckener" scheint eher eine triste Aussicht zu sein.

Ein möglicher *transkultureller* Ansatz könnte sich hinter dem in Stöcken gefeierten „Europäischen Nachbarschaftstag" verbergen, da er eine Öffnung der lokalen „Identifikationspolitik" verspricht:

„(...) in diesem Jahr (...) wurde eine Postkarte gedruckt (...) und die Bewohner hatten dann die Möglichkeit, einen Gruß an Verwandte, Freunde, Bekannte zu schicken. Und dann eben auch in unterschiedliche Länder, ist ganz klar, weil die Besucher kommen aus unterschiedlichen Ländern. Letztes Jahr haben wir so eine Aktion gemacht, da hatten wir so einen Text und den sollten die Besucher übersetzen (...) ‚Wir feiern heut das Fest der Nachbarn, und ich finde es gut, weil das und das'. (...) Also (...) wir versuchen schon, dieses Motto auch aufzugreifen, dass die Bewohner, sag ich mal, wissen, worum es geht, aber sich auch damit identifizieren."

Globale oder transnationale bzw. -kulturelle Bezüge, wie hier von G. skizziert, scheinen aus kulturwissenschaftlicher Perspektive eine vielversprechende Alternative zum Dilemma der kleinräumigen „Imagepolitik" der Quartiersentwicklung zu bieten. Kann es also sein, dass mit Hilfe letzterer an sozialen und kulturellen Lebensrealitäten vieler BewohnerInnen „vorbeigeplant" wird? Schließlich sind es häufig StadtplanerInnen und QuartiersmanagerInnen, die

---

[90] Aus kulturwissenschaftlicher Perspektive könnte gefragt werden, inwieweit das HALLsche Konzept der fragmentierten Identitäten in einem Arbeiterstadtteil wie Stöcken an seine Grenzen stößt, finden sich hier doch (noch) zum Teil relativ stabile Mentalitäten und Milieustrukturen sowie umfassende Selbsthilfemechanismen der Autochthonen. Eine weitere Frage, die hier nicht geklärt werden kann, wäre also, inwiefern die Milieustrukturen die „shifting identities" überdauern.

Imagekampagnen vorgeben, ohne dass die von ihnen ausgewählten Ressourcen – seien sie räumlicher oder baulicher Art – im Relevanzrahmen der eigentlichen AdressatInnen eine Rolle spielen würden.[91] Dies trifft, wie ich gezeigt habe, insbesondere auf die Gruppe der MigrantInnen zu.

Partizipation von MigrantInnen

An interkulturellen Begegnungsmöglichkeiten mangelt es offenbar in Stöcken, abgesehen vom freitäglichen Wochenmarkt, der von den meisten InterviewpartnerInnen gewissermaßen als Idealtypus multikulturellen Stadtteillebens beschrieben wird.[92] Ob der Ausbau interkultureller Begegnungsstätten allerdings die Fixierung vieler (ehrenamtlicher) MuslimInnen auf Aktivitäten in der eigenen religiösen Gemeinde bzw. die strukturelle Isolation vieler türkischer MuslimInnen in Stöcken lösen kann, ist – wie ich weiter oben verdeutlicht habe – fraglich. Das Engagement von MigrantInnen ist aber grundsätzlich, besonders aus demokratietheoretischer Sicht (vgl. Punkt 5.3.), von Bedeutung. Von daher verwundert es, dass auch in einschlägigen Stöckener Institutionen wie bei der Polizei oder in einer Schule jeweils nur ein Migrant beschäftigt ist. Die positiven Beispiele, die in den Interviews auf engagierte MigrantInnen verweisen, zeigen jedoch, dass diese in der Regel nicht Teil der unterprivilegierten Milieus sind. In vielen Fällen sind sie, wie es der Bewohner und Kommunalpolitiker E. ausdrückt, *„immer noch sehr stark, wenn sie sich engagieren, auf sich selber konzentriert"*. Die ehrenamtliche Migrantin N. ist gar der Ansicht, zumindest aus der türkischen Community, die *„dermaßen anders strukturiert"* sei, würde sich niemand für Aktivitäten und Ereignisse außerhalb des eigenen ethnischen Wirkungskreises interessieren: *„Eigentlich sind die Leute, also wenn man sie in Ruhe lässt jetzt – die Integration weglässt – (...) pudelwohl fühlen sie sich da. Und wir kommen und bringen die durcheinander."* Vorstellungen vom „guten Leben" würden sich im türkisch geprägten islamischen Umfeld auf familiäre Stabilität und die Integration in Erwerbsarbeit beschränken.

---

[91]   So entbehrt es nicht einer gewissen Ironie, wenn Sozialarbeiterin G. mit Blick auf die zahlreichen Grünflächen in der Nähe des Stadtteils und in den Stöckener Hinterhöfen bedauert: *„Es wird leider nur von den Bewohnern nicht so genutzt. Also sie haben diese Qualität noch gar nicht wahrgenommen."*

[92]   Wenn ich die alte autochthone, langjährige Bewohnerin C. und die junge Migrantin N., die den Stadtteil durch ihr soziales Engagement kennt, jedoch nicht im Stadtteil wohnt, zur Beweisführung zitiere, könnten die kulturellen Unterschiede wohl kaum größer sein. Ihr Eindruck jedoch von Stadtteilbild und -kultur ist dergleiche: Die erste vermisst *„Atmosphäre"*, die zweite *„Lebendigkeit"*.

Vielversprechende „kulturelle Brücken" scheinen, vor allem wenn ich den Schilderungen der Sozialarbeiterin G. folge, in offenen und zeitlich überschaubaren Angeboten zu liegen, die sich durch ein geringes Maß an persönlicher Verbindlichkeit auszeichnen. Von besonderer Bedeutung für die Integration (kulturell) isolierter Gruppen sind jedoch die kulturellen „GrenzgängerInnen", zu denen auch die zuvor zitierte Ehrenamtliche N. zählt.

Multipolarität statt Bipolarität

Inwieweit Diversity-Aspekte eine Rolle für die Analyse sozialräumlicher Integrationsansätze spielen, wird nur aus einer spezifischen Blickrichtung auf das Untersuchungsfeld deutlich, wie ich es mit dem Forschungsdesgin „Diversity Research" entworfen habe. Bipolaritäten, wie sie zum Beispiel das „Etablierte-Außenseiter"-Konzept (ELIAS) reproduziert, werden überwunden (auch wenn ich vereinzelt aus Gründen der Verdeutlichung einschlägiger Konfliktlinien verkürzt von Autochthonen und Allochthonen spreche) und der feinteilige Mikrokosmos, der sich hinter Diversity verbirgt, offengelegt. Die Analyse sozialer Kohäsionsmuster im Stadtteil wird aus einer solchen Perspektive um ein Vielfaches präziser, da sie Differenzierungen auf der Ebene der Sozialstruktur ermöglicht. Ich illustriere meine Argumentation an einer Interviewpassage, in der mir Sozialarbeiterin G. berichtet, zu welchen BewohnerInnengruppen im Stadtteil sie bislang kaum Kontakt herstellen konnte:

„(...) die Gruppe der alleinstehenden Männer (...) auch ältere alleinstehende Männer (...) auch eigentlich teilweise ältere alleinstehende Senioren, die zu den Migranten gehören (...) die sind sehr schwer zu erreichen, und alleinstehende ältere Männer, die treffen sich manchmal so in Gruppen (...) da gibt es find ich wenig Berührungspunkte."

Deutlich wird an diesem Beispiel, inwieweit G. die aus ihrer Sicht schwer erreichbaren Zielgruppen an Hand einzelner Heterogenitätsdimensionen immer weiter konkretisiert. Auch im Bereich der interkulturellen Kommunikation kann in Stöcken differenziert werden: Die Sprache der älteren MigrantInnen wird von den „alten StöckenerInnen" als defizitär wahrgenommen. Zwischen diesen Gruppen gibt es jedoch nicht nur auf der Ebene der Sprache Verständigungsprobleme, sondern auch eine soziale bzw. vielmehr emotionale Diskrepanz zu kulturellen Praktiken (z.B. religiöse Riten). Anders verhält es sich mit der Beziehung zwischen jungen Menschen mit und ohne Migrationsgeschichte. Sie konterkariert die Situation der Alten, da Kinder und Jugendliche aus unterschiedlichen Milieus die gleichen intermediären Institutionen und zum Teil auch Sportvereine aufsuchen.

7.4 Diversity Management-Ansätze in Hannover-Stöcken

Im Folgenden werden zunächst in einem tabellarischen Überblick die unterschiedlichen Diversity-Dispositionen aller befragten ExpertInnen im Untersuchungsfeld abgebildet. Unter „Diversity-Disposition" verstehe ich einen subjektiven Relevanzrahmen der Kultursensibilität (vgl. Punkt 7.1). Daran anschließend werden in einem weiteren Abstraktionsschritt unterschiedliche Diversity Management-Ansätze in Hannover-Stöcken bestimmt (zur methodischen Anlage vgl. ausführlich Punkt 6.3ff.).

Diversity-Dispositionen ausgewählter StadtteilakteurInnen in Stöcken

	Sensibilisierung	Differenz	Europapolitik	Problemlagen	Ressourcen	Ortseffekte	Eigenlogik	Integration
A (Partei) *„Es kann keiner sagen: Für mich ist nichts dabei. Das glaube ich nicht.*[93] *„Die werden oft abends erst richtig wach, wenn unsere Leute ihren Feierabend suchen."*	- zahlreiche Rassismen; „dunkle Kinder (…) macht richtig Spaß mit denen, die sind ganz lieb", „lebhafte" TürkInnen; - „Vielfalt ist „Vielfalt der Nationen" und „Vielfalt der Kulturen"; - Relativierung sozialer Problemlagen; - „Inklusion" als Fernziel: „(…) nicht nur die Kulturen, sondern alle mitnehmen."	- jeweils hoher Anteil segregierter TürkInnen, RussInnen und GriechInnen; - segregierte Menschen mit Behinderung/ Beeinträchtigung; - ethnisch homogene Vereinskultur (v.a. älterer Deutscher); - ethnisch-kulturelle Differenz: TürkInnen „nehmen etwas mehr ein", RussInnen leben „zurückgezogener"; - materielle Differenz.	- Drittmittelprojekte (ESF); - „Öffentlichkeitsarbeit (Europäischer Nachbarschaftstag).	- prekäre Lebenslagen; - interkulturelle nachbarschaftliche Spannungen (Lärm, Ordnung); - Xenophobie im Stadtteil: „Dieser Stadtteil... den darf aber nicht ein Türkenladen werden"; - Kirchenschließungen: Bedeutungsverlust der christlichen Gemeinden; - Wohnungsbestand und Wohnumfeld.	- ehrenamtliche autochthone SchlüsselpersonInnen; - punktuelle und temporäre Beteiligung von MigrantInnen; - interkulturelle Begegnungen von Kindern; - IGS; - Soziale Stadt; - Gemeinwesenhaus als Fernziel.	- Marktplatz als multikulturelles Zentrum an Markttagen, ansonsten kulturell vernachlässigt; - Freizeitheim als wichtige intermediäre Institution; - Naherholungsgebiete wie Stöckener Friedhof; - Stöckener Bad.	- starkes Gemeinschaftsgefühl („Wir-Gefühl"); - Solidarität (auch aus der Geschichte des Arbeiterstadtteils heraus gewachsen).	- Integration als Angebotssteuerung der Aufnahmegesellschaft; - Integration durch Institutionen, Vereine und Kirchen; - kulturalistischer Ansatz (ethnische Gruppenangebote), zugleich Anspruch, alle „einzufangen"; - Reproduktion kultureller und geschlechtsspezifischer Stereotypen („Fest der Kulturen", MigrantInnen kochen); - „Durchmischung" der Nachbarschaften.
Bemerkungen	Bemerkenswert ist, welchen Ort A_x die zu den Autochthonen zählt, als ihren Lieblingsplatz in Stöcken bestimmt. Sie gibt an, dies sei „ihr Garten", während O_x eine weitere autochthone Schlüsselperson, auf die gleiche Frage „ihr Haus" nennt. Der öffentliche Raum bleibt somit – selten konfliktfrei – den besitzlosen BewohnerInnengruppen vorbehalten.							

[93]Erneut möchte ich darauf hinweisen, dass die hier angegebenen Zitate den jeweiligen Interviewtranskripten entnommen sind, die der vorliegenden Publikationsfassung dieser Dissertationsschrift auf Grund der Datenmenge nicht beigelegt werden konnten.

	Sensibilisierung	Differenz	Europapolitik	Problemlagen	Ressourcen	Ortseffekte	Eigenlogik	Integration
B (Verein) *Wir haben jetzt eine Mädchentanzgruppe ins Leben gerufen, um die Mädchen, die hier auf der Straße sind, von der Straße runter zu bekommen. Haben uns jetzt im Hundeverein gemietet, gegen Geld.* *„Es gibt bestimmt Leute, die Angst haben, dass es hier Andersdenker gibt."*	- naive und kulturalistische Sichtweise: „Aber halt so gerade die arabischen Völker, dass man mal ein anderes Essen kennenlernt, dass man auch mal andere Sprachen hört. Und das find ich in Stöcken so bunt und vielfältig."; - tolerante Haltung gegenüber Vielfalt: „(...) ich glaube, man sollte es nicht reglementieren."; - hohe Identifikation mit Stadtteil und Quartier.	- sozialräumliche Segregation (Schwarze Heide/ Kerngebiet Stöcken); - sozialräumliche Disparitäten im Hinblick auf Bildung und politische Partizipation; - religiöse Differenz zum Islam; - kulturelle Differenz.	- keine bewussten Berührungspunkte.	- kulturelle Ressentiments bei Deutschen als Integrationsbremse; - freiwillige Segregation der Ahmadiyya-Gemeinde vs. Gemeinschaftssinn der Quartiersbevölkerung; - ethnische Disparitäten in der Schule (Sprachniveau); - mangelnde Kinderbetreuung.	- Freiflächen, „Freiraum"; - Arbeitsplätze der Großunternehmen; - ethnische Vielfalt; - Moschee; - gute überregionale Anbindung.	- Marktplatz, Freizeitheim und Sportplatz als Begegnungsstätten; - jugendspezifische Treffpunkte (S-Bahn Endhaltestelle VW-Werk).	- Wandel vom Arbeiterstadtteil zum „Vorzeigestadtteil" („bunt", „Moschee").	- Integration als interkultureller Ansatz; - dynamischer Prozess, in Stöcken vorgeblich „abgeschlossen": „(...) wir leben ja die Integration (...)."; - hoher Stellenwert der lokalen Gemeinschaft und Nachbarschaft; - mehr „integrationsbereite" Allochthone als Autochthone: „Die sind offener und bereiter, sich integrieren zu lassen."
Bemerkungen	Die hohe Bedeutung der lokalen Gemeinschaft sticht im Interview mit B. besonders hervor. So profitieren Minderheiten in Stöcken und noch weniger in der Siedlung „Schwarze Heide" kaum von der schützenden Anonymität der Großstadt: „Und diese Ahmadiyya-Gemeinde ist ja nun eine andere Gemeinde als die türkische Gemeinde, wie ich glaub ich weiß aus Pakistan kommend. Und die haben natürlich jetzt Glaubensfreunde und auch Mitglieder, die hier nicht in der Schwarzen Heide wohnen und auch noch nicht mal in Stöcken wohnen. Und deswegen sind die Leute auch ziemlich ausgegrenzt, weil sie nichts mit Stöcken verbindet, außer halt das Haus, was sie hier haben."							

	Sensibilisierung	Differenz	Europapolitik	Problemlagen	Ressourcen	Ortseffekte	Eigenlogik	Integration
C (Verein) *„Nach Stöcken zieht man nicht. Das ist so ein Stadtteil, da zieht man nur hin, wenn man irgendeine Verbindung hat."* *„Unter Integration versteht man in Stöcken wahrscheinlich, dass sich die ausländischen Bürger anpassen sollen."*	-ambivalente Sichtweisen auf MigrantInnen, tief gründende Fremdenfeindlichkeit: „Und da haben die sich da alle breit gemacht, ne? (...) Aber uns haben sie verdrängt, ne?"; dennoch wird interkulturelle Begegnung gewünscht. -Vielfalt entspricht Akteurskonstellation aus „einfachen Menschen" und „Ausländern", -ethnisch-kulturelle Interpretation von Konflikten; tiefe emotionale Distanz: „(...) allein die-se Rotzerei von den alten Türken".	-ethnisch-kulturelle Differenz (v.a. zwischen Autochthonen und türkischen Allochthonen: „Stöckener und türkische Bürger." -ethnisch-generationale Differenz (interkultureller Austausch bei Kindern/ Jugendlichen in Vereinen und Nachbarschaft); - geschlechtsspezifische ethnische Differenz (MigrantInnen in Frauengruppen); - religiöse Differenz (Islam/ Christentum); - soziale und materielle Differenz; - Differenz zwischen Menschen mit und ohne Behinderung/ Beeinträchtigung; - sozialräumliche Differenz („altes" und „neues" Stöcken).	- keine bewussten Berührungspunkte.	- viele Freizeitangebote vs. mangelnde Nachfrage von MigrantInnen; - Abstinenz von MigrantInnen in Stadtteilarbeit; - Sprachbarrieren; - Nutzungskonflikte im öffentlichen Raum: „Wir haben hier die 30-Zone, ne? Und wer brettert hier durch? Die jungen Ausländer mit ihren Riesenautos, ne? Die nehmen keine Rücksicht."	- keine bekannt: „Gibt es nicht"; implizit werden dennoch Ressourcen genannt, z.B. „Spielplatz für Senioren" als „Kommunikationszentrum" oder der „Integrationsbeirat"; - trotz Ressentiments Toleranz und Solidarität in der Bevölkerung vorhanden: Sensibilisierungspotential.	- symbolische Ortseffekte: Gemeindehof der Kirche liegt vor dem Gebäude, zur Straße hin, Moschee hat Innenhof, Freizeitheim ist durch schwere Eingangstür „zu"; - interkultureller Austausch auf Stöckener Markt zu Marktzeiten, in Café am Markt und in Betrieben der ethnischen Ökonomie.	- hoher Stellenwert von Vereinskultur und Traditionspflege - traditioneller Arbeiterstadtteil: „Ja, es ist also ein einfacher Stadtteil. Also hier wohnen ganz einfache Menschen. Ich zähle mich auch dazu, muss ich sagen. Ich bin da auch nicht so Wunder was, ne?"; - Monotonie: „Atmosphäre" fehlt; - Engagement eines kleinen BewohnerInnzirkels alter Menschen.	- Assimilationskonzept: „(...) die können ja auch ihre Kultur beibehalten, aber die sollen doch bitte schön auch das respektieren, was sie hier haben."; Integration als Aktivposten der MigrantInnen: „Ich weiß nicht, warum die sich nicht mit uns zusammenschließen.", „Und jetzt, gehen Sie mal jetzt in die Schule (...) da ist vielleicht ein Deutscher in der Klasse (...) die sollen nicht deutsch werden, aber so dieses gar-nicht-annehmen." - kulturalistischer Ansatz (ethnische Gruppenangebote).
Bemerkungen	C. argumentiert häufig widersprüchlich. Sie betont einerseits „kleine" Integrationserfolge in unmittelbarer Nachbarschaft, andererseits reproduziert sie xenophobe Ressentiments („Ich sage mal jetzt nicht abwertend, eine Polenschwemme") und stellt die MigrantInnen als integrationsunwillig dar („Und das ist dreisprachig: (...) Aber, tja, wenn keiner kommt? Weiß ich auch nicht, kann ich mir nicht erklären." Die Alt-Stöckener Bevölkerung beschreibt C. dennoch als tolerant: „(...) ich denke mal, tolerant sind sie hier schon. Es ist also nicht so, dass (...) einer den anderen nicht haben will (...). Die meckern zwar: Oh hier, guck Dir die Türken an, und die machen das und machen das. Aber so, wir wohnen alle zusammen (...)". Oder: „Meine persönliche Auffassung ist, dass wir miteinander (...) leben sollen."							

	Sensibilisierung	Differenz	Europapolitik	Problemlagen	Ressourcen	Ortseffekte	Eigenlogik	Integration
D **(Kommunalverwaltung/ Steuerung)** *„(…) worauf Stöcken eigentlich stolz ist (…) die größte Feuerwache Hannovers"* *„Integration ist für mich, wenn alle Menschen so miteinander leben und (…) trotzdem (…) gemeinsam für das Gemeinwohl (…) etwas machen."*	- Identifizierung mit Verwaltungsdenken und Zielen der Kommunalverwaltung; - unreflektierte Fokussierung auf „Integrationserfolge": „auf einem sehr guten Weg"; - naives Kulturverständnis: „Das ist ja gerade die Vielfalt, die ja auch das Ganze so spannend macht für mich."; - Gender Mainstreaming „zwar im Bewusstsein", jedoch „kein Thema"; - persönliche interkulturelle Kontakte.	- sozialräumliche Differenz/soziale Segregation; - ethnisch-kulturelle Differenz; - religiöse Differenz; - intrareligiöse Differenz (Camii-Ahmadiyya); - soziale und materielle Differenz; - Differenz zwischen Menschen mit und ohne Behinderung/Beeinträchtigung.	- „Randerscheinung"; höchstens mittelbar Berührungspunkte durch Drittmittel; - Europa auf Grund fehlender identifikatorischer Bezüge nicht „in die Köpfe der Menschen zu kriegen".	- hoher Anteil von Menschen mit Sozialeinkommen; - Ausschluss sozial benachteiligter Menschen; - mangelhafte Nahversorgung; - Finanzielle Probleme der Vereine; - Verkehrsprobleme; - Ressentiments der Autochthonen gegenüber islamischen Gemeinden; - schwieriger Kontaktaufbau zu alten MigrantInnen.	- Grünbereiche; - Integrationsbeirat; - hohe Zahl Ehrenamtlicher; - Engagierte MigrantInnen „bildungsnaher" Milieus; - Networking der Vereine; - intergenerationale Freundschaften.	- problematischer Sozialraum Nähe Freizeitheim; - Naherholungsraum Stöckener Friedhof, - ländliches „Idyll" im alten Ortskern; - Kampagne „Schöne Ecken sind in Stöcken" bezeichnend für soziale Segregation; - Stöcken als „Heimat".	- soziale und kulturelle Vielfalt; - ehrenamtliche Aktivität (v.a. in Vereinen); - vitales Stadtteilleben: „unheimlich lebendig".	- Öffentlichkeit und Teilhabe schaffen; - getrennte Ressorts für unterschiedliche Gruppen (MigrantInnen, SeniorInnen etc.); - „Multikulti" statt Assimilation: „Begegnungen der Kulturen und Religionen", „Stadtbezirk der Religionen"; - Integration über sozialräumliche Identifizierung.
Bemerkungen	In den von D. formulierten Aussagen sticht eine Art „Beschwichtigungsrhetorik" hervor. Handlungsbedarfe im Stadtteil sind nach dieser Logik zwar nicht zu leugnen, aber auch nicht überzubewerten. „Bewertung" setzt jedoch fachliche Kompetenz voraus, zu der unter anderem auch Begriffssicherheit gehört. Über letztere verfügt D. nur punktuell. Fachbegriffe scheinen vielmehr adaptiert: So sei Stöcken ein „interkultureller Stadtteil". Dies würde bedeuten, dass in Stöcken ein aktiver Austausch *zwischen* den „Kulturen" gepflegt wird. Die soziale Realität in Stöcken ist jedoch eine andere: In Stöcken regiert ein „ignorantes Nebeneinander".							

	Sensibilisierung	Differenz	Europapolitik	Problemlagen	Ressourcen	Ortseffekte	Eigenlogik	Integration
E (Partei) *„Also die Offenheit ist schon sehr groß, auch bei den Alteingesessenen. (…) also die Leute machen zwar irgendwo ihr Ding, aber wenn sie jemandem begegnen, lassen sie sich auch darauf ein, und das find ich sehr positiv.“* *„(…) also wenn man wirklich sich die realen Probleme in so einem kleinen Gebiet anschaut, dann sind die Gemeinsamkeiten der Leute trotz ihrer Unterschiedlichkeiten doch sehr, sehr hoch. Und das finde ich einfach toll.“*	- Vielfalt bedeutet: „unterschiedliche Lebensziele, unterschiedliche Interessen, unterschiedliche Lebensstile (…) unterschiedliche ethnische Herkunft, unterschiedliche Glaubensauffassungen, also Religiosität, Spiritualität (…) sicherlich auch unterschiedliche politische Ansichten“; - integratives Stadtteilbild: „Man lässt hier nicht so einfach jemanden zurück (…) da muss schon mehr sein.“; - Betonung der „sozialen Frage“.	- generationale Differenz („auffällige“ Jugendliche); - soziale und demographische Segregation (viele Jugendliche im Sanierungsgebiet); - ethnische Differenz; - ethnisch-kulturelle Differenz (Moscheen); - soziale Differenz.	- Wenige Berührungspunkte; mittelbarer Zusammenhang durch Drittmittel.	- sozialräumliche Konflikte und Gewalt; - Desintegration von Jugendlichen; - fehlende Auswahl jugendspezifischer Angebote; - Wohnungsbestand (Bausubstanz und Wohnungsgröße); - Planerische „konservative“ Fokussierung auf demografische Entwicklung: Schwerpunkt Überalterung.	- Leckerhaus als intergenerationaler Lernzusammenhang; - integrative Kraft der Großbetriebe; - „junges Wohnen“ als Antwort auf Überalterung (Familien, Studierende); - Idee eines ökumenischen Zentrums; - Diversifizierung des Freizeit- und Jugendangebotes und Entlastung des Freizeitheims durch Umnutzung der Corvinuskirche im Fall der Schließung; - Erschließung von Brachflächen; - gutes Verkehrsnetz; - „Job“-Möglichkeiten in der näheren Umgebung.	- Schusterei (ethnisches Unternehmen) als integrativer Ort: „Es geht dort nicht um Schuhe“; - Kern des Sanierungsgebietes als sozialer Konflikther d; - Kiosk als öffentlicher Treffpunkt des Trinkens und der Kommunikation; - Kneipenkultur als intergenerationaler Magnet; - Jugendzentrum als Ort des intragenerationalen Kontaktes; - Wochenmarkt als Symbol der Vielfalt; - Bauruine in der Fuhsestraße.	- Arbeiterinnenstadtteil; „unterkühlte“, dennoch freundliche und offene Stadtteilatmosphäre: „Also es ist schon hier ein ziemlich norddeutsches Klima.“; - ausgeprägter, aktiver Gemeinschaftssinn (Vereine, Institutionen, Kneipen etc.); - hohe Solidarität, oft initiiert von Einzelpersonen.	- Integration als ausschließlich sozialstrukturelles Verständnis; - Stöckener Integrationsmodell als „Gemeinschaft und Außenseitersein“.
Bemerkungen	Was die Eigenlogik des Stadtteils Stöcken auszeichnet, wird in einer Interviewpassage besonders deutlich, in der E. einen Vergleich zum Stadtteil Linden zieht: „Alles zu Linden (…) auch nicht überbewertet (…) weder im Positiven noch im Negativen. Es gibt hier einen sehr starken Ausgleich zwischen den Leuten, und es gibt auch keine so starken Konzentrationen. Geht man drei Meter weiter, sieht es schon wieder anders aus.“								

	Sensibilisierung	Differenz	Europapolitik	Problemlagen	Ressourcen	Ortseffekte	Eigenlogik	Integration
F **(Kommunalverwaltung/Steuerung)** *„Wir wollen diesen Stadtteil zukunftsfähig machen. Also wir wollen ihn fit machen, so dass er, sag ich mal, auch in den nächsten Jahren weiterhin attraktiv ist – soweit man überhaupt von Attraktivität sprechen kann (...)."* *„Also [Stöcken] wirkt aus meiner Sicht heraus sympathischer als viele andere Stadtteile."*	- Vielfalt bezogen auf unterschiedliche Arbeitsaufträge; - unklare und naive Sicht auf Diversity; „Multikult" als „Bereicherung für jeden Stadtteil"; - Organisationseinheit ohne MitarbeiterInnen mit Migrationsgeschichte; - Abbildung von Vielfalt „durch die hohe Anzahl unterschiedlicher Nationalitäten".	- materielle Differenz; - ethnische und ethnisch-kulturelle Differenz (z.B. zwischen TürkInnen und RussInnen); - sozial-räumliche Ausprägung spezifischer „Identität"; - religiöse Differenz; - soziale Segregation.	- Kenntnis von EU-Vorgaben und Programmen; bedingt durch Akquise und Drittmittelfinanzierung; - hierzu: differenzierte Einschätzung; zum einen hoher Verwaltungsaufwand, zum anderen Impulse (neue Beteiligungsformen; Gender Mainstreaming etc.); - keinen grundsätzlichen Einfluss auf Steuerungsebene.	- historisch erheblicher Abbau an örtlichem Arbeitsplatzangebot (Facharbeit); - Monokultur im Bereich der ethnischen Ökonomie (Spiel- und Kioskbetriebe); - mögliche Standortschließungen beider Kirchen; - fehlendes Wohnungsangebot für Familien; - baulicher Zustand der Wohnungen (energetische Sanierung); - fehlende Freiflächen im Stadtteilkern; - Alkohol und Vandalismus; - fehlende Spiel- und Treffgelegenheiten für Kinder und Jugendliche im Sanierungsgebiet.	- hohe Zahl ehrenamtlich Engagierter; - ausbaufähige ethnische Ökonomie; - Integrationsbeiräte als Türöffner zu MigrantInnenhaushalten; - möglicher Nachbarschaftstreff; - Grünflächen in Angrenzung an den Stadtteil; - Standortvorteile (z.B. Nähe zur Universität); - Nachfrage im Bereich der Altenpflege; - ungenutzte Flächen und Gebäude (Kooperation mit Wissenschaft); - stärkere Einbindung der örtlichen Großunternehmen.	- Freizeitheim, Stadtteilladen und Jugendzentrum als Orte sozialer Interaktion; - Stöckener Markt an Markttagen sozialer Anziehungspunkt; - Stöckener Friedhof als Naherholungsgebiet; - ehemaliges Unterkunftsgebiet besonders benachteiligt; - Spielsalons, und Kioskbetriebe als ethnisch besetzte Orte (türkisch bzw. russisch); - schwieriger Zugang vom Stadtteil aus zum Stadtfriedhof.	- räumliche Randlage; - Einbindung in Grünflächen; - „kleinbürgerlich-sympathischer" Charakter.	- multikulturelles Verständnis
Bemerkungen	Auffällig ist, dass F. mehrmals auf Potentiale einer multikulturellen Stadtteilbevölkerung hinweist, aber diese nicht konkretisieren kann. Auch bleibt sein Verständnis von Integration, ein Thema, mit dem er sich nach eigener Aussage bereits „bis zum Abwinken beschäftigt" hat, definitorisch unkonkret: „Integration ist ja eigentlich ein Begriff, der sagt, da muss jetzt etwas passieren, damit die alle in dieses Gefüge reinpassen – könnte man so jedenfalls interpretieren (...) für mich ist Integration (...) Stöcken, dass alle, unabhängig davon, ob ich jetzt deutscher Herkunft bin oder was weiß ich für eine Herkunft habe, dass wir irgendwann ein gemeinsames Ziel haben, das bedeuten soll, ich möchte vernünftig und schön und gut in Stöcken wohnen können, und ich akzeptiere (...) dass es Dich gibt, mit all Deinen Eigenschaften, die Du hast, kulturelle Hintergründe und ähnliche Geschichten."							

	Sensibilisierung	Differenz	Europapolitik	Problemlagen	Ressourcen	Ortseffekte	Eigenlogik	Integration
G **(Kommunal-verwaltung/ Steuerung)** *„(...) ich hab schon oft den individuellen Blick (...) oder sehe den Einzelnen, aber ganz oft findet der Einzelne sich ja auch in der Gruppe wieder, zu der er gehört."* *„(...) im Grunde genommen findet man (...) in Stöcken alles wieder, was eine Gesellschaft ausmacht."*	- Vielfalt im Team (Personen und Aufgaben); - Vielfalt der Nationalitäten und Ethnien; - bauliche Vielfalt; - sozialstrukturelle Vielfalt; - sozialräumliche Vielfalt; - demografische Vielfalt; - Erklärung von Ressentiments in der autochthonen Bevölkerung als Entschuldigung: „Die sind so problembeladen"; - keine konzeptionelle Implementation von Diversity.	- ethnische Differenz (hohe Anteile an AussiedlerInnen; TürkInnen und GriechInnen); - demographische Differenz (hoher Anteil an Kindern) - hoher Anteil Alleinstehender (auch Männer); - ethnisch-demografische Differenz (SeniorInnen mit und ohne Migrationsgeschichte; - religiöse Differenz; - unterschiedlich hohe lokale Identifikation; - soziale Segregation (auch im Sanierungsgebiet); - Eigentumsverhältnisse; - Informationsstand über Angebotstrukturen; - Differenz der Angebote.	- Europäischer Nachbarschaftstag.	- Erreichbarkeit alleinstehender Männer, darunter ältere Personen mit und ohne Migrationsgeschichte; - interethnische Konflikte; - Ressentiments gegen MigrantInnen; - Ruhestörung durch Jugendliche; - fehlender Wohnraum für SeniorInnen und Familien; - veraltete Verkehrsinfrastrukur; - fehlende barrierefreien Zugänge im öffentlichen Nahverkehr.	- diverse ehrenamtliche Ressourcen; - SeniorInnenprojekt mit „Außenwirkung"; interkulturelle Perspektiven; hier auch niedrigschwellige Beschäftigungsmöglichkeiten für ältere Erwerbslose („BewohnerInnencafé"); - Musik als interkulturelles „verbindendes Element".	- punktuell Nutzungskonflikte im Stadtteilladen; - sozialräumliche Trennung durch Hogrefestraße (einseitige Fluktuation in den alten Ortskern hinein); - Stigmatisierung des früheren Unterkunftsgebietes; - soziale, nicht-konfessionelle Angebote in ev. Kirchengemeinde als mögliche Barriere für MigrantInnen: - „Durchmischung" auf Marktplatz; - jugendspezifische Treffpunkte (z.B. Endhaltepunkt der S-Bahn); - „grüne Lungen" am Stadtteilrand.	- variiert sozialräumlich; - hoher Stellenwert lokaler Netzwerke und Kooperationen; - zum Teil langjährige persönliche soziale Netzwerke; - hoher Anteil von BewohnerInnen, die sich mit Stöcken „identifizieren", zugleich fehlendes „Selbstbewusstsein", dies zu demonstrieren; - wenig Kinder sichtbar im Stadtteilbild: Aufenthalt in Institutionen oder zu Hause.	- multikulturelles Verständnis.
Bemerkungen	Wie bereits bei anderen professionellen Befragten festgestellt, nimmt G. „Vielfalt" als „Potential" und als „interessant" war, kann aber keine Begründung für diese Interpretation liefern. Auf diese Weise wird Diversity zum Allgemeinplatz.							

	Sensibilisierung	Differenz	Europapolitik	Problemlagen	Ressourcen	Ortseffekte	Eigenlogik	Integration
H **(Kommunalverwaltung/Freizeiteinrichtung)** *„Also wir hören immer wieder, dass wir als Stadtbezirk, Stadtteil gut aufgestellt sind, also die Not hat hier durchaus auch schon Blüten getragen, nämlich dass (...) die, die für den Stadtteil, für den Stadtbezirk arbeiten, wissen, dass sie sich in anderer Form zusammenschließen müssen, um was zu bewegen."* *„Also die Stärkung in der eigenen Kultur ist für uns im Grunde genommen der Gang hin zur Integration."*	- monokulturelles Team; - grundsätzlich Angebote für alle Gruppen und AkteurInnen; - Thematisierung von Behinderung; - Vielfalt im Verständnis von Generationen und „Kulturen"; - Fokussierung auf „Gemeinsamkeiten" unterschiedlicher AdressatInnen; - Sensibilisierung für Geschichte lokaler Großunternehmen im NS.	- viele ältere RusslerInnen, unter ihnen zum Teil hohe Isolation; - kulturelle Differenz (unterschiedliche Disposition zur Teilhabe am öffentlichen Leben); - ethnisch-kulturelle Differenz; z.B. Ressentiments von Deutschen und TürkInnen gegenüber RusslerInnen; - Differenz zwischen Autochthonen und Allochthonen; - sozialräumliche Differenz; - soziale und materielle Differenz.	- mittelbarer Zusammenhang durch Drittmittel.	- Erreichbarkeit marginalisierter/isolierter Bevölkerungsgruppen und Motivation zur Teilnahme an Bildungsangeboten; - Erreichbarkeit von TürkInnen nur über Projekte; - Öffentliche Bedrohung durch Jugendbanden.	- intergenerationaler Austausch im Leckerhaus; - möglicher Zugang zu Stadtfriedhof vom Stadtteil aus; - Abstimmung von Bildungsangeboten und Lebensrealität der AdressatInnen (zeitlich überschaubare Wochenendangebote); - Handlungsfeld IGS/Übergang Schule-Beruf als Optimierung von Bildungschancen; neue Formen der Berufsorientierung; - kulturelle Bildung in Kitas; - „Aktiv-Pass"; - viele Ehrenamtliche.	- Stigma der Einrichtung als „Russenhaus"; - tolerante internationale Atmosphäre auf dem Stöckener Markt; - Mahnmal zur Erinnerung an das KZ Stöcken; - Bauruine in der Fuhsestraße; - Stöckener Friedhof als Ort der Naherholung.	- Selbsthilfe und Gemeinschaftsgefühl aus der „Not" heraus; hohe Zahl (überwiegend älterer, weiblicher) Ehrenamtlicher; - enge Vernetzung der StadtteilakteurInnen; - fehlendes zivilgesellschaftliches Engagement: „Also ich hab hier noch niemanden aufstehen sehen, weil er keinen Kita-Platz gekriegt hat oder sonst irgendwas."	- ambivalentes, in weiten Teilen multikulturelles Verständnis; vereinzelt Einschränkungen: „Recht und Ordnung haben eben auch eine deutsche Ausrichtung. Das muss auch beachtet werden."; „(...) also für mich ist Integration die Begegnung (...) auf gleicher Augenhöhe und mit dem Bewusstsein von Unterschiedlichkeiten und dem Leben von Gemeinsamkeiten."
Bemerkungen	Auffällig ist, dass H. sich selbst als Expertin soziokultureller Arbeit im Stadtteil versteht und sich dabei auch zu „Newcomern" im Stadtteil wie dem Quartiersmanagement abgrenzt. So sieht sie sich auch als Impulsgeberin der „Sozialen Stadt", „auf Grund eben meiner langjährigen Erfahrung auch mit dem Stadtteil. Dann kommt ein Quartiersmanagement neu in den Stadtteil und muss natürlich auf das Wissen und die Kompetenzen von (...) in dem Fall mir, zurückgreifen auch können."							

	Sensibilisierung	Differenz	Europapolitik	Problemlagen	Ressourcen	Ortseffekte	Eigenlogik	Integration
J **(Polizei)** *„Der Stadtteil ist ja begrenzt."* *„Wir gehen eigentlich an jede Bevölkerungsgruppe, egal ob das Deutsche oder Ausländer sind, immer gleich ran."*	- jugendspezifische Ausrichtung (hoher Anteil präventiver Arbeit; - Verständnis von Polizei als „BürgerInnenpolizei"; - Reproduktion kultureller Stereotypen: „Und bei den türkischen Jugendlichen ist es so, die sind fast alle hier geboren. (...) integrieren sich natürlich nicht unbedingt so, wie wir das gerne hätten im Stadtteil. (...) weil sie haben schon ihre türkische Herkunft und dieses (...) Macho-Gehabe (...)"; - Bezüge von „Vielfalt" auf „Herkunft", „Stand" und „Mentalität"; - geringe interkulturelle Kompetenz.	- Akzeptanz und Anerkennung der Polizei in den Schulen und bei SeniorInnen; z.B. kritische Distanz bei Jugendlichen; - geschlechtsspezifische Differenz (türkische Jugendgruppen männlich geprägt, deutsche und russische Gruppen gemischt; - ethnische Segregation von (jugendlichen) RussInnen im Quartier Schwarze Heide; - ethnisch-kulturelle Differenz: vor allem zwischen Deutschen und TürkInnen; - ethnisch-kulturelle Distanz zwischen Jugendlichen, vor allem zwischen RussInnen und TürkInnen sowie zwischen RussInnen und Deutschen (Segmentation junger RussInnen); - soziale Segregation; - ethnisch-kulturelle Differenz durch Kleidung.	- wenige Berührungspunkte, mit Ausnahme von europäischer Rechtsgebung.	- Ruhestörung durch Jugendliche; - abendlicher Alkohol- und Tabakkonsum auf Spielplätzen durch Jugendliche; - begrenzte institutionelle Anlaufstellen für Jugendliche; - Konflikte zwischen deutschen, türkischen und russischen Jugendlichen; - Sprachbarrieren junger russischer MigrantInnen; - hoher Alkoholkonsum und gewalttätige Konflikte (vor allem unter Deutschen) im Kern des Sanierungsgebietes: „Beziehungstaten"; - Sexismus türkischer Familien, gegenüber PolizistInnen.	- Ressourcen oder Potentiale werden nicht genannt.	- „auffällige" Jugendgruppen, z.B. auf Spielplätzen und an S-Bahn-Endhaltepunkt; - fließender Übergang von den Stadtteilen Leinhausen und Herrenhausen nach Stöcken; - wenige Einfamilienhäuser, vorwiegend zwei- bis dreigeschossige Bebauung; - „düsteres" Stadtteilbild durch alte Bebauung; - Freizeitheim zugleich soziales, (multi-)kulturelles und geographisches Stadtteilzentrum; ähnlicher Effekt z.T. auf Stöckener Markt, hier aber auch temporär Trinker; - Naherholungsgebiet Stöckener Friedhof (besonders für alte Menschen).	- spezifischer „Eigensinn" nicht bekannt: „(...) nie eine Verbindung zu Stöcken gehabt, bevor ich hier nicht Dienst gemacht habe."; - wenig öffentliche Plätze .	- Integration als Bewahrung der öffentlichen Ordnung: „Also eigentlich verstehe ich unter Integration, dass jeder sich bemüht, so zu leben, dass kein anderer gestört wird, dass man miteinander reden kann, dass man miteinander auch mal feiern kann, auch bei gerade so öffentlichen Festen (...)"; - institutionelles Integrationsverständnis: Agglomerat aus „ganz viel Einzelmeinungen".
Bemerkungen	Punktuell ist J.'s fehlende Sensibilisierung für kulturelle Differenz auf Desinformation zurückzuführen („Islamismus" wird als Religion genannt), sowie auf mangelndes Reflexionsvermögen („Man lernt ja nie aus. Aber im Grunde genommen (...) haben wir uns ganz gut auf die Bevölkerungsstruktur in Stöcken (...) eingestellt (...)." Beides bedingt sich freilich.							

	Sensibilisierung	Differenz	Europapolitik	Problemlagen	Ressourcen	Ortseffekte	Eigenlogik	Integration
K (Religiöse Einrichtung) *„Aber ich bin gerne hier, weil ich auch wirklich unter viele[n] Türken auch bin. (...) man fühlt sich auch bisschen wohler. Wenn man ganz alleine ist, ist nicht schön. Ich bin zum Beispiel auf [meinem] Arbeitsplatz ganz allein als Türke, sag ich mal."* *„Denn ein Mensch, der vor Gott al Allah Angst hat, der wird auch niemande[m] weh tun"*	- Vielfalt als Metapher für individuelles Interesse und Engagement; Vielfalt als Migrationshintergrund, Nationalitäten; - Vielfalt der Gemeinde; Verständnis und Dialog; - Konflikte im Stadtteil nicht bekannt („einschlägige" Orte werden gemieden); - kaum Wissen über Strukturen und Schlüsselpersonen im Stadtteil; - Selbstverständnis der Gemeinde als „sehr offen"; - „Milli Görus" als Kooperationspartner; - Tugendhaftigkeit; „(...) auch Arbeitslose muss ich akzeptieren."	- geschlechtsspezifische und generationale Differenz innerhalb der Gemeinde; - ethnisch-kulturelle Differenz („Emotionalität" vs. „Kälte"); - religiöse Differenz; - soziale Differenz (Lebenslagen) - zu interkulturellem Dialog bereite Deutsche oft in einflussreichen Positionen; - kaum alte Ehrenamtliche in der Gemeinde.	- von individuellen arbeitsweltlichen Aspekten abgesehen, keine europapolitischen Bezüge.	- interreligiöser Dialog wird von christlicher Gemeinde nicht aktiv unterstützt; - häuslich-familiäre Isolation muslimischer Mädchen; - interkulturelle Konflikte (Klagen von Anwohnerinnen über Lärmbelästigung; Vorurteile, Ressentiments und Intoleranz gegenüber kulturellen und religiösen Praktiken durch Deutsche; - fehlende personale Ressourcen für Jugendarbeit in der Gemeinde; - Bildungsbedarf und Sprachbarrieren bei Migrantinnen.	- sehr viele ehrenamtlich engagierte Gemeindemitglie der in unterschiedlichen Bereichen (viele Erwachsene unter 40 Jahren); - Jugendliche als Arbeitskräftepotential; - unentdeckte Potentiale bei kopftuchtragenden Mädchen und Frauen.	- Jugendarbeit gebunden an religiöse Erziehung („Koranschule"); - VW-Werk als örtlicher Arbeitgeber (auch für viele Gemeindemitglieder); - türkisches Café als Ort der ethnischen Kommunikation; - Freizeitheim selbst als multikultureller öffentlicher Ort, als nähere Sozialraum Alkoholkonsum unterprivilegierter Milieus (werden als Minderheit wahrgenommen); - VW und Ansiedlung vieler Arbeitskräfte.	- multikulturelles und grundsätzlich tolerantes Stadtteilklima; - „Arbeiterviertel"; - Religion als primäres kohäsionsstiftendes Moment im türkisch-muslimischen Milieu; „(...) so kleine Gemeinschaft halt, ne?", - privater Rückzug vieler BewohnerInnen; - fehlende gehobene soziale Milieus; - „unterm Strich" relativ konfliktfreier Stadtteil; - „Multikulti" statt Interkulturalität.	- Integration aus Sicht der Gemeinde als Segmentation (Ausbau islamischer Vereinsstrukturen als „Voraussetzung" für interkulturellen Dialog); sozialstrukturelle Integration in die Mehrheitsgesellschaft, sozialkulturelle Integration in die religiöse Gemeinschaft; - Integration als Prozess; - „unbewusste" kulturelle Assimilation: „Türkei ist für mich ein Urlaubsland"; - Integration aus Sicht der Autochthonen: Assimilation.
Bemerkungen	Es ist unklar, welche Ziele die islamische Gemeinde in Stöcken verfolgt, doch gibt es Anzeichen einer orthodoxen Ausrichtung: die Betreibung einer Koranschule, die verbale Betonung der Kopftuchpflicht, die Planung eines „Schülerwohnheims" primär für Mädchen – mit der Begründung der religiösen Einflussnahme auf Kinder und Jugendliche der Gemeinde und als „Antwort" auf die häusliche Isolation der Mädchen. Kooperationen mit anderen Institutionen im Stadtteil bestehen kaum. Die Desintegration der türkischen MigrantInnen wird von K. mit deren finanzieller Situation erklärt, teils relativierend beantwortet. Schließlich auch, dass K. auf Fragen zum politischen Islam teils ausweichend, teils relativierend antwortet.							

	Sensibilisierung	Differenz	Europapolitik	Problemlagen	Ressourcen	Ortseffekte	Eigenlogik	Integration
L (Schule) *„Es gibt auch genug Eltern, die wir hier haben, die nicht wüssten, an welcher Schule ihr Kind ist und die das auch nicht benennen könnten."* *„Solange so ein Laden (...) mit sehr vielen problembeladenen Schülern – und das sind nicht nur die Migranten (...) – dass der Laden hier trotzdem noch ganz gut funktioniert. Das finde ich schon eher fast erstaunlich."*	- Vielfalt der SchülerInnenschaft und Aufgabenfelder; - hoher Anteil MigrantInnen in der Schule „Normalität", gleichzeitig fehlende Reflexion: „Weil es sowas von selbstverständlich ist. (...) insofern kommt gar keiner auf die Idee hier zu sagen: Wie ist denn jetzt gerade mal die Zusammensetzung?"; - Transport kulturalistischer Ressentiments; - Deutsch als Leitsprache.	- ethnisch-kulturelle Differenz; - „deutsche Minderheit" an Schule; - geschlechtsspezifische Differenz; - Gruppenbildung vor allem bei türkischstämmigen Jugendlichen; - soziale und ethnische Segregation; - Einzugsgebiet der SchülerInnen (zum Teil problembeladene SchülerInnen aus Stadtgebiet).	- Berührungspunkte über „Comenius"-Programm; - internationale Begegnung mit osteuropäischen LehrerInnen.	- Ausgrenzung von Mädchen aus bestimmten Angeboten der Berufsvorbereitung; keine Ressourcen für eigene Mädchengruppe; - Qualitätsverlust durch Veränderung der Sozialstruktur der SchülerInnenschaft; Zuwachs an Problemen; - Konflikte zwischen jungen türkischen und russischen Migranten; - Gewaltpotential junger Migranten: „das Messer immer schnell zur Hand"; Wahrnehmung von Migranten durch deutsche Jugendliche als „gefährlich"; - Sprachprobleme; - geringe Beschäftigungsfähigkeit; - jugendspezifische Probleme („Bewältigung"); - fehlende Einbindung von Eltern.	- Schülerfirmen und -messen; - Lokales Arbeitsplatzpotential; - interkulturelle Freundschaften; internationaler SchülerInnenaustausch; - hybride Sprache (bedingt institutionelle Lockerung der „Deutschpflicht"); - Sprachlernklasse; - Schulsystem IGS.	- Schule seit jeher multikultureller Ort; - Stadtteil als wichtigster sozialer Bezugspunkt für junge MigrantInnen; - beschränkte Mobilität von Jugendlichen (Innenstadt und Stadtteil); - türkisches Fernsehen in vielen türkischen Familien; - enge sozial-räumliche Verknüpfung von Stadtteil und -bezirk; - Erholungsraum Stöckener Friedhof; - Stöckener Markt als Stadtteilzentrum.	- starke industrielle Prägung durch Großunternehmen VW und Conti (Bedeutungsverlust).	- Integrationsbegriff als Anachronismus: „(...) es ist alles so selbstverständlich in 30 Jahren (...) also der Begriff fällt gar nicht mehr."; - Integration als institutionelle Hilfestellung.
Bemerkungen	L. bedient sich z. T. Ressentiments, auch wenn er grundsätzlich reflektiert argumentiert. So verweist er auf die Gruppenbildung bei jungen türkischen Migranten in Konfliktsituationen, die selbst dann noch Gewalttaten abstritten, wenn sie bereits überführt seien. Dabei wechselt L. zwischen emotionalen und rationalen Argumentationslinien: „(...) wenn die Entwicklung so ist, dass der Migrantenanteil über die 50%-Grenze hinweggeht, dann wird es für einen Stadtteil (...) nicht unbedingt einfacher. Woher die Probleme jetzt kommen oder welche dann auftauchen, das wäre jetzt Spekulation. Aber ich denke ganz grundsätzlich aus der Erfahrung von anderen Wohngebieten oder auch in der Historie, ich meine, das Ruhrgebiet hat eine ähnliche Entwicklung schon vor 80 Jahren hinter sich, und das ist ja nicht alles schief gelaufen, was sich entwickelt hat." Ein anderer Aspekt betrifft an der Schule begangene Gewaltdelikte. Hier ist auf die beschränkte institutionelle Handhabe hinzuweisen (formales Regelsystem und Sanktionierung).							

	Sensibilisierung	Differenz	Europapolitik	Problemlagen	Ressourcen	Ortseffekte	Eigenlogik	Integration
M (Kommunalverwaltung/Freizeiteinrichtung) *„Also es gibt Jugendliche, die haben halt sich jetzt (...) Jacken gemacht (...) die haben (...) Waffen an der Seite. Da regen sich natürlich Erwachsene drüber auf. (...) Und da steht halt „Stöcken 419", und das ist ja unsere Postleitzahl, 30419."* *„Also ich glaube wichtig ist immer zu sagen: Es ist nur eine Momentaufnahme."*	- hohe Gendersensibilität; - Vielfalt der Ethnien und Religionen; - wertfreie Akzeptanz allen Jugendlichen gegenüber, gleich welcher Konfession oder Weltanschauung; „Also ich würde sie ja ablehnen."; Verstehen als Voraussetzung pädagogischen Handelns; - selbständige Weiterbildung über Gespräche, Fragen und kollegiale Beratung; - Reflexion subjektiver Vorurteile; - offener, bedürfnisorientierter Ansatz.	- geschlechtsspezifische Differenz (Bedarfe/ Bedürfnisse; Ausdrucksformen; realistischere Lebensplanung bei Mädchen); - ethnisch-kulturelle Differenz (auch durch Kleidung) z.T. altersabhängig: „je jünger desto mehr gemischt"; - religiöse Differenz: „Muslimische Mädchen haben keinen Freund zu haben."; - intergenerationale Differenz; - intragenerationale Differenz; - soziale und ethnische Segregation.	- keine Berührungspunkte.	- jugendspezifische Probleme („Bewältigung"; Zukunftssorgen); - Zwangsheirat; - Fehlen von einschlägigem Expertinnenwissen im Bereich der Integration muslimischer Mädchen; - Sprachprobleme; - Xenophobie (besonders bei Älteren).	- Mädchentag und -AG (Stärkung des Selbstbewusstseins; Integration muslimischer Mädchen); - individuelle Potentialanalysen (Lebenswegplanung); - Volkswagen als Arbeitgeber; - Kreativität sozial benachteiligter Jugendlicher; - Musik (emotionaler „Arab-Pop" als vorsichtige Veränderung von Geschlechtergrenzen); - „Soziale Stadt"; - engagierte BewohnerInnen, Vereine und Initiativen; - Nutzen der kulturellen „Vielfalt" in Kombination mit Eltern- und MultiplikatorInnenarbeit; -Förderung von Mehrsprachigkeit.	- Identifikation der Jugendlichen mit Stadtteil (Spielen mit Codes); - ehemaliges Flüchtlingsheim, Feuerwehrwache und Meckelnheidestraße/VW-Werk als negativ besetzte Räume; - „Treffpunkte der Jugendlichen am Penny-Markt, „am Stromkasten" an der Hogrefestraße und am S-Bahn-Endhaltepunkt; - „Teilung und soziale (distinktive) Trennung des Stadtteils durch Hogrefestraße; - keine intergenerational ausgerichteten Orte (Freizeitheim: eher geschlossene Gruppen).	- autochthoner Bevölkerungsteil: „(...) die sind stolz darauf, dass sie hier wohnen, hier beim VW-Werk, und dass sie ihre Wurzeln hier haben."; - institutionelles Gemeinschaftsgefühl; besondere Verbundenheit mit dem Stadtteil.	- Skepsis gegenüber dem Integrationsbegriff: Verdacht der Interpretation als Assimilation; subjektiv: interkulturelles Verständnis: „Also genauso wie ich die Mädchen ernst nehme, wenn sie fasten im Ramadan, möchte ich bitte schön, dass sie mich zum Beispiel mein oder vielleicht auch mal fragen, wenn ich hier die Fenster für Weihnachten schmücke."; - hoher Stellenwert von Eigeninitiative der Klientel und Partizipation.
Bemerkungen	Im Vergleich zu ihren Kolleginnen aus anderen Stadtteilinstitutionen fällt auf, dass M. über ein relativ hohes Reflexionsvermögen verfügt.							

	Sensibilisierung	Differenz	Europapolitik	Problemlagen	Ressourcen	Ortseffekte	Eigenlogik	Integration
N (Verein) *„Die sind alle irgendwie asozial. Entschuldigung, aber alle. (…) Die haben keinerlei Selbstbewusstsein. Die schreien sich an, ihre Redensart. Auch wenn ich einkaufen geh, die stürzen sich…"* *„Wann sucht man nach Ideen, nach Lösungen, wenn geht man? Man bewegt sich nur, wenn man irgendwo steht, wo es nicht mehr weitergeht."*	- hohes Interesse an sozialpolitischen Themen; - soziales Engagement aus intrensiver Motivation heraus; - „kleinbürgerliche" Ressentiments: „Politik vom Schreibtisch"; - Vielfalt lediglich statistisch (ethnisch bedingt); keine gelebte Vielfalt; - pessimistische Potentialanalyse ethnisch-kultureller Vielfalt: „Es wäre eine absolute Lüge. (…) Also ich sehe für diese Familien, für ihre Kinder in 20 Jahren sehr schwarz."; - Befürwortung begrenzter Zuwanderung; - islamkritische Positionen.	- Kleidung (bei TürkInnen und RussInnen trotz Armut hoher repräsentativer Stellenwert); - ethnisch-kulturelle Differenz (z.B, Wertedifferenz, Alltagskultur); - religiöse Differenz (konservative islamische Gemeinde); - sozialpolitische Differenz (System des Herkunftslandes und des Aufnahmelandes): „Hier verlieren die Menschen ih[r]en] Geist, weil sie Hartz IV bekommen."; hohe Konsumaffinität der TürkInnen.	- keine Berührungspunkte.	- Arbeitslosigkeit; - geringe Lebensqualität; defizitäre Einzelhandelsstruktur; - Dominanzkultur der unterprivilegierten Milieus: „egal aus welcher Kultur sie kommen, die ähneln sich", keine so-zialen Vorbilder; - soziale und kulturelle Isolation der türkisch-islamischen Milieus; - Kostenpflichtigkeit sozialer Angebote als Grundsatzfrage für TürkInnen: „egal jetzt, ob sie Geld haben oder nicht – das ist immer eine Frage".	- überproportional hohe Solidarität und Selbsthilfe unter TürkInnen: „das ist ihre Säule, warum die hier so einfach leben können."; - handwerklich geschickte TürkInnen; russische „Schachvirtuosen"; - soziale Öffnung des Stadtteils als Antwort auf segregierte Räume; - Stadtteilinstitutionen als Triebwerk der Stadtteilerneuerung; gleichzeitig: Hilfe zur Selbsthilfe (z.B. Projekt „HIPPY").	- Leckerhaus als „Armenhaus"; „Wenigstens einen schönen Raum haben diese Menschen verdient."; fehlendes pädagogisches Personal („Ein-Euro-Kräfte"); - verhaltensauffällige junge Männer in der Stadtteilmitte, „die einfach so rumgebrüllt haben"; - moralische Kontrolle durch islamische Gemeinde: „Also ich wäre da eingeschränkt"; - Freizeitheim und Marktplatz als soziale Zentren; - vollgestellte Balkone; - sozialräumliche Immobilität.	- schlichter, abgehängter und unkultivierter Stadtteil: „dumpf", „lieblos", „unlebendig"; - „Schicksalsgemeinschaft": „In Armut halten die Menschen immer zusammen."	- Ambivalentes Integrationsverständnis: Einerseits Eintreten für Assimilationsmodell: „Also es ist hier Deutschland. Es gibt eine deutsche Schule. Es gibt da Schwimmunterricht. (…) Man kann nicht hier leben (…) sich absichern, aber mit Eure[r] Kultur, mit Eure[n] Gesetze[n] will ich nichts zu tun haben."; Religion als Privatsache; andererseits Verständnis von Integration als Interkulturalität: „Aufeinander-Zugehen".
Bemerkungen	N. betrachtet die Stadtteilerneuerung in Stöcken äußerst kritisch. Ihre Beschreibung der sozialräumlichen Integrationsmuster und des Eigensinns des Stadtteils ist ungeschönt bzw. pessimistisch. Im Gegensatz zu allen anderen Erzählpersonen zeichnet sie ein radikales Bild der islamischen Gemeinde.							

	Sensibilisierung	Differenz	Europapolitik	Problemlagen	Ressourcen	Ortseffekte	Eigenlogik	Integration
O (Religiöse Einrichtung) *"(...) wenn die Not am Größten, ist die Hilfe Gottes am Nächsten. Damit bin ich aufgewachsen. (...) Also, in dieser Zuversicht, dass man Hilfe bekommt und auch die Hilfe vielleicht anderen geben kann."* *"(...) ich will ja gerade nicht der Pharisäer sein (...) der also meint, ich bin ja doch viel besser als Ihr alle. (...) aber trotzdem ist doch (...) so etwas in einem auch drinnen."*	- Vielfalt als soziale Ungleichheit und ethnisch-kulturelle Heterogenität: „Also bunt ist es schon"; - christliches Wertesystem: Motiv der „Nächstenliebe"; - Interesse an politischen Entwicklungen; punktuell für soziale Projekte sensibilisierte Öffentlichkeit; - z.T. Reflexion und Selbstkritik sozial/kulturell aufgeladener Ressentiments: „Das ist jetzt aus dem Bauch gekommen"; - Interesse an kultureller Bildung.	- soziale und ethnische Segregation; - religiöse Differenz: gute Kontakte zwischen christlicher und jüdischer Gemeinde; „kein Austausch" zwischen christlicher und islamischer Gemeinde; - ethnisch-kulturelle Differenz, z.B. innerhalb der Nachbarschaften: „andere Lebensarten"; besondere Diskrepanz zwischen TürkInnen und RussInnen: „Die kann man wohl gar nicht mischen."	- keine Berührungspunkte im Stadtteil: „aber die Türkei gehört auch nicht dazu."	- Xenophobie älterer Autochthoner: „früher war es hier so schön in Stöcken"; „Wenn ich die schon sehe, wie die da mit den Kopftüchern rumlaufen"; - Segmentation und Isolation der TürkInnen; - hohe Zahl unterprivilegierter Milieus: „soziale Armut"; - Engagement von MigrantInnen: „Die nehmen doch alle diese Dinge in Anspruch, aber könnten ja eigentlich auch mal in so einen Verein gehen, ne?"	- hohes ehrenamtliches Engagement von Frauen; - ethnische Eigentumsbildung (ethnisch heterogene Nachbarschaften); - interkulturelle Elternarbeit; - Investition in Angebote der Gemeinwesenarbeit, z.B. intergenerationales Lernen; - gute Verkehrsinfrastruktur; - hohe Angebotsdichte für SeniorInnen; - Erweiterung des subjektiven Relevanzrahmens durch kulturelle Vielfalt; - Grünflächen (Stöckener Friedhof etc.).	- Ethnische Disparitäten im Lebensraum: autochthone Ehrenamtliche, allochthone Ein-Euro-Kräfte; - Wochenmarkt als Ausdruck der Vielfalt in Stöcken; - Abwanderungsabsichten vieler Autochthoner vs. Eigentum; - eigenes Haus als „Lieblingsort" in Stöcken; - Integration muslimischer Jugendlicher durch Koranschule; - „rumhängende" Jugendliche im öffentlichen Raum (z.B. Haltestelle Weizenfeldstraße) - Pennymarkt als Metapher sozialer Benachteiligung; - „Vertrautheit" schafft gefühlte Sicherheit.	- soziales Engagement charismatischer Einzelpersonen: „Parteisoldaten"; - schlichter Arbeiterstadtteil: „Es ist einfach hier in Stöcken."; - „erdverbundene", d.h. „bodenständige" StöckenerInnen; fehlende positive, „selbstbewusste" sozialräumliche Identifikation; - hohe Vereinsdichte; - punktuell lockere soziale Nachbarschaftsnetze im alten Ortskern.	- Kritik kommunal gesteuerter Angebotsstruktur: „Sollen wir denen nun alles abnehmen?"; - Institutioneller „Multikulti"-Ansatz; Festhalten an ethnischen Kategorien: „(...) da gibt es also dann immer mal Kochtage. Da kocht dann, sagen wir mal Afrika, und das nächste Mal kocht dann mal die Türkei"; - persönlich interkultureller Ansatz; „Also nicht (...) ,Multikulti', ne? Dass alles zusammen gemischt, und dann kommt irgendwas dabei raus." - Identifizierungs-Policy: „Wir sind Stöcken".
Bemerkungen	Im Gespräch mit O. wird deutlich, dass sich Freiwilligenarbeit als ambivalenter Spagat zwischen Hilfe und Selbstzweck darstellen kann. Einerseits verfolgt O. das Ziel, auf soziale Probleme in Stöcken durch Projektarbeit hinzuweisen, andererseits muss kritisch hinzugefügt werden, dass ihr christlich motiviertes Streben nach „Barmherzigkeit" nur auf dem Resonanzboden der Lebensführung unterprivilegierter Milieus seine Entsprechung findet: „Also, mit Kindern kann man sehr viel erreichen, also kann man Herzen öffnen eigentlich. Und mir ist das immer noch ganz besonders wichtig – das geht jetzt über den Stadtteil etwas hinaus – dass man ja Menschen durch diese Arbeit auch sensibilisieren kann für die Nöte anderer. Dass sie also einfach merken: Ach, uns geht es eigentlich gut, und da wollen wir doch gerne mal was tun für andere, denen es nicht so gut geht."							

In Punkt 3.2 habe ich nach Günther VEDDER unterschiedliche Diversity Management-Ansätze angeführt. Daran anschließend stelle ich nun mit Hilfe eines zusammenfassenden Schaubildes die Diversity Management-Ansätze exemplarischer Stadtteilinstitutionen, Vereine und Parteien in Hannover-Stöcken heraus. Sozusagen im Sinne von Diversity Management wird dabei von den Einzelpersonen abstrahiert und eine Kategorisierung der entsprechenden Ansätze vorgenommen.

Diversity Management-Ansätze in Hannover-Stöcken

Einrichtung	Code	Resistenz-Ansatz	Fairness-Ansatz	Gemeinwesen-Ansatz*	Lern- und Effektivitätsansatz
Vereine	N		X		
Vereine	C	X			
Vereine	B				X
Polizei	J		X		
Freizeiteinrichtungen	M				X
Freizeiteinrichtungen	H		X		
Parteien	E			X	
Parteien	A			X	
Religiöse Einrichtungen	O			X	
Religiöse Einrichtungen	K	X			
Schule	L		X		
Kommunale Steuerung	G				X
Kommunale Steuerung	F				X
Kommunale Steuerung	D			X	

Tabelle in erweiterter Anlehnung an VEDDER (2006: 18)
* bei VEDDER: „Marktzutrittsansatz"

Conclusio: Diversity Management-Ansätze in Hannover-Stöcken

Die hier vorgelegte Expertise liefert Erkenntnisse über Wahrnehmungs- und Interpretationsmuster von Diversität in einem exemplarischen stadtsoziologischen Untersuchungsfeld. In welchen Bereichen der Stadtteilarbeit werden „Unterschiede" von Fachkräften, Ehrenamtlichen oder BewohnerInnen zum „Problem" erhoben und warum? Geht es um Nationalität und ethnische Herkunft und damit um Xenophobie und Rassismus? Spielt Religion eine Rolle? Was ist mit der Differenz der Alltagskultur der sozialen Milieus?

Vieles spricht auf Grund der theoretischen Vorannahmen dafür, dass sich Differenz in Stöcken vor allem entlang der unterschiedlichen Mentalitäten und Lebensstile, also in den Milieus ausdrückt. Das ethnographisch-empirische Material zeigt allerdings, dass die „klassischen" Heterogenitätsdimensionen Alter, Ethnie und Geschlecht, aber auch Religion, in Stöcken *für seine Bewohner*Innen sehr wohl einen Unterschied machen. Einen Begriff den ich an dieser Stelle als Erweiterung sozialstruktureller Ansätze im Feld der Stadtsoziologie einführen möchte, ist *intrakulturelle Heterogenität*: Soziale Milieus unterscheiden sich demnach aus Diversity-Perspektive auch innerhalb der relativ kohäsiven (Sub-)Milieus nach unterschiedlichen Heterogenitätsdimensionen. Auch wenn jene Merkmale bzw. Entwicklungen nicht die Verfügbarkeit über die Ressourcen unterschiedlicher AkteurInnen in sozialen Feldern bestimmen, so können sie, etwa für die Entstehung von Akkulturationseinstellungen bzw. deren Kompatibilität, eine Rolle spielen.

Übersetzt bedeutet dies: Auch wenn in Stöcken mehr Menschen unterschiedlicher Herkunft als unterschiedlicher Religionszugehörigkeit leben, kann „Religion" bzw. religiöse Differenz ein Diversity-Schwerpunkt sein, weil sie im Alltag vieler BewohnerInnen, vor allem der MuslimInnen, milieuübergreifend immer wieder „Stein des Anstoßes" zu sein scheint. Dabei sind die Mitglieder der islamischen Gemeinde nicht nur MuslimInnen, sie sind mehrheitlich TürkInnen, einige unter ihnen sind Schwarze; überdies besteht die Gemeinde aus Frauen und Männern, Alten und Jungen. Ausschlaggebend für den Konflikt im Stadtteil ist jedoch die im Vergleich zu den alteingesessenen deutschen StöckenerInnen unterschiedliche Kultur der türkisch-islamischen Gemeinde. Hier wie da besteht ein hohes Maß an Wahlverwandtschaft. In der Gruppe der türkisch-islamischen Frauen der unteren Sozialmilieus finden sich etwa ähnliche Mentalitäten und bejahende Einstellungen zu religiöser Erziehung, aber auch zu Konsum. Doch nicht allein die türkischen MigrantInnen der islamischen Gemeinde neigen zur Segmentation, auch die autochthonen Deutschen bleiben unter sich, wenn auch, wie Interwiewpartnerin N. erhellend bemerkte, von einem entscheidenen Unterschied abgesehen: Die „*Deutschen sind alleine für sich. Bei uns ist eine Gruppe zusammen, bei Euch ist jeder für sich (. . .).* " Dieser „dahingesagte" Ausspruch bringt mich auf den Gedanken, Ressourcen wie Solidarität in ethnischen Milieus zu thematisieren, mit der Perspektive, diese langfristig im Stadtteil zu interkulturalisieren. Dabei geht es mir nicht um eine Ethnisierung möglicher (von der so genannten Aufnahmegesellschaft nicht abgefragten) „versteckten" Potentiale. Ich spreche von sozialisationsbedingten Ressourcen, deren Einsatz vielen MigrantInnen auf Grund sozialer wie auch ethnisch-kultureller Diskriminierung verwehrt bleibt.

Soziale Kohäsion in der Quartiersentwicklung kann aus der Diversity-Perspektive nicht ohne Berücksichtigung der emotionalen bzw. kognitiven Ebene diskutiert werden: Während eine Minderheit der autochthonen Mehrheit im Untersuchungsfeld „Hass" oder „Bauchgefühle" gegenüber kultureller Fremdheit verspürt, bevorzugt die Mehrheit einer der größten allochtonen Minderheiten die religiöse Segmentation. Vor diesem Befund mutet es nahezu paradox an, wenn die aktiven StadtteilakteurInnen, einschließlich der Fachkräfte, den Stadtteil mehrheitlich als tolerant und entspannt wahrnehmen und bewerten. Die Frage ist daher stets, welche Sichtweisen, welches Verständnis, welches (Vor-)Wissen die berufliche Praxis leitet. Werden, wie in einem Interview, das Phänomen Islamismus und die Religion Islam als Synonyme aufgefasst, hat dies Auswirkungen auf die subjektive Wahrnehmung und Beurteilung sowie das subjektive Verständnis und Verstehen von Diversität. Bekundungen einiger AkteurInnen, sie seien überzeugt, dass die Stadtteileinrichtungen in Stöcken sensibel mit „Diversity" umgingen, sind daher kritisch zu bewerten. Es ist fraglich, wie eine solche Einschätzung ohne das notwendige Wissen über Begriffe, Theorien und Konzepte getroffen werden kann.

Unterschieden werden muss bei der Analyse von Differenzkategorien zwischen einem subjektiven und einem kollektiven Relevanzrahmen der Differenz. Subjektiv machen in Hannover-Stöcken für einige AkteurInnen kulturelle Ausdrucksformen wie Kleidung und Sprache im öffentlichen Raum den wesentlichen Unterschied; für andere sind es primär sozioökonomische Interpretationsmuster. Der Eigensinn des Untersuchungsfeldes lässt jedoch auch Rückschlüsse auf kollektive Relevanzrahmen zu. Hier hat das empirische Material gezeigt, dass zu Konflikten führende Diffenzen von den AkteurInnen fast ausschließlich auf der interkulturellen Ebene zwischen Autochthonen und Allochthonen verortet werden, oder im Speziellen: zwischen deutscher und türkischer community. Dies bedeutet nicht, dass die Vielzahl an Menschen anderer ethnischer Herkunft in Stöcken keinen Unterschied im kohäsiven Gefüge des Stadtteils machen würde: Die Differenz jamaikanischer BewohnerInnen wurde jedoch von keiner der Erzählpersonen problematisiert. Es geht daher, wie an früherer Stelle ausgeführt, um die anschlussfähigen Differenzen.

Diversity Management in der Quartiersentwicklung ist als „Königsweg" nicht zu haben. Die Analyse der Diversity-Dispositionen hat vielmehr gezeigt, dass unterschiedliche Nuancen die Diversity-Ausrichtung der Einrichtungen bestimmen. So kann bei einigen AkteurInnen ein ausgeprägter Resistenz-Ansatz, bei anderen hingegen eine Orientierung am Lern- und Effektivitätsansatz festgestellt werden. Wieder andere sehen Diversity als Mittel zum Zweck der Image-Aufwertung des Stadtteils und verfolgen einen Gemeinwesen-Ansatz, während ein Teil der Befragten dem Fairness-Ansatz zugewandt ist, d.h. Diversity als Problemreduktion verengen und dabei nicht bis zu den Potentialen multikultureller Wohnbevölkerungen vordringen.

Hierzu muss ergänzt werden: Wenn jede Institution ihren eigenen Weg des „Managing Diversity" praktiziert, wird die Bedeutung von Diversity Management als Querschnittsaufgabe in der Quartiersentwicklung außer Acht gelassen. Die strikte administrative Zuordnung der einzelnen Sozialressorts zu Fachbereichen und Fachdiensten muss somit auf der Stadtteilebene durch einen aktiven Austausch der einzelnen Einrichtungen über quartiersbezogene Diversity-Strategien „kompensiert" werden.

Bezeichnenderweise handelt es sich bei jenen, die Diversity Management als Lern- und Effektivitätsansatz verstehen, in drei von vier Fällen um professionelle Kräfte der Quartiersentwicklung, von denen wiederum zwei Personen der Steuerungsebene angehören. So gesehen besteht, was die Vitalisierung von Diversity-Sensibilität im Stadtteil Stöcken beispielsweise durch Bildungsveranstaltungen für BewohnerInnen und semiprofessionelle AkteurInnen betrifft, durchaus Anlass zu Optimismus.

Kapitel 8

Resümee und Ausblick

An Stelle einer bloßen Zusammenfassung meiner Arbeitsergebnisse – dieser Schritt wurde ausführlich in Kapitel 7 gegangen – will ich auf Basis der empirischen Anlage einige theoretische Schlussfolgerungen ziehen und dabei auch meine zuvor formulieren Hypothesen und Fragestellungen dieser Arbeit wieder aufnehmen.

Vielfalt und Differenz sind zweifelsfrei keine „Kinder" der Postmoderne. Dennoch passt Diversity als konzeptionelle Manifestation des *cultural turn* in den Sozialwissenschaften „in die Zeit". Gesellschaftliche Phänomene wie der Soziale Wandel und der demographische Trend, insbesondere die globalen Migrationsbewegungen, erzwingen mehr denn je eine Verknüpfung von sozialstruktureller und sozialkultureller Sphäre der Integration. Lebensstile differenzieren sich zunehmend aus, und die räumlich in bestimmten Quartieren konzentrierten Konfliktlinien von morgen und übermorgen lassen sich zum jetztigen Zeitpunkt nur erahnen. Mit der gesellschaftlichen Diversität einhergehende juristische Veränderungen auf der Ebene der Europäischen Union und – durch diese beeinflusst – der Nationalstaaten führen zu politischem Handlungsdruck in der Quartiersentwicklung. Aus der Europäischen Beschäftigungsstrategie leitet sich der politische Auftrag ab, soziale Kohäsion mit den Mitteln lokaler Beschäftigungsförderung herzustellen. Alle Antidiskriminierungsdirektiven der EU unterliegen dabei dem Dogma der Vollbeschäftigung. Die europäische Diversity-Ausrichtung fokussiert vor allem auf die Schlüsselqualifikationen ihrer BürgerInnen. In jedem lokalen ESF-Projekt wird Diversity an diese Bedingungen geknüpft. In der Konzeption der „Ausbildungsoffensive Stöcken" wird von den Verantwortlichen auf die „Beschäftigungsfähigkeit" der Klientel insistiert.

Politisch wird durch das horizontal angelegte Diversity-Paradigma formale Chancengleichheit suggeriert, geht es um Diversity Management, kommt jedoch die vertikale Machtdimension hinzu: Die Gestaltung von Vielfalt und Differenz erfordert Kompetenz und diese bleibt in der Regel den „ExpertInnen" vorbehalten. Doch zeigt einerseits die strukturelle Schieflage im Bereich der beruflichen Ausbildung, dass das Postulat der europäischen Aktivgesellschaft unter den gegebenen gesellschaftlichen Voraussetzungen zur Floskel verkommt – junge Männer mit niedrigem Schulabschluss gehören zu den Hauptverlierern am Ausbildungsmarkt, erst recht wenn sie einen Migrationshintergrund haben. Andererseits ist der Begriff „Diversity Management" zu differenzieren. In der Quartiersentwicklung unterscheiden sich die Ansätze zum Teil erheblich. Diejenigen, die über ein hohes Reflexionsvermögen verfügen und Diversity Management als Lern- und Effektivitätsansatz verstehen, haben – zumindest im vorliegenden Untersuchungsfeld – einen professionellen fachlichen Hintergrund.

Aus Diversity-Perspektive wäre es naheliegend, den demographischen Wandel als Chance für Minderheiten, insbesondere für junge MigrantInnen, zu interpretieren. Um hier einen Paradigmenwechsel herbeizuführen, müssen überkommene Integrationsvorstellungen auf der Ebene der Sozialkultur hinterfragt werden. Das kanadische Beispiel und der Ansatz der aktiven Akzeptanz können durchaus als Anregung über den nationalen Tellerrand hinaus dienen.

Mit dieser Arbeit habe ich Diversity Management am Beispiel der Quartiersentwicklung erstmalig auf das Feld der Stadtsoziologie angewendet. Deutlich geworden ist, dass Diversity terminologisch und konzeptionell nur im interdisziplinären Spiegel erschlossen werden kann. Vor allem die Cultural Studies um Stuart HALL und andere können in diesem Zusammenhang mit ihrem Verständnis von Kultur als Alltagskultur einen wichtigen theoretischen Beitrag leisten. Durch Rückgriff auf die Milieutheorie wird Diversity auf ein empirisch gesichertes, repräsentatives Fundament gestellt, was die Auseinandersetzung mit Vielfalt und Differenz vor Kulturalisierungen und individualistischen Verengungen bewahrt. Vor allem der Faktor der Mobilität, also der temporären Milieuwanderung ist für die Auseinandersetzung mit Diversity Management in der Quartiersentwicklung interessant: Stadtteilarbeit hält in der Regel vielfältige Angebote für unterschiedliche BewohnerInnengruppen bereit. Je nachdem, wie (und von wem) die Angebote inhaltlich definiert werden, gestaltet sich auch die Beziehung unterschiedlicher AkteurInnen im Feld und ihre Zugehörigkeit zur In- und Outgroup. Die Definition von Mehrheit und Minderheit ist in der Quartiersentwicklung keine fixe Variable, sondern abhängig von unterschiedlichen Faktoren wie sozialräumlichen, planerischen oder pädagogischen Einflussgrößen. Unter diesen Bedingungen Diversity Management zu betreiben, bedeutet, sich im Klaren darüber zu sein, dass der „Einschluss" der einen – um eine wörtliche Übersetzung von „Inklusion" zu wählen – zum Ausschluss der anderen führen kann. Über Differenzen in der Quartierentwicklung zu sprechen, so habe ich mit Ingrid BRECKNER gezeigt, kann demnach auch heißen, über *anschlussfähige Differenzen* nachzudenken, wollen intermediäre Institutionen ihren öffentlichen Auftrag als kohäsive Stützen des Gemeinwesens erfüllen.

Den theoretischen Vorüberlegungen Rechnung tragend wird Diversity Management in der Quartiersentwicklung somit auf ein Management der Alltagskultur hinauslaufen, mit dem Ziel, einen Ausgleich zwischen den verschiedenen BewohnerInnengruppen und ihren spezifischen Lebensstilen zu schaffen. Auf diese Weise wird einer kulturalistischen Verkürzung von Diversity Management entgegengewirkt. Zu bedenken ist dabei stets, welche Differenzen von wem problematisiert werden bzw. welche Heterogenitätsdimensionen grundsätzlich kein Problem darstellen. So scheint Sexualität kein Konfliktpotential im Stadtteil Hannover-Stöcken darzustellen. Auch Menschen mit körperlicher und geistiger Beeinträchtigung scheint der Stadtteil – von fehlender Barrierefreiheit abgesehen – offen zu stehen. Sozioökonomische Differenz und ethnisch-kulturelle Differenz werden hingegen von den InterviewpartnerInnen mehrheitlich problematisiert.

Diversity Management in der Quartiersentwicklung, so lässt sich aus meinen vorausgegangenen Ausführungen schlussfolgern, hängt vor allem von zwei Aspekten ab: Erstens scheint Diversity Management hier stärker als in der Wirtschaft sowohl vom Sensiblisierungsgrad und Reflexionsvermögen einzelner AkteurInnen als auch von spezifischen sozialräumlichen Gegebenheiten beeinflusst zu werden. Dies bedeutet, dass der Einfluss der institutionellen Rahmenbedingungen, sei es in Form von Leitbildern oder anderen administrativen Vorgaben, nur mittelbar von Bedeutung für die Ausrichtung von Diversity Management ist. Zweitens kann davon ausgegangen werden, dass die Methodenwahl eine entscheidende Rolle für die Berücksichtigung von Diversity-Ansätzen spielt – dies insbesondere vor dem Hintergrund normativer (europa)politischer Zielsetzungen, die aus der Perspektive der kritischen soziologischen Bildungsforschung in keinster Weise den kulturellen Kapitalien der AdressatInnen entsprechen.

Die Empirie hat gezeigt, dass alternative Methoden der Berufsvorbereitung und Weiterbildung im Bereich der Stadtteilkulturarbeit durchaus vielversprechend für die Erfolgschancen junger Menschen sein können. Sie bieten sich aber auch in der Arbeit mit Menschen an, die den beruflichen Wiedereinstieg suchen. Darüber hinaus ist der Aspekt der Mediatisierung in der Beschäftigungsförderung zu berücksichtigen. Zudem bietet es sich an, das Phänomen der digitalen Exklusion im intergenerationalen Spiegel zu reflektieren. Dabei ist *YouTube* nur die Speerspitze der Möglichkeiten, kreatives Potential freizusetzen und flexible Strategien der digitalen Kommunikation zu entwickeln.

Voraussetzung, jene Ressourcen zu erkennen, wäre eine ausgeprägte Medien-bzw. Internetkompetenz von Fachkräften. Um die in der Einleitung dieser Arbeit aufgeworfene Frage nach dem Stellenwert personaler Ressourcen in benachteiligten Stadtteilen wieder aufzunehmen, so sollte das gezielte Abfragen individueller Ressourcen schon allein aus einer Haltung aktiver Akzeptanz heraus erfolgen. Beispielsweise geht es um die Frage, inwieweit die „Aufnahmegesellschaft" Allochthonen Respekt und Anerkennung entgegenbringt – von dem Mehrwert an Lerneffekten für die Autochthonen einmal abgesehen.

Wenn ich über Berufsvorbereitung und Stadtteil(kultur)arbeit spreche, geht es immer auch um Bildung. In diesem Zusammenhang ist eine Kritik der politischen Instrumentalisierung von „Bildung" angemessen: Als politisch liberaler Ersatz für das „Lernen lernen" und öffentliche Unterstützung ist das Bildungspostulat unzulässig. In gleichem Maße wie das inkorporierte Kulturkapital unverwechselbar und unteilbar subjektgebunden ist, zeichnet heute jeder und jede für den eigenen Erfolg oder Misserfolg verantwortlich. Die Privatisierung von Bildung im doppelten Sinne – ökonomisch und soziologisch – muss daher als unvereinbar mit dem hier herausgearbeiteten Verständnis von Diversity Management angesehen werden.

Reflexionen auf die historischen Hintergründe der Entstehung von Diversity und ihre ahistorische politische Instrumentalisierung werden umso zentraler, je stärker Diversity die Monokausalität sozialer Probleme in Frage stellt. Neutralität gegenüber Diversity ist aus diesem Grund nicht möglich. Dies ist jedoch nur den wenigsten AkteurInnen im Untersuchungsfeld bewusst (selbst den Befragten der mittleren Steuerungsebene war die europapolitische Bedeutung von EU-Beschäftigungskonzepten und Europäischem Sozialfonds für die Stadtteilebene zum Teil nur in Ansätzen bekannt). QuartiersmanagerInnen und PädagogInnen, StadtplanerInnen und KulturarbeiterInnen fehlt es auf Grund der eigenen Verwobenheit in die Praxis der Quartiersentwicklung häufig an professioneller Distanz zum eigenen Aufgabenfeld. Wenn sich in der Quartiersentwicklung alle AkteurInnen ihre vermeintlichen Integrationserfolge gegenseitig bestätigen – und die Sichtweisen auf Vielfalt und Differenz zwischen Professionellen und ehrenamtlichen AkteurInnen zum Teil verschmelzen – so scheint in der Tat die „Diversity-Perspektive" eine gute Ratgeberin, um jene „Erfolge" in Frage zu stellen bzw. den Erfolg der eigenen Arbeit an klar formulierte und differenzierte Zielformulierungen zu binden.

Diversity benötigt also einen wissenschaftlichen Bezug. Greife ich den von Annedore PRENGEL beeinflussten Referenzrahmen der Vielfalt, mit dem ich Diversity an früherer Stelle sowohl eine Struktur als auch eine ethische Note verliehen habe, wieder auf, so lässt sich auf Basis des empirischen Materials ein multidimensionaler Bezugsrahmen für die Verhandlung von Diversity auf fünf Ebenen herstellen: Diversity benötigt demnach einen *inhaltlichen*, einen *räumlichen*, einen *institutionalen*, einen *alltagskulturellen* sowie einen *politisch-rechtlichen* Bezugsrahmen:

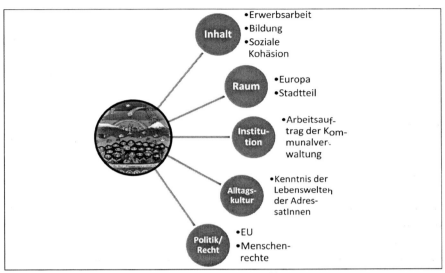

Abb. 55: Multidimensionaler Bezugsrahmen für Diversity[93]
Eigene Darstellung; Bildquelle: http://media.portland.indymedia.org/images/2003/12/
277255.jpg, verifiziert am 01.11.09.

Was die praktische Gestaltung von Diversity Management in der Quartiersentwicklung unter dem Gesichtspunkt von „Macht" betrifft, so könnte der Dominanz ehrenamtlicher Autochthoner aus den „respektablen" mittleren Sozialmilieus in der Quartiersentwicklung (wie in Hannover-Stöcken der Fall) möglicherweise mit einer bewussten Implementierung von Governance-Ansätzen begegnet werden. Ein solcher Schritt würde dazu beitragen, zum Beispiel Fragen der Mittelvergabe im Stadtteil transparent zu verhandeln. Zu denken wäre an das Modell eines Begleitausschusses, wie er während der Umsetzung des ESF-Bundesprogramms „LOS – Lokales Kapital für soziale Zwecke" entwickelt wurde. Das Gremium setzt sich paritätisch aus VertreterInnen von Politik und Verwaltung, lokalen Institutionen und Vereinen sowie BewohnerInnen zusammen: Jeder Bewohner und jede Bewohnerin hat bei der Abstimmung

---

[93] Als ikonographische Übersetzung für „Diversity" habe ich in der Abbildung ein Artefakt aus der in Chiapas/Mexiko entstandenen zapatistischen Kunst gewählt. Die typischen „Skimasken" der hier abgebildeten aufständischen Indigenen repräsentieren m.E. eine starke Symbolik des „Same same but different".

über Projektfinanzierungen das gleiche Stimmrecht wie ein Kommunalpolitiker oder eine Einrichtungsleiterin. In Hannover-Stöcken würde sich auf Grundlage der Empirie anbieten, in einem solchen Ausschuss verstärkt ethnische UnternehmerInnen und muslimische Frauen als interkulturelle ÜbersetzerInnen zu berücksichtigen.

Die vorliegende Arbeit begreife ich zusammenfassend als notwendigen Beitrag zu einem Paradigmenwechsel in der Diskussion um den Umgang mit Vielfalt und Differenz in benachteiligten Wohngebieten: Indem Diversity Management von anderen einschlägigen Konzepten die dezidierte Anerkennung von Individualität unterscheidet und zugleich das Verbindende zwischen den Individuen in einen organisationalen Rahmen bringt, bietet sich der Ansatz als mögliche Antwort auf die dringendsten Problemstellungen in der Quartiersentwicklung wie lokale Beschäftigungsentwicklung und soziale Kohäsion an. Dennoch sollte Diversity Management im sozialräumlichen Kontext das Gemeinwesen mit anderen als allein ökonomisch determinierten Maßstäben messen und zugleich seinen europapolitischen Referenzrahmen reflektieren. Die Zukunft eines sozial stabilen Europas entscheidet sich auf lokaler Ebene. Kommunen setzen in zunehmendem Maße europäische Politikvorgaben um. In der Quartiersentwicklung muss Diversity Management dabei einen erheblichen Balanceakt leisten: Sie muss den Bogen spannen zwischen vielfältigen Aktivierungsanstrengungen und solider Unterstützung von BewohnerInnen. Die ureigenen sozialen, kulturellen, ökonomischen und symbolischen Kapitalien letzterer müssen bei der Formulierung von Integrationzielen berücksichtigt werden.

Pierre BOURDIEU habe ich bereits im Titel dieser Arbeit eine Referenz erwiesen. Mit ihm möchte ich abschließend einen perspektivischen Ausblick auf die Implementationsbedingungen für Diversity Management in der Quartiersentwicklung wagen.

In Punkt 5.2 habe ich mich auf die Herrschaftsanalyse nach BOURDIEU und das Konzept der symbolischen Gewalt bezogen. Es könnte angesichts der interkulturellen Differenz im Stadtteil Hannover-Stöcken durchaus als heuristisches Konzept für die Etablierung eines kultursensiblen Diversity Management avancieren – vorausgesetzt, die sozialen, kulturellen, ökonomischen und räumlichen Strukturen, die zur Genese symbolischer Gewalt führen, werden, zum Beispiel durch ein Forschungsparadigma wie das das hier vorgeschlagene *Diversity Research* (Kapitel 6 und 7), offengelegt.

Für den hier vorgelegten Forschungsgegenstand wäre es auf Grundlage des empirischen Datenmaterials zutreffend, in Stöcken von „symbolischer Differenz" oder auch, stärker räumlich akzentuiert, von „symbolischer Segregation" zu sprechen. Das soll keineswegs bedeuten, es gebe in Stadtteilen keine realen Indikatoren für Differenz oder Segregation; ebenso wenig schließt das Konzept der „symbolischen Gewalt" die strukturelle Existenz physischer Gewalt aus. Vielmehr bestätigen sich Autochthone und Allochthone durch kulturelle Vorannahmen und unterlassene alltagskulturelle Reflektionen in ihren jeweiligen sozialen Rollen. Wie auch im Fall von symbolischer Gewalt bleibt zudem unklar, wer genau UrheberIn dieser interkulturellen „Pattsituation" ist. Auch fehlen eindeutige Täter-Opfer-Beschreibungen. Der Diversity-Bezug gestaltet sich ambivalent: Je nach Problemstellung, „Phänomen" oder Konfliktsituation variieren die zwischen den segregierten Nachbarschaften ausgetauschten symbolischen Gewaltformen. Die Alltagskultur der autochthon geprägten mittleren und gehobenen sozialen Milieus im Norden des Stadtteils und im Zentrum östlich der Hogrefestraße wird als kultureller common sense allenfalls von einzelnen AkteurInnen in Frage gestellt werden. Hingegen wird das Verhalten jener Jugendlichen, die an den von ihnen okkupierten Plätzen im Stadtteil die öffentliche Ordnung „stören" von der überwiegenden Mehrheit der Bevölkerung kaum als gesellschaftskritisches Sozialverhalten interpretiert, sondern – aus dem inkorporierten Bewertungsraster symbolischer Gewalterfahrung heraus – schlicht als Ärgernis, dem sich im besten Fall durch soziale Projekte oder andernfalls repressiv zuzuwenden ist. Desweiteren kann in Stöcken die Dynamik sozialräumlicher symbolischer Gewalt beobachtet werden: Das Freizeitheim wirkt durch seine Betonlastigkeit und massiven fensterlosen Türen auch symbolisch verschlossen, das Jugendzentrum – auch sozialer Bezugspunkt benachteiligter Jugendlicher und vieler MigrantInnen – befindet sich außerhalb des Stadtteils auf „freiem Feld".

Schließlich muss festgestellt werden, dass in Hannover-Stöcken positiv besetzte soziale Projektionen, „Vorbilder", im öffentlichen Raum fehlen. In der Folge sind sie – weshalb ich von symbolischer Differenz gesprochen habe – nur innerhalb der jeweiligen sozialen und ethnischen Milieus wirksam: Die Autochthonen aus den gehobenen sozialen Milieus bewegen sich nur sehr zielgerichtet im sozialen Raum: Kirche, Vereinsleben und ausgesuchtes Ehrenamt bestimmen den Alltag. Geschmack und Lebensstil verneinen zudem den Konsum im „Penny"-Discounter im Zentrum des Stadtteils:„*Der Laden, den ich nie aufsuche, ist dieser Penny-Laden da oben [...] das ist auch das Publikum [...] die mag ich nicht*", äußerte die sich in den mittleren und gehobenen sozialen Milieus bewegende Interviewpartnerin O. Ganz ähnlich wie die Autochthonen verhalten sich die sozial aufgestiegenen TürkInnen. Viele von ihnen „verplanen" ihre freie Zeit nach Feierabend innerhalb der türkisch-muslimischen Community. Auch hier gilt also die alltagskulturelle Trias aus Religion, Verein und überzeugtem Ehrenamt.

In der Konsequenz müsste nun ein Plädoyer für mehr Öffentlichkeit bzw. der Aufbau von Vergesellschaftung schaffenden Angeboten im öffentlichen Raum folgen. Alle gut gemeinten Ratschläge aus der wissenschaftlichen Distanz müssen jedoch, wie ich oben bereits angemerkt habe, mit einer Dekonstruktion struktureller symbolischer Herrschafts-, Macht- bzw. Gewaltpraxen einhergehen. Nicht Reflexe, sondern Reflektionen sollten die Maxime einer kultursensiblen Quartiersentwicklung bilden, die sich in Theorie und Praxis der Weiterentwicklung von Diversity Management widmet.

Literaturverzeichnis

ADS – Antidiskriminierungsstelle des Bundes (2010): Die Antidiskriminierungsstelle des Bundes, im Internet: http://www.antidiskriminierungsstelle.de/ADS/antidiskriminierungsstelle.html, verifiziert am 23.07.10.

AFS – Anne Frank Schule (2010): Unser Schulprogramm, im Internet: http://www. anne-frank-schule-hannover.de/, verifiziert am 09.07.10.

AIMD – American Institute for Managing Diversity (2005): Civil Rights and Diversity Management: Similarities, Differences and Tensions, Audio-Datei, im Internet: http://forum.wgbh.org/lecture/civil-rights-and-diversity-management-similarities-differences-and-tensions, verifiziert am 14.05.09.

Aktion Sonnenstrahl e.V. (2009): Partner der Aktion Sonnenstrahl e.V.: Leckerhaus, Soziales Netzwerk Stöcken e.V., im Internet: http://www.aktion-sonnenstrahl. com/index.php?id=25, verifiziert am 25.03.09.

Alisch, M. (2002): Soziale Stadtentwicklung – Widersprüche, Kausalitäten und Lösungen. Opladen.

Amelina, A. (2010): Searching for an Appropriate Research Strategy on Transnational Migration: The Logic of Multi-Sited Research and the Advantage of the Cultural Interferences Approach [46 paragraphs]. Forum Qualitative Sozialforschung / Forum: Qualitative Social Research, 11(1), Art. 17, im Internet: http://nbn-resolving.de/urn:nbn:de:0114-fqs1001177, verifiziert am 08.12.10.

Amtsblatt der Europäischen Gemeinschaften (1999): Verordnung (EG) Nr. 1784/1999 des Europäischen Parlaments und des Rates vom 12.07.99 betreffend den Europäischen Sozialfonds, Amtsblatt L 213 vom 13.08.99.

Amtsblatt der Europäischen Gemeinschaften (2000a): Richtlinie 2000/43/EG des Rates vom 29.06.2000 zur Anwendung des Gleichbehandlungsgrundsatzes ohne Unterschied der Rasse oder der ethnischen Herkunft. Amtsblatt L 180 vom 19.07.00.

Amtsblatt der Europäischen Gemeinschaften (2000b): Richtlinie 2000/78/EG des Rates vom 27.11.00 zur Festlegung eines allgemeinen Rahmens für die Verwirklichung der Gleichbehandlung in Beschäftigung und Beruf. Amtsblatt L 303 vom 2.12.00.

Amtsblatt der Europäischen Gemeinschaften (2000c): Charta der Grundrechte der Europäischen Union, Amtsblatt C 364 vom 18.12.00.

Amtsblatt der Europäischen Gemeinschaften (2002): Richtlinie 2002/73/EG des Europäischen Parlaments und des Rates vom 23.09.02 zur Änderung der Richtlinie 76/207/EWG des Rates zur Verwirklichung des Grundsatzes der Gleichbehandlung von Männern und Frauen hinsichtlich des Zugangs zur Beschäftigung, zur

Berufsbildung und zum beruflichen Aufstieg sowie in Bezug auf die Arbeitsbedingungen, Amtsblatt L 269 vom 5.10.02.

Amtsblatt der Europäischen Gemeinschaften (2004): Richtlinie 2004/113/EG des Rates vom 13.12.04 zur Verwirklichung des Grundsatzes der Gleichbehandlung von Männern und Frauen beim Zugang zu und bei der Versorgung mit Gütern und Dienstleistungen, Amtsblatt L 373 vom 21.12.04.

Amtsblatt der Europäischen Union (2006): Konsolidierte Fassung des Vertrags über die Europäische Union und des Vertrags zur Gründung der Europäischen Gemeinschaft. Amtsblatt C 321 vom 29.12.06.

Appadurai, A. (2009): Die Geographie des Zorns. Frankfurt a. Main.

Autorengruppe Bildungsberichterstattung (Hrsg.) (2010): Bildung in Deutschland 2010. Ein indikatorengestützter Bericht mit einer Analyse zu Perspektiven des Bildungswesens im demografischen Wandel, im Internet: http://www.bildungsbericht.de/daten2010/bb_2010.pdf, verifiziert am 03.01.11.

Bach, M. (2008): Europa ohne Gesellschaft. Politische Soziologie der Europäischen Integration. Wiesbaden.

Baethge, M./Solga, H./Wieck, M. (2007): Berufsbildung im Umbruch. Signale eines überfälligen Aufbruchs. Studie der Friedrich-Ebert-Stiftung. Berlin.

Baldegger, R. J. (2007): Management. Strategie – Struktur – Kultur. Fribourg/Bern/New York.

Beauftragte der Bundesregierung für Migration, Flüchtlinge und Integration (2007): Wettbewerbsflyer zur Bundeskampagne „Vielfalt als Chance", im Internet: http://www.vielfalt-als-chance.de/data/downloads/webseiten/Wettbewerbsflyer_Final.pdf, verifiziert am 02.06.10.

Beauftragte der Bundesregierung für Migration, Flüchtlinge und Integration (2010a): Vielfalt als Chance: „Die Gesichter der Kampagne", im Internet: http://www.vielfalt-als-chance.de/index.php?id=275, verifiziert am 02.06.10

Beauftragte der Bundesregierung für Migration, Flüchtlinge und Integration (2010b): Vielfalt als Chance: „Adriano Nhantumbo arbeitet für Deutschland", im Internet: http://www.vielfalt-als-chance.de/data/downloads/webseiten/MotiveBKAmtNhantumbo_k.JPG, verifiziert am 02.06.10.

Beck, U. (1986): Risikogesellschaft. Auf dem Weg in eine andere Moderne. Frankfurt a. Main.

Beck, U. (2007): Weltrisikogesellschaft. Auf der Suche nach der verlorenen Sicherheit. Frankfurt a. Main.

Becker, H. et al. (2003): Integrierte Handlungskonzepte – Steuerungs- und Koordinierungsinstrumente für die soziale Stadtteilentwicklung. In: Deutsches Institut für Urbanistik im Auftrag des Bundesministeriums für Verkehr, Bau und Wohnungswesen: Strategien für die soziale Stadt. Erfahrungen und Perspektiven – Umsetzung des Bund-Länder-Programms „Stadtteile mit besonderem Entwicklungsbedarf – die soziale Stadt", Berlin, S. 74-97, im Internet: http://www.sozialestadt.de/veroeffentlichungen/endbericht/, verifiziert am 24.03.09.

Beelmann, A./Jonas, K. J. (Hrsg.) (2009): Diskriminierung und Toleranz. Psychologische Grundlagen und Anwendungsperspektiven. Wiesbaden.

Benz, B./Boeckh, J./Huster, E.-U. (2000): Sozialraum Europa. Ökonomische und politische Transformation in Ost und West. Opladen.

Berking, H./Löw, M. (Hrsg.) (2008): Die Eigenlogik der Städte. Neue Wege für die
Stadtforschung. Frankfurt a. Main.

Berking, H. (2008): „Städte lassen sich an ihrem Gang erkennen wie Menschen" –
Skizzen zur Erforschung der Stadt und der Städte. In: Berking, H./Löw, M.
(Hrsg.): Die Eigenlogik der Städte. Neue Wege für die Stadtforschung. Frankfurt
a. Main, S. 15-31.

Bhabha, H. K. (2007): Die Verortung der Kultur. Unveränderter Nachdruck der 1.
Auflage 2000. Tübingen.

Binder, B. (2007): Urbanität und Diversität. Zur Verhandlung von Fremdheit in der
Berliner
Stadtentwicklungspolitik. In: Bukow, W.-D./Nikodem, C./Schulze, E./Yildiz, E.
(Hrsg.): Was heißt hier Parallelgesellschaft? Zum Umgang mit Differenzen. Wies-
baden, S. 121-131.

Blom, H. (2009): Allochthone Polizisten bei der Polizei. Rassismuserfahrungen am
Arbeitsplatz. In: Melter, C./Mecheril, P. (Hrsg.): Rassismuskritik. Band 1: Rassismustheorie und -forschung. Schwalbach/Ts., S. 293-308.

BMAS – Bundesministerium für Arbeit und Soziales (2008): Lebenslagen in
Deutschland. Der 3. Armuts- und Reichtumsbericht der Bundesregierung, im
Internet: http://www.bmas.de/coremedia/generator/26742/property=pdf/dritter__
armuts__und__reichtumsbericht.pdf, verifiziert am 27.03.09.

BMAS – Bundesministerium für Arbeit und Soziales (2010): ESF-Grundlagen, im
Internet: http://www.esf.de/portal/generator/944/esf__grundlagen.html, verifiziert
am 23.08.10.

BMFSFJ – Bundesministerium für Familie, Senioren, Frauen und Jugend
(2009): Stärken vor Ort (Lokales Kapital für soziale Zwecke), im Internet:
http://www.esf-regiestelle.eu/content/staerken_vor_ort_lokales_kapital_fuer_
soziale_zwecke/index_ger.html, verifiziert am 06.05.09.

BMJ – Bundesministerium der Justiz (2008): Verordnung zu Einbürgerungstest
und Einbürgerungskurs(Einbürgerungstestverordnung – EinbTestV), im Internet: http://www.gesetze-im-internet.de/bundesrecht/einbtestv/gesamt.pdf, verifiziert am 23.02.11.

BMJ – Bundesministerium der Justiz (2010): Allgemeines Gleichbehandlungsgesetz
(AGG), im Internet: http://www.gesetze-im-internet.de/bundesrecht/agg/gesamt.
pdf, verifiziert am 23.07.10.

BMVBS – Bundesministerium für Verkehr, Bau und Stadtentwicklung (2010): ESF-
Bundesprogramm „Soziale Stadt – Bildung Wirtschaft, Arbeit im Quartier (BI-
WAQ)", im Internet: http://www.biwaq.de/cln_016/DE/1Programm/node.html?
__nnn=true, verifiziert am 04.08.10.

Bourdieu, P. (1982): Die feinen Unterschiede. Kritik der gesellschaftlichen Urteilskraft. Frankfurt a. Main.

Bourdieu, P. (1992): Die feinen Unterschiede, in: Ders.: Die verborgenen Mechanismen der Macht, hrsg. von Margareta Steinrücke. Hamburg, S. 31-47.

Bourdieu, P. et al. (1997/2002): Das Elend der Welt. Zeugnisse und Diagnosen alltäglichen Leidens an der Gesellschaft. Konstanz.

Bourdieu, P. (2006): Wie die Kultur zum Bauern kommt. Über Bildung, Schule und Politik, hrsg. von Margareta Steinrücke. Hamburg.

Breckner, I. (1999): Soziales in der Stadt des 21. Jahrhunderts. Beschaffenheit und Perspektiven. In: Vorgänge, 38. Jg., Heft 1, S. 83-92.

Breckner, I. (2007): Minderheiten in der Stadtentwicklung. In: Bukow, W.-D. et al./Nikodem, C./Schulze, E./Yildiz, E. (Hrsg.): Was heißt hier Parallelgesellschaft? Zum Umgang mit Differenzen. Wiesbaden, S. 82-92.

Bude, H. (2008): Die Ausgeschlossenen. Das Ende vom Traum der gerechten Gesellschaft. München.

Bukow, W.-D./Nikodem, C./Schulze, E./Yildiz, E. (2007): Was heißt hier Parallelgesellschaft? Zum Umgang mit Differenzen. In: Dies. (Hrsg.): Was heißt hier Parallelgesellschaft? Zum Umgang mit Differenzen. Wiesbaden, S. 11-26.

Bukow, W.-D./Nikodem, C./Schulze, E./Yildiz, E. (Hrsg.) (2007): Was heißt hier Parallelgesellschaft? Zum Umgang mit Differenzen. Wiesbaden.

Caglar, G. (2009): Kindheit und Jugend in der Migrationsgesellschaft: Organisierte Halbbildung im Kontext der Migration? In: Finkeldey, L./Thiesen, A. (Hrsg.): Case Management in der Jugendberufshilfe. Materialien für Theorie, Praxis und Studium der Sozialen Arbeit. Hildesheim, S. 129-142.

Carles, P. (2008): Soziologie ist ein Kampfsport. Pierre Bourdieu im Portrait. DVD-Video. Berlin/Frankfurt a. Main.

Castel, R. (2008): Die Metamorphosen der sozialen Frage. Eine Chronik der Lohnarbeit, 2. Auflage (Sonderausgabe). Konstanz.

de Certeau, M. (1999): Die Kunst des Handelns: Gehen in der Stadt. In: Hörning, K. H./Winter, R. (Hrsg.): Widerspenstige Kulturen. Cultural Studies als Herausforderung. Frankfurt a. Main, S. 264-291.

Ceylan, R. (2006): Ethnische Kolonien. Entstehung, Funktion und Wandel am Beispiel türkischer Moscheen und Cafés. Wiesbaden.

Chambers, I. (1999): Städte ohne Stadtplan. In: Hörning, K. H./Winter, R. (Hrsg.): Widerspenstige Kulturen. Cultural Studies als Herausforderung. Frankfurt a. Main, S. 514-543.

Cox, T. Jr. (1993): Cultural Diversity in Organizations. Theory, Research and Practice. San Francisco.

Detjen, J. (2001): Leitbilder der Demokratie-Erziehung: Reflektierte Zuschauer – interventionsfähige Bürger – Aktivbürger. In: Bundeszentrale für politische Bildung: Veranstaltungsdokumentation (Oktober 2001), im Internet: http://www.bpb.de/veranstaltungen/P9KG4D,0,0,Leitbilder_der_DemokratieErziehung%3A_Reflektierte_Zuschauer_%96_interventionsf%E4hige_B%FCrger_%96_Aktivb%FCrger.html, verifiziert am 25.08.10.

DGSA – Deutsche Gesellschaft für Soziale Arbeit, Sektion Gemeinwesenarbeit (2010): DVD-Film Gemeinwesenarbeit Deutschland, Schweiz, Österreich. Wien – Winterthur.

DIfU – Deutsches Institut für Urbanistik (2003): Strategien für die Soziale Stadt. Er-

fahrungen und Perspektiven – Umsetzung des Bund-Länder-Programms „Stadtteile mit besonderem Entwicklungsbedarf – die soziale Stadt", im Internet: http://
www.sozialestadt.de/veroeffentlichungen/endbericht/pdf/DF7136-00.pdf, verifiziert am 17.07.10.

DIfU – Deutsches Institut für Urbanistik (2009a): Soziale Stadt – Programmhinter-
grund, im Internet: http://www.sozialestadt.de/programm/hintergrund, verifiziert
am 24.03.09.

DIfU – Deutsches Institut für Urbanistik (2009b): Programmgebiete Niedersachsen,
im Internet: http://www.sozialestadt.de/gebiete/liste_gebiete.php?bundesland=
Niedersachsen, verifiziert am 24.03.09.

Döge, P. (2008): Von der Antidiskriminierung zum Diversity Management. Ein Leitfaden. Göttingen.

Eagleton, T. (2001): Was ist Kultur? Eine Einführung. München.

Eberhard, V./Krewerth, A./Ulrich, J. G. (Hrsg.) (2006): Mangelware Lehrstelle. Zur
aktuellen Lage der Ausbildungsplatzbewerber in Deutschland. Bonn.

Ebert, J. (2009): Soziale Arbeit zwischen Professionalisierung und De-
Professionalisierung am Beispiel des Case Managements in der Beschäftigungsförderung. In: Finkeldey, L./ Thiesen, A. (Hrsg.): Case Management in
der Jugendberufshilfe. Materialien für Theorie, Praxis und Studium der Sozialen
Arbeit. Hildesheim, S. 167-179.

Ericsson (2009): Telecom Report. The Generation Gap, im Internet: http://www.
youtube.com/watch?v=rRhWsqdtkkw, verifiziert am 26.01.11.

Esping-Andersen, G. (1990): The Three Worlds of Welfare Capitalism. Cambridge.

Esping-Andersen, G. (2002): Why We Need a New Welfare State. Oxford.

Esser, H. (1980): Aspekte der Wanderungssoziologie. Darmstadt/Neuwied.

Esser, H. (2001): Integration und ethnische Schichtung. Zusammenfassung einer Studie für das Mannheimer Zentrum für Europäische Sozialforschung (Arbeitspapier
Nr. 40). Mannheim, im Internet: http://www.fes-online-akademie.de/modul.php?
md=4&c=texte&id=32, verifiziert am 03.09.10.

Europa – Press releases (2008): Kommission schlägt erneuerte Sozialagenda vor,
um den Bürgern für das Europa des 21. Jahrhunderts den Rücken zu stärken, im Internet: http://europa.eu/rapid/pressReleasesAction.do?reference=IP/08/
1070&format=HTML&aged=0&language=DE&guiLanguage=en, verifiziert am
24.06.10.

Europäische Kommission (1996): Zusammenfassung der Kommissionsmittei-
lung „Einbindung der Chancengleichheit von Männern und Frauen in
sämtliche politischen Konzepte und Maßnahmen der Gemeinschaft", im
Internet: http://europa.eu/legislation_summaries/employment_and_social_policy/
equality_between_men_and_women/c10921_de.htm, verifiziert am 23.07.10.

Europäische Kommission (2008): 2007 – Europäisches Jahr der Chancengleichheit für
alle – Beitrag zu einer gerechten Gesellschaft, im Internet: http://www.ec.europa.
eu/employment_social/eyeq/index.cfm?language=DE, verifiziert am 02.10.08.

Europäische Kommission (2009): Zusammenfassung – Diskriminierung in der EU
im Jahr 2009. Eurobarometer Spezial 317, im Internet: http://ec.europa.eu/social/

keyDocuments.jsp?type=0&policyArea=0&subCategory=0&country=0&year= 0&advSearchKey=eurobsur&mode=advancedSubmit&langId=de, verifiziert am 21.07.10.

Europäische Kommission (2010a): Europäischer Sozialfonds, im Internet: http://ec. europa.eu/employment_social/esf/index_de.htm, verifiziert am 23.08.10.

Europäische Kommission (2010b): Was ist Flexicurity? Im Internet: http://ec.europa. eu/social/main.jsp?catId=116&langId=de, verifiziert am 23.08.10.

Europäische Kommission (2010c): Für Vielfalt. Gegen Diskriminierung, im Internet: http://ec.europa.eu/employment_social/fdad/cms/stopdiscrimination?langid= de, verifiziert am 23.08.10.

Europäische Kommission (2010d): Gleichstellung der Geschlechter, im Internet: http: //ec.europa.eu/social/main.jsp?catId=418&langId=de, verifiziert am 23.07.10.

Europäischer Gerichtshof für Menschenrechte (2003): Konvention zum Schutze der Menschenrechte und Grundfreiheiten in der Fassung des Protokolls Nr. 11 samt Zusatzprotokoll und Protokolle Nr. 4, 6, 7, 12 und 13, Auswahl von Vorbehalten und Erklärungen, im Internet: http://www.echr.coe.int/NR/rdonlyres/ F45A65CD-38BE-4FF7-8284-EE6C2BE36FB7/0/GermanAllemaAllemand.pdf, verifiziert am 01.10.08.

European Commission (2003): Equality, Diversity and Enlargement. Report on measures to combat discrimination in acceding and candidate countries. Luxemburg 2003.

Eurostat (2008): Eurostat Jahrbuch der Regionen 2008, Luxemburg, im Internet: http://epp.eurostat.ec.europa.eu/cache/ITY_OFFPUB/KS-HA-08-001/DE/ KS-HA-08-001-DE.PDF, verifiziert am 14.05.09.

Eurostat (2009a): Statistics in Focus 94/2009, Citizens of European countries account for the majority of the foreign population in EU-27 in 2008, im Internet: http://epp.eurostat.ec.europa.eu/cache/ITY_OFFPUB/KS-SF-09-094/EN/ KS-SF-09-094-EN.PDF, verifiziert am 28.07.10.

Eurostat (2009b): Jugendarbeitslosigkeit. Fünf Millionen Jugendliche arbeitslos in der EU 27 im ersten Quartal 2009. Pressemitteilung v. 23.07.09, im Internet: http: //www.eds-destatis.de/de/press/download/09_07/109-2009-07-23.pdf, verifiziert am 28.07.10.

Eurostat (2010): Statistics in Focus 12/2010, Labour markets in the EU-27 still in crisis. Latest Labour Market Trends – 2009Q3 data, im Internet: http://www. eds-destatis.de/de/downloads/sif/sf_10_012.pdf, verifiziert am 23.08.10.

Ev.-luth. Kirchengemeinde Ledeburg-Stöcken in Hannover (2006): Von Corvinus nach Bodelschwingh. Zwei Kirchengemeinden finden zusammen. Hannover.

Evers, H. (2009): Die dokumentarische Methode in interkulturellen Forschungsszenarien [48 Absätze]. *Forum Qualitative Sozialforschung/Forum Qualitative Social Resarch, 10* (1), Art. 47, im Internet: http://nbn-resolving.de/urn:nbn:de: 0114-fqs0901478, verifiziert am 22.05.10

Feuser, G. (2002): Handout zu: „Von der Integration zur Inclusion: ‚Allgemeine (integrative) Pädagogik' und Fragen der Lehrerbildung". Vortrag an der pädagogischen Akademie des Bundes, Niederösterreich anlässlich der 6., Allgemeinpädagogischen Tagung am 21.03.2002 in A-2500 Baden, im Internet: http: //www.feuser.uni-bremen.de/texte/Int%20Inclusion%205%20Handout.pdf, verifiziert am 04.09.10.

Finkeldey, L. (2007): Verstehen. Soziologische Grundlagen zur Jugendberufshilfe. Wiesbaden.

Finkeldey, L./Thiesen, A. (Hrsg.) (2009): Case Management in der Jugendberufshilfe. Materialien für Theorie, Praxis und Studium der Sozialen Arbeit. Hildesheim.

Finkeldey, L./Thiesen, A. (2009): Einleitung. In: Dies. (Hrsg.): Case Management in der Jugendberufshilfe. Materialien für Theorie, Praxis und Studium der Sozialen Arbeit. Hildesheim.

Flick, U. (^{5}2007a): Triangulation in der qualitativen Forschung. In: Flick, U./v. Kardorff, E./Steinke, I. (Hrsg.): Qualitative Forschung. Ein Handbuch. Reinbek bei Hamburg, S. 309-318.

Flick, U. (^{5}2007b): Design und Prozess qualitativer Forschung. In: Flick, U./v. Kardorff, E./Steinke, I. (Hrsg.): Qualitative Forschung. Ein Handbuch. Reinbek bei Hamburg, S. 252-265.

Forst, R. (2003): Toleranz im Konflikt: Geschichte, Gehalt und Gegenwart eines umstrittenen Begriffs, 2. Auflage. Frankfurt a. Main.

Franke, T. (2004): Quartiersmanagement etabliert sich. Ein Schlüsselinstrument für integrierte Stadtteilentwicklung. In: Blätter der Wohlfahrtspflege, Nr. 4/2004, S. 149-152.

Frey, R. et al. (2006): Gender-Manifest. Plädoyer für eine kritisch reflektierte Praxis in der genderorientierten Bildung und Beratung, im Internet: http://www.gender. de/mainstreaming/GenderManifest01_2006.pdf, verifiziert am 23.07.10.

Friedrichs, J./van Kempen, R. (2004): Armutsgebiete in europäischen Großstädten – eine vergleichende Analyse. In: Siebel, W. (Hrsg.): Die europäische Stadt. Frankfurt a. Main, S. 67-84.

Fuchs, M (2007): Diversity und Differenz – Konzeptionelle Überlegungen. In: Krell, G./Riedmüller, B./Sieben, B./Vinz, D. (Hrsg.): Diversity Studies. Grundlagen und disziplinäre Ansätze. Frankfurt a. Main, S. 17-34.

Galuske, M. (2001): Perspektiven der Jugendsozialarbeit in der Krise der Arbeit. In: Fülbier, P./Münchmeier, R. (Hg.): Handbuch Jugendsozialarbeit. Geschichte, Grundlagen, Konzepte, Handlungsfelder, Organisation, Band 2. Münster, S. 1187-1200.

Gardenswartz, L./Rowe, A. (1998): Managing Diversity: A Complete Desk Reference and Planning Guide. New York.

Geertz, C. (1983/87): Dichte Beschreibung: Beiträge zum Verstehen kultureller Systeme. Frankfurt a. Main.

Geiling, H./Schwarzer, T. (1999): Abgrenzung und Zusammenhalt. Zur Analyse sozialer Milieus in Stadtteilen Hannovers, agis-texte Band 20. Hannover.

Geiling, H. (2005): Zur Theorie und Methode einer Stadtteilanalyse, im Internet: http://www.stadtteilarbeit.de/themen/integriertestadtteilentwicklung/ stadtteilanalyse/56-methode-stadtteilanalyse.html, verifiziert am 22.02.11.

Geiling, H. (2006a): Weder freelancer noch free-rider. Die Unterschicht aus der Perspektive der Milieuforschung. In: vorgänge, H. 4/2006, S. 39-50.

Geiling, H. (2006b): Milieu und Stadt. Zur Theorie und Methode einer politischen Soziologie der Stadt. In: Bremer, H./Lange-Vester, A. (Hrsg.): Soziale Milieus und Wandel der Sozialstruktur. Die gesellschaftlichen Herausforderungen und die Strategien der sozialen Gruppen. Wiesbaden 2006, S. 335-359.

Geiling, H. (2006c): Zur politischen Soziologie der Stadt. Stadt- und Stadtteilanalysen in Hannover. Hamburg.

Geiling, H. (2007): Probleme sozialer Integration, Identität und Machtverhältnisse in einer Großwohnsiedlung. In: Dangschat, J. S./Hamedinger, A. (Hrsg.): Lebensstile, soziale Lagen und Siedlungsstrukturen. Hannover, S. 91-110.

Geisen, T. (2001): Sozialstaat in der Moderne. Zur Entstehung sozialer Sicherungssysteme in Europa. In: Kraus, K./Geisen, T. (Hrsg.): Sozialstaat in Europa – Geschichte, Entwicklung, Perspektiven. Wiesbaden 2001, S. 21-42.

Geißler, R. (2004): Einheit-in-Verschiedenheit. Die interkulturelle Integration von Migranten – ein humaner Mittelweg zwischen Assimilation und Segregation. In: Berliner Journal für Soziologie, Heft 3 2004, S. 287-298.

Giddens, A. (1997): Jenseits von Links und Rechts. Die Zukunft radikaler Demokratie. Frankfurt a. Main.

Grundmann, M. (2006): Sozialisation. Konstanz.

Habermas, J. (1998): Staatsbürgerschaft und nationale Identität. In: Ders.: Faktizität und Geltung. Beiträge zur Diskurstheorie des Rechts und des demokratischen Rechtsstaats, 4. durchgesehene und erweiterte Auflage. Frankfurt a. Main, S. 632-660.

Hall, S. (1999): Kulturelle Identität und Globalisierung. In: Hörning, K. H./Winter, R. (Hrsg.): Widerspenstige Kulturen. Cultural Studies als Herausforderung. Frankfurt a. Main, S. 393-441.

Hamburger, F. (2002): Gestaltung des Sozialen – eine Herausforderung für Europa. In: Hamburger, F. et al. (Hrsg.): Gestaltung des Sozialen – eine Herausforderung für Europa. Bundeskongress Soziale Arbeit 2001. Opladen, S. 20-34.

Hamburger, F. (2009): Abschied von der Interkulturellen Pädagogik. Plädoyer für einen Wandel sozialpädagogischer Konzepte. Weinheim und München.

Hanesch, W. (2001): Armut und Armutspolitik in den europäischen Sozialstaaten. In: Krause, B./Krockauer, R./Reiners, A. (Hrsg.): Soziales und gerechtes Europa. Von der Wirtschafts- zur Sozialunion? Freiburg i. Breisgau, S. 132-154.

Hanesch, W./Jung-Kroh, I./Partsch, J. (2005): Gemeinwesenorientierte Beschäftigungsförderung in Stadtteilen mit besonderem Entwicklungsbedarf. Schlussbericht (hrsg. von HEGISS, Servicestelle, Frankfurt a. Main; HEGISS Materialien, Begleitforschung 6), im Internet: http://www.baufachinformation.de/literatur.jsp?bu=2006099013967, verifiziert am 06.07.10.

Hansen, K. P. (2003): Kultur und Kulturwissenschaft, 3. durchgesehene Auflage. Tübingen und Basel.

Hasse, E. S. (2004): Angst vor Minarett: Bürgerprotest gegen Moschee. In:

Welt Online, im Internet: http://www.welt.de/print-welt/article340256/Angst_vor_Minarett_Buergerprotest_gegen_Moschee.html, verifiziert am 18.02.11.

Häußermann, H./Siebel, W. (2001): Integration und Segregation – Überlegungen zu einer alten Debatte. In: DfK – Deutsche Zeitschrift für Kommunalwissenschaften 2001/I, S. 68-79.

Häußermann, H./Siebel, W. (2004): Stadtsoziologie – Eine Einführung. Frankfurt a. Main.

Häußermann, H./Kronauer, M. (2009): Räumliche Segregation und innerstädtisches Ghetto. In: Stichweh, R./Windolf, P. (Hrsg.): Inklusion und Exklusion: Analysen zur Sozialstruktur und sozialen Ungleichheit. Wiesbaden, S. 157-173.

Hinnenkamp, V. (2007): Vom Nutzen einer hybriden Sprache. In: Bukow, W.-D. et al./Nikodem, C./Schulze, E./Yildiz, E. (Hrsg.): Was heißt hier Parallelgesellschaft? Zum Umgang mit Differenzen. Wiesbaden, S. 175-199.

Hinte, W. (2001a): Zwischen Lebenswelt und Bürokratie – Erfahrungen aus der Stadtteilbezogenen Sozialen Arbeit. In: Hinte, W./Lüttringhaus, M./Oelschlägel, D.: Grundlagen und Standards der Gemeinwesenarbeit. Ein Reader für Studium, Lehre und Praxis. Münster 2001, S. 120-127.

Hinte, W./Lüttringhaus, M./Oelschlägel, D. (2007): Grundlagen und Standards der Gemeinwesenarbeit, Ein Reader zu Entwicklungslinien und Perspektiven, 2., aktualisierte Auflage. Weinheim und München.

Hoffmann, H. (1981): Kultur für alle. Perspektiven und Modelle, aktualisierte und erweiterte Ausgabe. Frankfurt a. Main.

Holubec, B./Markewitz, S./Götze, R. (2005): Die Entwicklung der Gemeinwesenarbeit in Deutschland – Ihre Einflüsse und Ursprünge, im Internet: http://www.stadtteilarbeit.de/themen/theorie-stadtteilarbeit/lp-stadtteilarbeit.html, verifiziert am 26.02.11.

Honer, A. (^{5}2007): Lebensweltanalyse in der Ethnographie. In: Flick, U./v. Kardorff, E./Steinke, I. (Hrsg.): Qualitative Forschung. Ein Handbuch. Reinbek bei Hamburg, S. 194-204.

Honneth, A. (1992): Kampf um Anerkennung. Zur moralischen Grammatik sozialer Konflikte. Frankfurt a. Main.

Honneth, A. (2010): Arbeit und Anerkennung. Versuch einer Neubestimmung, in: POLAR – polar Position, im Internet: http://www.polar-zeitschrift.de/position.php?id=173#173, verifiziert am 21.10.10.

Hörning, K. H. (1999): Kulturelle Kollisionen. Die Soziologie vor neuen Aufgaben. In: Hörning, K. H./Winter, R. (Hrsg.): Widerspenstige Kulturen. Cultural Studies als Herausforderung. Frankfurt a. Main, S. 84-115.

Huntington, S. P. (2006/07): Kampf der Kulturen. Die Neugestaltung der Weltpolitik im 21. Jahrhundert. Hamburg.

IGS Stöcken – Integrierte Gesamtschule (2010): Die neue Integrierte Gesamtschule in Hannover 2009, im Internet: http://www.igs-stoecken.de/flyer_2009.pdf, verifiziert am 09.07.10.

John, B. (2004): Managing Diversity in Städten und Stadtteilen – eine Zukunftsaufgabe, im Internet: http://www.stadtteilarbeit.de/themen/migrantinnenstadtteil/ allgemeines-theorien/265-managing-diversity.html, verifiziert am 26.02.11.

v. Kardorff, E. (^{5}2007): Qualitative Evaluationsforschung. In: Flick, U./v. Kardorff, E./Steinke, I. (Hrsg.): Qualitative Forschung. Ein Handbuch. Reinbek bei Hamburg, S. 238-250.

v. Kardorff, E. (^{5}2007): Zur Verwendung qualitativer Forschung. In: Flick, U./v. Kardorff, E./Steinke, I. (Hrsg.): Qualitative Forschung. Ein Handbuch. Reinbek bei Hamburg, S. 615-623.

Kaufmann, F.-X. (^{5}2006): Varianten des Wohlfahrtsstaats. Der deutsche Sozialstaat im internationalen Vergleich. Frankfurt a. Main.

Keupp, H. et al. (^{3}2006): Identitätskonstruktionen. Das Patchwork der Identitäten in der Spätmoderne. Reinbek b. Hamburg.

Kiechl, R. (1993): Managing Diversity: Postmoderne Kulturarbeit in der Unternehmung. In: Die Unternehmung 47, S. 67-72.

Kilb, R. (2006): Integrationsmaschine Stadt – Analysen, Impulse und Strategien für soziale Brennpunkte. In: Bilanzkonferenz der BMFSFJ-Programmplattform „Entwicklung und Chancen junger Menschen in sozialen Brennpunkten" (E&C). Die Soziale Stadt für Kinder und Jugendliche. Dokumentation der Veranstaltung am 25. und 26.09.06 in Leipzig, S. 16-24, im Internet: http://www.eundc.de/pdf/ 51000.pdf#search='bilanzkonferenz', verifiziert am 06.05.09.

Knieling, J. (2008): Diversity Management als Anforderung an Stadt- und Regionalentwicklung in „global times", im Internet: http://bin.tec-hh.net/C2C/Diversity_ Management_Stadtentwicklung_Knieling_HCU.pdf, verifiziert am 01.10.08.

Korte, K.-R. (2009): Das politische System der Bundesrepublik Deutschland. In: Lauth, H.-J./Wagner, C. (Hrsg.): Politikwissenschaft: Eine Einführung, 6., grundlegend überarbeitete und veränderte Auflage. Paderborn, S. 63-97.

Krämer-Badoni, T. (2007): Assimilierte Differenz oder differenzierte Assimilation? Riskante Integrationsmuster in eine desintegrierte Welt. In: Bukow, W.-D./Nikodem, C./Schulze, E./Yildiz, E. (Hrsg.): Was heißt hier Parallelgesellschaft? Zum Umgang mit Differenzen. Wiesbaden, S. 53-64.

Krell, G. (1996): Mono- oder multikulturelle Organisation? „Managing Diversity" auf dem Prüfstand. In: Industrielle Beziehungen. 3 (4), S. 334-350.

Krell, G./Wächter, H. (Hrsg.) (2006): Diversity Management. Impulse aus der Personalforschung. München und Mering.

Krell, G./Riedmüller, B./Sieben, B./Vinz, D. (Hrsg.) (2007a): Diversity Studies. Grundlagen und disziplinäre Ansätze. Frankfurt a. Main.

Krell, G./Riedmüller, B./Sieben, B./Vinz, D. (2007b): Einleitung – Diversity Studies als integrierende Forschungsrichtung. In: Dies. (Hrsg.): Diversity Studies. Grundlagen und disziplinäre Ansätze. Frankfurt a. Main, S. 7-16.

Kronauer, M./Linne, G. (Hrsg.) (2005): Flexicurity. Die Suche nach Sicherheit in der Flexibilität. Reihe: Forschung aus der Hans-Böckler-Stiftung, Bd. 65. Berlin.

Krummacher, M./Kulbach, R./Waltz, V./Wohlfahrt, N. (2003): Soziale Stadt – Sozialraumentwicklung – Quartiersmanagement. Herausforderungen für Politik, Raumplanung und soziale Arbeit. Opladen.

Krummacher, M. (2007): Zum Umgang mit „Minderheitenghettos". In: Bukow, W.-D./Nikodem, C./ Schulze, E./Yildiz, E. (Hrsg.): Was heißt hier Parallelgesellschaft? Zum Umgang mit Differenzen. Wiesbaden, S. 109-120.

Kuckartz, U. (2007): Einführung in die computergestützte Analyse qualitativer Daten. 2., aktualisierte und erweiterte Auflage. Wiesbaden.

Leben in Stöcken (2010) – Sanierungszeitung für das Programmgebiet Soziale Stadt: „Großer ‚Rausputz' in Stöcken". Ausgabe 2/Mai 2010. Hannover, S. 6, im Internet: http://www.stoecken.info/174-sanierungszeitung.html, verifiziert am 04.08.10.

Legewie, H. (o.J.): Qualitative Forschung und der Ansatz der Grounded Theory, im Internet: http://www.ztg.tu-berlin.de/download/legewie/Dokumente/Vorlesung_11. pdf, verifiziert am 02.10.09.

Leiprecht, R. (2008): Diversity Education und Interkulturalität in der Sozialen Arbeit. In: Sozial Extra Nov./Dez. 2008, 32. Jhg., S. 15-19.

Lessenich, S. (2008): Die Neuerfindung des Sozialen. Der Sozialstaat im flexiblen Kapitalismus. Bielefeld.

LHH – Landeshauptstadt Hannover (1998): Kleine Notizen über Stöcken. Hannover.

LHH – Landeshauptstadt Hannover (2007): Offene Kinder- und Jugendarbeit in Hannover. Rahmenkonzeption der städtischen Einrichtungen, Hannover, im Internet: https://e-government.hannover-stadt.de/lhhSIMwebdd.nsf/6BE7C35F917E2D9FC12572830060F7E3/\$FILE/0449-2007_Anlage1.pdf, verifiziert am 02.08.10.

LHH – Landeshauptstadt Hannover (2008a): Stadtfriedhof Stöcken, im Internet: http://www.hannover.de/data/download/umwelt_bauen/umw_gruen_LHH/Friedhof_Stoecken.pdf, verifiziert am 24.03.09.

LHH – Landeshauptstadt Hannover (2008b): Kommission Sanierung Stöcken. Hannover.

LHH – Landeshauptstadt Hannover (2008c): Sozialbericht 2008, im Internet: http://www.hannover.de/data/download/lhh/ges_soz/Sozialbericht_2008.pdf, verifiziert am 26.03.09.

LHH – Landeshauptstadt Hannover (2008d): Wahlbezirke zur Bundestageswahl. Geoinformation Hannover.

LHH – Landeshauptstadt Hannover (2008e): LIP – Lokaler Integrationsplan 2008, im Internet: http://www.hannover.de/integration/data/download/LIP2008.pdf, verifiziert am 24.08.10.

LHH – Landeshauptstadt Hannover (2009a): Sanierung Stöcken, im Internet: http://www.hannover.de/de/buerger/verwaltungen/dez_fb_lhh/dezernate_fachbereiche_LHH/fa_plane/sta_wohn/stadtern/sozstadt/san_stoeck.html, verifiziert am 24.03.09.

LHH – Landeshauptstadt Hannover (2009b): Stadtbezirk 12: Herrenhausen-Stöcken, im Internet: http://www.hannover.de/de/buerger/entwicklung/oberbuergermeister_rat_bezirksraete/bez_rat/herrstoe/index.html, verifiziert am 24.03.09.

LHH – Landeshauptstadt Hannover (2009c): Bevölkerung am Ort der Hauptwohnung im Sanierungsgebiet Hannover-Stöcken, erstellt durch die Statistikstelle der Landeshauptstadt Hannover.

LHH – Landeshauptstadt Hannover (2009d): Empfängerinnen und Empfänger von Transferleistungen zur Sicherung des Lebensunterhalts im Dezember 2007 nach Stadtteilen, Alter, Nationalität und Geschlecht, erstellt durch die Koordinationsstelle Sozialplanung der Landeshauptstadt Hannover.

LHH – Landeshauptstadt Hannover (2009e): Ausbildungsoffensive Stöcken – Kooperationspartner (Planung). Handreichung. Hannover.

LHH – Landeshauptstadt Hannover (2010a): Offizielle Stadt- und Regionskarte, im Internet: http://83.246.67.2/map/cgi-bin/cityguide.pl?action= show&lang=de&size=8660&mapper=3&zoom=100&mapX=3550568&mapY= 5804920&group=0&object=0, verifiziert am 09.07.10.

LHH – Landeshauptstadt Hannover (2010b): Das Freizeitheim Stöcken, im Internet: http://www.hannover.de/stadtteilzentren/fzh_stoecken/Das_Freizeitheim_St_ _cken/index.html, verifiziert am 11.07.10.

Linsenmann, I. (2002): Die Bildungspolitik der Europäischen Union. In: Weidenfeld, W. (Hrsg.): Europa-Handbuch, 2. aktualisierte und völlig überarbeitete Auflage. Gütersloh, S. 523-530.

Löw, M./Sturm, G. (2005): Raumsoziologie. In: Kessl, F. et al. (Hrsg.): Handbuch Sozialraum. Wiesbaden, S. 31-48.

Löw, M. (2008): Soziologie der Städte. Frankfurt a. Main.

Lüders, C. ([5]2007): Beobachten im Feld und Ethnographie. In: Flick, U./v. Kardorff, E./Steinke, I. (Hrsg.): Qualitative Forschung. Ein Handbuch. Reinbek bei Hamburg, S. 384-401.

Luig, U. (2007): Diversity als Lebenszusammenhang – Ethnizität, Religion und Gesundheit im transnationalen Kontext. In: Krell, G./Riedmüller, B./Sieben, B./Vinz, D (Hrsg.): Diversity Studies – Grundlagen und disziplinäre Ansätze. Frankfurt a. Main, S. 87-108.

Maurer, S. (2008): Sich verlieren im unendlich Verschiedenen? Ungleichheit – Differenz – Diversity. In: Sozial Extra Nov./Dez. 2008, 32. Jhg., S. 13-14.

Mecheril, P. (2009): Diversity. Die Macht des Einbezugs, im Internet: http://www.migration-boell.de/web/diversity/48_1012.asp, verifiziert am 17.09.09.

Melter, C./Mecheril, P. (Hrsg.) (2009): Rassismuskritik. Band 1: Rassismustheorie und -forschung. Schwalbach/Ts.

Merkens, H. ([5]2007): Auswahlverfahren, Sampling, Fallkonstruktion. In: Flick, U./v. Kardorff, E./Steinke, I. (Hrsg.): Qualitative Forschung. Ein Handbuch. Reinbek bei Hamburg, S. 286-299.

Merten, R./Scherr, A. (Hrsg.) (2004): Inklusion und Exklusion in der Sozialen Arbeit. Wiesbaden.

Meuser, M./Nagel, U. ([2]2005): Experteninterviews – vielfach erprobt, wenig bedacht. Ein Beitrag zur qualitativen Methodendiskussion. In: Bogner, A./Littig, B./Menz, W. (Hrsg.): Das Experteninterview. Theorie, Methode, Anwendung. Wiesbaden, S. 71-93.

Mönninger, M. (2005): „Geld ist nichts. Respekt ist alles." In: Die Zeit Nr. 46

v. 10.11.05, im Internet: http://www.zeit.de/2005/46/Paris_Krawalle?page=all\
&print=true, verifiziert am 22.05.10.

Negt, O. (^{2}2002): Arbeit und menschliche Würde. Göttingen.

OECD (2005): Definition und Auswahl von Schlüsselkompetenzen. Im Internet: http:
//www.oecd.org/dataoecd/36/56/35693281.pdf, verifiziert am 17.03.09.

OECD (2010): Educating Teachers for Diversity: Meeting the Challenge. Zusammenfassung im Internet: http://www.oecd.org/LongAbstract/0,3425,de_34968570_
34968855_44909973_1_1_1_1,00.html, verifiziert am 28.06.10.

Oelschlägel, D. (2001a): Zur Aktivierung bürgerschaftlichen Engagements im Rahmen von Kommunalpolitik und Kommunalverwaltung. Einige Anmerkungen aus
dem Blick der Gemeinwesenarbeit. In: Hinte, W./Lüttringhaus, M./Oelschlägel,
D.: Grundlagen und Standards der Gemeinwesenarbeit. Ein Reader für Studium,
Lehre und Praxis. Münster 2001, S. 181-210.

Oelschlägel, D. (2001b): Strategiediskussionen in der Sozialen Arbeit und das Arbeitsprinzip Gemeinwesenarbeit. In: Hinte, W./Lüttringhaus, M./Oelschlägel, D.:
Grundlagen und Standards der Gemeinwesenarbeit. Ein Reader für Studium, Lehre und Praxis. Münster 2001, S. 54-72.

Oevermann, U. (1983): Zur Sache. Die Bedeutung von Adornos methodologischem
Selbstverständnis für die Begründung einer materialen soziologischen Strukturanalyse. In: v. Friedeburg, L./Habermas, J. (Hrsg.): Adorno-Konferenz. Frankfurt
a. Main, S. 234-289.

Prengel, A. (^{3}2006): Pädagogik der Vielfalt. Verschiedenheit und Gleichberechtigung
in Interkultureller, Feministischer und Integrativer Pädagogik. Wiesbaden.

Prengel, A. (2007): Diversity Education – Grundlagen und Probleme der Pädagogik
der Vielfalt. In: Krell, G./Riedmüller, B./Sieben, B./Vinz, D. (Hrsg.): Diversity
Studies. Grundlagen und disziplinäre Ansätze. Frankfurt a. Main, S. 49-67.

Rat der Europäischen Union (2008): Entscheidung des Rates über Leitlini-
en für beschäftigungspolitische Maßnahmen der Mitgliedstaaten, im Internet: http://register.consilium.europa.eu/pdf/de/08/st10/st10614.de08.pdf, verifiziert am 23.08.10.

Rausch, G. (2005): Gemeinwesenarbeit zwischen Hochhausgärten und Global Play-
ern oder: Lernziel Solidarität in Zeiten der Globalisierung. In: Pfeiffer-Schaupp,
U. (Hrsg.): Globalisierung und Soziale Arbeit. Grundbegriffe, Problemfelder, Perspektiven. Hamburg, S. 168-184.

Reimann, B./Schuleri-Hartje, U.-K. (2009): Selbständigkeit von Migranten – ein Mo-
tor für die Integration? Bedingungen und Perspektiven. In: Gesemann, F./Roth, R.
(Hrsg.): Lokale Integrationspolitik in der Einwanderungsgesellschaft. Migration
und Integration als Herausforderung von Kommunen. Wiesbaden.

Reindlmeier, K. (2007): „Wir sind doch alle ein bisschen diskriminiert!" – Diversity-
Ansätze in der politischen Bildungsarbeit. In: Widersprüche H. 104, 06/07, S. 25-
36.

Riege, M./Schubert, H. (Hrsg.) (2002): Sozialraumanalyse. Grundlagen – Methoden –
Praxis. Opladen.

Riegel, C. (2007): Migrante Positionierungen: Dynamische Mehrfachverortungen und die Orientierung am Lokalen. In: Bukow, W.-D./Nikodem, C./Schulze, E./Yildiz, E. (Hrsg.): Was heißt hier Parallelgesellschaft? Zum Umgang mit Differenzen. Wiesbaden, S. 247-256.

Ritter, G. A. (1991): Der Sozialstaat: Entstehung und Entwicklung im internationalen Vergleich. 2. überarbeitete und erheblich erweiterte Auflage. München.

Rosa, H. (2005): Beschleunigung. Die Veränderung der Zeitstrukturen in der Moderne. Frankfurt a. Main.

Scherr, A. (2008): Alles so schön bunt hier? Eine Einleitung zum Themenschwerpunkt. In: Sozial Extra Nov./Dez. 2008, 32. Jhg., S. 11-12.

Scherschel, K. (2009): Rassismus als flexible symbolische Ressource – Zur Theorie und Empirie rassistischer Argumentationsfiguren. In: Melter, C./Mecheril, P. (Hrsg.): Rassismuskritik. Band 1: Rassismustheorie und -forschung. Schwalbach/Ts., S. 123-139.

Schmidt, R./Woltersdorff, V. (2008): Einleitung. In: Dies. (Hrsg): Symbolische Gewalt. Herrschaftsanalyse nach Pierre Bourdieu. Konstanz, S. 7-21.

Schöne, Helmar (2003). Die teilnehmende Beobachtung als Datenerhebungsmethode in der Politikwissenschaft. Methodologische Reflexion und Werkstattbericht [58 Absätze]. In: *Forum Qualitative Sozialforschung/Forum: Qualitative Social Research*, 4(2), Art. 20, im Internet: http://www.qualitative-research.net/index.php/fqs/article/view/720/1559, verifiziert am 02.09.09.

Schröer, H. (2006): Vielfalt gestalten. Kann Soziale Arbeit von Diversity-Konzepten lernen? In: Migration und Soziale Arbeit, H. 1/2006, 28. Jg., S. 60-68, im Internet: http://www.i-iqm.de/dokus/vielfalt_leben_und_gestalten.pdf, verifiziert am 14.05.09.

Schubert, H. (2007): Zur Differenz kultureller Regelsysteme im urbanen Sozialraum. In: Bukow, W.-D./Nikodem, C./Schulze, E./Yildiz, E. (Hrsg.): Was heißt hier Parallelgesellschaft? Zum Umgang mit Differenzen. Wiesbaden, S. 143-155.

Schulte, A./Treichler, A. (2010): Integration und Antidiskriminierung. Eine interdisziplinäre Einführung. Weinheim und München.

Simmel, G. (2006): Die Großstädte und das Geistesleben. Frankfurt a. Main.

Skowronneck, A. (2008): Quartiersmanagement Stöcken. Unveröffentlichtes Manuskript. Hannover.

Soysal, Y. (2003): Kulturelle Standortbestimmung Europas. In: Aus Politik und Zeitgeschichte B12/2003, S. 35-38.

Staub-Bernasconi, S. (2007): Vom beruflichen Doppel- zum professionellen Tripelmandat. Wissenschaft und Menschenrechte als Begründungsbasis der Profession Soziale Arbeit, im Internet: http://www.avenirsocial.ch/cm_data/MV_2007_Vortrag_von_Frau_Silvia_Staub-Bernasconi_ART_SA___Tripelmandat_2.doc, verifiziert am 06.05.09.

Staub-Bernasconi, S. (2010): Soziale Arbeit und soziale Probleme. In: Thole, W. (Hrsg.): Grundriss Soziale Arbeit. Ein einführendes Handbuch. 3., überarbeitete und erweiterte Auflage. Wiesbaden, S. 267-282.

Steinle, C. (2005): Ganzheitliches Management. Eine mehrdimensionale Sichtweise integrierter Unternehmensführung. Wiesbaden.

Stöcken (2010): Hannover Stöcken. Stadtteilseite, im Internet: http://www.stoecken.info, verifiziert am 01.08.10.

Stuber, M. (2004): Diversity. Das Potential von Vielfalt nutzen – den Erfolg durch Offenheit steigern. München.

Taylor, C. (1994): Multiculturalism. With commentary by K. Anthony Appiah, Jürgen Habermas, Steven C. Rockefeller, Michael Walzer, and Susan Wolf. Edited and introduced by Amy Gutmann. New Jersey: Princeton University Press.

Thiesen, A. (2009): Vielfalt als Humanressource? Diversity als neues Paradigma in der Jugendberufshilfe. In: Finkeldey, L./Thiesen, A. (Hrsg.): Case Management in der Jugendberufshilfe. Materialien für Theorie, Praxis und Studium der Sozialen Arbeit. Hildesheim, S. 143-156.

Thiesen, A./Götsch, M./Klinger, S. (2009). „Fragend schreiten wir voran" – eine Replik auf die Altvorderen der qualitativen Sozialforschung [27 Absätze]. *Forum Qualitative Sozialforschung/ Forum: Qualitative Social Research*, 10(3), Art. 30, im Internet: http://nbn-resolving.de/urn:nbn:de:0114-fqs0903306, verifiziert am 22.05.10.

Thomas, R. Jr. (1991): Beyond Race and Gender. Unleashing the Power of Your Total Workforce by Managing Diversity, Reprint. New York.

Ulrich, J. G./Eberhard, V./Granato, M./Krewerth, A. (2006): Bewerber mit Migrationshintergrund. Bewerbungserfolg und Suchstrategien. In: Eberhard, V./Krewerth, A./Ulrich, J. G. (Hrsg.): Mangelware Lehrstelle. Zur aktuellen Lage der Ausbildungsplatzbewerber in Deutschland. Bonn, S. 197-213.

UNESCO (2005): Übereinkommen über den Schutz und die Förderung der Vielfalt kultureller Ausdrucksformen, im Internet: http://www.unesco.de/konvention_kulturelle_vielfalt.html?\&L=0, verifiziert am 28.06.10.

Universität Wien (2009): Diversity Management – Dimensionen von Diversität, im Internet: http://www.univie.ac.at/diversity/146.html, verifiziert am 21.09.09.

Urban, M./Weiser, U. (2006): Kleinräumige Sozialraumanalyse. Theoretische Grundlagen und praktische Anwendung – Identifikation und Beschreibung von Sozialräumen mit quantitativen Daten. Dresden.

Vedder, G. (2005): Denkanstöße zum Diversity Management. In: Arbeit, Heft 1/2005, S. 34-43.

Vedder, G. (2006): Die historische Entwicklung von Diversity Management in den USA und in Deutschland. In: Krell, G./Wächter, H. (Hrsg.): Diversity Management. Impulse aus der Personalforschung. München und Mering, S. 1-23.

Vertovec, S. (2007): Super-diversity and its implications. In: Ethnic and Racial Studies, Vol. 30, Nr. 6, 11/07, S. 1024-1054.

Vertovec, S./Wessendorf, S. (Hrsg.) (2010): The Multiculturalism Backlash: European discourses, policies and practices. London.

Vester, M./v. Oertzen, P./Geiling, H./Hermann, T./Müller, D. (2001): Soziale Milieus im gesellschaftlichen Strukturwandel. Zwischen Integration und Ausgrenzung. Frankfurt a. Main.

Wacker, A. (2009): „Employability" – Anforderungen an Beschäftigte und Arbeitsplatzsuchende heute. In: Finkeldey, L./Thiesen, A. (Hrsg.): Case Management in der Jugendberufshilfe. Materialien für Theorie, Praxis und Studium der Sozialen Arbeit. Hildesheim, S. 11-23.

Wagner, M. K. (2008): Sommer, Sonne, Fettgeruch. In: Frankfurter Allgemeine Sonntagszeitung v. 16.11.08, Nr. 46, S. 10.

Wefing, H. (2009): Bis hierher, Europa. In: Die Zeit Nr. 7 v. 05.02.09, S. 9.

Weyers, S. (2006): Handout: Nicht-standardisierte teilnehmende Beobachtung (Ethnographie), im Internet: http://www.uni-frankfurt.de/fb/fb04/personen/weyerss/17_Teilnehmende_Beob.pdf, verifiziert am 02.02.09.

Williams, R. (^{2}1983): Culture and Society 1780-1950. New York.

Winker, G./Degele, N. (2009): Intersektionalität. Zur Analyse sozialer Ungleichheiten. Bielefeld.

Witte, L. (2004): Europäisches Sozialmodell und Sozialer Zusammenhalt: Welche Rolle spielt die EU? In: Friedrich-Ebert-Stiftung: Internationale Politikanalyse – Europäische Politik 12/2004, im Internet: http://library.fes.de/pdf-files/id/02602.pdf, verifiziert am 23.08.10.

Wyss, K. (2007): Workfare. Sozialstaatliche Repression im Dienst des globalisierten Kapitalismus. Zürich.

Zagefka, H./Nigbur, D. (2009): Akkulturation und Integration ethnischer Gruppen. In: Beelmann, A./Jonas, K. J. (Hrsg.): Diskriminierung und Toleranz. Psychologische Grundlagen und Anwendungsperspektiven. Wiesbaden, S. 173-192.

Ziegler, H. (2008): Sozialpädagogik nach dem Neoliberalismus, Skizzen einer postsozialstaatlichen Formierung Sozialer Arbeit. In: Bütow, B./ Chassé, K. A./Hirt, R. (Hrsg.): Soziale Arbeit nach dem Sozialpädagogischen Jahrhundert. Positionsbestimmungen Sozialer Arbeit im Post-Wohlfahrtsstaat. Opladen/Farmington Hills, S. 159-176.